# A Tutela Jurídica das Expressões Culturais Tradicionais

# A Tutela Jurídica das Expressões Culturais Tradicionais

**2017**

Victor Gameiro Drummond

**A TUTELA JURÍDICA DAS EXPRESSÕES CULTURAIS TRADICIONAIS**
© Almedina, 2017

AUTOR: Victor Gameiro Drummond
DIAGRAMAÇÃO: Almedina
DESIGN DE CAPA: FBA
ISBN: 978-858-49-3202-3

Dados Internacionais de Catalogação na Publicação (CIP)
(Câmara Brasileira do Livro, SP, Brasil)

---

Drummond, Victor Gameiro
A tutela jurídica das expressões culturais
tradicionais/Victor Gameiro Drummond. –
São Paulo : Almedina, 2017.
Bibliografia.
ISBN: 978-85-8493-202-3
1. Arte 2. Cultura popular 3. Direito de autor
4. Direito de autor – Leis e legislação 5. Folclore
6. Patrimônio cultural – Proteção I. Título.

17-01767          CDU-347.78

---

Índices para catálogo sistemático:
1. Direito de autor 347.78
2. Direitos autorais 347.78

Este livro segue as regras do novo Acordo Ortográfico da Língua Portuguesa (1990).

Todos os direitos reservados. Nenhuma parte deste livro, protegido por copyright, pode ser reproduzida, armazenada ou transmitida de alguma forma ou por algum meio, seja eletrônico ou mecânico, inclusive fotocópia, gravação ou qualquer sistema de armazenagem de informações, sem a permissão expressa e por escrito da editora.

Fevereiro, 2017

EDITORA: Almedina Brasil
Rua José Maria Lisboa, 860, Conj.131 e 132, Jardim Paulista | 01423-001 São Paulo | Brasil
editora@almedina.com.br
www.almedina.com.br

*Os brancos desenham suas palavras porque seu pensamento é cheio de esquecimento.*

DAVI KOPENAWA

Este trabalho é dedicado aos povos
*Kuna,*
*Fulniô,*
*Pankararu,*
*Potiguara*
e a todos aqueles que lutam para manter a sua *sobrevivência cultural.*

## AGRADECIMENTOS

Externo meus agradecimentos àqueles que contribuíram de alguma maneira, esperando um dia poder retribuir.

Com gratidão, a Abel Martìn Villarejo, Andrè Bertrand, Arturo Ancona, Atencio Lopez, Beleida Maritza Espino R., Carlos Barreiros, Carlos Rogel Vide, Cascia Frade, Charles Samson Akibodé, Claudio Pereira Jr. – Pajé Fulni-ô Doce Eijá, Cris Croswell, Cristina Hollanda, Daniele Coelho, Dominique Zollet, Esteban Argudo Carpio, Fabrícia Cabral, Follarin Shyllon, Gabriela Muniz Pinto, Geidy Lung, George Lindoso Santos, Gilberto Pankararu, Hezekiel Oira, Inawilipe Diwigdi, Isabel Espín Alba, Ivana Có Galdino Crivelli, Ivonne Sleiman, José Antônio B.L. Faria Corrêa, José Vaz, Kamal Puri, Laila Susanne Vars, Linda Lourie, Luciano Mariz Maia, Luis Costa, Luiz Carlos Borges, Manoel Joaquim Pereira dos Santos, Manoel Lopes Rocha, Marco Antonio Morales Montes, Marcos Alves de Souza, Maria Cecília Londres, Maria Cristina N. S. Marinho, Marisella Ouma, Mattias Åhrën, Michael Keplinger, Miguel Angel Encabo Vera, Miguel Teixeira de Souza, Nuno Gonçalves, Otávio Carlos M. Afonso dos Santos *(in memorian)*, Peter Jaszi, Minister Philip Ruddock Priscila Beltrame, Raqué – Líder Potiguara, Raquel de Román, Roberto Benjamin, Sam Allin, Sonia Maria D'Elboux, Valdir Rocha, Wend B. Wendland.

Agradeço ao Professor Dr. Eduardo B. Viveiros de Castro pelas incansáveis lições de antropologia.

Ao Prof. Dr. Dário de Moura Vicente pelos comentários e pela precisa, correta e densa arguição na defesa da dissertação que originou este trabalho.

Em especial, agradeço ao amigo Professor Dr. Lenio Luiz Streck pelas lições, pela paciência e pelo estímulo a continuar mesmo nos momentos mais difíceis.

Paciente como sempre foi, agradeço também à Rosane Streck, que foi capaz de aguentar a mim como orientando informal de seu marido. Já não bastasse ter que apoià-lo, foi capaz de de exigir-me que eu seguisse adiante quando eu quis fraquejar.

Ao Professor Dr. José de Oliveira Ascensão reitero meus mais profundos e eternos agradecimentos por me ter acolhido em Portugal e em nossas encontros pelo mundo. Resta dizer que antes de partir tantos anos atrás de minha terra com o objetivo de ser seu aluno, e ao tê-lo então como o maior conhecedor da matéria de Direito de Autor, não podia ainda conceber que também seria o mais brilhante jurista que já conheci. No mais, é um amigo ao mesmo tempo fraternal e paternal na mais pura essência do termo, a quem a distância transatlântica e temporal não são capazes de me afastar, além de possuir de um sorriso franco que me enche de ternura e esperança por dias melhores.

# PREFÁCIO

Victor Drummond abalança-se a um estudo de conjunto das "expressões culturais tradicionais" – noção abrangente, que pretende substituir a referência corrente ao folclore.

O interesse pelo tema é já antigo, no Brasil nomeadamente. As delegações brasileiras em organizações internacionais de há muito procuram fazer reconhecer direitos sobre esta matéria – antes ainda da criação da OMPI. Tem-se produzido vasta documentação, que inclui leis-tipo sobre a proteção do folclore.

Todavia, é chocante o contraste entre os esforços realizados e os resultados obtidos. Isso resulta decerto da complexidade do tema, mas também do desinteresse dos países desenvolvidos, que os leva a postergar sempre mais resoluções efetivas.

Também no Brasil os resultados são minúsculos. O art. 45 II da Lei dos Direitos Autorais, relativo ao domínio público, integra neste as obras "de autor desconhecido, ressalvada a proteção legal aos conhecimentos étnicos e tradicionais". Mas no que respeita às expressões culturais tradicionais (ECT) só se encontra de útil o Dec. nº 3.551, de 4 de agosto de 2000, que institui o registro de bens culturais de natureza imaterial que constituem patrimônio cultural brasileiro. Somente teve seguimento em previsões burocráticas.

O Autor não desanima perante este panorama. Faz a análise crítica das várias soluções que têm sido praticadas em alguns países ou aventadas pela doutrina. É um contributo muito valioso, quer na qualidade da pesquisa quer nos resultados (que poderemos qualificar como negativos) a que chega.

A questão maior está na integração desta matéria no Direito de Autor. Acertadamente, exprime opinião negativa. De fato, o direito de autor baseia-se na criação personalizada de sujeitos individualizados. Nas ECT, a individualização é por definição impossível. Nem adianta apelar para a obra anônima, porque em todos os casos estas ECT são concebidas como estando já integradas no domínio público.

Não obstante, procuraram-se aproximações, seja através do domínio público remunerado (como no Brasil faz Roberto Senise Lisboa), seja por via de se considerarem sujeito titular as próprias coletividades depositárias dessas tradições, cujos membros atuais participariam de um interesse coletivo ou difuso. Mas pode até não haver nenhum: a comunidade pode ter sido extinta e a ECT não obstante subsistir.

Drummond aprofunda no entanto a pesquisa. Ampara-se em princípios constitucionais para suprir o silêncio da lei. É um caminho arriscado, pela distância que separa proclamações gerais e institutos concretos. Afirma a existência de direitos coletivos das populações atuais. Podemos segui-lo, embora nos pareça mais adequada a referência a *interesses difusos*, que exprime este interesse indivisível e altruísta que recai sobre um bem coletivo.

Distingue duas dimensões, uma de interesse público, representada pelo Estado, outro do interesse da coletividade em causa. Nega o domínio público remunerado em benefício do Estado. E bem: representaria um imposto sobre a cultura debaixo da capa da promoção da cultura. O Estado tem poderes de supervisão, mas estes não se confundem com um concreto direito sobre criações culturais.

No que respeita à vertente coletiva, o discurso passa gradualmente a ser mais de política legislativa. O fito do Autor é fundar a atribuição de um exclusivo da coletividade em causa sobre as ECT, que justifica pela necessidade de preservação da Cultura.

Este é o salto perigoso, de que Drummond tem aliás consciência. Da atribuição de um exclusivo não resulta necessariamente a preservação da Cultura. Lembremos, na música clássica, as grandes composições inspiradas no folclore de Liszt, Béla Bartók e tantos outros compositores mundiais. Não havia proteção e todavia, fizeram muito mais pela preservação da cultura do que se vigorasse um sistema de cobranças.

Drummond afirma acertadamente que o Direito de Autor vigente é impotente para resolver a questão. Mas avança por um recurso que repre-

PREFÁCIO

senta como que um análogo do direito de autor, agora estabelecido em benefício das comunidades guardiãs da tradição, o que pressupõe o princípio de um direito destas ao exclusivo.

Digamos que esta investigação delimita fronteiras, chega a resultados úteis e reclama uma segunda etapa.

Se no núcleo está um interesse das populações que guardam a tradição a preservar, então torna-se necessário um esquema que assegure que sejam essas coletividades que beneficiem. As experiências atuais nos países menos desenvolvidos não são animadoras. É por demais suspeito o interesse de certos Estados no instituto: o que obtiverem nunca chegará às populações em benefício das quais dizem atuar.

Tudo passa então a depender de uma estruturação de equilíbrio delicado. Não pode ser burocrática, que é paralisante. Lembremos o que se passa no domínio paralelo dos conhecimentos tradicionais, em que os verdadeiros pesquisadores desistem de afrontar a sobreposição, demora e onerosidade das autorizações e preferem pesquisar a partir do zero. Também não pode ser apenas repressiva. E apresenta problemas graves de gestão a resolver.

Talvez Victor Drummond, agora que aplanou já os caminhos, nos brinde de futuro com esta segunda vertente – a de um esquema viável de implantação do instituto.

PROF. DR. JOSÉ DE OLIVEIRA ASCENSÃO

# ABREVIATURAS

**AATSIHPA** – *Aboriginal and Torres Strait Islander Heritage Protection Act 1984* – *Austrália*.

**Acordo de Bangui** – Acordo de Bangui para a criação da Organização Africana da Propriedade Intelectual (OAPI), revisado em 1999.

**Acordo de Lisboa** – Acordo de Lisboa relativo às denominações de origem e seu registro internacional, de 31 de outubro de 1958, revisado em Estocolmo em 14 de julho de 1967 e modificado em 28 de setembro de 1979.

**ATSIC** – *Aboriginal and Torres Strait Islander Comission* – *Austrália*.

**art.** – artigo/arts. – artigos.

**BBDA** – *Bureau Burkinabé du Droit D'auteur* – Escritório Burquinense de Direito de Autor.

**BBSA** – *Bureau Senegalaise du Droit D'auteur* – Escritório Senegalês de Direito de Autor.

**BDA** – *Boletín de derecho de autor de la Unesco*.

**BUCADA** – Bureau Centrafricain des Droits D'auteur

**Comitê** – Comitê Intergovernamental sobre Propriedade Intelectual e Recursos Genéticos, Conhecimentos Tradicionais e Folclore da OMPI.

**CPTR** – *China Patents and Trade Marks Review*.

**CDC** – Código do Consumidor, Lei 8.078/91 do Brasil.

**Convenção de Berna** – Convenção de Berna para a Proteção das Obras Literárias e Artísticas, de 09 de Setembro de 1886.

**CRFB** – Constituição da República Federativa do Brasil – 1988.

**Digerpi** – *Dirección General del Registro de la Propriedad Industrial* – Panamá.

**Disposições-tipo** – Disposições-tipo para as leis nacionais sobre proteção do folclore contra exploração ilícita e outras ações prejudiciais, adotadas conjuntamente pela OMPI e pela Unesco no ano de 1982.

**ECT(s)** – Expressão(ões) cultural(is) tradicional(ais).

**EIPR** – *European Intellectual Property Review.*

**Funai** – Fundação Nacional do Índio, Brasil.

**Iaca** – *Indian Arts and Crafts Act* – Lei para a proteção das artes e ofícios indígenas, EUA.

**IAB** – Instituto dos Arquitetos do Brasil.

**Indecopi** – *Instituto Nacional de la Defensa de la Competencia y Protección de la Propriedad Intelectual* – Peru.

**IIC** – *International Review of Industrial Property and Copyright Law- Max Planck Institute for Intellectual Property, Competition and Tax Law.*

**Indautor** – *Instituto Nacional de Derecho de Autor* – México.

**Iphan** – Instituto do Patrimônio Histórico e Artístico Nacional – Brasil.

**IPRA** – *Indigenous Peoples Rights Act of 1997 – Republic Act Nº 8371 – Lei da Filipinas sobre Direitos Indígenas.*

**ISA** – Instituto Sócio Ambiental, Brasil.

**LDA** – Lei nacional de Direito de Autor do Brasil, Lei 9.610/98 (denominada Lei de Direitos Autorais).

**Lei 20** – *Ley 20 do Panamá, publicada em de 26 de junho de 2000 e denominada: Ley del régimen especial de propiedad intelectual sobre los derechos colectivos de los pueblos indígenas, para la protección y defensa de su identidad cultural y de sus conocimientos tradicionales, y se dictan otras disposiciones.*

**Lei 032** – *Loi 032-99/NA, Burkina Faso*

**Lei Mexicana** – *Ley Federal del Derecho de Autor,* (s/ número, publicada em 24 de dezembro de 1996.

**Nagpra** – *Native American Grave Protection and Repatriation Act.* – Lei para a proteção e repatriação de sepulturas de nativos americanos, EUA.

**NIAAA** – *National Indigenous Arts Advocacy Association* – Associação de advocacia para as artes nacionais indígenas, Austrália.

**OFA/OFAs** – Objeto(s) funerário(s) associado(s), Nagpra, EUA.

**Ofna** – Objeto(s) funerário(s) não associado(s), Nagpra, EUA.

**ONU** – Organização das Nações Unidas.

**OIT** – Organização Internacional do Trabalho.

**OMPI/WIPO** – Organização Mundial da Propriedade Intelectual – *World Intellectual Property Organization.*

**PICN** – Patrimônio Imaterial Cultural Nacional.

**p.** – página.

**p. ex.** – por exemplo.

**Recomendação** – Recomendação da Unesco para a salvaguarda do folclore, adotada pela 25ª Conferência Geral em Paris, no dia 15 de novembro de 1989.

**RCA** – República Centro Africana.

**RIDA** – *Revue International du Droit D'auteur.*

**TRIPS/ADPIC** – *Trade-Related Aspects of Intellectual Property Rights.*

**USPTO,** *United States Patents and Trademark Office,* EUA.

**UFRJ** – Universidade Federal do Rio de Janeiro – Brasil.

**Unesco** – *United Nations, Education, Science and Culture Organization.*

# SUMÁRIO

a) Método de pesquisa .............................................. 23
b) Conceitos operacionais ........................................... 26
c) Apresentação do trabalho ......................................... 29
d) Notas sobre a atualização ........................................ 31

CAPÍTULO 1 – DISPOSIÇÃO DO PROBLEMA ..................... 33
1.1. A necessidade da preservação cultural e o Direito aplicável ............ 33
1.2. Terminologia utilizada ............................................ 37
    1.2.1. Cultura popular, cultura erudita e cultura de massa .............. 43
1.3. Delimitação do tema ............................................. 45

CAPÍTULO 2 – DO OBJETO DA TUTELA ......................... 49
2.1. Considerações específicas sobre o objeto e análise (prévia) conjunta
da tutela das ECTs e do Direito de Autor ........................... 49
2.2. Condições de possibilidade da tutela das ECTs – relação entre
criatividade, originalidade e representatividade da coletividade criadora 51
2.3. A tradição – Necessário cruzamento no âmbito das Ciências Jurídicas
e Antropológicas ................................................. 55
    2.3.1. Surgimento das expressões culturais tradicionais – Impessoalidade 57
    2.3.2. Surgimento das expressões culturais tradicionais – Atemporalidade 59
    2.3.3. Oralidade – a manifestação do modo de transmissão das ECTs. ... 63
2.4. Manifestações das ECTs ........................................... 67
    2.4.1. A unicidade na relação forma-conteúdo ....................... 72
    2.4.2. A terminologia ECTs define o âmbito de proteção .............. 75

CAPÍTULO 3 – DOS SUJEITO(S) DA TUTELA APLICÁVEL ........ 79
3.1. Da coletividade criadora – origem (subjetiva) das ECTs .............. 79

A TUTELA JURÍDICA DAS EXPRESSÕES CULTURAIS TRADICIONAIS

3.1.1. Interesses coletivos........................................ 82
3.2. Condição da coletividade criadora e atribuição de titularidades originária
e derivada .................................................. 84
    3.3. Sujeitos de direito pela titularidade derivada.................... 88
    3.3.1. Interesses difusos ...................................... 89
    3.3.2. Interesse público........................................ 90
    3.3.3. O patrimônio cultural ................................... 92
    3.3.4. O Estado e os titulares de direitos difusos – aplicação
da titularidade derivada................................... 94
    3.3.4.1. O Estado .............................................. 96
    3.3.4.2. Titulares de direitos difusos .................................. 97

CAPÍTULO 4 – O ESTADO DA ARTE ............................. 103
4.1. Critérios de escolha de organizações internacionais e países .......... 103
4.2. Austrália................................................... 109
    4.2.1. O ordenamento jurídico australiano – Copyright Act de 1968
e o AATSIHPA............................................ 109
    4.2.2. Jurisprudência ......................................... 115
    4.2.2.1. Caso Yumbulul v. Reserve Bank of Australia Ltd............... 118
    4.2.3. Os selos de autenticidade ............................... 124
4.3. EUA ...................................................... 128
    4.3.1. Os métodos de proteção ................................. 130
4.4. Bolívia..................................................... 136
4.5. Burkina Faso................................................ 141
4.6. Brasil ..................................................... 153
    4.6.1. A proteção conferida pela Constituição da República Federativa
do Brasil (CRFB) para o patrimônio imaterial cultural nacional 154
    4.6.2. O Decreto 3.551/2000 ................................... 158
    4.6.2.1. Do registro dos bens..................................... 159
    4.6.2.2. Dos efeitos do registro................................... 162
    4.6.2.3. Da legitimidade para propor o registro ...................... 164
    4.6.2.4. O objetivo do registro e a natureza da tutela ................. 168
    4.6.3. A Lei 9610/98 – Lei de Direitos Autorais – LDA............... 171
4.7. México .................................................... 173
4.8. Panamá.................................................... 176
    4.8.1. Os direitos coletivos e o registro .......................... 179
4.9. Tratamento da OMPI, Unesco e das convenções internacionais ........ 182
    4.9.1. A recomendação da Unesco para a salvaguarda do folclore,
adotada pela 25ª Conferência Geral em Paris, no dia 15
de novembro de 1989 (Recomendação) ...................... 189

SUMÁRIO

4.9.2. Disposições-tipo para as leis nacionais sobre proteção do folclore contra exploração ilícita e outras ações prejudiciais, adotada conjuntamente pela OMPI e pela Unesco no ano de 1982 ....... 190

4.10. O Tratado TRIPS/ADPIC e a Organização Mundial do Comércio ...... 200

## CAPÍTULO 5 – TUTELAS APLICÁVEIS ........................... 207

5.1. Da tutela pelos sinais distintivos ..................................... 210

5.1.2. Espécies do gênero........................................... 212

5.1.2.1. Indicação geográfica.......................................... 213

5.1.2.2. Marca de certificação e marca coletiva........................ 215

5.1.3. Aplicabilidade da tutela do sinais distintivos aos sujeitos de ECTs 220

5.1.3.1. Exclusão do Estado e dos titulares de direitos difusos da condição de sujeitos das ECTs tuteláveis por sinais distintivos ............. 220

5.1.3.2. Condições de admissibilidade para a aplicação da tutela dos sinais distintivos às coletividades criadoras ......................... 223

5.1.4. Exemplos de utilização dos sinais distintivos como medidas protetivas ............................................... 223

5.2. Concorrência desleal e figuras jurídicas derivadas (passing off e breach of confidence) ...................................................... 228

5.2.1. Sujeitos da tutela........................................... 229

5.2.2. A aplicabilidade da concorrência desleal como medida protetiva das ECTs decorrentes de coletividades criadoras ................ 231

5.2.2.1. *Passing off* ...................................................... 235

5.2.2.2. *Breach of confidence*........................................... 239

5.2.3. A aplicação da concorrência desleal e outras espécies........... 242

5.3. Dos Direitos de Personalidade...................................... 243

5.3.1. Aplicação dos Direitos de Personalidade à coletividade criadora – o cerne da discussão.......................................... 244

5.4. A proteção do Patrimônio Imaterial Cultural Nacional e o domínio público remunerado.............................................. 253

5.4.1. Do domínio público remunerado ........................... 255

5.4.2. Características da tutela do domínio público remunerado para tutelar as ECTs.............................................. 259

5.4.3. Sujeitos da tutela aplicável ................................. 262

5.4.4. Uso indevido do modelo .................................... 263

5.4.5. Mecanismo de arrecadação.................................. 267

## CAPÍTULO 6 – A TUTELA JURÍDICA DAS EXPRESSÕES CULTURAIS TRADICIONAIS ...................................... 273

6.1. Objeto e sujeito de Direito ......................................... 273

A TUTELA JURÍDICA DAS EXPRESSÕES CULTURAIS TRADICIONAIS

6.2. O escopo de proteção das ECTs – a dupla concepção protetiva......... 274

 6.2.1. O valor econômico das ECTs ................................. 275

6.3. Os valores inerentes à preservação cultural .......................... 282

 6.3.1. Direito à Preservação Cultural (em sentido amplo)............. 285

 6.3.2. Direito à integridade cultural................................. 287

 6.3.3. Direito à correta indicação da origem das ECTs ................ 290

 6.3.4. Direito ao livre desenvolvimento cultural (da coletividade criadora) 294

 6.3.5. Direito à preservação cultural (em sentido restrito) ............ 299

 6.3.5.1. Direitos de exclusivo ........................................ 302

 6.3.5.2. Registro do Patrimônio Imaterial Cultural Nacional (PICN)...... 303

6.4. Natureza jurídica do Direito inerente às ECTs........................ 306

6.5. Prazo de proteção das ECTs ........................................ 308

6.6. Exclusividade de uso e limites da tutela aplicável às ECTs .............. 313

 6.6.1. O empréstimo para criação de obra nova ...................... 318

6.7. A arrecadação e a distribuição do valores arrecadados................. 320

CAPÍTULO 7 – CONCLUSÕES ...................................... 323

## APÊNDICES

APÊNDICE A – Exemplo de reproduções de Molas da cultura Kuna ........ 333

APÊNDICE B – Reprodução dos selos de autenticação de serviços e produtos
de origem aborígene..................................... 334

APÊNDICE C – Quadro de atribuição de propriedade de bens materiais
tutelados pelo NAGPRA. (referência ao capítulo 4) ........ 335

APÊNDICE D – Esquema sobre a dupla concepção protetiva da tutela jurídica 336
das ECTs..............................................

APÊNDICE E – Quadro de equivalência funcional entre direitos pessoais
de autor e direito à preservação cultural das ECTs........... 337

REFERÊNCIAS ...................................................... 343

## a) Método de pesquisa

Como se depreenderá no decorrer da leitura do estudo, o tema abordado ainda não foi suficientemente analisado pela doutrina apesar de toda a sua importância e contemporaneidade. Sendo assim, a bibliografia sobre o assunto é escassa[1] e dispersa em documentos de comunicação científica de várias origens e nacionalidades. Este fato traz enormes desvantagens, pois cria mais obstáculos ao caminho reflexivo no âmbito das ciências. Por outro lado, não há que se furtar à constatação de que torna o estudo um ponto de referência acadêmica, e um tanto por esta última indicação fora escolhido.

Em conseqüência da dificuldade no acesso às fontes de pesquisa, não nos furtamos a buscar o mais amplo escopo investigativo ao nosso alcance, e pudemos incluir, no método de pesquisa aplicado, as seguintes modalidades investigativas:

(1) Pesquisa bibliográfica de documentos, a saber: monografias, artigos, relatórios, pareceres, textos legais nacionais, textos legais internacionais, jurisprudências, bases de dados, todos em base material através de papel ou mesmo por acesso pela Internet; (2) Entrevistas e pesquisas de campo, discussões e audiências sobre os temas de Antropologia e Direito; (3) Troca de informações com profissionais atuantes nas áreas de pesquisa, professores, legisladores, representantes de interesses políticos, diplomatas e funcionários de organizações internacionais.

---

[1] Especialmente doutrinária, o que não pode se dizer sobre relatórios e reuniões governamentais e não governamentais, visto que muito material tem sido produzido neste sentido, em nossa opinião, muitas vezes desajustadamente.

A TUTELA JURÍDICA DAS EXPRESSÕES CULTURAIS TRADICIONAIS

No que se refere à pesquisa bibliográfica, foram fundamentais os acessos ao material das seguintes bibliotecas, por ordem de visitação: Biblioteca do *Institute of Advenced and Legal Studies* (IALS) (Londres, Inglaterra); Biblioteca da Faculdade de Direito da Universidade de Lisboa (FDUL) (Lisboa, Portugal); Biblioteca da Faculdade de Direito da Universidade de Coimbra, (Coimbra, Portugal); Biblioteca do Museu do Folclore Edison Carneiro, (Rio de Janeiro, Brasil); Biblioteca Particular da Família Drummond (Rio de Janeiro, Brasil); Biblioteca Particular do Procurador Dr. Luciano Mariz Maia (João Pessoa, Brasil); Biblioteca da Faculdade de Direito da Universidade Complutense de Madri, (Madri, Espanha); Biblioteca da Faculdade de Direito da Universidade de Santiago de Compostela – IDIUS (Santiago de Compostela), (Santiago de Compostela, Espanha); Biblioteca Geral da Academia da Organização Mundial da Propriedade Intelectual – OMPI (Genebra, Suíça).

Além disso, material de diversas origens nos foram enviados por profissionais de distintas instituições que se interessam pelo tema, o que facilitou o acesso a preciosas informações. Neste rol, incluem-se, entre outros: Iphan (Brasil), Procuradoria Geral da Austrália (Austrália), OMPI (Suíça), *USPTO* (EUA), *Indautor* (México), *Indecopi* (Peru), ISA (Brasil), ABPI (Brasil), Comissão Nacional de Folclore (Brasil), *Centro de Asistencia Legal Popular* (Panamá), *Digerpi* (Panamá), *Sámediggi* – Parlamento Saami na Noruega, Karasjok (Noruega), só para citar alguns.

Em sede de Direito comparado, foram estudados, com maior ou menor afinco consoante a necessidade de aplicação ao estudo, textos legislativos e jurisprudenciais de cerca de trinta países, além de textos de organizações internacionais e convenções intergovernamentais.

Dentre estes documentos, encontramos diversos diplomas legais que incluem o escopo do tema explorado, principalmente leis nacionais de Direito de Autor, constituições e (raras) jurisprudências dos seguintes países: Austrália, Bolívia, Brasil, Burkina Faso, Burundi, Colômbia, Costa Rica, Equador, Espanha, EUA, Gana, Guatemala, Filipinas, Ilhas Marshall, Mali, México, Nicarágua, Nigéria, Nova Zelândia, Panamá, Peru, Portugal, Quênia, República Centro Africana, República de Camarões, Senegal e Tailândia.

Documentos diversos de organizações internacionais, como a OMPI (principalmente documentos do Comitê Intergovernamental sobre Propriedade Intelectual e Recursos Genéticos, Conhecimentos Tradicionais e Folclore), a Unesco, a ONU, a OMC, a OEA e a Comunidade Andina; Convenções internacionais (Convenção de Berna, Acordo de Bangui, Acordo de Lisboa, Disposições-tipo para as leis nacionais sobre proteção do folclore contra exploração ilícita e outras ações prejudiciais, adotadas conjuntamente pela OMPI e pela Unesco no ano de 1982, Declaração de *Bellagio*, Lei Modelo de Túnis, Recomendação da Unesco para a salvaguarda do folclore, adotada pela 25ª Conferência Geral em Paris, no dia 15 de novembro de 1989, Declaração de *Mataatua*, Declaração dos Aborígenes Australianos etc.).

Além dos textos legais em vigor, nos interessaram projetos de lei e discussões sobre os mesmos, ainda que não tivessem sido implementados ou tivessem sido recusados, tais como projetos legislativos da Austrália, do Brasil e do México.

No campo das visitações aos sujeitos implicados na tutela do Direito aplicável, foram efetuadas quatro distintas e expressas pesquisas de campo, com o fito de observar *in loco* as necessidades inerentes ao tema.

Dessa forma, fomos recebidos em festividades dos índios *Kuna* do Panamá, em localidades de sua freqüência na capital daquele país, e pudemos estar em três localidades indígenas do Brasil, em visitas aos povos *Fulni-ô*, de Águas Belas (Pernambuco); *Potiguara*, da Baía da Traição (Paraíba) e *Pankararu*, de Brejo dos Padres (Pernambuco). Também esses encontros foram fundamentais para boa parte das conclusões efetuadas no decorrer do estudo, no que diz respeito à necessidade de aplicação de uma tutela específica às ECTs.

Como consultoria específica das áreas do Direito Constitucional (e Filosofia do Direito) e da Antropologia, foram fundamentais as intervenções, respectivamente, dos Prof. Dr. Lenio Luiz Streck e Prof. Dr. Eduardo B. Viveiros de Castro.

Por fim, o trabalho fora elaborado em razão da total atenção, dedicação e método acadêmico apresentado pelas sucessivas indicações e intervenções de nosso orientador, Sr. Prof. Dr. José de Oliveira Ascensão, em nossos diversos encontros nas cidades de Lisboa, Rio de Janeiro, Curitiba, Santander, São Paulo, e Cidade do Panamá, bem como por nossas trocas de informação por correio eletrônico e telefonemas.

## b) Conceitos operacionais

Neste estudo estão presentes muitos termos que necessitam de uma prévia compreensão para que possam ser expostos sem necessárias definições que interromperiam demasiadamente a leitura e o bom andamento do texto.

Além de termos inerentes às ciências jurídicas, também há outros relacionados a outras áreas do conhecimento, os quais terão seu significado enunciado para se adequarem ao universo do Direito.

Dessa forma, alguns conceitos das ciências antropológicas são aqui definidos de modo a facilitar a análise desses institutos no âmbito das ciências jurídicas, sem a pretensão de serem definitivos.

Nesse sentido, para os efeitos e propósitos deste estudo, os termos a seguir significam:

*Aborígenes* – generalidade dos povos originariamente ocupantes do território da Austrália e Nova Zelândia, principalmente daquele primeiro país, constituintes de sociedades simples e presentes anteriormente ao processo da colonização britânica.

*Coletividade(s) criadora(s)* – grupo social criador ou gerador de expressões culturais tradicionais do domínio das artes e da cultura, caracterizando-se por ser o sujeito primígeno de Direito daquelas expressões, que lhes são representativas.

*Coletividade(s) criadora(s) vivas* – coletividades que ainda apresentam um razoável número de representantes vivos, que possa representar, significativamente, a sua cultura.

*Coletividade(s) criadora(s) extintas* – coletividades que não mais existem na forma de grupo social representativo de sua cultura.

*Cultura de massa* – é a cultura originária da produção industrial e não do surgimento espontâneo como manifestação social. É possível, porém, que seja originária de uma migração artificial de uma cultura popular ou erudita para o ambiente da indústria cultural.

*Cultura erudita* – é a cultura originária de um grupo social que ao se expandir para além das fronteiras deste, é compreendida por outros grupos como importante e necessária para a elevação ou manutenção do status social.

*Cultura popular* – é a cultura originária de um grupo social, determinável ou não, sem *transbordamentos* para além deste, e representativa de sua coletividade criadora. É a cultura para consumo *interno* do grupo social que a criou ou deu origem.

*Direitos coletivos (em sentido restrito)* – direitos inerentes a grupos identificáveis de pessoas que apresentam vínculos axiológicos entre si.

*Direitos coletivos indígenas de propriedade intelectual* – nomenclatura utilizada pelo ordenamento jurídico do Panamá para definir a atribuição de direitos relacionados à propriedade intelectual aos povos indígenas ocupantes do território daquele país.

*Expressões culturais tradicionais (ECTs)* – expressões de aspectos do domínio das artes e da cultura fundadas na tradição, originárias de um grupo social inerente a uma sociedade complexa ou a uma sociedade simples. São, precipuamente, expressões culturais representativas da(s) coletividade(s) criadora(s) que a originou(aram) ou criou(aram), podendo representar a cultura de um Estado e de sua sociedade.

*Folclore* – terminologia utilizada como (1) sinônimo de expressões culturais tradicionais. Será indicada no texto quando for originariamente utilizada por determinados ordenamentos jurídicos. Por outro lado, possui um segundo conteúdo significativo a ser considerado, e mais voltado às (2) manifestações artístico-culturais que diluíram-se nas sociedades complexas do que propriamente uma sinonímia com o termo expressões culturais tradicionais.

*Grupos indígenas* – o mesmo que povos indígenas.

*Grupo social* – parcela (determinável) do elemento humano que compõe o Estado.

*Ilhéus do Estreito de Torres* – habitantes do Estreito de Torres, região localizada no nordeste da Austrália, que mantém o mesmo *status* dos aborígenes australianos.

*Impessoalidade* – característica do que não pode ser considerado pessoal.

*Interesse Público* – (1) interesse da coletividade de pessoas formadoras da nação que compõem um Estado; (2) interesse dos governantes imbuídos do poder inerente ao Estado, representativos da vontade geral.

*Interesses coletivos* – interesses de uma coletividade de pessoas singularmente inidentificáveis mas que mantenham um vínculo axiológico entre si.

*Interesses difusos* – interesses de um grupo de pessoas inidentificáveis relacionadas por circunstâncias de fato.

*Manifestações artístico-culturais* – manifestações humanas do domínio das artes e da cultura, gênero das espécies obras e *expressões culturais tradicionais* (ECTs).

*Oralidade* – modalidade de transmissão de cultura através da comunicação oral.

*Patrimônio Imaterial Cultural Nacional (PICN)* – patrimônio cultural inerente aos bens imateriais que compõem a cultura de um Estado. Sobre o PICN opera-se a possibilidade de tutela jurídica através da qual o Estado é o sujeito da tutela das expressões culturais tradicionais, como representante da sociedade que o compõe.

*Povos indígenas* – povos que tenham sua origem fundamentada nas sociedades simples. Espécies de sociedades simples, em geral atribuída aos povos ameríndios pré-colombianos, podendo ser utilizada esta mesma nomenclatura para outros povos de outras regiões do mundo.

*Sociedades complexas* – grupos sociais com extensa compartimentalização do conhecimento e maior complexidade no uso da tecnologia (dito de outro modo, com tecnologia mais desenvolvida). Terminologia adequada para diferenciar a cosmovisão das sociedades simples das de outros grupos sociais, tais como as sociedades urbanas e sociedades formadoras de Estados. Como exemplo prático, os Estados nacionais que possuam uso corrente de tecnologias avançadas como telefone, computador etc., mas, principalmente, que mantém uma divisão mais complexa do conhecimento, entre ciências humanas, ciências da saúde etc.

*Sociedades simples* – grupos sociais com menor compartimentalização do conhecimento e menor complexidade tecnológica. Incluem-se quaisquer sociedades que possuam as características acima indicadas, nomeadamente: sociedades ribeirinhas, povos indígenas, povos aborígenes, remanescentes de quilombos (Brasil) etc. Como exemplo prático, os aborígenes da Austrália em sua generalidade, os *Kuna* e outros povos indígenas do Panamá, o grupo indígena dos *Fulni-ô* do Brasil.

*Sociedades estatais* – grupos sociais com maior compartimentalização do conhecimento e maior complexidade no uso da tecnologia, visto sob o ponto de vista do ordenamento jurídico do controle do Estado.

*Titularidade originária* – titularidade jurídica atribuída às coletividades criadoras pelas expressões culturais tradicionais criadas e surgidas em seu bojo.

*Titularidade derivada* – titularidade jurídica atribuída ao Estado e aos titulares de direitos difusos pelas expressões culturais tradicionais surgidas no interior de uma coletividade criadora não-identificável ou extinta.

### c) Apresentação do trabalho:

O estudo que ora se apresenta está dividido em sete capítulos. Há ainda um farto material de pesquisa apresentado sob a forma de anexos e apêndices[2], referências bibliográficas e textos que merecem atenção antes da leitura do texto principal, tais como os conceitos operacionais.

Os capítulos estão divididos da seguinte forma:

### Capítulo 1 – Disposição do problema.

Neste capítulo, apresenta-se ao leitor o tema do estudo. Os objetos e sujeitos relacionados ao mesmo são conhecidos, bem como se expõe a necessidade, para a implementação de direitos, do atendimento de interesses de parcelas da sociedade que não são devidamente atendidas Por outro lado, é analisada a terminologia adequada e delimitado o escopo temático e a amplitude de proteção do direito aplicável.

### Capítulo 2 – Do objeto da tutela.

Neste capítulo são iniciadas as considerações conjuntas e comparativas de aspectos relacionados ao Direito de Autor e de uma nova tutela aplicável às ECTs. Tal fato se dá com o objetivo de compreender a neces-

---

[2] Apêndices são os documentos escritos ou preparados pelo autor, enquanto anexos são os documentos tão somente juntados ao estudo, sem preparações adicionais. No que se refere ao nosso estudo, os anexos são textos legais e documentos indicativos dos processos de registros de ECTs. Os apêndices, de um modo geral, serão quadros explicativos do funcionamento das diversas categorias estudadas, bem como excertos de diplomas legais cuja leitura é indispensável.

sidade de aplicação de um novo Direito. São esclarecidas as noções sobre o objeto de direito (as ECTs), bem como as condições de possibilidade para a sua existência e tutela: criatividade, originalidade e representatividade de uma coletividade criadora. Além disso fala-se sobre a tradição – noção antropológica transposta ao universo das ciências jurídicas –, com o fim de se efetuar a compreensão de todo o escopo de proteção do objeto.

Ao final do capítulo são apresentadas as modalidades de expressões culturais tradicionais que merecem a tutela jurídica.

### Capítulo 3 – Sujeitos da tutela aplicável

No capítulo referente aos sujeitos da tutela aplicável são analisadas as diferentes categorias de sujeitos que podem exercer o Direito inerente às ECTs. Expõe-se sobre as coletividades criadoras, sobre o Estado e sobre os titulares de direitos difusos. São expostas as diferenças entre os conceitos de interesse público, interesses difusos e interesses coletivos e, por fim, compreende-se a teoria desenvolvida para atribuir as denominadas titularidade originária e titularidade derivada.

### Capítulo 4 – O estado da arte

Compreendidos objeto e sujeitos do direito que são apresentados no estudo, efetua-se uma análise comparativa e ampla de ordenamentos jurídicos que vêm tratando sobre o tema. Dessa forma, são analisados, através da jurisprudência, legislação e doutrina, os ordenamentos jurídicos da Austrália, dos EUA, do Brasil, da Bolívia, do México, do Panamá e de Burquina Faso. Além disso, são tratadas as concepções da OMPI e da Unesco, bem como breves análises sobre o tema no âmbito do TRIPs e da OMC.

### Capítulo 5 – Tutelas aplicáveis

Além da compreensão prática do que vem ocorrendo no contexto internacional, o presente capítulo propõe a compreensão de que distintas categorias jurídicas poderiam ser aplicadas para tutelar as ECTs. Dessa forma, são efetuadas constatações sobre a aplicação de conceitos inerentes à aplicação de sinais distintivos e Direito Marcário, Direitos de Personalidade, concorrência desleal e suas espécies passing off e breach of confidence, bem como uma espécie destacada e sui generis que tutela as ECTs utilizando-se de conceito inerentes aos Direitos de Autor e de tutela do PICN, a qual nomeia-se por domínio público remunerado ou pagante.

São apresentadas as modalidades de tutela e compreendido o escopo de proteção e as falhas das supra citadas categorias que indicam a necessidade de uma proteção mais ampla do objeto de Direito.

**Capítulo 6 – A tutela jurídica das expressões culturais tradicionais**
Neste capítulo, apresenta-se uma nova tutela jurídica adequada às ECTs.

Compreendidas anteriormente as necessidades do objeto de proteção bem como a incompletude das categorias existentes, o Direito que surge para tutelar as ECTs é analisado exaustivamente através de constatações de novos institutos jurídicos, da aplicabilidade desses institutos para cada um dos sujeitos envolvidos e ainda através da comparação com institutos já presentes em outras categorias jurídicas, em especial com o Direito de Autor.

**Capítulo 7 – Conclusões**
No capítulo final, são apresentas as conclusões tomadas do ponto de vista acadêmico e prático, percebendo e analisando a necessidade de mudanças e compreensão de novos valores que tenham por objetivo a preservação da cultura e a justa atribuição de direitos aos sujeitos merecedores.

**d) Notas sobre a atualização:**
A versão original deste trabalho foi escrita sob a forma de dissertação de mestrado e apresentada na Faculdade de Direito da Universidade de Lisboa no ano de 2004.

Na ocasião se desenvolvia uma doutrina esparsa e resumida sobre a matéria.

Havia, porém, um interesse da comunidade internacional sobre o tema e soluções apresentadas por legislações nacionais já eram estudadas bem como havia discussões no cenário internacional sobre a possibilidade de uma proteção mais ampla às ECTs.

São exemplos de países que discutiram de modo pioneiro o tema em diversas searas: Bolívia, Panamá, Austrália, México, entre outros.

A TUTELA JURÍDICA DAS EXPRESSÕES CULTURAIS TRADICIONAIS

Desde então, houve alguma evolução (e também atualização) legislativa (e que foi contemplada na presente versão) principalmente em países africanos (Nigéria, Gana, Burundi, etc), cujo sistema típico protetivo é o da protação do PICN, e também em outros.

Também ocorreu significativa evolução no número de procedimentos administrativos relacionados à registros diversos, entre os quais: (1) registro de bens do patrimônio imaterial no Brasil nos termos do Decreto 3551/2000; (2) registro de insígnias de índios norte americanos no USPTO; (3) registro de direitos coletivos da legislação do Panamá perante a Digerpi, entre outros.

Houve particular desenvolvimento das discussões no cenário internacional com o objetivo de alcançar condições favoráveis a um eventual tratado internacional a ser administrado pela OMPI.

Mantém-se porém atuais, as discussões desde aquela época, tendo por base a jurisprudência então predominante (por exemplo as decisões jurisprudenciais australianos), as reflexões doutrinárias, os textos base de recomendação para países, tomando como exemplos a Recomendação da Unesco[3] e as Disposições-tipo OMPI-UNESCO[4].

Desta forma, todo o conteúdo do texto que exigia atualização desde a apresentação da primeira versão do estudo foi devidamente atualizada até o final do mês de março de 2015, sendo certo porém, que as reflexões que foram feitas na ocasião de sua primeira versão mais de 10 anos antes ainda se mantém vivas e merecem manutenção no estudo, sendo indicadas as evoluções desde então – à título de direito comparado e registro histórico evolutivo – quando for pertinente ao texto.

---

[3] A recomendação da Unesco para a salvaguarda do folclore, adotada pela 25ª Conferência Geral em Paris, no dia 15 de novembro de 1989.

[4] Disposições-tipo para as leis nacionais sobre proteção do folclore contra exploração ilícita e outras ações prejudiciais, adotada conjuntamente pela OMPI e pela Unesco no ano de 1982.

# Capítulo 1
# Disposição do Problema

## 1.1. A necessidade da preservação cultural e o Direito aplicável

O HOMEM É UM SER CULTURAL

A singularidade do ser humano em sua individualidade e em sua coletividade faz com que a diversidade cultural não tenha limites, e para que a cultura possa se disseminar e se conservar no decorrer do tempo, há que se tutelá-la juridicamente. Algumas modalidades culturais são devidamente tuteladas pelo Direito. Outras não.

Dessa forma, enquanto se protegem as criações individuais, as manifestações culturais oriundas de uma coletividade criadora não são devidamente protegidas juridicamente e o risco de sua extinção e uma conseqüente padronização cultural é iminente[5]. A padronização e uniformização da cultura humana seriam catastróficas para a grande mágica que é a diversidade cultural decorrente da capacidade criativa do ser humano.

Extinguindo-se parte da cultura, o ser humano perde muito de sua razão de ser, o que por si só justifica urgentes considerações para que a tutela jurídica dos bens culturais seja reavaliada, e sua amplitude aumen-

---

[5] Josef Jancár alerta para as mudanças ocorridas durante o século XIX no que diz respeito às ECTs e afirma que "[...] uma mudança gradual ou mesmo o desaparecimento de muitos elementos da cultura tradicional e do folclore tem ocorrido cada dia mais rapidamente [...]"-*Principles of Tradicional Culture and Folklore Protection Against Inappropriate Commercialization – Methodical Manual, Unesco/Ministerstvo Kultury Ceské Republiky, Stráznice, 1997.*

A TUTELA JURÍDICA DAS EXPRESSÕES CULTURAIS TRADICIONAIS

tada até que se possa efetivamente proteger a diversidade cultural e buscar propriamente a manutenção das diferenças culturais.

O que se pretende neste estudo é esclarecer alguns pontos que possam auxiliar na tutela com vias a preservar de modo mais amplo a cultura e a sua diversidade.

Dessa forma, os objetivos primordiais da tutela do que nomeamos por expressões culturais tradicionais são: **a preservação e manutenção da cultura popular** e a **justa atribuição de direitos aos sujeitos merecedores dos mesmos**.

A preservação vem no sentido de não permitir a extinção de culturas ricas em sua singularidade e, de certo modo, combater a uniformização decorrente da avassaladora presença da cultura de massa[6], a qual fortalece uma padronização do comportamento humano e da cultura, em vez de estimular as diferenças culturais entre os povos [7], [8].

Nesta seara, o Direito deverá buscar institutos adequados à necessidade de preservação cultural em atenção à sua função precípua, que é

---

[6] No que pese os eventuais benefícios que possa trazer ao escopo da cultura de um modo geral.

[7] Neste sentido, por exemplo, tome-se a indústria cinematográfica norte americana que, não obstante o fato de impor medida comerciais altamente questionáveis do ponto de vista do equilíbrio das relações econômicas, dificultando a livre circulação de produtos de audiovisual e sua distirbuiçao, principalmente no cinema, acaba, indiretamente por desestimular qualquer manifestação cultural no setor, cotribuindo para uma padronização e a massificaçao das produções audiovisuais.

[8] Graber, em linhas gerais, afirma que o aumento crescente das análises das possibilidades de proteção dos conhecimento e da criatividade das comunidades indígenas é principalmente uma resposta aos efeitos negativos da globalização econômica que também as atingiu. E complementa: *"Em particular, existe um risco de que o conhecimento e a criatividade das comunidades tradicionais sejam constantemente apropriados e comercializados por agentes globais sem que estas comunidades tenham qualquer possibilidade de evitar tais atos"*. (**Christoph Beat Graber**, *Traditional cultural expressiones in a matrix of copyright, cultural diversity and human rights, In New Directionsin Copyright Law* – Volume 5 , Ed. Fiona Macmillam, Edward Elgar, 2007, p. 45.) Entendo, particularmente, que não somente este é um significativo problema a ser enfrentado e combatido, mais deve-se ir ainda além na constatação dos prejuízos. O ainda mais significativo fato, entendemos, é que a perda de uma manifestação ou expressão cultural pode conduzir à sua extinção na totalidade, pois uma única e particular cultura é irrepetível.

DISPOSIÇÃO DO PROBLEMA

atender às necessidades sociais. Isso porque a sociedade clama pela sua própria preservação, incluindo-se neste escopo os aspectos culturais.

No sentido de uma justa atribuição de Direitos aos sujeitos merecedores, o Direito também deve estar atento a eventuais desacertos que tenham surgido, decorrentes de processos históricos que necessitam de uma nova compreensão, bem como a aplicação de novos preceitos inerentes às ciências jurídicas, em decorrência do rompimento de velhos paradigmas.

As expressões culturais tradicionais são merecedoras de proteção jurídica, apesar de lhes ser de grande dificuldade a aplicação de qualquer modalidade de tutela, seja no que se refere às já existentes ou por meio de alguma que se venha a construir. E é por serem representativas de culturas diferenciadas que essas modalidades de manifestação cultural necessitam de uma proteção, sendo inequívoca, portanto, a necessidade de mudanças no escopo protetivo das tutelas jurídicas inerentes à cultura.

Os objetos e sujeitos inerentes às ECTs não são tutelados de modo adequado por categorias jurídicas já existentes[9]. Dessa forma, no que pesem algumas possibilidades de adequação, em linhas gerais as medidas de proteção não são aplicadas de modo eficaz.

Observe-se, exemplificadamente, que o Direito de Autor não permite a tutela de sujeitos não identificáveis individualmente ou coletivamente, enquanto o sujeito das ECTs será sempre uma coletividade; os Direitos de Personalidade não admitem a aplicação de personalidades a grupos coletivos e a tutela dos sinais distintivos e da concorrência desleal aplica-se, primordialmente, ao universo industrial e comercial.

Como visto, o problema e a reavaliação de conceitos técnico-jurídicos inerentes ao nosso tema deve ser colocado tendo como ponto de partida a necessidade de preservação cultural e o direcionamento dos direitos aos seus legítimos titulares, e, como pano de fundo, a proteção das ECTs diante da padronização cultural das manifestações, de certo modo, artificialmente produzidas pelas indústrias de culturas de massa.[10] Dessa

---

[9] Quando dissemos já existentes, referimo-nos ao fato da existência de um grupo de direitos que são aplicados previamente às discussões sobre a tutela das ECTs.

[10] Nesse sentido, inclusive, parece-nos um contra-senso do ponto de vista filosófico a exclusão das ECTs da tutela jurídica e a inclusão de obras decorrentes da cultura de massa. Isto porque, sempre em linhas gerais, a chamada indústria cultural não se interessa pela

forma, propomos a análise dos casos que apresentam conflitos inerentes à tutela das ECTs para que possam ser alcançadas as necessidades na aplicação de um Direito adequado, preexistente ou a ser construído, sendo certo que a única hipótese inadmissível é a inaplicabilidade do Direito pela ausência de tutelas consideradas adequadas a serem aplicadas às ECTs.

Ora, a mera inadequação de preceitos jurídicos não justifica um vácuo protetivo, e em sentido inverso, indica uma real necessidade de construção ou adaptação de novos princípios de proteção.

Nesse sentido, há de se compreender que todo o escopo do Direito relacionado à cultura está inserido no rompimento de paradigmas típico da crise que o Direito atravessa, pela inadequação de antigos preceitos que não mais justificam a sua manutenção. Dessa forma, os conceitos de direitos coletivos, direitos de terceira dimensão, direitos fundamentais e o Direito de Autor, só para citar alguns, devem ser reavaliados em decorrência das novas necessidades sociais, para que justifiquem a sua própria existência.

Enquanto a sociedade segue atuando de modo fluído, dinâmico, o Direito, por muitas vezes, apresenta um caráter estático, o que dificulta a sua adaptação. Em tempos atuais, esta concepção não pode ser mais admitida e as constatações rígidas de direito aplicáveis a antigos objetos deve ser defenestrada pela sua inadequação aos novos tempos, devendo-se perceber a necessidade da aplicação de novos fundamentos de validade que correspondam às expectativas sociais.

Sendo assim, **a função primordial de nosso estudo é comprovar que a inaplicabilidade do Direito para tutelar as ECTs representa**

preservação ou desenvolvimento da diversidade cultural, mas, por outro lado, espelha-se na perseguição objetiva e prática de auferição de lucros independentemente da qualidade da obra. Sobre a tutela das obras decorrentes da indústria da massa, cabe salientar que o Direito de Autor logicamente não leva em conta a proteção das obras em decorrência de sua qualidade artística, como uma medida de permitir a tutela de qualquer manifestação artístico-cultural. Obviamente que não defendemos uma modificação neste preceito fundamental, mas nos causa espécie o fato de as ECTs apresentarem tamanha dificuldade em serem tuteladas, enquanto manifestações artísticas por vezes desprezíveis têm sobre si um amplo escopo de proteção. Em verdade, o que justifica esta situação são as inadequações das categorias jurídicas existentes, e não a eventual qualidade das obras. Ainda assim, cabe a indicação do questionamento.

DISPOSIÇÃO DO PROBLEMA

**uma inadequação social que deve ser solucionada**. A solução se dá através da análise das situações práticas e na aplicação equânime do Direito, preservando a diversidade cultural e colocando os novos sujeitos de Direito na posição que devem de fato ocupar: a de beneficiários do Direito que lhes cabe, apesar de, há tanto tempo, esta condição lhe vir sendo olvidada.

## 1.2. Terminologia utilizada

Quando da escolha de um tema para estudo científico, muitas vezes encontra-se uma dificuldade prévia que consiste na busca da terminologia mais adequada a ser utilizada para nomear o objeto analisado.

No que se refere especificamente ao presente estudo, tal dificuldade apresenta-se pela sempre inadequada nomenclatura atribuída ao tema que nos interessa, mesmo que já se constatem alguns modos freqüentemente utilizados para nomeá-lo.

O trabalho que ora se apresenta tem como um de seus fundamentos científicos uma inter-relação temática[11] entre o Direito e outras áreas do

---

[11] A inter-relação temática entre Antroplogia e Direito traz graves problemas quando da transposição de conceitos entre essas áreas do conhecimento.

Observe-se que o Direito necessita estabelecer conceitos muitas vezes demasiadamente rígidos, para que possam ser aplicados os seus dispositivos..

Essa situação é extremamente perigosa e pode conduzir a "[...] o equívoco do pensamento dogmático do Direito [...] que [...] é pensar que um conjunto de enunciados explicativos acerca do Direito, postos à disposição da comunidade jurídica, é suficiente para compreendê-lo [...]" Lenio Luiz Streck, *Jurisdição constitucional e hermenêutica* [...] p. 213. Nesse sentido, a Antropologia aproxima-se mais das ciências do espírito, permitindo uma fluidez conceptual que torna a sua compreensão de mais fácil aceptibilidade. Mas o Direito não permite tais constatações. Exemplificamos: Enquanto o Direito segue buscando interpretações e análises sobre uma possível coletividade criativa, as expressões culturais seguem tendo sua origem exatamente em coletividades criativas, sem haver atenção a este fato. Ou ainda, enquanto o Direito se manifesta em uma busca incessante para descobrir o surgimento da denominada personalidade que possa ser atribuída aos entes jurídicos, a personalidade em si, em seu conceito filosófico e antropológico, não é em nada afetada. Continuará existindo sem que o Direito mereça qualquer atenção por parte das demais ciências. Dessa forma, enquanto se busca aplicar ou não um Direito de personalidade coletiva às sociedades simples, estas, alheias ao processo construtivo do Direito, irão se manifestar coletivamente, em conceitos que não guardam reconhecimento nas ciências jurídicas das sociedades estatais.

conhecimento das Ciências Humanas e Sociais, em especial a Antropologia. Nesse sentido, o que se coloca é a dificuldade em nomear tanto o Direito aplicável quanto o objeto de foco inerente à Antropologia.

Sendo assim, vislumbram-se dificuldades que podem ser sentidas na doutrina e em toda e qualquer outra fonte de produção de informação em nomear o estudo antropológico que pode ser eventualmente indicado por **folclore, conhecimento tradicional, cultura popular, propriedade imaterial, expressões culturais tradicionais, tradições populares,** entre outros termos que já lhe foram atribuídos.

O que nos cabe, inicialmente, é perceber que a inter-relação temática traz dificuldades desde o processo de nomeação, excluindo várias possibilidades de nomeação do objeto Antropológico e sua adequação à terminologia jurídica.

Identifiquemos o objeto em primeiro lugar.

Por outro lado, além de uma inadaptação por desconhecimento dos conceitos estranhos ao Direito, a Antropologia lhe prega a peça de tornar unos alguns conceitos que apresentam condições inequivocamente distinguidas no universo do conhecimento jurídico.

No sentido do acima exposto, o Direito é prejudicado pela necessidade de transposição de conceitos para que os mesmos possam ser analisados à luz das exatidões exigidas pelas ciências jurídicas.

Exemplos presentes neste estudo são a complexidade do fenômeno da tradição, a relação sujeito-objeto da tutela jurídica aplicável e a unicidade na relação forma-conteúdo das expressões culturais tradicionais. Além desses, outros conceitos mais sintéticos, como folclore e expressões culturais, dificultam a aplicação do Direito após sua transposição científica.

Um dos pontos mais relevantes em decorrência da dificuldade acima mencionada é a unicidade no tratamento de alguns conceitos. Observe-se, como exemplo, a necessidade de se diferenciar sujeito e objeto na atribuição e aplicação dos institutos das ciências jurídicas. Em verdade, para a constatação do que vem a ser o objeto da tutela do Direito que ora se apresenta, há de se compreender o que representa o próprio sujeito, o que exige uma análise que não torne distante e destacado o tratamento de cada um desses institutos fundamentais à análise técnico-jurídica.

No sentido do que fora acima exposto, cabe perceber que há conceitos das ciências antropológicas que serão transpostos através da possibilidade de aceitação do Direito, ainda que seu significado possa eventualmente ser adaptado à nova área do conhecimento que os albergam.

DISPOSIÇÃO DO PROBLEMA

Já sabemos que em nosso estudo inclui-se a análise da possibilidade de tutela jurídica de determinadas manifestações artístico-culturais geralmente excluídas da proteção do universo do Direito.[12]

Essas manifestações artístico-culturais são oriundas, inicialmente, de coletividades criadoras. Podem, também, não ser identificadas as suas origens, sendo porém atribuídas titularidades e responsabilidades ao Estado e à toda a sociedade, em concepções que serão expostas no decorrer do estudo.

O que cumpre perceber, neste momento, é que está se tratando de tutelar as manifestações artístico-culturais baseadas na tradição e, no que respeita ao sujeito criador e ao momento de seu surgimento, de origem não identificada.

Não há que se falar em manifestações artístico-culturais de origem identificada e individual, pois estas já possuem escopo protetivo.[13]

Resta saber, porém, como o Direito irá nomear o objeto já identificado pela Antropologia, na busca da aplicação de uma tutela.

Neste momento cabe dizer que diuturnamente são encontrados os termos já citados: *conhecimento tradicional*[14], *propriedade imaterial* e *folclore*, todos representativos de um mesmo objeto de estudo delimitado em fronteiras imprecisas[15]. O que constitui um problema, já que os doutrina-

---

[12] Pela impossibilidade de enquadramento em qualquer das diferentes tutelas atualmente existentes.

[13] Por meio do Direito de Autor.

[14] Terminologia utilizada, entre outras ocasiões, nos relatórios da OMPI sobre propriedade intelectual e conhecimento tradicional WIPO – *Intellectual property needs and expectations of traditional knowledge holders*. WIPO *report on fact-finding missions on intellectual property and traditional knowledge* (1998-1999); WIPO – *Draft report on fact-finding Missions on intellectual property and traditional knowledge (1998-1999) – Draft for comment* – 03 de julho de 2000; WIPO – *Intellectual property needs and expectations of tradicional knowledge holders (1998-1999) – WIPO report on Fact-fiding Missions on ientellectual property and traditional knowledge (1998-1999)* – WIPO, Genéve, abril de 2001.

[15] Também outras terminologias são utilizadas, mas, em decorrência da condição muito particular de determinados autores, não serão analisadas, somente citadas. São elas: **cultura tradicional,** no original em inglês, *traditional culture*: por Josef Jancár em *Principles of Tradicional Culture and Folklore Protection Against Inappropriate Commercialization*, Unesco/ Ministerstvo Kultury Ceské Republiky, Stráznice, 1997; **cultura tradicional e popular**, no original em francês, *culture traditionnelle et populaire,* por Unesco, em *Recommandation sur la sauvegarde de la culture traditionnelle et populaire adoptée par la Conférence générale à sa vingt-*

A TUTELA JURÍDICA DAS EXPRESSÕES CULTURAIS TRADICIONAIS

dores vêm se referindo a um mesmo objeto nomeando-o pelos termos acima citados como se cada um deles mantivesse uma similitude absoluta com os demais. Desde já acreditamos ser razoável expor nossa insatisfação pela incompletude significativa de cada um dos termos, e a preferência pela nomenclatura **expressões culturais tradicionais**[16], a qual vem sendo utilizada pela OMPI em suas últimas reuniões do Comitê Intergovernamental[17] sobre o tema. Acreditamos que esta é a terminologia mais adequada para nomear nosso objeto de estudo em suas relações com o universo do Direito.

O termo **expressões culturais tradicionais** representa uma melhor adequação da gênese do que desejamos nomear, em oposição às demais expressões utilizadas pela doutrina que trata da inter-relação do mesmo com o universo do Direito, em especial com a propriedade intelectual.[18]

---

*-cinquième session*. **Paris, 15 novembre 1989; acessado no endereço eletrônico** http:// firewall.unesco.org/culture/laws/paris/html_fr/page1.htm em 10 de junho de 2002, termo também muito utilizado no fórum mundial Unesco/WIPO realizado em Phuket, Tailândia, entre os dias 8 e 10 de abril de 1997; **tradições populares,** no original em espanhol, *tradiciones populares,* por Luis Felipe Rangel Sánchez, Eloy Martos Núñes e Miguel Angel Encabo Vera, coordenadores, em *La costumbre, el derecho consuetudinário y las tradiciones populares en extremadura y alentejo,* Editora Regional de Extremadura, Cáceres, 1998; **criações estéticas tradicionais,** por Denis Borges Barbosa, em *Introdução à propriedade intelectual,* 2ª edição, Lumen Juris, Rio de Janeiro, 2003.

[16] O termo escolhido para indicar o objeto de aplicação da tutela jurídica apresentada é "expressões culturais tradicionais".Apesar dessa escolha, serão utilizados outros termos quando se estiver fazendo referência a ordenamentos jurídicos que nomeiam o mesmo objeto de modo diferenciado. Por fim, a utilização específica do termo folclore pode ocorrer em decorrência do conteúdo diferenciado de uma de suas significações, tal qual exposto nos conceitos operacionais (b).

[17] Comitê Intergovernamental sobre Propriedade Intelectual e Recursos Genéticos, Conhecimentos Tradicionais e Folclore da OMPI.

[18] Acreditamos que apesar de correntemente utilizados, os termos propriedade imaterial, conhecimento tradicional e folclore não correspondem à melhor nomenclatura a ser destinada ao nosso objeto de estudo, pelos motivos que passamos a expor. No que se refere ao termo propriedade imaterial, observe-se que este pode vir a indicar a tutela de toda e qualquer imaterialidade representada através de quaisquer manifestações , mesmo que não relacionadas com o domínio das artes e cultura. A imaterialidade em si não é o aspecto precípuo que se deseja alcançar no objeto de estudo, apesar de constantemente invocado, o que induz a um raciocínio equivocado nesta utilização terminológica. Parece que a utilização da terminologia imaterialidade na expressão propriedade imaterial é tão-somente

DISPOSIÇÃO DO PROBLEMA

Observe-se que em decorrência da própria escolha da terminologia adequada, começa a se identificar o objeto da tutela jurídica a ser pro-

um alerta para o fato de que há uma propriedade que se manifesta de modo imaterial mas ainda assim deveria ser tutelada como propriedade. Para nós a imaterialidade é o modo de transmitir e também o que propriamente se transmite. Na tradição, inclusive, como se poderá perceber mais adiante, tão importante quanto o que se transmite é o modo pelo qual se transmite. A utilização do termo imaterialidade, portanto, indica unicamente a condição de que algo não é material, apesar de o fundamento do objeto da tutela ser a cultura popular e não a imaterialidade, ainda que esta seja uma característica daquela. Sobre a utilização do termo propriedade pode-se afirmar que este encontra-se duas vezes equivocado. Num primeiro momento por denominar de propriedade algo que é muito mais do que tão-somente uma propriedade, sendo, na maior parte das vezes, uma razão de ser de determinados povos ou grupos sociais, ao mesmo tempo em que não se consti- tui em propriedade no conceito das ciências jurídicas. Num segundo momento porque nomear por propriedade imaterial é dizer que tudo que não possui materialidade deve ser observado e, conseqüentemente, tutelado através de um mesmo sistema, que seria um sistema de proteção da propriedade imaterial. Olvidam-se os defensores da utilização desta terminologia do fato de que muitas das manifestações artístico-culturais aparecem sob a forma imaterial e não são manifestações de culturas populares em oposição à cultura de massa ou erudita. Assim, qualquer compositor de música já estaria protegido pela mani- festação exterior de uma canção de sua autoria no sistema de *Droit D'auteur* vigente nos países do sistema romano-germânico, independentemente de seu registro como autor de obra musical por ele criada. Nesse sentido, essa exteriorização já lhe permite a proteção do direito no sistema de *Droit D'auteur*, seja na condição de emanação da personalidade do criador e, ao mesmo tempo, no aspecto patrimonial. É certo que somente parte desse direito e desse objeto poderia ser nomeada como propriedade imaterial, o que convoca a utilização desse termo à exclusão de nosso estudo, por sua total inadequação ao mesmo. Propriedade imaterial é, portanto, terminologia equivocada em seus dois termos utili- zados. Seu objeto de tutela não corresponde tão-somente à propriedade, e, no tocante à materialidade, não somente nas concepções de manifestações culturais são imateriais. O duplo equívoco, e também na compósita utilização, o inutilizam a representar o objeto de tutela ao qual o Direito que buscamos deverá ser aplicado. A terminologia **conhecimento tradicional**, por sua vez, apresenta-se como inadequada em outro sentido. A tradição está intrinsecamente relacionada às manifestações artístico-culturais de origem na cultura popular, por ser, verdadeiramente, a sua condição de possibilidade. Dessa forma, concor- damos que a utilização do termo conhecimento tradicional representa as manifestações artístico-culturais que se manifestam de modo oposto às manifestações eruditas ou de massa. Além disso, muitas manifestações do conhecimento humano ocorrem através da tradição apesar de não se enquadrarem no domínio das artes e cultura. Tal qual ocorre com o conhecimento relacionado à biologia e às questões de medicina tradicional. Nesse sentido, o conhecimento tradicional, além de representar aspectos artístico-culturais, posta. Porém, para que a sua utilização e análise verdadeiramente alcancem os objetivos que se pretende atingir, faz-se necessária a compreensão do que esta terminologia possui em sua composição.

Portanto, deve-se compreender o que são as **expressões culturais tradicionais** e, mais precisamente, o que significa este modo de nomear algo.

Antes de tudo , o objeto que se espera tutelar, denominado por **expressões culturais tradicionais**, deve ter o escopo de proteção nitidamente definido e fundamentado no domínio das artes e cultura, no que pese um certo caráter reducionista desta delimitação. Por esse motivo, utiliza-se o termo **cultural.**

No que se refere ao termo **expressões**, a análise dessa utilização será feita quando da delimitação do objeto de estudo, em capítulo próprio. Por outro lado, cabe anunciar a utilização da terminologia **expressões**, em oposição a **obras**, já que que esta carrega o sentido de algo terminado

apresenta aspectos relacionados à medicina, à biologia, bem como outras áreas do conhecimento, o que o torna inadequado ao nosso estudo, eminentemente voltado aos aspectos artístico-culturais das sociedades. Sendo assim, refutamos o uso do termo conhecimento tradicional, ainda que admitindo que, muitas vezes, a mais branda compartimentalização do conhecimento de determinadas sociedades poderá levar à indicação, em uma mesma área do conhecimento, de aspectos místicos, medicinais e, concomitantemente, culturais. O que ocorre, porém, é que o escopo de nosso estudo, além de não abarcar o conhecimento das áreas científicas já citadas, não trata de concepções culturais somente relacionadas às sociedades simples, como se poderá depreender.

Por fim, também largamente utilizado é o termo **folclore**, cuja crítica que se lhe aplica é o fato de carregar um valor intrinsecamente discriminatório. Isso decorre do fato de que a utilização do termo folclore faz oposição, na condição de representação da cultura popular, à cultura erudita, o que indica a existência de um prévio juízo de valor ao se nomear as manifestações artístico-culturais oriundas da cultura popular por folclore. Levamos em conta que existe uma oposição entre os valores da cultura popular e da cultura erudita, no sentido de tratar esta última como mais qualificada e culta, e aquela como mera curiosidade desnecessária ao desenvolvimento cultural humano. Esse fato, desafortunadamente inequívoco, é amplificado ao nomear-se por folclore os valores decorrentes da cultura popular. Não concordamos, sob nenhuma hipótese, que haja qualquer possibilidade de se tratar a cultura popular como inferior à cultura erudita, mas admitindo que o termo folclore carrega um valor intrinsecamente preconceituoso, afastamo-lo de nosso estudo, para evitar esta equivocada desvalorização.

DISPOSIÇÃO DO PROBLEMA

e exteriorizado[19], deixando vácuos protetivos nas concepções do que seria necessariamente tutelável pelo Direito inerente às ECTs. Em outras palavras, a tutela de obras não é suficiente, sendo inevitável definir algo que vá além disso. Assim sendo, o termo **expressões** corresponde exatamente à necessidade imposta pelo cruzamento entre Antropologia e Direito.

Por outro lado, percebe-se que ainda não há elementos suficientes para o total enquadramento nas precisas fronteiras sobre o que se pode observar como objeto tutelável. Nesse sentido, há que se considerar que além de corresponderem nitidamente a uma manifestação cultural, indo além de representarem meras obras, as ECTs devem fundamentar-se na tradição, tema que será exaustivamente tratado no título a seguir, mas que por ora necessita de alguma indicação. Dessa forma, afirmar que uma manifestação cultural baseia-se na tradição é direcionar à compreensão de que a cultura popular será o nosso objeto de tutela jurídica.

Sendo assim, as expressões culturais tradicionais não se identificam com outras modalidades de cultura, tal qual a erudita ou mesmo a cultura de massa, pois que as origens de cada uma são distintas.

Resta, porém, compreender o que significa cultura popular, a qual, já se sabe, fundamenta-se na tradição, e **ao se alcançar o seu significado, torna-se clara e precisa a indicação do nome expressões culturais tradicionais**.

Tratemos, portanto, da diferenciação entre essas modalidades de cultura, para que se possa seguir em direção à delimitação do tema.

### 1.2.1. Cultura popular, cultura erudita e cultura de massa

As ECTs são representativas da cultura popular originária de um grupo social cujos valores lhe interessam primordialmente. **Não apresenta, em linhas gerais, *transbordamentos* para além do grupo social do qual se origina, servindo, por assim dizer, para *consumo interno*[20].** Já fora dito que a cultura popular *não apresenta características de domínio para além das fronteiras do grupo social que a coletiviza*[21]. Além de sua marcante representa-

---

[19] Sobre a questão da exteriorização e da fixação, ver o número 2.4.
[20] Obviamente que não no sentido econômico do termo consumo, mas com a significação de utilização interna da ECT pela sua representatividade.
[21] Maria de Cáscia Nascimento Frade, *Folclore*, São Paulo: Global Editora, 1991, p.21.

tividade, tem como fundamentação a sua própria existência, ambientada em necessidades inerentes ao grupo que lhe deu origem.

Por outro lado, a cultura erudita é a que nasce em um grupo social mas que necessariamente expande-se para além das fronteiras deste grupo de origem e acaba sendo compreendida, por outras parcelas da sociedade, **como importante e necessária para a elevação ou manutenção de um determinado *status* social**. Dito de outro modo, a cultura erudita é aquela que pode ser indicada e compreeendida por parte da sociedade como a que *vale a pena ser apreendida*. Curioso que ela pode ter sua origem em um mesmo nascedouro de uma cultura popular, mas um eventual transbordamento irá transformá-la em erudita e dar-lhe um aspecto de maior importância. Em situações como essas denota-se o preconceito tantas vezes constatado no tratamento da cultura popular.[22]

A cultura de massa, por sua vez, é a que tem nascimento na produção comercial e industrial ou decorre da migração artificial de contextos da cultura popular ou da cultura erudita para os produtos que lhes são ínsitos. Certamente, portanto, não advém da espontaneidade de uma manifestação social. Sua origem é necessariamente distinta das culturas erudita e popular, no sentido de que tem primordialmente um fim econômico a ser atingido. Para os fins da proteção que defendemos no presente estudo, e como manifestação culural, a cultura de massa não poderia justificar-se por si só, porque possui como objetivo precípuo, atingir o domínio mais amplo possível da sociedade por meio da publicização e comercialização de seus produtos , com o fim de alcançar determinados valores econômicos. É decorrente da tentativa de se criar produtos que promovam basicamente o entretenimento[23], ainda que, por si só, esse fato não lhe confira uma necessária desqualificação. *Pode-se afirmar, outrossim, que uma outra origem para a cultura de massa é a migração*

---

[22] Neste mesmo sentido de preconceitos constantes, também é curioso notar que há profissionais especializados e considerados eruditos que têm amplo conhecimento de culturas populares, como é o caso em geral dos folcloristas, dos antropólogos, dos cientistas sociais, só para citar alguns. Perceba-se que nesta categorização constantemente preconceituosa, o objeto seria tratado de forma diferenciada do sujeito.

[23] Isto não quer dizer que a cultura popular ou erudita não contenham, em si, doses de entretenimento, mas, por outro lado, o entretenimento puro encontra-se mais diretamente relacionado com a cultura de massa.

*artificial de uma manifestação da cultura popular ou erudita para o ambiente da indústria cultural.* Nesse sentido, a cultura de massa surgiria tendo por base a cultura popular ou a cultura erudita para, posteriormente, ser *produzida* pela indústria em conseqüência dos interesses primordialmente econômicos desta. Em outras palavras, poderá ter havido uma manifestação cultural fundada na origem da cultura popular ou erudita, e, pela relevância econômica de sua representatividade, a mesma passaria a ser tratada como produto.

### 1.3. Delimitação do tema
Logramos êxito na busca da melhor terminologia a ser utilizada, avançando em terreno tipicamente relacionado à delimitação do tema a ser estudado.

Fizemos menção ao universo da cultura popular e da tradição como temas de nosso particular interesse para a análise do Direito mais adequado a ser aplicado. Ainda assim, a significação da cultura tradicional pode indicar um conceito demasiadamente vago e excessivamente amplo para o estudo que ora se efetua.

Em linhas gerais, podemos afirmar, através de uma conceptualização simplista, que **cultura é toda e qualquer manifestação social do homem que transmita conhecimento e que represente, em maior ou menor medida, grupos sociais de maior ou menor complexidade.**

Compreender o termo dessa forma, porém, pode possibilitar equívocos na aplicação da terminologia "expressões culturais tradicionais".

Nesse sentido prático, compreenda-se que pode se considerar cultura:

(1) A utilização de determinadas raízes ou ervas por um grupo social com fins terapêuticos, como ocorre em diversos grupos indígenas do Brasil ou de outros países;

(2) O modo de se tecer determinados pedaços de pano formando roupas típicas, como, por exemplo ocorre na criação e produção das Molas do povo Kuna;

(3) O uso de imagens e concepções inerentes a um grupo social para a produção de obras pictóricas somente sob autorização de membros do grupo, como se observa em manifestações culturais dos aborígenes australianos.

A TUTELA JURÍDICA DAS EXPRESSÕES CULTURAIS TRADICIONAIS

Além desses, um sem fim de exemplos poderia ser indicado como manifestações culturais, considerando toda a extensão da conceptualização do que vem a ser cultura.

Por outro lado, uma concepção reducionista se faz necessária.

Considerar-se-iam cultura, portanto, as manifestações relacionadas ao que se passou a denominar por domínio das artes e da cultura. Este novo universo, mais restrito, também deve ser nomeado por cultura, no âmbito das sociedades complexas.[24]

Por esse prima reducionista, porém bastante realista e adequado, a utilização de ervas ou raízes, apesar de poder ser considerada manifestação cultural em sentido lato, encontra-se excluída do universo das artes e da cultura, em um sentido restrito. Isto porque a utilização de raízes e ervas está intrinsecamente relacionada a questões estranhas àquele domínio, sendo representativa de categorias do conhecimento que não nos interessam. Por outro lado, os demais exemplos elencados incluem-se na concepção mais reduzida de cultura, reproduzindo temas do domínio das artes e da cultura.

Dessa forma, percebemos que o escopo do nosso estudo não abarca toda e qualquer expressão cultural em sentido amplo, mas somente os aspectos analisados restritivamente[25].

Há de se atentar plenamente ao fato já mencionado de que, em larga escala, desenvolveu-se a terminologia das sociedades complexas para nomear por cultura as manifestações de todo e qualquer povo que busca, através da arte, representar sua crenças, ideologias, religiões,

---

[24] No que se refere às sociedades simples, apresenta-se um caráter de compartimentalização do conhecimento que permita uma diferenciação, como nas sociedades complexas.

[25] No Direito de Autor, estão protegidas as obras artísticas, literárias ou científicas. Afastamos a terminologia científica para evitar confusões terminológicas com outras expressões do conhecimento transmitidas pela tradição, tal qual aquelas relativas à medicina tradicional e o denominado conhecimento associado.

Dessa forma, reduzimos o âmbito de proteção dos objetos para aqueles surgidos no que definimos por domínio das artes e da cultura. Essa redução refere-se à necessidade em se aplicar categorias jurídicas distintas aos objetos jurídicos de natureza diferenciada. Desse modo, não há que se propor a aplicação de conceitos de direito patentário para expressões culturais tradicionais relacionadas à dança, ao canto etc. O enquadramento e a delimitação temática serão apropriadamente efetuados.

aspectos sociais, entre outras manifestações consideradas e denominadas culturais.

Sendo assim, e considerando o conhecimento humano como necessariamente holístico, especialmente no que corresponde às sociedades simples, há de se praticar algum esforço para delimitar corretamente o objeto de estudo.

Utilizamos esse esforço para excluir de nosso escopo protetivo e análise científica todas as questões relativas ao patrimônio genético, à biotecnologia e à medicina popular, mantendo as expressões culturais tradicionais voltadas, unicamente, ao domínio das artes e cultura.

Compreendemos a dificuldade imposta pelo desmembramento de temas que se apresentam de modo tão íntimo, mas de fato há que se perceber uma diferenciação em dois grupos básicos de áreas do conhecimento no que se refere às discussões de expressões culturais baseadas na tradição:

(1) as expressões culturais tradicionais inerentes às artes, cultura e denominadas ciências humanas e do espírito e;

(2) as expressões voltadas às ciências da saúde e tecnologia, tais como medicina tradicional, aplicabilidade de conhecimento genético, biotecnologia e temas assemelhados.

Não pretendemos declarar que os conhecimentos vinculados à tradição estejam compartimentados de modo tão simplório, mas tão-somente objetivamos a percepção de que há duas linhas de pesquisa e discussão no âmbito internacional para a aplicação do Direito.

Por este motivo, cremos que o escopo jurídico adequado às duas áreas do conhecimento deve necessariamente diferenciar-se.

Há de se considerar que nosso objeto de estudo não se assemelha, em conteúdo, às expressões voltadas às ciências da saúde e tecnologia. Apesar do surgimento e da forma de transmissão de ambos ser idêntica, o conteúdo de um difere sensivelmente do outro[26]. Dessa forma, diferentes tutelas jurídicas devem ser aplicadas, pois para cada fato haverá um

---

[26] No que pese a característica holística das sociedades simples em especial, as quais compõem parte dos sujeitos de direito aplicável, como se poderá perceber no decorrer do estudo.

distinto e mais adequado Direito. Assim, e exemplificadamente, se é razoável crer na possibilidade de tutela do conhecimento genético por via do Direito Patentário, não há que se analisar tal Direito no domínio das artes e cultura, por uma completa inadequação. Por outro lado, há uma série de categorias jurídicas interessantes ao nosso tema de estudo que serão ao seu turno analisadas, as quais, por sua vez, seriam ineficazes na tutela de aspectos da biotecnologia, tomando-se por exemplo o Direito de Autor.

Tudo isso justifica um estudo destacado entre essas duas linhas básicas de conhecimento humano transmitidos pela tradição.

Concluímos, portanto, que as **expressões culturais tradicionais** que nos interessam são aquelas voltadas ao domínio das artes e da cultura, ainda que tenha que ser efetuada uma categorização necessariamente artificial entre as artes e as diversas formas de conhecimento que podem lhes estar relacionadas.

# Capítulo 2
# Do Objeto da Tutela

**2.1. Considerações específicas sobre o objeto e análise (prévia) conjunta da tutela das ECTs e do Direito de Autor**

As expressões culturais tradicionais são o objeto da tutela do Direito cujo escopo temático em oposição a outras áreas do conhecimento fora já delimitado.

Há de se identificar, em linhas gerais, o objeto. Para fazê-lo, é necessária a utilização de conceitos do Direito de Autor que sirvam como paradigma para a compreensão do objeto da tutela jurídica das ECTs.[27]

Antes de tudo, as ECTs são criação.

Criação, como já se pode constatar, do domínio das artes e da cultura.

Não se trata de obras, mas expressões, diferenciação que se tornará inequívoca neste mesmo capítulo, pois que abarca um universo mais amplo do que tão-somente obras artísticas.

Além disso, não são criações tais como as comumente conhecidas pela categoria jurídica do Direito de Autor por dois motivos básicos: **não apresentam um momento definido de seu surgimento ou um autor individualizável**[28].

---

[27] Não obstante tal fato, o empréstico de valores e princípios inerentes aos direitos de autor não encerram a discussão de qual tutela deveria ser aplicada às ECTs.

[28] Também aqui se poderia colocar o fato da fixação como pressuposto do Direito de Autor, mas não nos pareceu ser o momento mais apropriado pela generalidade desta parte do

No âmbito do Direito de Autor esses dois institutos seriam considerados obstáculos para sua aplicação, enquanto na tutela aplicável às expressões culturais tradicionais os mesmos não somente não serão obstáculos, mas **condições para que o Direito lhes possa ser aplicado.**

Em outras palavras, enquanto não há possibilidade de tutela pelo Direito de Autor para as criações que não possuam um autor individual e identificado, **somente** poderá haver a tutela aplicável às ECTs se os autores forem **não identificados** em sua individualidade, contemplando-se, porém, a tutela para as coletividades. Será necessário, portanto, que a origem das ECTs esteja exatamente nessas coletividades. Dá-se o nome de coletividades criadoras para as coletividades das quais originam-se as ECTs[29].

O primeiro motivo acima descrito que afasta a tutela pelo Direito de Autor é a impossibilidade de se definir o momento da criação. Este fato impossibilita a atribuição de um prazo de proteção que indica uma premiação para o autor, pelo seu contributo às artes e à cultura.[30] Por outro lado, na tutela das ECTs essa relação temporal não pode ser tratada de modo reducionista, visto que, em linhas gerias, o que cabe antecipar é que as ECTs não apresentam um surgimento definido.

Dessa forma, e recordando o que já fora observado anteriormente com o acima exposto, conclui-se que as expressões culturais tradicionais apresentam as seguintes características:

(1) possuem surgimento indefinido;
(2) são oriundas de uma coletividade criadora e nunca de um ou mais indivíduos identificáveis;
(3) pertencem ao domínio das artes e da cultura, excluídos, portanto, os conhecimentos relacionados às ciências da saúde e ciências biológicas;

---

texto. Além disso, a fixação pode ou não estar presente nas ECTs, sendo característica marcante apesar de não poder ser considerada condição de fundo.

[29] As coletividades criadoras serão analisadas no capítulo 3, a seguir, que trata dos sujeitos da tutela aplicável. Para uma prévia compreensão de seu significado, ver os conceitos operacionais (ii) na parte introdutória do trabalho.

[30] Oliveira Ascensão prefere afirmar que o Direito de Autor "[...] visa compensar o autor pelo contributo criativo trazido à sociedade. [...]" *Direito autoral,* p.3.

(4) são oriundas da cultura popular e nunca da cultura de massa ou erudita.

Além disso, são transmitidas pelo que se costuma denominar tradição, e por isso não surgem ou se propagam de modo exato no tempo e no espaço[31].

Por tradição, logo se compreenderá seu significado[32], restando, para o momento, a compreensão das condições de possibilidade das ECTs, a saber, criatividade, originalidade e representatividade da coletividade criadora.

## 2.2. Condições de possibilidade da tutela das ECTs – Relação entre criatividade, originalidade e representatividade da coletividade criadora

Como visto, as ECTs são criação. Dessa forma, se a criatividade[33] é o ponto de partida da tutela jurídica para as obras artísticas e também o será para as ECTs.

Uma criação artística, como se sabe, é o objeto de proteção da categoria jurídica do Direito de Autor, enquanto em especial às ECTs lhes será aplicada uma tutela mais adequada às suas características e ainda a ser desvelada no decorrer do presente estudo.

Ocorre que a criatividade será o pressuposto inicial para a tutela jurídica sob a forma do Direito de Autor ou de uma nova tutela, pois que sem a sua presença não há que se falar em obras, e, no especial ponto que nos interessa, não há que se falar em **expressões culturais tradicionais.**

É evidente e pacífica a constatação de que um ser criativo é necessariamente o ser humano, não sendo possível a aplicação de medidas protetivas às forças da natureza ou mesmo a animais[34].

---

[31] Podem também não apresentar uma fixação, mas por não ser uma exigência, excluímos esse aspecto do rol de características primordiais das ECTs.

[32] Neste capitulo nº 2.3.

[33] Também é condição de possibilidade a existência de um criador. Atente-se, porém, que esse autor é considerado sempre como individual, o que nos leva a estudar esse ponto no capítulo referente ao sujeito da tutela aplicável, capítulo 3.

[34] Oliveira Ascensão, *Direito autoral* "[...] uma forma natural, por mais bela que seja, não é obra [...] artística, não o é o quadro pintado por um animal, [...] ou formas caprichosas formadas pela neve.[...]", p. 27.

A TUTELA JURÍDICA DAS EXPRESSÕES CULTURAIS TRADICIONAIS

Mas deverá aplicar-se este princípio ao ser humano considerado não somente de modo individualizado, como também coletivamente. **Seria pretensioso pensar que somente o indivíduo, em seu gênio criativo identificável e único, pudesse criar**[35] [36]. E é exatamente no sentido da aplicabilidade de uma tutela sobre uma coletividade que se coloca o presente estudo.

Uma obra (criativa) ou uma **expressão cultural tradicional** decorrerá necessariamente da transformação subjetiva das sensações percebidas por um ou mais sujeitos criadores em meios de percepção sensíveis aos sentidos. Essas aplicações serão trazidas, com seu esforço e singular capacidade de interpretação[37], para o mundo exterior.

A criatividade decorrerá, portanto, de um processo subjetivo-criativo- -transformador decorrente de observações inerentes ao universo, em oposição à constatação das descobertas do âmbito da ciência, essas, sem dúvida, meras observações com suas decorrentes constatações de fatos objetivos preexistentes a qualquer concepção humana.[38]

Dessa forma, a criatividade é inerente ao ser humano, não repousando qualquer dúvida no que se refere à sua exigência para a contemplação do Direito aplicável às ECTs[39].

---

[35] Sobre o(s) sujeito(s) da tutela aplicável, ver o capítulo 3 e as considerações sobre as coletividades criadoras.

[36] Essa pretensão já fora admitida como tal pelo próprio Direito de Autor, especificamente na consideração da tutela às obras em participação coletiva e até mesmo em domínios mais polêmicos, com a possibilidade de atribuição originária de autoria às personalidades jurídicas. Mas esse ponto está além de nosso interesse, por isso, não o desenvolveremos no momento. Além disso, a situação é totalmente distinta pela possibilidade de identificação dos sujeitos naquelas coletividades.

[37] Singular no sentido de único, insubstituível.

[38] Também, neste sentido, Oliveira Acensão, *Direito autoral*, p. 28, afirma que "[...] As descobertas do domínio científico são realmente descobertas. Por mais geniais, representam sempre o progresso no conhecimento duma ordem objetiva, que sempre existiu, mas a que o espírito humano só gradualmente vai se elevando.[...]"

[39] Além disso, atente-se ao fato de que a afirmação de que um povo é criativo é o mesmo que dizer que em sua composição étnica se pode perceber com clareza a capacidade de fazer surgir novos conceitos, novas idéias e concepções sobre o modo de ver o mundo e sobre como se relacionar com ele. Em especial no que respeita ao aspecto da criatividade que ocorre de modo coletivo, o sujeito que denominamos por coletividade criadora inova, constantemente, sua relação com o mundo, indo além das concepções objetivas

DO OBJETO DA TUTELA

Conclui-se que o aporte inovador que faz surgir algo pela própria condição humana, seja de modo individual, seja de modo coletivo, é a criatividade.

Inerente a cada origem, no que respeita ao sujeito, deverá ser aplicado um Direito.[40] Se o sujeito é uno e identificado, apontado como a origem inequívoca da obra criada, lhe serão aplicados os princípios do Direito de Autor, desde que tenha atuado de modo criativo. Se o sujeito é uma coletividade criadora, e se nesta têm origem as expressões de sua cultura, deverá ser aplicada a tutela específica das ECTs.

Nesse sentido, **a criatividade é condição de fundo para a tutela jurídica das ECTs, como o é para a tutela das obras na categoria do Direito de Autor.**

Visto isso, tratemos da originalidade.

Num processo criativo, **a originalidade será o fundamento de dife-renciação de uma obra das demais existentes no universo.** Não carregará, por sua vez, nenhum critério de novidade, visto que a novidade é uma noção objetiva, enquanto a originalidade será subjetiva.[41]

**Carrega a marca inconfundível de sua origem, seja através da obra protegida pelo Direito de Autor, seja pelas ECTs.** Ostenta o valor de sua história[42]. Em uma consideração um tanto quanto "romântica" e cada dia mais distante dos clássicos institutos do Direito de Autor, a origi-

---

que mantém na sua observação do universo. Dessa forma, ao possibilitar a existência de uma festividade como a *Dança dos Praiás*, os *Pankararu* de Brejo dos Padres denunciam a criatividade de sua coletividade, sendo essa expressão cultural representativa daquele povo, daquela coletividade criadora.

[40] Pelo menos esta é a razão da propositura deste estudo.

[41] Sobre a questão da novidade, ver, por todos, Oliveira Ascensão e Andrè Betrand. O primeiro categoriza a novidade em subjetiva e objetiva, aquela indispensável e que implica que "o contributo do espírito fique impresso na obra criada" (*Direito autoral* p. 62.) Esta última, por sua vez, é "o próprio caráter distintivo da obra". Bertrand, por sua vez (*Le Droit D'auteur...*, p. 133 e 134), afirma que "[...] a novidade é uma noção objetiva, [...] se define pela ausência de anterioridade, enquanto a originalidade é uma noção subjetiva, definida pela sua individualidade e natureza pessoal.[...]". Além disso, afirma que não é necessário que a idéia do autor seja absolutamente nova, nem mesmo que sua inspiração seja completamente livre de qualquer influência.

[42] Ainda que os elementos que a caracterizem possam estar presentes, em algum medida, nas histórias de outros criadores.

nalidade representa a própria presença da personalidade do criador sobre a obra. Claro que esta conceito deve ser (re)elaborado na doutrina contemporânea do direito de autor, mas ainda está presente como compreensão do fundamento sbjetivo criativo. Nesse sentido, adaptando-se o mesmo preceito às ECTs, a originalidade carregaria a representatividade de uma coletividade criadora[43].

Seguindo na concepção de originalidade referente ao Direito de Autor, não se poderia aqui postular uma, por assim dizer, "originalidade absoluta", senão uma relativa, visto que há farta existência de obras que contêm semelhanças em suas idealizações, construções temáticas e aspirações, sendo os resultados práticos (portanto, as obras em si) distintos.

Dessa forma, e em termos muito gerais, basta que não seja suficientemente assemelhada com outra obra preexistente com a qual possa se confundir a ponto de não se poder diferencia-las entre si para que a obra seja contemplada com a condição da originalidade no universo do Direito de Autor. Dito de outro modo, é permitida a semelhança desde que não haja confusão de identidade entre as obras.

E como se procede, neste sentido, no que se refere às ECTs?

Ora, há de se perceber que a origem das ECTs pode ser distinta e, ao mesmo tempo, tão assemelhada com ECTs inerentes a outras coletividades criadoras que admite-se o questionamento acerca de sua própria originalidade, bem como *locus* de surgimento. Em especial em referência às sociedades simples e, mais especificamente, a grupos indígenas, essa situação torna-se sensivelmente alarmante.[44]

E neste momento, invadimos a seara de uma terceira condição de fundo: a representatividade de uma coletividade criadora. Dessa forma, o pressuposto fundamental das ECTs é deslocado da condição da originalidade inerente às obras protegíveis pelo Direito de Autor para a representatividade de uma coletividade criadora.

---

[43] Mais considerações sobre este ponto, ver o capítulo 5 sobre a possibilidade de aplicação de pressupostos dos Direitos de Personalidade.

[44] Os povos indígenas apresentam, em generalidade, uma muito sensível à sua relação com a natureza e as forças da natureza. Por si só este fato já seria suficiente para demonstrar a possibilidade, não muito distante, do questionamento acerca da originalidade em ECTs de origens distintas. Sobre a possibilidade de uma ECT ser representativa de mais de uma coletividade criadora, a Lei 20 do Panamá propôs a destinação a um fundo único.

Portanto, basta que seja representativa desta coletividade para que a ECT mereça a aplicação da tutela jurídica específica, mesmo que sem um elevado grau de originalidade que, ausente esta última condição, lhe poderia ser exigido. Nesse momento, a originalidade das ECTs vai assemelhar-se com aquela originalidade relativa do Direito de Autor, aumentando-se, porém, a sua amplitude e, conseqüentemente, sendo aplicável um novo conceito jurídico.

É dizer que ao se constatar que uma expressão cultural tradicional é realmente representativa de uma coletividade, as condições de possibilidade da criatividade e da originalidade necessariamente lhe acompanharão, não sendo forçoso perceber que o pressuposto primordial para a tutela das ECTs é a representatividade de uma coletividade.

Conclui-se que no caso das expressões culturais tradicionais, os conceitos acima enumerados reduzem-se a uma concepção una e fluída, indicativa dos fundamentos da criatividade, da originalidade e da representatividade. Dessa forma, essa concepção poderia ser representada pela própria condição de **representatividade da coletividade criadora,** que traria em si mesma a presença da criatividade e da originalidade.

Visto isso e para além da representatividade da coletividade criadora, há de se compreender a tradição como elemento primordial[45] para a tutela das ECTs, instituto que tratamos de compreender a seguir.

## 2.3. A tradição – Necessário cruzamento no âmbito das Ciências Jurídicas e Antropológicas

Se as **expressões culturais tradicionais** possuem uma série de características próprias que devem ser compreendidas em sua essência, a tradição é entre todas a mais relevante. A origem da tutela do direito das expressões culturais tradicionais decorrente das coletividades criativas baseia-se na tradição. A compreensão da tradição como conceito antropológico estranho ao Direito, irá travestir-se de tecnicidade jurídica no âmbito do presente estudo, e será o ponto de partida para a compreensão, tanto da aplicabilidade da tutela jurídica às ECTs, quanto da motivação desta última.

---

[45] A tradição é elemento primordial e não condição de fundo, pois a sua própria existência e presença se confunde com as ECTs.

A TUTELA JURÍDICA DAS EXPRESSÕES CULTURAIS TRADICIONAIS

Seria custoso atribuir uma série de definições acerca da tradição e preferimos declarações sintéticas que possam amparar uma momentânea tecnicidade no cruzamento das ciências da Antropologia e do Direito.

Tradição, portanto, será considerada para os fins deste estudo **o movimento coletivo atemporal e impessoal de transferência de conhecimento, mantido vivo por parcelas da sociedade, sejam identificáveis ou não.**[46]

Em última análise, a tradição é o derradeiro baluarte para a possibilidade de existência da cultura de um povo. É o verdadeiro limite de existência de um povo. Nesse sentido, um povo que não pode/consegue manter a sua cultura através da tradição, deixará de existir.[47]

A tradição apresenta fundamentos, pressupostos, para sua existência, todos eles com acentuado relevo para a aplicação da tutela jurídica às ECTs.

Dessa forma, para que se possa alcançar o significado das expressões culturais tradicionais, há que se compreender o que vem a ser a tradição no sentido do que a mesma interessa às ciências jurídicas.

No que respeita ao seu surgimento, os fundamentos identificados referem-se:

(1) ao momento de seu surgimento **(temporalidade)** e;

(2) ao sujeito **(pessoalidade).**

Também o **modo de transmissão** será de total interesse das ciências jurídicas, estando este amparado fundamentalmente na **oralidade**. Além dessas concepções, a constatação de que **forma e conteúdo** fazem parte de uma mesma medida, tanto no surgimento quanto na transmissão das expressões culturais tradicionais, será também tema de nosso interesse.

Tratemos, portanto, dos fundamentos da tradição.

---

[46] As definições são muitas, e algumas merecem relevo tal a de Sebastião Rocha "[...] A tradição é o conjunto de fatos e elementos (materiais e espirituais) que uma época ou geração entrega ou doa a quem lhe sucede para que esta, por sua vez, o transmita com seus fatos ou elementos incorporados à sua imediata sucessora.[...]", *In Folclore – roteiro de pesquisa*, Coordenadoria de cultura do Estado de Minas Gerais, Belo Horizonte, 1979. p.08.
[47] Sejam sociedades simples ou complexas em sua totalidade, sejam parcelas das mesmas.

### 2.3.1. Surgimento das expressões culturais tradicionais – Impessoalidade

Já fora visto que uma criação advém do esforço de seu criador. Deu-se a este esforço o nome de inspiração ou ainda transpiração, consoante os alcances pessoais decorrentes do processo criativo sejam involuntários ou voluntários.

De toda forma, será sempre um esforço criativo.

**No que respeita ao objeto da aplicação do Direito, fundamenta-se a tutela tendo como sua fonte a criação.**

Há que se compreender, porém, no âmbito do Direito, o que já fora há muito percebido e desenvolvido na Antropologia, ou seja: a possibilidade de um surgimento considerado espontâneo das expressões culturais tradicionais[48]. Dizer que há um surgimento espontâneo é afirmar que não se pode alcançar uma mente criativa única, mas isso não deve significar que deva haver um vácuo protetivo e ignorável pelo Direito.[49]

Nas ECTs, de modo distinto do que ocorre com as criações individuais, opera-se o surgimento através dos interesses culturais e da manifestação criativa de um grupo social[50]. É dizer, o sentido que se dá aos fatos em si mesmos por uma coletividade faz surgir as expressões culturais, não importando nem mesmo o quanto mais vasta ou específica essa coletividade possa ser.

Em definitivo, nas ECTs não houve um alguém debruçado sobre seu pensamento criativo à disposição das idéias para que elas brotassem no momento de sua própria conveniência e pudessem se desenvolver em concepções criativas.

Por outro lado, as expressões culturais tradicionais surgem quando ninguém lhes dá atenção, sorrateiramente, como que se estivessem à

---

[48] Novamente um conceito trazido da Antropologia encontra dificuldades no universo jurídico. O surgimento espontâneo não é conceito jurídico, mas deve ser contemplado pelo Direito.

[49] Não há dúvida de que deve ser mantida a necessária e justa compreensão da existência do surgimento definido pelo gênio criativo individual, que deve seguir sendo premiado e amparado pelos direitos que lhe cabem, não se estando aqui a discutir a validade destes princípios.

[50] Por outro lado, como já fora dito neste mesmo capítulo, não se pretende tutelar toda e qualquer manifestação nascida da tradição, mas tão-somente aquelas representativas da cultura em sentido mais restrito.

espreita do melhor momento para nascer, sem que se saiba de onde vieram. E assim, sem indicar sua origem precisa do ponto de vista do sujeito criador, as expressões culturais tradicionais passam a ocupar um espaço na coletividade que representam, e por esse motivo merecem a tutela jurídica mesmo sem se identificar seu criador.

Por tudo o que fora dito, perceba-se que a impessoalidade seria, paradoxalmente, o fundamento subjetivo da criação das ECTs. Isto se a sua fundamentação ocorresse pela individualidade. Curioso, pois seguiria sendo o fundamento subjetivo sem apresentar o sujeito. Poderia, portanto, no âmbito da Antropologia, concluir-se por uma autoria impessoal, o que seria um *contradicto in se* e uma definição verdadeiramente forçosa para o universo das Ciências Jurídicas, pois seria semi-metafórica[51]. Autoria indefinida seria um tanto quanto mais adequado[52]. Há, porém, aqueles que preferem nomear por autoria coletiva, como o faz o ordenamento jurídico do Panamá[53].

Por outro lado, a impossibilidade em se identificar o sujeito criador não faz com que a ECT não possa ser contemplada, tanto o é que ela existe. E de fato, seguirá existindo mesmo e, sobretudo, sem a presença de um criador individualmente reconhecido. Nesse sentido, enquanto houver expressão cultural tradicional, haverá uma autoria que poderia ser nomeada por indefinida ou coletiva, sendo certo, porém, que estaria diluída no espaço e no tempo[54].

Dessa forma, dizer que não se alcança o indivíduo criador não é argumento suficiente para a ausência de tutela jurídica inerente às ECTs. Indicar impossibilidade de aplicação ou não atribuição de um direito por inadequação e daí não se extrair qualquer outra compreensão e busca de aplicação de um "outro direito" seria admitir que o Direito chega depois

---

[51] Utilizo a expressão semi-metafórica indicar que não obstante haja uma impossoalidade neste conceito, assim denominar poderia serconfundido como afastar a existência de um processo criativo que, ao fim e ao cabo, será sempre fundamentalmente humano e , portanto, construído sobre ideias desenvolvidas por pessoas.

[52] No sentido da indefinição de uma individualidade criadora.

[53] Lei 20.

[54] Por curioso tem-se o fato de que a este respeito a diferenciação da categoria do Direito de Autor entre autor e intérprete muitas vezes não faria mais sentido, visto que a cada nova manifestação da ECT um novo aporte poderia fazer modificações à sua essência, mantendo-a em constante estado evolutivo.

DO OBJETO DA TUTELA

dos fatos, depois da antropologia e que não se modifica de acordo com a necessidade social. Os juristas precisam "fazer o dever de casa". E este fato pode ser afirmado no próprio sentido da não identificabilidade de seu sujeito, pois, como se vê, essa condição **não impede a existência da representatividade de uma cultura.**

Em conseqüência dessa representatividade, ainda que se considere inaplicável o Direito de Autor ou qualquer outra categoria jurídica, não há que se afastar toda e qualquer possibilidade de tutela jurídica.

## 2.3.2. Surgimento das expressões culturais tradicionais – Atemporalidade

O momento do surgimento de uma obra é fundamental pois traz à luz a comprovação da existência fática de uma expressão de idéias. De tamanho relevo, o momento da criação é um destaque na linha do tempo sobre o qual se debruçarão alguns fundamentos de Direito de Autor[55].

Nesse sentido, ao constatar-se que uma expressão artística passa a existir, busca-se logo identificar o momento de seu surgimento[56]. Identificado seu surgimento, será aplicada a tutela jurídica efetuando-se a proteção no que determinar a lei.

Assim, portanto, se conduz à proteção das criações oriundas do intelecto (sempre valendo recordar, relacionadas ao aspecto artístico cultural) pelo método de atribuição de Direito de Autor, equilibrando-se a relação temporal entre o criador e a sociedade[57], tendo por base, temporal, o surgimento da obra e a possibilidade de indicação de seu criador[58].

---

[55] Por exemplo peloa fato de que no sistema de *Droit D'auteur* a exteriorização da idéia já é suficiente para a tutela jurídica, o que alça a temporalidade a uma posição de suma importância.

[56] A compreensão do momento do surgimento é relevante para a construção das relações entre prazo de proteção e domínio público.

[57] Entre o exclusivo do autor e a liberdade de uso adquirida pela sociedade, Oliveira Ascensão, com acentuada razão, critica a expressão e afirma que "[...] domínio público em relação à obra não representa nenhum domínio ou propriedade, mas simplesmente uma liberdade do público. [...]" . *Direito autoral*, [...] p. 353.

[58] No que se refere em especial ao Direito de Autor, este aplica a contagem do prazo de proteção, em regra geral, a contar-se do ano posterior a morte de seu criador, variando--se, nos diplomas nacionais, o prazo de duração da tutela. Há regimes de obras especiais,

A TUTELA JURÍDICA DAS EXPRESSÕES CULTURAIS TRADICIONAIS

Com as ECTs, como se pode depreender, não ocorre de idêntico modo, pois ignora-se o momento exato de seu surgimento.

Por outro lado, a noção de existência das ECTs ocorre simplesmente pela noção de sua inexistência anterior.[59]

Dessa forma, basta reparar que pelo fato de existir, significa que a ECT foi criada , mesmo que em momento não-identificado. E se há ECT, há, portanto, representatividade de uma cultura, merecedora da tutela jurídica aplicável.

Ainda assim, cumpre salientar que a não identificabilidade do momento do surgimento traz problemas para o universo das ciências jurídicas e, nomeadamente, para o Direito de Autor. Nesse sentido, esta situação fática inclusive justifica a opção em alguns ordenamentos jurídicos em promover a tutela das ECTs exclusivamente através de uma tutela do Estado para proteger o patrimônio cultural nacional, afastando a opção pelo Direito de Autor.[60]

Ora, nas ECTs a tradição não só será a solução para a impossibilidade de identificação do momento e do sujeito da criação, como é a sua própria justificativa. Porém, compreenda-se que esta não é uma colocação no sentido de solução de aplicação de prática jurídica, mas, por outro lado, da constatação jurídico-antropológica de que a tradição, revestida da atemporalidade, é tanto possível em um universo científico de conhecimento alheio ao Direito quanto tutelável por este. Em outras palavras, não é por ser um conceito que não seja inerente às Ciências Jurídicas que será ignorado por esta área do conhecimento. Nesse mesmo sentido, antes porém de se apresentar como uma solução jurídica, a tradição representa a constatação de uma realidade fática e merece ser tutelada.

A tradição, portanto, representa a possibilidade de permanência de uma ECT ao mesmo tempo em que se configura como fonte de sua ori-

---

tais como a obra cinematográfica, a fotográfica e, mais recentemente, os programas de computador.

[59] Nesse sentido, não se poderia induzir a inexistência de uma ECT pela não identificabilidade de seu surgimento. E ao se impossibilitar a tutela jurídica por não se alcançar o surgimento, os preceitos de justiça não estariam sendo aplicados.

[60] Há outros países, porém, que se utilizam de uma modalidade que apresenta institutos de Direito de Autor e de outras categorias jurídicas, como é o caso dos países africanos em geral, a Bolívia, entre outros.

DO OBJETO DA TUTELA

gem, ainda que não identificados o sujeito criador individualizável e o momento de seu surgimento.

Visto isso, cabe percorrer outro caminho, igualmente árduo, na transposição de outro conceito desde a Antropologia até o Direito. Trata-se da compreensão da relação da atemporalidade com a antigüidade.

A idéia sempre salientada de que a tradição está relacionada com aspectos culturais existentes desde tempos inalcançáveis é equivocada. O fato de um aspecto cultural fazer parte do desenvolvimento de um povo ou determinada parcela deste povo não pode ter a relação temporal como definidora da possibilidade de uma tutela que poderia lhe ser aplicável.

A verdadeira condição de possibilidade para se nomear algo como tradição[61] é a impossibilidade de identificação de seu surgimento, desde que verificada uma inequívoca representação do grupo social que a observa exatamente como representativa.

Ora, o que verdadeiramente nos interessa é a diluição da origem do fato cultural, diluição esta que pode ter ocorrido em tempos não tão distantes e que não mereceriam a alcunha de imemoriais.[62]

Ainda neste raciocínio, repare que ainda que se espere, por sua constatação lógica, que uma manifestação tradicional esteja assentada no seio da cultura desde tempos imemoriais, não se pode considerar tal expres-

---

[61] No sentido jurídico que nos interessa, visto que há muitos equívocos nas nomeações referentes a este tema e sua relação com o Direito.

[62] Em sentido contrário, Luis da Câmara Cascudo, *In Literatura Oral no Brasil*, Editora Itatiaia, São Paulo. p. 24, afirma que: "[...] A literatura folclórica é totalmente popular mas nem toda produção popular é folclórica. Afasta-a do folclore a contemporaneidade. Falta-lhe tempo [...]", concluindo que "[...] Os elementos característicos do folclore são: a antiguidade, a persistência, o anonimato e a oralidade. [...]". Uma escusa razoável seria a consideração do uso da terminologia folclore, que pode indicar um material mais assentado no tempo, o que ainda assim não é justificável na transposição do conceito da tradição desde a Antropologia ao Direito. Antônio Henrique Weitze por sua vez, *In Literatura e linguagem folclórica*, Arquivos de folclore, Centro de Estudos sociológicos de Juiz de Fora, Juiz de Fora, 1976, afirma que "[...] Pela palavra se forma o lastro do conhecimento humano, que se transmite **de geração a geração**, de povo a povo. Dessa tradição oral, evoluída natural e espontaneamente, chegou-se à literatura.[...]" (grifamos). A denominação de transmissão *de geração a geração* é usual nos estudos da cultura popular e do folclore, excluidora das manifestações que podem possuir tradicionalidade enquanto tenham tido um surgimento contemporâneo.

A TUTELA JURÍDICA DAS EXPRESSÕES CULTURAIS TRADICIONAIS

são sob o ponto de vista de longevidade temporal (passada), mas, sim, de não identificabilidade temporal.

O sentido de imemorial, apesar de conter o sentido de antigüidade, de longevidade inalcançável, deve ser compreendido, neste caso, com cautela, sob pena de se tornar injusta e inaplicável a tutela jurídica de nosso tema de interesse.

Acreditamos que ao utilizar-se a terminologia imemorial, o significado que à mesma corresponde com exatidão para fins de nossas reflexões é de algo não identificável pela memória cultural do povo, por ter sua origem já diluída, independentemente da longeva temporalidade atribuída ao seu surgimento.

Até porque, e cumpre salientar, se assim o fosse teríamos que determinar um período de tempo mínimo de existência para atribuição do direito. Ora, se não se pode identificar o surgimento de uma manifestação cultural, ao limitar-se a comprovação de tempos *antiqüíssimos*[63], não se poderia afirmar se a mesma mereceria a tutela jurídica. Ou, em termos ainda mais indecifráveis para o Direito, tão-somente se poderia tutelar as ECTs cuja temporalidade fosse supostamente mais antiga, por não ser identificável a sua origem. Toda essa gama de aspectos seria um contra--senso. Por fim, bastaria que as expressões culturais mantivessem um aspecto de contemporaneidade (ainda que surgisse num passado longínquo) para que lhes fosse negada a tutela. Essa situação, peculiar, talvez fosse o maior de todos os contra-sensos, bastando ver que quanto mais identificável na linha do tempo (por aproximação), tão menos tutelável seria uma expressão cultural, o que seria plenamente inadmissível.

Não há dúvidas, portanto, de que a aplicação do aspecto imemorial no sentido de *antiqüíssimo* é equivocada e injusta para a aplicação de qualquer modalidade de Direito relacionado às ECTs.

O que se tutela é a expressão representativa de uma coletividade, e não sua antigüidade.

Conclui-se, portanto, que ocorre com as expressões culturais fundadas na tradição um surgimento não identificado quanto à sua origem, isto em referência ao sujeito criador individual e à linha do tempo. Por outro

---

[63] Utilizando-se uma outra denominação para imemorial. Justifica-se o superlativo por razões óbvias.

DO OBJETO DA TUTELA

lado, este fato, por si só, não impede que se esteja diante da representatividade (de uma) cultura, seja ela inerente a um grupo numericamente pouco abrangente, seja representativa de um grupo mais amplo. E é exatamente essa representatividade que se deseja tutelar.

Dessa forma, não deixará de haver expressões culturais tradicionais, nem mesmo após as ciências jurídicas perceberem que seu surgimento não é, nem poderia ser, semelhante ao das criações individuais.

Em outra palavras, e nesse sentido, dizer que as expressões culturais baseadas na tradição não podem ser tuteladas por uma impossibilidade de aplicação de direitos é ignorar o seu valor, bem como ignorar o seu surgimento (ou ainda, a sua existência e portanto o seu surgimento) e representatividade, ambos conceitos indiscutíveis. Uma inadequação jurídica não pode ser fundamento de ausência de tutela, pois que o Direito está à disposição da sociedade para servi-la como forma de proporcionar-lhe o melhor convívio e funcionamento de suas instituições.

As expressões culturais tradicionais devem seguir existindo, à espera do momento de sua partida, quando aí, sim, não mais haverá a tutela aplicável, visto que nada mais será representativo de uma cultura.

### 2.3.3. Oralidade – a manifestação do modo de transmissão das ECTs

A oralidade é a característica primordial do modo de transmissão das expressões culturais tradicionais e prescinde, para atuar, de qualquer fixação das mesmas.

Tratemos de trazer o paradigma do Direito de Autor para que haja a compreensão da questão.

A problemática se coloca pois para que recaia a tutela do Direito de Autor sobre as obras oriundas da criação do domínio das artes e da cultura é necessária a fixação[64] da obra ou, ao menos, a sua exteriorização[65]. Ocorre que a oralidade, que é o modo de transmissão fundamental das ECTs, não apresenta qualquer indicação de semelhança, desde já, com a fixação, o que afasta uma consideração comparativa para que possa induzir uma tutela pelo Direito de Autor. Em outras palavras, a oralidade, como forma de transmitir uma obra, não pode ser substituída pela fixa-

---

[64] Para o sistema de *Copyright* e para algumas obras no sistema de *Droit D'auteur*, tais como obras coreográficas, programas de computador etc.
[65] Para o sistema de *Droit D 'auteur*.

ção. Dessa forma, os diplomas de Direito de Autor nos quais esta última é pressuposto de tutela[66] não suportariam a oralidade como forma de transmissão de obras tuteláveis pelo Direito de Autor. Nesse momento, afasta-se o Direito de Autor de nosso objeto de proteção.

Comparando-se as ECTs e as obras protegíveis por Direito de Autor percebe-se também um diferenciado processo em sua exteriorização e surgimento. Nas ECTs ocorre uma confusão entre o processo criativo e o processo transmissor. Nota-se que não se pode identificar sujeito e momento da criação das ECTs, e este mesmo vácuo inerente ao surgimento das ECTs vai se colocar como fundamento para a sua transmissão. Em outras palavras, não se pode afirmar quando são transmitidas as ECTs ou por quem, mas tão-somente que esta transmissão se processa através da oralidade.

Nesse momento, ainda mais ausente se coloca a possibilidade de tutela pelo Direito de Autor, incidindo-se uma necessária inclusão de outra categoria jurídica que justifique os novos preceitos. Mas não há uma categoria jurídica precisa, o que justifica o próprio estudo que ora se apresenta.

O que nos parece fundamental é a constatação de que o objeto tutelável pelo Direito comunica-se e propaga-se no tempo e no espaço de forma diferenciada das obras protegidas por Direito de Autor, e se esta categoria não lhe é admitida, que se aplique outra.

Em outra hipótese, o que poderia justificar uma inaplicabilidade jurídica em decorrência do obstáculo da oralidade? Haveria um modo de se efetuar uma transformação ou adaptação do conceito da oralidade para que lhe seja atribuído um sentido jurídico? Em primeiro lugar não nos parece razoável que no caso em tela o Direito possa exigir uma modificação do universo fático para que seja adaptado uma espécie de leito de procusto. A direção deve ser nitidamente contrária.

Deve-se compreender que a oralidade é o fundamento maior da transmissão das expressões culturais tradicionais e a maior garantia para sua sobrevivência. A relação entre oralidade e as expressões culturais tradi-

---

[66] Os países que se utilizam do sistema de *Copyright* exigem fixação para que haja a tutela.

cionais é tamanha que já fora dito que *a cultura popular é o saldo da sabedoria oral na memória coletiva.*[67]

E, como visto, o simples fato de as expressões culturais tradicionais transmitirem-se pela oralidade poderia ser combatido como um obstáculo de simples transposição no universo do Direito em busca da tutela jurídica aplicável. O que faz, porém, a oralidade tornar-se marca indelével das ECTs é a constatação de que através dela mantém-se a impossibilidade de identificar o momento do surgimento e o sujeito responsável pela criação. A oralidade será, assim, o modo de transmissão por excelência das ECTs.

Ora, a transmissão oral é um conseqüência do já citado surgimento espontâneo das ECTs, transfomando-se em **verdadeira garantia para a manutenção da cultura popular**. Garantia esta que deve ser preservada pela aceitação de que é suficiente para a aplicação de uma determinada tutela jurídica.

Conclui-se, por sua vez, que a oralidade não se apresenta sob forma fixada, visto que sua natureza não permite. E este é o contra-senso de sua existência, visto que, exatamente por ser meio de transmissão que refuta a fixação, propaga-se no tempo, sem permitir auxílio na busca dos vestígios do momento do seu surgimento, eliminado qualquer possibilidade de descobrimento dos já citados momento da criação e de que é o sujeito da criação.

**Portanto, a oralidade é, ao mesmo tempo, obstáculo à tutela jurídica e garantia da sobrevivência da cultura popular.**

Dessa forma, o fato de as ECTs manterem-se no tempo através da oralidade não pode ser medida impeditiva para a tutela jurídica, pela plena capacidade do Direito em compreender que esse instituto é da própria essência (constitutiva) das ECTs, objeto de atenção de nosso estudo.

Além disso, a oralidade não interfere nas condições de possibilidade para tutela das ECTs já elencadas, a saber, a criatividade, a originalidade e a representatividade de uma coletividade criadora. Aliás, especifi-

---

[67] Luis da Câmara Cascudo, *Civilização e cultura*, Coleções Clássicos da Cultura Brasileira, Editora Itatiaia: Belo Horizonte, 1983.

A TUTELA JURÍDICA DAS EXPRESSÕES CULTURAIS TRADICIONAIS

camente sobre a originalidade [68], a cada momento as ECTs podem ser modificadas, de acordo com a interação entre o receptor e o transmissor da cultura, sendo certo que, nesse caso, opera-se uma certa confusão entre dois sujeitos diferenciados e tutelados de modo independente pelo Direito de Autor, a saber: o autor e o intérprete.

Repare-se que alguns diplomas legais têm sido concebidos com atenção ao princípio de que a oralidade é característica ínsita das ECTs. Nesse sentido por exemplo, a lei modelo de Túnis determina[69] que a fixação não é requerida para a tutelas das ECTs, muito embora a terminologia utilizada naquele diploma para nomear o objeto de estudo seja *obras* em oposição a *expressões*[70]. Por sua vez, as Disposições-tipo não especificam qualquer critério para a tutela do que denomina *expressões do folclore*. Já o Acordo de Bangui tutela as ECTs dando-lhes equivalência a *obras originais*[71] (que seriam tuteláveis por Direito de Autor), não lhes exigindo fixação em qualquer meio material[72].

Dessa forma, e em linhas gerais, afirmar que a não fixação seria obstáculo à tutela das ECTs seria negar a verdadeira origem das expressões. Como se pode observar, esta ideia vem fazendo parte de importantes ordenamentos internacionais que tratam do tema.

Conclui-se, portanto, que a oralidade é condição *sine qua non* para a existência das ECTs e deve assim ser considerada, colocando-se como substrato suficiente para que se possa aplicar a tutela jurídica às ECTs, e mais uma vez (e já adiantando-nos em alguma conclusão) não será razoável aplicar o Direito de Autor, não restando dúvidas sobre a possibilidade de aplicação de uma nova categoria jurídica.

---

[68] Walter Ong p. 53.
"[...] **As culturas orais**, evidentemente, **não carecem de originalidade própria**. A originalidade narrativa reside não na construção de novas histórias, mas na administração de uma interação especial com sua audiência em sua época – **a cada narração, deve-se dar à história, de uma maneira única, uma situação singular**, pois nas culturas orais o público deve ser levado a reagir, muitas vezes intensamente. [...]".
[69] Na seção 5 bis.
[70] E a terminologia "obras" aproxima-se cmuito mais de uma forma definida e passível de fixação do que propriamente as denominadas "expressões".
[71] Artigo 5º.
[72] Artigo 4º, 2.

## DO OBJETO DA TUTELA

### 2.4. Manifestações das ECTs

Já foram expostos os aspectos gerais relacionados às peculiaridades apresentadas pelo objeto da tutela aplicável, restando apresentar as manifestações das ECTs que merecem ser tuteladas.

Como restou demonstrado, no que se refere às possibilidades de tutela inerentes às manifestações de criação, o Direito de Autor é a mais adequada categoria de direito para servir de fonte de um elenco de manifestações protegíveis. Seguirá sendo o modelo para a aplicação e análise de alguns pontos de relevo.

Dessa forma, em um primeiro momento não surgem questionamentos referentes à quais ECTs possam ser tuteladas. Isso porque com o auxílio dos institutos do Direito de Autor poderiam ser indicadas as obras protegíveis por aquele como ponto de partida para a tutela. Dito de outro modo, todas as obras originais oriundas de um processo de criação por coletividades criadoras seriam tuteladas tanto quanto as criações individuais o são pelo Direito de Autor.

Dessa forma, podem ser protegidas as ECTs que sejam manifestadas por meio de quaisquer obras, seja qual for o seu modo ou forma de expressão, exemplificadamente: obras literárias, obras musicais, obras de artes plásticas, tais como pinturas, esculturas, gravuras, cerâmica, litografia etc.; obras dramáticas, dramático-musicais e suas representações; obras coreográficas, bem como quaisquer outras que possuam o critério da criatividade.

Não há que se buscar um critério exaustivo de obras tuteláveis, bastando que se tenha em mente que é necessária a constatação da presença das condições de possibilidade para a tutela das ECTs, a saber: criatividade, originalidade e representatividade da coletividade criadora. Nesse sentido, o entendimento internacional para atribuição de obras protegíveis pelos critérios do Direito de Autor tem sido o de identificação de um elenco exemplificativo de obras, e a consideração de que qualquer modalidade de obra, sob qualquer forma de expressão, desde que possuidora de criatividade, merece a tutela daquela categoria de Direito. Além da Convenção de Berna[73], numerosos diplomas nacionais[74] se filiam a

---

[73] Art. 2º, 1 – *A designação de obras literárias e artísticas abrange todas as produções do domínio literário, científico e artístico, qualquer que seja o seu modo ou forma de expressão, tais como: livros, brochuras e outros escritos; as conferências, alocuções, sermões e outras obras da mesma natureza; as*

A TUTELA JURÍDICA DAS EXPRESSÕES CULTURAIS TRADICIONAIS

este entendimento, tratando corretamente de exemplificar as obras protegíveis, possibilitando a adesão de novas concepções artísticas principalmente em tempos de acelerado desenvolvimento tecnológico. [74]

Ocorre que, no que diz respeito às ECTs, não se pode considerar o mesmo elenco atribuído pelas convenções internacionais ou pelos diplomas nacionais a que se refere às obras protegidas por Direito de Autor, senão como uma fonte da qual podemos partir para a atribuição das ECT tuteláveis.

Dessa forma, concluímos por uma concepção preliminar sobre o tema da identificação das ECTs tuteláveis, qual seja, a constatação de que a atribuição de um elenco admissível às ECT é o mesmo das obras protegíveis por Direito de Autor, na medida, porém, de uma proteção coletiva. Em outras palavras, toda e qualquer obra que tenha origem em uma coletividade criadora e que possa ser exteriorizada tal qual uma obra que seja protegida pelo Direito de Autor merecerá a tutela aplicável às ECTs. Isso porque, inequívoco o processo de criação e admitida a coletividade criadora como sujeito (isto sempre com todas as nuances que as conclusões às esse estudo for indicando), o objeto a ser tutelado seria, necessariamente, qualquer obra que possua os mesmos requisitos da tutela das obras pelo criador visto de modo individual, a saber: a criatividade, a originalidade[75].

---

*obras dramáticas ou dramático-musicais; as obras coreográficas e as pantomimas; as composições musicais, com ou sem palavras; as obras cinematográficas e as produzidas por qualquer processo análogo ao da cinematografia; as obras de desenho, de pintura, de arquitetura, de escultura, de gravura e de litografia; as obras fotográficas e as produzidas por qualquer processo análogo ao da fotografia; as obras de arte aplicadas; as ilustrações e as cartas geográficas; os projetos, esboços e obras plásticas respeitantes à geografia, à topografia, à arquitetura ou às ciências.*

[74] P. ex., LDA, Brasil, art. 7º e CDADC, Portugal, Art. 2º, 1.

[75] As condições de possibilidade para a tutela das ECTs foram já analisadas, neste mesmo capítulo. São elas: a criatividade, a originalidade e a representatividade de uma coletividade criadora. Ocorre que, partindo-se do paradigma do Direito de Autor não há que se considerar esses mesmos institutos. As condições de possibilidade para o Direito de Autor são: a criatividade, a originalidade e tudo isto observável num processo criativo inerente a um sujeito identificável, ao qual se pode também incluir, evidentemente, o conceito de exteriorização. Neste sentido, para a correspondente análise das condições de possibilidade para as ECTs, subsitui-se o sujeito criador identificável individualmente pela coletividade, a qual, obviamente, deverá ser representada pelas ECTs.

DO OBJETO DA TUTELA

Mas não é tudo.

Ainda que ampliado o escopo de proteção de todas as possibilidades de obras oriundas de uma coletividade criadora, mesmo que não elencadas, coloca-se o problema da transmissão da cultura por parte destas.

Como já se pôde concluir neste mesmo capítulo, as ECTs não se propagam no tempo através da fixação, mas através da oralidade, concepção básica para a sua existência. Ocorre que parte significativa das ECTs surge da criação a partir de concepções ou modos de fazer que também se originam da propagação através da oralidade, e tampouco se manifestam pela fixação.

Por esses motivos, cumpre ressaltar que devemos, por uma vez mais, recorrer ao Direito de Autor para analisar os requisitos[76] exigidos que esta categoria jurídica impõe como básicos para ser aplicado e, dessa forma, poderemos compreender como se processa a aplicabilidade da proteção em relação às ECTs.

Sendo assim, cumpre tratar sobre a **fixação** e a **exteriorização**[77].

A fixação se coloca como a possibilidade de se promover, através da materialidade, a existência de um obra.

No sistema[78] de *Copyright* tal característica manifesta-se como prerrogativa para a tutela da obra[79]. Não existe, porém, tal exigência no âmbito do sistema de *Droit D'auteur.*[80]

---

[76] Insistindo que os nomeio por condições de possibilidade.

[77] Não seria equivocado tratar a exteriorização como condição de possibilidade do Direito de Autor, mas as ressalvas inerentes à compreensão desta condição para um direito inerente à ECTs deve levar em conta

[78] O surgimento do Direito de Autor se deu através do *Droit D'auteur* francês e do *Copyright* inglês. Esses dois modos de se tutelar as obras do domínio das artes, cultura e ciências surgiram de países cujo tratamento jurídico é distinto e se fundamenta em preceitos típicos de seu próprio Direito. Nomeamos por sistema cada uma dessas modalidades de tutela, com o fito de melhor possibilitar referências aos seus institutos típicos. Compreendemos, porém, que a conceptualização de sistema talvez devesse ser mais bem aplicada a outros grupos de direitos que apresentam maior amplitude. Nesse sentido, poder-se-ia denominar sistema não o grupo de institutos referentes à tutela dos titulares de Direito de Autor, o que nomeamos por sistema de *Droit D'auteur* ou de *Copyright*, podendo ser empregada aquela nomenclatura aos grupos gerais de institutos que tenham gerado essas duas modalidades de aplicação jurídica específica, a saber: sistema romano-germânico (ou romanístico) e sistema da *common law*. Não nos furtamos a indicar essa nomenclatura se assim for necessário para diferenciar as modalidades de aplicação do Direito. Compreendemos a possibi-

A TUTELA JURÍDICA DAS EXPRESSÕES CULTURAIS TRADICIONAIS

Por outro lado, o *Droit D'auteur* exige da obra que a mesma seja exteriorizada, desde que a sua representação se revele nos sentidos[81]. Ou, no mesmo sentido, mas em outras palavras, já foi dito que *o que não é expresso não pode ser protegido*[82]. Portanto, poderá ser tutelada uma determinada obra ao ser criada e exteriorizada, e enquanto esta se albergar em uma preexistência que não conduza a sua concepção até a sua exteriorização, não haverá tutela pelo Direito de Autor.

Visto isso coloca-se um problema. Por se transmitirem através da oralidade, por vezes faltam às ECTs o requisito da fixação e por outras da exteriorização. Obseve-se, portanto, que a problemática se coloca nos dois sistemas de Direito de Autor, *Copyright* e *Droit D'auteur*, pois que o conteúdo formador das ECTs são anteriores tanto à fixação exigida pelo *Copyright* quanto à exteriorização exigida pelo *Droit D'auteur*[83].

lidade de se nomear de modo distinto grupos de institutos jurídicos, categorias jurídicas, famílias, sistemas, mas preferimos não nos alongar nessas concepções pela já necessária delimitação de outros aspectos específicos necessários à compreensão da tutela jurídica a ser apresentada. Nesse sentido, e acreditando que seria por demais desviante de nosso tema tratar dessas concepções de modo exaustivo, optamos por nomear objetivamente como sistemas de Direito de Autor os diferentes tratamentos jurídicos de *Droit D'auteur* ou de *Copyright*. Por outro lado, ao nos referirmos à *common law* e à coletividade de institutos inerentes aos países de concepção romano-germânica, poderemos indicar que estes são sistemas distintos de Direito, compreendidos de modo necessariamente mais amplo do que o reduzido escopo de proteção do Direito de Autor.

[79] Nas palavras de Oliveira Ascensão, In *Direito autoral, p.32* "[...] os sistemas de Copyright, justamente por que se baseiam na possibilidade de reprodução, exigem a fixação material como condição de proteção [...]". Assim, pode-se afirmar que a fixação é condição de possibilidade nos países de Copyright que a exigem para aplicação do Direito.

[80] Sobre essa diferença entre os sistemas, a Convenção de Berna tratou de determinar que fica reservada à legislação dos países da União a faculdade de prescrever se as obras literárias e artísticas não serão protegidas enquanto não forem fixadas num suporte material. Art. 2º, 2.

[81] Oliveira Ascensão, sobre este ponto, afirma: "[...] a obra é uma realidade incorpórea; a exteriorização que ela representa ainda pode ser imaterial, bastando que se revele nos sentidos [...]". *In Direito autoral*, p. 31.

[82] **Bertrand, André**, *Droit d'auteur et droit voisins*, 2ª édition, Dalloz, Paris: 1999.

[83] No sentido da compreensão de uma diferença sistêmica dessa amplitude, a Convenção de Berna, em seu art.2º, 2, reserva aos países da União "[...] a faculdade de prescrever que

DO OBJETO DA TUTELA

Dessa forma, há de se perceber que as manifestações oriundas do conhecimento tradicional fazem parte de um universo dinâmico, não amparado por uma existência formal como obras, o que afasta os conceitos tratados em ambos os sistemas de Direito de Autor[84].

Portanto, neste momento é importante ressaltar a nomenclatura atribuída ao nosso objeto de proteção: **expressões** culturais tradicionais.

Ao tratarmos de nomear pelo termo **expressão/expressões** o objeto ao qual pretendemos aplicar um direito, distanciamo-nos das concepções clássicas do Direito de Autor, o qual não nos serve mais como medida de auxílio.

Ora, nesse sentido, se o Direito de Autor tutela as **obras,** sejam literárias, artísticas ou científicas, as expressões culturais tradicionais devem ser tuteladas além desse limite, significando mais do que as emanações formais do desenvolvimento de uma idéia.

Assim, devemos considerar que as ECTs "são vítimas de uma contradição inerente: só cobram existência real no momento em que se manifestam, e não obstante, existem e permanecem na memória coletiva da população apesar de seu caráter efêmero [...]" e, dessa forma, "[...] muitos elementos do patrimônio cultural existem exclusivamente na memória coletiva e individual, como, p. ex., as canções e os relatos folclóricos [...]"[85].

Se trouxéssemos o Direito de Autor e a apreciação de sua aplicabilidade[86] às expressões (culturais tradicionais) que pretendemos tutelar, poderíamos perceber que estas ocupam um sítio inalcançável entre as

---

as obras literárias artísticas ou apenas uma ou várias delas não são pretegidas, na medida em que não estejam fixadas num suporte material. [...]"

[84] No Direito de Autor o que se tutela é verdadeiramente a forma que se manifesta por meio de um conteúdo artístico.

[85] Kamal Puri *In Preservación y conservación de las expressiones del folclore*, Boletín de Derecho de Autor, Vol. XXXII, nº. 04, Outubro/Dezembro 1998, Por una protección jurídica del folclore?, Ediciones Unesco, p. 05 e seg.

[86] Mesmo levando-se em conta que tal discussão ocorrerá no capítulo 4, devemos aqui trazer o questionamento do processo protetivo do Direito de Autor visto que esta é a tutela aplicável para as criações intelectuais do âmbito das artes, e enquanto tal, deve trazer aportes a tutelas das ECTs. Por ser modo de proteção universalmente aceito para a tutelas das obras individuais, urge que sejam analisados alguns de seus fundamentos para a devida compreensão da tutela das criações coletivas, no sentido que se colocam as ECTs.

idéias ainda não exteriorizadas e as obras concebidas. A este hiato, ainda que não sejam aplicados os institutos de Direito de Autor, deve ser aplicada outra concepção protetiva pela sua condição de representatividade das coletividades criadoras.

Para a exata compreensão da problemática, analisemos a unicidade na relação forma-conteúdo.

### 2.4.1. A unicidade na relação forma-conteúdo

A oralidade traz em si algo que deve ser percebido em sua essência: a forma de transmissão da cultura se reveste da própria matéria que se está transmitindo.

Dessa forma, por vezes o mais importante de uma ECT será a forma de transmissão, em detrimento de seu próprio conteúdo. Em outras palavras, o modo de transmitir a cultura irá suplantar a importância do conteúdo transmitido.

Esse aspecto é muito relevante para o Direito aplicável, visto que a tutela poderia ser mais eficiente se fosse aplicada à forma de transmissão e, portanto, estaria preservando mais profundamente a cultura, no sentido da necessidade do Direito que ora se impõe.

Por essa relação de unicidade, ainda mais se impõe a compreensão da oralidade e da necessária tutela específica às ECTs.

Mas como se poderá aplicar este princípio à necessidade, ao menos, da exigida exteriorização dos elementos da cultura tradicional? Não se pode esperar que a tutela ocorra antes mesmo da exteriorização, já que seria, em largo sentido, o mesmo que tutelar as idéias, o que não é o nosso objetivo, pois constituiria um excesso na aplicação do Direito.

Por outro lado, um ponto parece se colocar como definitivo. O conhecimento por parte da coletividade criadora, principalmente das sociedades simples, dos elementos inerentes à ECT que sejam representativos dessa coletividade.

Compreenda-se que levando-se em conta que as idéias circulantes no ideário cultural das coletividades criadoras podem manifestar-se a todo e qualquer momento, visto que fluídas e ocupantes de um universo vasto e coletivo, basta que sejam representativas dos valores daquela coletividade (e desde que exteriorizadas sob algum forma que permita que sejam percebidas como expressões culturais) para que lhes seja aplicado

DO OBJETO DA TUTELA

o Direito[87]. Por vezes, pode-se perceber, será necessária uma perícia antropológica, o que não impede de colocar o Direito à disposição da tutela de modo tão específico. Tudo isso ocorre pois pode-se concluir que as ECTs não são idéias em si mesmas, mas também não são manifestações específicas artísticas no sentido que a exteriorização[88] pelo Direito de Autor exige.

Outro modo de enxergar esse mesmo problema é através da constatação da unicidade de alguns entes, os quais, por se apresentarem de modo estranho ao Direito, impossibilitam seu próprio desvelamento.

Nesse sentido, seguimos com o pensamento de que o objeto da tutela não pode ser uma obra, entendida em sua concepção objetiva, fato que já constatamos. A dificuldade se impõe quando a compreensão de que aos casos práticos deve haver uma correspondência no universo jurídico, e desse modo não se permite que a coisa–mesma[89] se mostre em sua essência, perdendo a sua singularidade.

A coisa-mesma representativa de uma cultura pode estar compreendida para além das obras. Isso já sabemos. Serão as expressões culturais tradicionais. Por isso a constatação das expressões e sua possibilidade de tutela aplicável, para além de meras obras.

Porém, uma constatação fática do que se quer demonstrar com o intuito de ampliar o escopo de tutela às ECTs é a unicidade entre a forma e o conteúdo, típica dessas manifestações. Por vezes não importa tanto o que foi dito, mas como foi dito. Por outras não importa muito o que se produziu, mas como se produziu. E exemplificamos: pensemos na técnica de se produzir as Molas, tecidos costurados típicos da cultura do grupo indígena Kuna do Panamá[90]. Não tanto importa qual o desenho efetivamente produzido, mas como se produziu. A técnica de cortar os pedaços de tecido e de costurá-los de um determinado modo é o que traz a representatividade da cultura em sua maior plenitude. O valor estético de uma ou outra figura, ou dito de outro modo, o conteúdo em si, o desenho costurado, confunde-se com a forma de manifestação cultural.

---

[87] Novamente coloca-se a concepção da representatividade da coletividade criadora.

[88] Em um primeiro momento, a exteriorização, e, num segundo, a fixação.

[89] Para utilizar a terminologia de Lênio Luiz Streck, na obra *Hermenêutica e jurisdição constitucional*.

[90] Apêndice A.

Mas esse modo de fazer não é idéia, senão desenvolvimento de uma idéia. Idéia, abstratamente, seria a constatação de que se pode costurar pequenos pedaços de pano para dar forma a determinados desenhos (as Molas do povo Kuna da América Central). Essa atividade é livre, pode ser praticada por qualquer um, faz parte de uma liberdade universal. Portanto, trazer esse pensamento do universo das idéias para a prática é lícito. Costurar daquele modo, também não é ilícito. Proibido deve ser a produção de tecidos como se fosse de origem dos Kuna, ou informar que é um método criado por alguém que não faz parte desse povo, entre outras possibilidades de violação. Assim, se o Direito não considera a unicidade na relação entre forma e conteúdo de uma expressão cultural, a categoria jurídica não serve ao caso em tela. O Direito de Autor, como sabemos, não contempla essa possibilidade, ainda que haja circunstâncias em que os elementos se aproximem, como no caso das artes plásticas.

Ora, não se pode pretender que a universalidade proposta pelas ciências jurídicas capture as singularidades e as categorize em universalidades por uma incompreensão hermenêutica. Em outras palavras, o Direito de Autor protege as obras a partir de suas formas, e não além disso. Uma obra literária será protegida pelo que foi dito sob esta forma. A forma literária continua livre. E o modo de se colocar as palavras também. Isso porque não se possibilita a tutela da forma, pois que há uma infinidade de idéias que podem ser transformadas em obras da espécie-forma literária. Se, por outro lado, se protegem as obras, isso só é feito porque a mesma está inequivocadamente expressa sob forma literária. As idéias, portanto, não fazem parte deste universo jurídico. As ECTs não são idéias. São manifestações das idéias, que se posicionam entre as obras terminadas, e o advento possível da criação, ou seja, a idéia em si.

Não se poderia tutelar a idéia, pois excluiria todas as outras possibilidades de se "fazer algo" daquele mesmo modo. Mas não se pode ser simplista, contanto que seja indicativa de uma coletividade criadora, a forma pode ser protegida tanto ou além do que se categorizou por conteúdo (já que questão foma-conteúdo aparece neste tema). Um modo de fazer, portanto, e quaisquer outras formas de aplicação de conhecimento que podem, nitidamente, ser denominadas por expressão, podendo ser consideradas no domínio das artes, da cultura e das ciências, como já salientamos, serão protegidas por esse novo Direito.

DO OBJETO DA TUTELA

Parece-nos que esta opção é uma terceira via entre a tutela das obras proposta pelo Direito de Autor e a proteção, inadmissível, das idéias de livre circulação universal.

Tratemos, seguidamente, das especificidades desta exsurgente categoria jurídica.

## 2.4.2. A terminologia ECTs define o âmbito de proteção

Considerada e compreendida a relação entre forma e conteúdo, há de se perceber que o modo de nomear o objeto de estudo auxilia na sua própria delimitação protetiva.

Os estudos internacionais e a implementação de alguns diplomas legais têm indicado a tendência universal em se admitir que o conceito de obras artísticas, literárias e científicas não é suficiente para abarcar a tutela do nosso objeto de proteção[91].

Dessa forma, algumas tentativas de se definir as manifestações específicas das ECTs vêm sendo utilizadas com o fim de dar corpo a este ponto tão ardiloso da concepção da tutela jurídica.

Nesse sentido, no documento indicativo das disposições-modelo da OMPI/Unesco, seção 2, é preferida a utilização dos termos expressões ou produções, em relação a obras, com o fito de afastar a exteriorização e a fixação como requisitos de proteção (e que denominamos condições de possibilidade). Sendo assim, as disposições-modelo definem expressões do folclore como "produções que consistem em elementos característicos da herança artística desenvolvida e mantida por uma comunidade do país, ou por indivíduos, que reflitam as expectativas artísticas desta comunidade[92]".

Também outros diplomas que objetivam efetuar a tutela das ECTs, por vezes nomeando o objeto de estudo por conhecimentos tradicionais indígenas, folclore ou patrimônio cultural, preferem a utilização dos termos expressões ou produções, tais como, exemplificadamente, a Lei 20 do Panamá e o Acordo de Bangui.[93]

---

[91] Entre outros: o Acordo de Bangui, as Disposições-tipo (OMPI/Unesco), a Lei 20 do Panamá, a Lei modelo para leis nacionais do Encontro do Pacífico Sul (2002), entre outros.

[92] Para considerações mais amplas sobre as disposições-tipo, ver o capítulo 4.

[93] Ver quadro 1.

A TUTELA JURÍDICA DAS EXPRESSÕES CULTURAIS TRADICIONAIS

Por sua vez, há ainda diplomas legais que nomeiam o objeto de proteção por obras, como a Lei-modelo de Túnis para Direito de Autor, a Lei 032 do Burkina Faso.[94-95]

Desse modo, e recordando o já indicado nos capítulos anteriores, as expressões da cultura tradicional, oriundas de uma coletividade criadora, são o objeto da tutela de um novo Direito, levando-se em conta todas as considerações efetuadas neste capítulo e no decorrer do trabalho. Há de se perceber que uma ECT não só **"é uma criação"**[96], **como "está sendo uma criação".** Deverá, pois, seguir assim durante todo o seu curso existencial até que não mais exista, sem deixar, também, vestígios de sua partida.

Somente nesse momento, quando a ECT se perder no tempo e no espaço, não mais haverá que se falar em tutela, pela inexistência de objeto. Por outro lado, portanto, enquanto houver a constatação de sua existência, a tutela jurídica merecida lhe deverá ser aplicada.

Em linhas gerais, o manto que cobre e isola as ECTs, impedindo sua tutela pelo Direito de Autor, não mais irá exercer seu poder excludente, pois foram alcançadas as necessidades desse objeto jurídico para a sua condição de tutela.

Dessa forma, a criatividade coletiva que de algum modo possa ser expressada, representando a cultura de um grupo social, poderá ser tutelada desde que atingidos novos pressupostos que vêm sendo delineados por um novo Direito, que logo se mostrará por inteiro.

[94] Ver quadro 1.

[95] Para um estudo comparativo das denominadas Leis *Sui Generis* para a Proteção das Expressões Culturais tradicionais, ver o documento da OMPI de código WIPO/GRTKF/IC/5/INF/3 no sítio cibernético daquela organização, em www.ompi.org.

[96] É uma representação cultural.

DO OBJETO DA TUTELA

QUADRO 1 – **Quadro comparativo de legislações e definições das manifestações artístico-culturais tuteladas**

| Ordenamento | Nomenclatura para as ECTs | Espécies de expressões tuteladas |
|---|---|---|
| Disposições-modelo da OMPI e da Unesco (1982). | Elementos da herança artística tradicional | Seção 2<br>Expressões verbais (contos e poesias populares, enigmas);<br>Expressões musicais (músicas populares com ou sem letra);<br>Expressões por ações (danças populares, jogos e formas artísticas ou rituais)<br>Expressões tangíveis (produtos de arte popular, desenhos, pinturas, esculturas, cerâmicas, mosaicos, obras em madeira, em metal, em terracota, talhadas, jóias, cestaria, tapeçaria, trabalhos feitos com costuras, obras têxteis, carpetes e tapetes, costumes, instrumentos musicais e formas arquitetônicas. |
| Lei nacional nº 20 do Panamá (2000). | Expressões tradicionais dos povos indígenas que fazem parte de seu patrimônio cultural | Artigo 1º<br>Criações (em geral), invenções, modelos, desenhos (voltados à indústria ou não), inovações contidas em imagens, figuras, símbolos, gráficos, petroglifos e outros detalhes; além do que, os elementos culturais de sua história, música, arte e expressões artísticas tradicionais, suscetíveis de uso comercial.<br><br>Artigo 2º<br>Costumes, tradições, crenças, espiritualidade, religiosidade, cosmovisão, expressões folclóricas, manifestações artísticas, conhecimentos tradicionais e qualquer forma de expressão tradicional dos povos indígenas. |
| Lei-modelo de Túnis para Direito de Autor (1976). | Folclore | Não há manifestações específicas, mas há a definição de folclore:<br><br>Qualquer obra literária, artística e científica, criada no território nacional por autores presumidamente nacionais destes países ou por comunidades étnicas dos mesmos, transmitidos de geração em geração e que constituam um dos elementos básicos da herança cultural tradicional. |

A TUTELA JURÍDICA DAS EXPRESSÕES CULTURAIS TRADICIONAIS

| Ordenamento | Nomenclatura para as ECTs | Espécies de expressões tuteladas |
|---|---|---|
| OAPI – Acordo de Bangui da Organização Africana da Propriedade Intelectual (1999) | Expressões do folclore | Produções de elementos característicos da herança tradicional artística desenvolvidos e perpetuados por uma comunidade ou por um indivíduo reconhecidamente representante das expectativas da mesma, incluindo-se: Contos, poesias e danças populares, músicas populares com ou sem letra, obras de entretenimento, bem como expressões artísticas de ritos e produções de arte popular. |
| Lei modelo para leis nacionais Encontro do Pacífico Sul (2002) | Expressões culturais | Qualquer modo pelo qual o conhecimento tradicional aparece ou é manifestado, incluindo-se: cognomes (alia names), histórias, cantos, contos, enigmas. |
| Lei nacional de Direito de Autor do Burkina Faso – Lei 032 (1999) | Expressões do patrimônio cultural tradicional. | Artigo 88. A produção composta[97] exclusivamente de elementos característicos do patrimônio artístico e literário tradicional, as quais sejam desenvolvidas e perpetuadas por uma comunidade nacional de Burkina Faso ou por indivíduos reconhecidos como responsáveis pelas aspirações artísticas tradicionais de certa comunidade, incluindo-se, especialmente: contos populares, poesia popular, músicas com ou sem letras, danças e espetáculos populares e expressões artísticas dos rituais e das produções de arte popular. |
| Decreto 3.551 do Brasil para a proteção do Patrimônio Imaterial (2000) | Bens culturais de natureza imaterial que constituem patrimônio cultural brasileiro | Art. 1º, par. 1º, incisos I a IV. Conhecimentos e modos de fazer enraizados no cotidiano das comunidades; rituais e festas que marcam a vivência coletiva do trabalho, da religiosidade, do entretenimento e de outras práticas da vida social; manifestações literárias, musicais, plásticas, cênicas e lúdicas; mercados, feiras, santuários, praças e demais espaços onde se concentram e reproduzem práticas culturais coletivas. |

[97] O texto original não utiliza a expressão obras, mas o equivalente a produções (asism como a tradução para o idioma inglês da lei no sítio cibernético da OMPI ). *"Art.88 Aux fins de la présent loi, on entend par "expressions du patrimoine culturel traditionnel les productions se composant exclusiviment éléments caractéristiques du patrimoine artistique et littéraire traditionnel ..."* A versão original pode ser encontrada em http://www.wipo.int/wipolex/es/text. jsp?file_id=125283 onde foi acessada em 06 de março de 2015. A versão em inglês no mesmo sítio cibernético da OMPI.

# Capítulo 3
# Dos Sujeito(s) da Tutela Aplicável

Mais do que a definição de objeto, faz-se necessária a compreensão do(s) sujeito(s) sobre o(s) qual(is) irá recair o Direito.

Para enquadrá-lo (s) corretamente, deve-se partir do próprio objeto da tutela. Dessa forma, sabendo-se que o nosso objeto de interesse será sempre uma ECT de origem coletiva, tão-somente nos interessa tratar de coletividades, estando excluído, como se pôde depreender anteriormente, o sujeito individualmente considerado. Mesmo porque o advento da titularidade e da autoria decorrentes de uma criação individual estão alheios ao nosso interesse por constituírem tema de Direito de Autor[98].

Compreendido, de modo inequívoco, que a coletividade será sempre o nosso sujeito de estudo e delimitação, resta saber por quem é composta essa coletividadee e o modo pelo qual a mesma se apresenta.

Para que todo esse ambiente possa ser compreendido, primeiramente deve-se debruçar sobre o sujeito de origem das expressões culturais tradicionais, o qual denominamos por coletividade criadora.

## 3.1. Da coletividade criadora – origem (subjetiva) das ECTs

O sujeito que possibilita a origem das ECTs é o sujeito primígeno da tutela jurídica aplicável. Deve-se partir, pois, da concepção de uma coletividade criadora. Não uma coletividade no sentido que as próprias leis de Direito de Autor tratam, em decorrência de uma participação de vários

---

[98] Seja pelo sistema de *Copyright,* seja pelo sistema de *Droit D'auteur.*

A TUTELA JURÍDICA DAS EXPRESSÕES CULTURAIS TRADICIONAIS

sujeitos criadores identificáveis, mas através de uma criação cujos sujeitos são necessariamente individualmente não identificáveis[99].

Cada grupo social, cuja importância possa ou não destacá-lo da sociedade mais ampla a qual pertence, manifesta uma série de atividades criativas que dão origem às expressões culturais tradicionais que lhes são representativas. Por outro lado, podem representar um grupo ainda mais amplo ou mesmo a totalidade de uma sociedade da qual a mesma é parte componente, sendo o fato mais relevante, em um primeiro momento, que a criação surge. E surge como manifestação de representação da cultura, em decorrência de uma geração espontânea tipicamente inerente à cultura popular.[100] [101]

Ocorre que, dessa forma, infinitos grupos sociais distintos poderiam ser conduzidos à possibilidade de tutela. Isso significa dizer que para haver uma tutela aplicável, basta uma manifestação poder ser considerada cultural. Como é de notório conhecimento, cultura é um conceito muito amplo e alheio às ciências jurídicas[102] e poderia possibilitar manifestações que são desinteressantes ao real objetivo da tutela que se impõe.

Nesse sentido, já foi dito que "haverá um folclore dos astronautas como há um dos *chauffers* de automóveis e dos pilotos de avião".[103]

Dess modo, as expressões culturais tradicionais, ainda que desde já considerando-se as delimitações do capítulo sobre o objeto, poderiam

[99] Considerando que a sua individualidade nnao pode ser apontada.

[100] Sobre a cultura popular, ver o capítulo anterior.

[101] Nesse sentido, Kamal Puri, p.17., ainda que tenha especificadamente tratado das sociedades simples (as quais denominou comunidade tradicional), já afirmara que "[...] o folclore resulta de um processo impessoal constante e pausado de atividade criativa exercida mediante **imitação consecutiva**, dentro de uma comunidade tradicional. No que se refere à impessoalidade há um aspecto de suma importância, visto que a criação surge tendo, como sujeito, uma impessoalidade, em decorrência da participação de todo o grupo, ou de partes do grupo. Pela não identificabilidade dos participantes, aliado ao conceito de que não há criações especificamente individuais, e pelo sentido coletivo das criações, há uma transformação e uma impessoalidade que transforma-se em coletividade."

[102] A amplitude do significado da expressão em oposição à obra já fora delimitada no capítulo 2, não sendo necessárias maiores delimitações.

[103] Luís da Câmara Cascudo, *In Folclore do Brasil*, Rio de Janeiro, São Paulo e Lisboa: Editora Fundo de Cultura,1967, p.09.

DOS SUJEITO(S) DA TUTELA APLICÁVEL

ser todas as expressões da cultura (em sentido amplo) fundamentadas na tradição, o que tornaria o seu escopo excessivo.

Auxiliando-nos do exemplo acima mencionado, expressões culturais referentes a pilotos de avião mereceriam a tutela do Direito, o que não seria justificável.

Dessa forma, há que se delimitar até onde se pode incidir a proteção jurídica[104].

As expressões culturais tradicionais que objetivamos tutelar não se referem a grupos destacáveis que possam albergar um conceito universal, mas somente àqueles que apresentam uma singularidade. Sendo assim, há aspectos ínsitos ao grupo que o fazem único. Sabe-se que há um *folclore*[105]*dos advogados*, um *folclore dos motoristas de táxi, um folclore dos pescadores*, e assim sucessivamente. Ocorre, porém, que as expressões culturais – ou folclore – dessas categorias em gênero não são e nem poderiam ser tuteladas.

Deve-se compreender que, apesar do conceito antropológico permitir a referência às expressões culturais tradicionais também em relação aos grupos considerados universalmente, o Direito não pode tutelar essa categoria que lhe é estranha e excessiva. Dessa forma, há de se atentar à necessidade de uma transferência de sentido que corresponde à nova significação exigida.

Dito de outro modo, no seio da Antropologia as ECTs possuem uma amplitude muito maior do que o Direito poderia compreender e tutelar. Não se pode propor um excesso dessa amplitude. O que se está aqui a propor é a preservação da cultura e a atribuição de direitos a titulares que representem, necessariamente, **grupos culturais singulares**.

Dessa forma, e já ingressando na análise de grupos que servem de referência ao nosso tema, não serão tutelados simplesmente sociedades simples ou grupos indígenas em sua generalidade, ou em tese. Por outro lado, serão tutelados o povo indígena *Kuna*[106], que expressa a sua cultura do modo tradicional através dos tecidos denominados *Mola*; o povo *Fulni-*

---

[104] Curioso notar que para delimitar os sujeitos novamente há de se fazer referência ao objeto.

[105] Utilizando-se da terminologia corrente. Ver os conceitos operacionais (ii).

[106] Panamá.

-*ô*[107], que mantém a sua cultura e idioma ainda preservados pela contemporaneidade do evento sagrado do Ouricuri; as Paneleiras de Goiabeiras do Espírito Santo[108], por seu ofício na produção de panelas de barro.[109] [110]

Assim, conclui-se que para fins do presente estudo as coletividades criadoras são os grupos sociais que se expressam culturalmente através da tradição, mantendo viva a sua singularidade[111].

É exatamente essa condição de singularidade que deverá ser tutelada como fonte primígena das ECTs.

Ocorre perceber, portanto, que as coletividades criadoras manifestarão uma gama de interesses com vias a preservar a sua cultura e exercer uma série de direitos que lhe cabem exatamente por seu caráter coletivo característico. Por outro lado, tratou-se já de nomear uma sériede interesses de grupos determinados por interesses coletivos, sendo certo que seu significado é excessivamente amplo e necessita de delimitação.

Resta compreender o significado que interessa aos padrões do presente estudo.

### 3.1.1. Interesses coletivos

Os interesses coletivos constituem interesses referidos a grupos de pessoas identificáveis que pela sua relação de interesse comum buscam a tutela jurídica através dos denominados direitos coletivos[112]. As pessoas componentes do grupo são determináveis e se relacionam entre si por vínculos axiológicos, sendo certo que esta categoria de interesses per-

---

[107] Brasil.

[108] Brasil.

[109] Visto que ainda que não corresponda a grupo indígena ou sociedade simples, apresentam uma singularidade que merece a tutela aplicável. Essa é uma coletividade que pode ser considerada um grupo destacável de uma coletividade complexa.

[110] Os dois primeiros grupos os quais tivemos a oportunidade de visitar algumas de suas tradições e atividades culturais *in loco*, assim como outros, tais como os Pankararu de Brejo dos Padres (na divisa entre Pernambuco e Bahia) e os Potiguara da Baía da Traição, na Paraíba.

[111] As expressões deverão fazer parte do domínio das artes e da cultura.

[112] É bem verdade que em sentido lato pode-se nomear por direitos coletivos todos e quaisquer direitos inerentes às coletividades, mas esta não é a melhor denominação, pois possibilita equívocos. Através desta conotação, se poderia tratar, muitas vezes, direitos difusos como se coletivos fossem.

DOS SUJEITO(S) DA TUTELA APLICÁVEL

mite a identificação da coletividade a qual interessam, visto que originários deste grupo social.

Os interesses coletivos atendem, em gênero, a coletividades que mantenham um vínculo entre si. Em espécie, podem atender às determinações de uma classe social, de uma categoria de trabalhadores e, na medida do que nos interessa, um grupo de origem de uma ECT.

Dessa forma, ao compreendermos que existe um interesse coletivo em manter uma determinada cultura viva através de tutelas que lhes sejam eficientes, estaremos compreendendo a eficácia e a necessidade da existência dos direitos coletivos para tutelar as ECTs.

Existe, de certo modo, dificuldade em compreender os interesses coletivos e subjaz um certo preconceito, seja na aplicação de direitos ao interesse coletivo, seja tão-somente na própria compreensão de seu significado.

Tal fato decorre, em certa medida, de que propriamente o desenvolvimento dos direitos sociais vem sendo extremamente individualista, no sentido de que estimula o isolamento ao permitir o desenvolvimento das individualidades e, portanto, exigir que determinados direitos sejam aplicados a todos, para que todas as pessoas tenham a possibilidade de desenvolver uma mesma capacidade na sociedade.[113] O referido desenvolvimento de individualidades é um modo de proteção à soma das individualidades, em contraposição à figura do Estado. Este valor aplicável de modo equânime, no que pesem os resultados positivos e incontestáveis que trouxe à sociedade, principalmente no âmbito das liberdades individuais, deve ser atualmente analisado sob o ponto de vista de um desenvolvimento histórico que permita, pois que assim o exige, a existência de uma categoria de direitos não vislumbrada originalmente pelos conceitos liberais, a saber, os direitos coletivos.

O que ocorre, portanto, é que os interesses coletivos não se apresentam como uma mera soma de interesses individuais inerentes a um grupo que mantém um vínculo axiológico. Muito além disso, essa categoria de interesses representaos anseios de uma coletividade, em detrimento,

---

[113] Sabe-se já que em certo sentido essa propositura não alcança o *status* desejado em muitas ocasiões, visto que não se pode atribuir simplesmente direitos a toda a generalidade de pessoas se as mesmas não têm o poder de exercê-los, seja por incapacidade intelectual, econômica ou outras.

inclusive, de direitos de cunho individual (se presentes) internos a essa mesma coletividade. Já fora dito, nesse sentido, que "existem sociedades que constroem sistematicamente uma noção de indivíduo onde a verdade interna é exaltada (caso do Ocidente) e outras onde a ênfase recai na noção social de indivíduo, quando **ele é tomado pelo seu lado coletivo: como instrumento de uma relação complementar com a realidade social"**.[114]

Não há dúvida que vários questionamentos vêm sendo desenvolvidos nesse sentido e que muitas diferentes categorias de interesses coletivos relacionam-se aos direitos coletivos, mas para o estudo que ora se apresenta, interessa-nos, tão-somente, a análise dos interesses coletivos inerentes às ECTs.

Dessa forma, a preservação da cultura de uma coletividade criadora e a possibilidade desta em se manter viva em seus valores são os interesses ínsitos que este sujeito de direito buscará ver atendidos.

### 3.2. Condição da coletividade criadora e atribuição de titularidades originária e derivada

Identificada a coletividade criadora e diagnosticada a qualidade de direitos a ela inerentes, lhe deverá ser aplicada a tutela jurídica adequada de acordo com o que couber no ordenamento jurídico.

Dessa forma, às coletividades criadoras será atribuída a condição de **sujeito primígeno ao qual a tutela jurídica deverá recair**.

Ocorre, porém, que a referida coletividade pode ostentar distintas condições que irão refletir na atribuição da titularidade.

Desde já cabe perceber que nem sempre poderá ser alcançada a fonte do surgimento de uma ECT, sendo certo que este fato poderá decorrer:

(1) Pela extinção da coletividade criadora.

(2) Pela impossibilidade de identificação da coletividade criadora.

Cada uma dessas condições implicará diferentes aplicações da tutela jurídica e em diferentes atribuições de titularidade.

---

[114] Anthony Seeger, Roberto da Matta e Eduardo B. Viveiros de Castro, "A construção da pessoa nas sociedades indígenas brasileiras", *Boletim do Museu Nacional, Antropologia, nº 32, Maio de 1979*.

DOS SUJEITO(S) DA TUTELA APLICÁVEL

Resta inequívoco, porém, que alcançar a origem de uma ECT é dizer que sua fonte está viva e identificada. Nesta hipótese caberá a tutela jurídica sobre a coletividade criadora que esta representa. Por outro lado, não sendo alcançada a sua origem, o sujeito da tutela não poderá ser a coletividade criadora, por constatação lógica da ausência deste sujeito.

De todo modo, mesmo não sendo identificadas ou estando já extintas as coletividades criadoras que lhe deram origem, as ECTs ainda assim podem ser representativas de outros sujeitos de Direito, e é o que deve ser considerado no tratamento da tutela jurídica das ECTs[115]. Deve-se atribuir, portanto, a estes outros sujeitos a possibilidade da tutela jurídica.

Dessa forma, colocam-se duas distintas categorias de ECTs e titularidades que serão atribuídas a distintos sujeitos:

Em primeiro lugar encontram-se as ECTs cuja origem do sujeito criador pode ser alcançada pelo Direito, ou seja, as coletividades criadoras em si mesmas;

Em segundo lugar encontram-se as ECTs cuja origem do sujeito criador não pode ser alcançada pelo Direito, mas que sejam representativas de um grupo social mais amplo.

Ao sujeito a que se refere a primeira categoria será atribuída a *titularidade originária*, enquanto à segunda, a *titularidade derivada*[116].

Tal classificação decorre da análise do sujeito que se constitui como fonte primígena da ECT. Sendo alcançado este sujeito, a titularidade cabe originariamente a ele. Caso contrário, caberá a titularidade derivada, pois que a origem dilui(u)-se em um grupo social maior, e ainda que possa representar este último, não originou-se diretamente do mesmo, mas somente de parte dele.

Neste ambiente irá se desenvolver todo o escopo protetivo da tutela das ECTs, podendo ser exercido o Direito por sujeitos diferenciados que logo serão analisados, quais sejam: as coletividades criadoras, o Estado e os titulares de direitos difusos[117].

---

[115] Quadro 2.

[116] Como se poderá depreender no decorrer do estudo, para além da titularidade, também há que se falar em obrigações. Estas decorrerão do Estado, como brevemente será percebido.

[117] Como se poderá perceber no decorrer do estudo, há três categorias jurídicas de sujeitos

A TUTELA JURÍDICA DAS EXPRESSÕES CULTURAIS TRADICIONAIS

O que primeiro se irá tratar será a justificativa para a atribuição da titularidade de um Direito, ainda que de modo derivado, a uma coletividade que não originou uma ECT.

Em um primeiro momento, há de se perceber que existem ECTs representativas de toda a nação que compõe um Estado e que, por esta representatividade, merecem a tutela jurídica. Ocorre porém que a sua origem diluiu-se, mas pela simples impossibilidade de identificação de sua fonte, não há que se impedir a sua condição representativa.

Por outro lado, existem as ECTs que podem representar uma coletividade criadora e, portanto, eventualmente um pequeno grupo formador de uma sociedade complexa. Isto não quer significar, porém, que não possam ser representativas de todo um grupo mais amplo. Nesse sentido, o *ofício de criação das Paneleiras de Goiabeiras* e a *Corrida do Imbu* dos *Pankararu* do Brejo dos Padres representam as manifestações artísticas de sociedades simples plenamente identificadas e, ainda assim, são representativas, em sentido amplo, da cultura do Brasil (ver quadro 2). Da mesma forma ocorre com as *Molas* dos *Kuna* do Panamá e com outras ECTs representativas dos aborígenes australianos, que além de serem representativas de seus respectivos povos, também o são em relação a toda a nação que compõe aquelas sociedades estatais.

para os quais deverá ser aplicada a tutela relacionada às ECTs: as coletividades criadoras, o Estado e os titulares de direitos difusos.

Ocorre que ao tratar-se das coletividades criadoras e do Estado, é possível estabelecer normas específicas para tratar de expressões culturais tradicionais, fato que não ocorre com os titulares de diretos difusos, pois esses direitos abarcam um gênero amplo, do qual faz parte uma série de direitos, entre os quais a categoria de direito do consumidor, direitos relacionados ao meio ambiente e o direito que deve ser aplicado ao patrimônio cultural e nacional. As formas de exercício desses direitos se dão através de ações constitucionais, tais como a ação civil pública do ordenamento jurídico brasileiro, bem como a ação popular dos ordenamentos brasileiro e português.

Por outro lado, os titulares de direitos difusos não são o sujeito para o qual são dedicadas as discussões sobre o tema no contexto internacional e nacional, sendo certo que a proteção jurídica das ECTs necessita de muito mais proteção do que as possibilitadas pelos direitos que são atribuídos aos titulares de direitos difusos.

Dessa forma, não haverá uma análise exaustiva da tutela das ECTs através do exercício dos direitos difusos, fato que não prejudica o andamento do estudo e sua compreensão, visto que a possibilidade de tutela exercida pelos titulares desses direitos será sempre analisada quando couber.

DOS SUJEITO(S) DA TUTELA APLICÁVEL

QUADRO 2 – **Origens das ECTs e representatividades**

| Origens das ECTs[118] (coletividade criadora) | Representatividade das ECTs | Exemplo |
| --- | --- | --- |
| Sociedade simples | Sociedade simples<br><br>Sociedade estatal | Dança dos Praiás (Pankararu – Brasil);<br>Ouricuri (Fulni-ô– Brasil);<br>Molas (Kuna– Panamá). |
| Grupo identificável de sociedade complexa | Coletividade destacável<br><br>Sociedade estatal. | Ofício das Paneleiras de Vila Velha (Espírito Santo –Brasil). |
| Grupo não identificável de sociedade complexa | Sociedade estatal<br><br>Regiões/partes componentes da sociedade estatal. | Manifestações das festividades do Boi Bumbá (Regiões Norte e Nordeste do Brasil);<br>Círio de Nazaré (Ceará- Brasil). |
| Indivíduo | Individualidade<br><br>Coletividade criadora a que pertence o indivíduo;<br><br>Sociedade estatal | *Morning Star Pole* (Terry Yumbulul – Grupo aborígene australiano). |

Caberá a cada um dos Estados, ao desenvolver seu ordenamento jurídico, estabelecer se as ECTs cujas coletividades criadoras forem identificáveis deverão ser tuteladas pela aplicação da titularidade originária ou se diretamente ocorrerá a atribuição da titularidade derivada para o Estado. Além disso, cada ordenamento deverá também fixar as obrigações que caberão ao Estado.

As diferenças nas aplicações dos direitos podem ser observadas na prática. Como exemplo de países que contemplam a aplicação da titularidade originária encontram-se os ordenamentos jurídicos da Austrália e do Panamá, os quais atribuem as proteções, respectivamente, dos abo-

---

[118] Entendemos que sempre é possível trazer o Estado à representação e tutela, visto que as ECTs fazem parte do patrimônio cultural de uma nação.

rígenes australianos e de diversos grupos indígenas, capitaneados pelos *Kuna.*

Por outro lado, como exemplo do grupo de países que atribuem uma titularidade derivada diretamente ao Estado podem ser citados o Brasil[119], parte dos países africanos (interpretado de modo bastante genérico), p.ex. Burkina Faso, Senegal, Nigéria, bem como a Bolívia.

Em linhas gerais, cabe dizer que enquanto os países que apresentam a tutela pela atribuição de titularidade originária[120] preferem a aplicação de diferentes modalidades de direitos de exclusivo[121] (atribuindo um forte elemento de direito de autor e propriedade intelectual em sentido amplo), os países que apresentam a atribuição de titularidade derivada apresentam soluções mais voltadas à tutela do que denominamos por Patrimônio Imaterial Cultural Nacional (PICN).

Por fim, acreditamos que a atribuição de uma determinada tutela não impede que outra seja concomitantemente atribuída. Em sentido inverso, o que se buscaria seria uma mais complexa proteção às ECTs, fato que obviamente não compromete tecnicamente o funcionamento do Direito[122].

### 3.3. Sujeitos de direito pela titularidade derivada
Não sendo alcançada a coletividade criadora, caberá a atribuição da titularidade àqueles aos quais as ECTs sejam representativas, ainda que não

---

[119] No que respeita à atual tutela, ainda que criticada, do Decreto 3.551/2000, protetivo do Patrimônio imaterial do Brasil, nomeado: *Patrimônio Cultural do Brasil.*

[120] Fato comum nos países que possuem povos indígenas – e sociedades simples em geral – na formação de sua população.

[121] Não se pode porém esquecer que, não obstante a atribuição de exclusividade, típica da propriedade intelectual, pode ser eventualmente modificada para uma condição muito mais aproximada de um direito de simples remuneração, por meio do qual, independentemente de autorização prévia, pode-se alcançar a cobrança pelo uso de ECTs. A tendência na consideração e aplicação de direitos de remuneração vem crescendo nos últimos anos como característica/natureza/modalidade de direito e de exercício de direito no âmbito cultural, em especial no caso do direito de autor e conexos. É o caso, por exemplo, da remuneração compensatória por cópia privada e da remuneração decorrente do direito de sequência.

[122] Sobre este ponto ver o capítulo 6, no qual defendemos explicitamente esta posição de concomitância na aplicação.

DOS SUJEITO(S) DA TUTELA APLICÁVEL

tenham sido a sua própria fonte, a saber: o Estado e toda a sociedade que o forma, que poderá exercê-la através dos direitos difusos.

Para cada um desses titulares será atribuída a titularidade derivada que pode ser nomeada por *titularidade derivada una* e *titularidade derivada plúrima[123]*.

Justifica-se a nomenclatura pelo fato de que o Estado irá exercer a titularidade sempre através de sua personalidade jurídica única, enquanto a sociedade poderá apresentar como titular de diversos modos e através de diversas entidades, levando-se sempre em conta o exercício dos direitos que se denominam difusos.

Por outro lado, para haver a compreensão da necessidade de tutela pela atribuição da *titularidade derivada*, há de se analisar a diferenciação entre as distintas categorias de interesses que lhe interessam, a saber: interesses difusos e interesse público.

Além disso, a compreensão do que vem a ser a noção de patrimônio cultural também importa, por estar diretamente relacionada à justificativa da tutela por via da titularidade derivada, seja una ou plúrima.

### 3.3.1. Interesses difusos

No que pese atentar-se à já citada semelhança entre as qualidades de interesse público, difuso e coletivo no que se refere à existência de coletividades, há que se ressaltar que os interesses difusos referem-se a uma *coletividade não identificável*[124], ou, em outras palavras, a um grupo de pessoas indetermináveis[125]. Esta categoria de interesses tem como origem fatos de relevância para uma generalidade ampla de um grupo social, e tal qual já fora definido em muitos ordenamentos jurídicos, v.g. o brasileiro[126], os titulares do Direito relacionados a tais interesses deverão ser pessoas, além de indeterminadas, *ligadas por circunstâncias de fato*[127].

---

[123] Ainda que se aplique a titularidade derivada sob qualquer circunstância, não se afasta a condição de obrigação do Estado no que respeita à preservação cultural.

[124] Não confundir com as individualidades inidentificáveis das coletividades criadoras.

[125] O Código de Defesa do Consumidor (CDC), Lei 8.078/90 do Brasil, utiliza o termo indeterminadas, enquanto cremos que indetermináveis melhor se aplica à situação em questão.

[126] CDC – Brasil.

[127] CDC, Art.81, inciso I.

A TUTELA JURÍDICA DAS EXPRESSÕES CULTURAIS TRADICIONAIS

Os titulares são indetermináveis e exercerão direitos em decorrência das circunstâncias de fato que possam atingi-los fundamentando um determinado interesse[128].

Dessa forma, no que interessa ao nosso tema, seriam interesses difusos aqueles inerentes a todas as ECTs que sejam consideradas pertencentes ao patrimônio público da nação, representadas pelo poder do Estado, e para o qual o mesmo deveria dedicar atenção e tutela adequada.

Por sua vez, as circunstâncias de fato seriam o interesse pelo patrimônio cultural nacional, relevante a cada um dos componentes da sociedade estatal.

### 3.3.2. Interesse público

O interesse público, antes de tudo, opõe-se ao grupo dos interesses privados.

Trata-se do interesse representado pelo Estado, cuja titularidade lhe cabe em decorrência daquele estar imbuído da representatividade da nação que lhe dá forma.

Há quem diga que o interesse público representa tão-somente um interesse do Estado, ainda que o mesmo seja, reflexivamente, seu titular. Por outro lado, há uma tendência a se perceber que essa qualidade de interesse pode ser aquela inerente ao bem-estar social geral, mormente no sentido de que o Estado deve promover o referido bem-estar, como

---

[128] Não há sempre equivalência direta entre interesses difusos e direitos difusos. A terminologia correntemente utilizada permite equívocos. Os interesses difusos representam o interesse de qualquer partícula da sociedade, possuindo um conteúdo extremamente altruísta. Não se trata de analisar um interesse de cada um, mas antes, de todos, e, eventualmente, ainda mais distante da individualidade, um interesse "dos outros" antes de constituir-se em um interesse próprio. Por outro lado, os direitos difusos a que se propõe analisar incluem seu titular e proponente como partícipe em um grupo cujos interesses lhes cabem. No sentido do nosso tema, pode-se nomear por direito difuso aqueles inerentes a uma associação de pessoas que através de uma tentativa de preservação cultural busca impedir a violação de cultura de uma coletividade criadora. Esse direito poderá incluir o titular no grupo de interessados, mas ao mesmo tempo apresenta um sentido altruísta, abarcando ambas as possibilidades propostas.

DOS SUJEITO(S) DA TUTELA APLICÁVEL

conseqüência lógica das obrigações que lhe cabem, especialmente na forma de Estado Democrático de Direito[129].

Por outro lado, porém, parece-nos que sendo representativo dos interesses da sociedade que o forma, o Estado teria como objetivo, em qualquer sentido, promover o melhor desenvolvimento social da referida sociedade, independentemente de se nomear ou não por interesse público algo cuja função/destinação específica tivesse como sujeito o próprio Estado. [130]

Acreditamos, porém, que o interesse público *lato sensu* é constituído por uma dupla concepção, que pode dividir-se em:

(1) Interesses do Estado **na qualidade de sujeito de direitos**[131] e tendo em conta as necessidades objetivas relacionadas a esse sujeito e suas **obrigações formais/**intrínsecas [132][133];

(2) Interesses de todo o elemento humano que compõe o Estado, na sua mais larga coletividade e nas **intenções de manutenção do mais amplo bem-estar social possível para essa comunidade.**

Deve restar claro, porém, que ao se atribuir uma dupla concepção ao interesse público não se está a classificá-lo em duas distintas categorias, mas tão-somente se está afirmando que existe um escopo ainda mais amplo, que vai além de uma mera afirmação de que o interesse público é o interesse do Estado-sujeito. A dupla concepção do interesse público estaria fundamentada, portanto, no sentido de que pode-se nomear assim tanto os interesses decorrentes das obrigações formais do Estado-sujeito,

---

[129] Sobre o desenvolvimento dos Estados Liberal, do Bem-Estar Social e Democrático de Direito, ver, por todos, Lênio Luiz Streck e José Luis Bolzan de Moraes, *Ciência política e teoria geral do Estado*, 2ª edição, Porto Alegre: Editora Livraria do Advogado, 2001.

[130] Já foi dito, porém, que como algumas vezes o interesse do Estado e, obviamente, dos seus governantes por vezes *não constitui-se no bem geral da coletividade, classificou-se o interesse público em interesse público primário (o bem geral em si mesmo) e em interesse público secundário (o modo pelo qual os órgãos da administração pública vêem o interesse público).* Hugo Nigro Mazzilli, *A defesa dos interesses difusos em juízo, apud* Renato Alessi.

[131] Estado-sujeito.

[132] Poder-se-ia nomear por obrigações formais.

[133] A desapropriação de terras e imóveis com a intenção de construção de vias para melhor funcionamento do tráfego urbano é um objeto de responsabilidade do Estado, e o interesse deste, como responsável pelo melhor desenvolvimento, é um interesse público.

A TUTELA JURÍDICA DAS EXPRESSÕES CULTURAIS TRADICIONAIS

quanto os interesses da coletividade formadora do mesmo, pela busca de seu bem-estar social. E, em última análise, pode-se denominar interesse público o conjunto de ambas as categorias.

Em especial no que se refere à tutela da cultura, veja, p. ex., a colocação da dupla concepção do interesse público na questão dos tombamentos de bens materiais.

Ao se promover o tombamento[134] de uma determinada construção arquitetônica, estar-se-ia aplicando o interesse do Estado, no sentido de opor-se a um interesse privado, que poderia ser individual ou mesmo coletivo[135]. Tal ato caracteriza-se como a aplicação do interesse do Estado-sujeito em uma aplicação objetiva, fundamentada em sua titularidade de direito de um interesse público.

Por sua vez, além da titularidade inerente ao Estado-sujeito, percebe-se um interesse público, visto que a sociedade componente do Estado tem o direito de que lhe seja preservada a cultura, como forma de preservar a sua identidade etnológica/antropológica.

O que cumpre ressaltar é o fato de que em referência ao tema da cultura e da tutela das ECTs, percebe-se que o interesse público terá sempre em voga a criação de mecanismos de proteção ao desenvolvimento e manutenção do universo cultural da nação, sendo despiscienda uma divisão categórica que neutralizasse essa possibilidade[136].

### 3.3.3. O patrimônio cultural
A compreensão de patrimônio cultural é fundamental ao nosso tema, em decorrência da preferência, de muitos países, pela aplicação de direitos através do que em geral se denomina tutela do patrimônio nacional.

O patrimônio cultural é necessariamente representativo de uma coletividade, pois que representa a cultura, e a cultura nunca é exercida através das individualidades isoladamente consideradas.

Resta saber, porém, a qual categoria de coletividade refere-se o patrimônio cultural, mas antes de colocar-se tal questão, cumpre buscar algu-

---

[134] No sentido que o mesmo apresenta no ordenamento jurídico brasileiro.

[135] Pois que a propriedade do bem poderia ser individual ou coletiva.

[136] Nesse sentido exsurge a preocupação das constituições brasileira e portuguesa possibilitando a utilização de remédios constitucionais, como a ação popular e outras.

mas definições estabelecidas por quem mais tem interesse nas mesmas, a saber: os Estados.

Tomando-se, por exemplo, o caso brasileiro, o patrimônio cultural seria uma coletividade de bens definida como "[...] os bens materiais e imateriais, tomados individualmente ou em conjunto, portadores de referência à identidade, à ação, à memória dos diferentes grupos formadores da sociedade brasileira [...]".[137-138]

Outros países também buscam definir o que seria um patrimônio pertencente a toda a coletividade formadora do Estado, sendo certo que este último seria o responsável pela manutenção e defesa do mesmo.

A Lei 032 do Burkina Faso, como exemplo do desenvolvimento do tema nos países africanos, define o patrimônio cultural nomeando-lhe como patrimônio cultural tradicional, estando incluídas em sua estrutura:

> "[...] as produções compostas exclusivamente de elementos característicos do patrimônio artístico e literário tradicional, as quais sejam desenvolvidas e perpetuadas por uma comunidade nacional de Burkina Faso ou por indivíduos reconhecidos como responsáveis pelas aspirações artísticas tradicionais de certa comunidade, e compreenderá, notadamente, os contos populares, a poesia popular, as músicas com letras (canções) ou instrumentais, as danças e espetáculos populares, assim como as expressões artísticas dos rituais e das produções de arte popular [...]".[139]

Comparando-se ambas as definições, percebe-se, desde já, que enquanto a proteção do Brasil refere-se aos bens materiais e imateriais, a Lei 032 refere-se somente aos bens imateriais. No que pese a constatação de que o enfoque dos diplomas deve ser diferenciado, visto que tratam-se, respectivamente, de uma constituição e de uma lei nacional, percebe-se a preocupação em afirmar que o patrimônio cultural refere-se a *diferentes grupos formadores da sociedade* (brasileira) e que *são desenvolvidos e perpetuados por uma comunidade nacional* (burquinense).

Ora, o que cumpre perceber é que há uma constatação de um amparo jurídico ao patrimônio cultural levando-se em conta três modalidades de

---

[137] Art. 216, *caput*, da CRFB.
[138] Sobre o patrimônio cultural brasileiro e sua tutela, ver o capítulo 4.
[139] Lei 032, art. 88.

sujeito, quais sejam, aqueles que encontram-se no centro do surgimento do patrimônio (as coletividades criadoras)[140-141], o Estado, responsável pela manutenção desse patrimônio, e os titulares de direitos difusos.

O patrimônio cultural, portanto, deve ser legitimamente considerado como parte de um Estado e como componente de toda a coletividade que o forma, para além de representar as coletividades criadoras que o originaram, se devidamente identificadas.

Por fim, resta concluir que a noção da patrimônio nacional está mais bem relacionada com o Direito Constitucional que propriamente com o Direito de Autor.

### 3.3.4. O Estado e os titulares de direitos difusos – aplicação da titularidade derivada

Compreendida a noção de interesse público, interesses coletivos e patrimônio cultural, resta compreender como se dá o funcionamento da tutela das ECTs pelos entes aos quais atribuímos a denominada titularidade derivada.

A teoria que desenvolvemos para a aplicação da titularidade derivada é decorrente da não identificabilidade da origem das ECTs. Desta forma, deve-se aplicar o princípio da tutela protetiva derivada, saliente-se, somente de modo alternativo, seja pelo fato da impossibilidade de identificação ou pela própria extinção do sujeito.

Ou seja, como já demonstrado anteriormente, aplica-se a titularidade derivada somente em duas hipóteses:

(1) Pela não identificabilidade da coletividade criadora que originou a ECT;

(2) Pela extinção da coletividade criadora que originou a ECT.

Ocorre, porém, que determinados países contemplam esta modalidade de tutela sem buscar uma atribuição prévia de direitos às coletividades criadoras, o que incorre, em nossa opinião, em um erro de análise na justeza e aplicação do Direito. É o exemplo do Direito aplicado às ECTs

---

[140] O qual antes mesmo de ostentar essa posição é uma expressão cultural tradicional artística.

[141] Ou, em outras palavras, do grupo social.

em grande número de países do continente africano[142] que atribui a titularidade sem a busca por um sujeito (ainda que coletivo) fundamental, originário do surgimento da ECT.

Por outro lado, essa questão traz à lume um outro ponto de relevância. Compreendemos que se poderia argumentar favoravelmente a uma titularidade originária aplicável aos sujeitos aos quais atribuímos a titularidade derivada. Esse fato se dá em especial em relação ao Estado (como sujeito de atribuição de direito).

Bastaria afirmar que não sendo identificada a coletividade criadora, ou estando esta extinta, o Estado seria o titular originário por inexistência de sujeito que lhe tenha antecedido em uma possível aplicação de direitos. Ou, em outras hipóteses, mesmo possível a identificação, o ordenamento jurídico nacional poderia prever uma titularidade ao Estado sem análises sobre a origem da ECT em determinada coletividade criadora, bastando que assim o desejasse.

Ocorre porém, que a coletividade criadora deve ser preservada na sua condição de origem das ECTs, ainda que não se possa identificá-la ou que se a suponha extinta. Observe-se que a própria não identificabilidade pode ser transitória, e, ao atribuir-se a titularidade originária ao Estado ou aos titulares de direitos difusos, exclui-se a possibilidade de aplicação desse conceito às coletividades criadoras.

Tudo isso justifica a noção de titularidade originária às coletividades criadoras e a titularidade derivada aos sujeitos os quais serão a seguir analisados.

Cumpre recordar que são duas (em nosso entender) as categorias de titulares que tenham adquirido, por derivação, a titularidade das ECTs:

(1) O Estado e;
(2) Os titulares dos direitos difusos.

Ambas serão a seguir analisadas.

---

[142] Como se poderá observar, o direito aplicável em muitos países africanos em geral (v.g Burquina Faso, Nigéria, Senegal) merece consideração especial por sua possibilidade de enquadramento na teoria do domínio público remunerado ou pagante.

### 3.3.4.1. O Estado

O Estado poderá exercer a tutela das ECTs através de preceitos de Direito Constitucional e de institutos relacionados ao Direito de Autor.

Por outro lado, até mesmo uma certa hibridez decorrente de ambas as categorias jurídicas pode ser observada.

Restará claro, no decorrer do presente estudo, que os Estados deverão exercer a titularidade que lhes cabe primordialmente em atenção ao princípio maior relacionado à tutela das ECTs, ou seja, a preservação da cultura e de sua origem cultural.

Dessa forma, na preservação das ECTs o Estado estará atuando com interesse público na preservação do patrimônio cultural, conceitos previamente compreendidos.

Algumas distintas possibilidades de tutela serão observadas a seu momento, mas a justificativa para a tutela pelo Estado se dá pela necessidade de se possibilitar o desenvolvimento cultural da nação que o compõe e por ser sujeito ativo na própria concepção de sua história.

Visto sob um ponto de vista prático, o Estado pode exercer a titularidade através do recebimento de valores e pela instituição de monopólio/direitos de exclusivo para si. Este fato não impede a sua obrigação na promoção da preservação de sua cultura. Esta poderá ocorrer por meio da instituição de registros e catalogações públicas de ECTs[143], da autorização para o uso de ECTs[144] e até mesmo pela possibilidade de atribuição de direitos de exclusivo às coletividades criadoras.[145] Cabe perceber, portanto, que cada Estado poderá atuar por mecanismos que lhes sejam mais adequados ao desenvolvimento cultural e econômico. Como exemplos práticos, o Brasil apresenta uma tutela através do que denominamos por Patrimônio Imaterial Cultural Nacional, que possui como função precípua catalogar e efetuar um registro das ECTs, as quais, naquele ordenamento jurídico, são denominadas Patrimônio Cultural do Brasil. Por sua vez, um grande número de países africanos, tal qual o Burkina Faso, tutelam as ECTs tomando por base conceitos que aliam princípios ine-

---

[143] V.g. Brasil.
[144] V. g. Burkina Faso, Senegal, Nigéria.
[145] Panamá.

rentes ao Direito de Autor[146] e outros institutos estranhos a esta categoria jurídica.

De todo modo, deve estar desde já sedimentada a noção de que a necessidade do Estado em preservar o patrimônio cultural que o compõe decorre de um interesse público, o qual justifica a tutela das ECTs como parte desse patrimônio cultural.

No decorrer deste estudo se poderá alcançar cada hipótese suscitada de desenvolvimento na tutela das ECTs e a sua aplicabilidade por parte do Estado, bem como as diversas experiências práticas.

### 3.3.4.2. Titulares de direitos difusos

Compreendido anteriormente o significado dos interesses difusos, resta conhecer a justificativa para a aplicação dos direitos que podem ser aplicados em prol desses interesses.

Os titulares de direitos difusos serão, como visto, pessoas unidas por circunstâncias de fato, as quais manifestarão o interesse em um objeto que será inerente a todos. Denomina-se, outrossim, a existência de uma transindividualidade, em decorrência da extensão do direito para além da individualidade de um sujeito, e a penetração/inserção em um universo amplo de possibilidade de exercício.

Os interesses difusos não são necessariamente coletivos no sentido restrito ao qual aplicamos o significado deste termo[147], e serão, concomitantemente, individuais e coletivos em sua essência e potencialidade pela possibilidade de incidência no universo da transindividualidade.

Dessa forma, compreendido o patrimônio cultural como necessário ao desenvolvimento humano, pode-se exercer a tutela com vias a preservá-lo pelos princípios aplicados aos direitos difusos.

A circunstância de fato, neste caso, deverá estar relacionada ao interesse em ver preservada a manifestação cultural de uma nação, bem como dos diversos grupos que possam formá-la[148].

---

[146] Por meio de uma espécie de domínio público pagante.

[147] Somente considera-se por direitos coletivos qualquer espécie de direito relacionado a coletividades, classificação que não nos interessa.

[148] Neste sentido último, aos direitos difusos poderá ser possibilitado o seu exercício, e defendemos inclusive que tal fato pode se dar concomitantemente à aplicação da titularidade originária a coletividades criadoras. Sobre este ponto ver capítulo 6.

Cumpre-se, obviamente, compreender mecanismos práticos de funcionamento dos direitos difusos com o fito de preservar a cultura de uma nação, em especial no que respeita às ECTs.

Nesse sentido, não nos parece questionável o fato de que a transindividualidade inerente à característica dos direitos difusos seja um conceito jurídico precipuamente inerente à categoria do Direito Constitucional.

Exatamente nesse sentido, e compreendido o patrimônio cultural como um substrato jurídico que pode compreender, concomitantemente, os interesses difusos, o interesse coletivo e o interesse público, o Direito Constitucional é o meio mais eficaz e apropriado para estabelecer os modos de atuação com vias a preservar o patrimônio cultural e, em especial, as ECTs.

Cada Estado poderá promover os métodos que possibilitem o exercício dos direitos difusos para a proteção do patrimônio cultural, sendo certo que um exemplo eficaz vem sendo o dos remédios constitucionais, em especial, a ação popular, assim denominada em países como Brasil e Portugal.

Os remédios constitucionais, em sentido lato, vão providenciar a garantia do exercício de direitos constitucionais que não tenham sido observados quando da gênese dos fatos que geraram a sua violação. Ora, por sua característica de remediação, deverão fortalecer o escopo protetivo determinado pelo Estado, fazendo com que mecanismos de proteção sejam aplicados posteriormente às violações. Dessa forma, ainda que um determinado ordenamento jurídico constitucional determine, p.ex, a liberdade de locomoção como um preceito fundamental, e que, portanto, deva ser imediatamente atendido, isso não significa que não haverá, jamais, agentes do Estado atuando através de prisões arbitrárias. Como conseqüência dessa possibilidade fática, impõe-se o estabelecimento dos remédios constitucionais com vias a acudir o lesado, sendo-lhe possibilitada aplicação imediata do remédio, ainda que esta não tenha sido regulamentado pelo ordenamento infra-constitucional[149]. No caso supracitado, trata-se do *habeas corpus,* que apesar de estranho ao nosso tema, é um dos paradigmas dos remédios constitucionais.

---

[149] Trata-se do instituto/princípio da aplicabilidade imediata.

DOS SUJEITO(S) DA TUTELA APLICÁVEL

Por outro lado, em idêntico sentido ao exemplo genérico supra citado, deverá haver a possibilidade de aplicação de remédios constitucionais próprios à proteção do patrimônio cultural.

Sendo constatada a violação do patrimônio cultural, deverá ser possibilitada a ação cabível aos titulares de direitos difusos com fins a remediar o fato danoso àquele objeto da tutela. Como pode-se depreender, as ECTs fazem parte de um universo mais amplo que compõe o patrimônio cultural, e deverão, de idêntico modo, ter-lhe atendida a merecedora tutela.

Como exemplo de remédio constitucional adequado à tutela das ECTs encontra-se a ação popular.

No que se refere ao modelo da ação popular, Brasil e Portugal possuem esse mesmo instituto jurídico presente em seus diplomas constitucionais[150].

Cabe salientar que o objetivo da ação popular não se restringe à tutela do patrimônio cultural, permitindo um escopo de proteção ainda mais amplo.

No ordenamento brasileiro, o objeto da tutela em sentido amplo é o **patrimônio público** (contra atos lesivos que lhes possam ser praticados).[151]

---

[150] Na Constituição da República Federativa do Brasil (CRFB), em seu art. 5º, inciso LXXIII, institui-se que: qualquer cidadão é parte legítima para propor ação popular que vise anular ato lesivo ao patrimônio público ou de entidade de que o Estado participe, à moralidade administrativa, ao meio ambiente e ao **patrimônio histórico e cultural**, ficando o autor, salvo comprovada má-fé, isento de custas judiciais e do ônus da sucumbência. O ordenamento português, por sua vez, trata da ação popular através do teor do art. 52. 3., que dispõe: "É conferido a **todos**, pessoalmente ou através de associações de defesa dos interesses em causa, o direito de ação popular nos casos previstos na lei, incluindo o direito de requerer para o lesado ou lesados a correspondente indenização, nomeadamente, para: a) promover a prevenção, a cessação ou a perseguição judicial das infrações contra [...] preservação do ambiente e do patrimônio cultural; [...]

[151] Dessa forma, há, em certa medida, proteção adequada ao patrimônio histórico e cultural no seio da CRFB, mesmo sem a necessidade de qualquer modalidade de registro de bens como componentes do Patrimônio Cultural do Brasil. Este fato deve ser salientado pela preferência daquele ordenamento jurídico na atribuição de um controle e mecanismos de proteção às ECTs através do registro do patrimônio pelo Decreto 3.551/2000, desde que percebidas as ofensas ao referido patrimônio. Por outro lado, a própria natureza da Ação popular traz em si particularidades que facilitam o seu uso, a saber: a atribuição de

A TUTELA JURÍDICA DAS EXPRESSÕES CULTURAIS TRADICIONAIS

O ordenamento português, por sua vez, define que o objeto será constituído pelos **bens do Estado, das regiões autônomas e das autarquias locais, bem como a saúde pública, os direitos dos consumidores, a qualidade de vida e a preservação do ambiente e do patrimônio cultural**.

No que pesem algumas diferenças terminológicas quanto ao funcionamento do referido mecanismo de proteção em ambos os países, o que de fato nos interessa é ressaltar a sua eficiência como método de garantia da preservação do patrimônio cultural e das ECTs.

Por outro lado, esse mecanismo de proteção não parece ser suficiente para contemplar a necessidade da tutela das ECTs, sendo necessário que haja implementações mais precisas nesse sentido. Além disso, não seria apropriado traçar considerações específicas sobre os remédios constitucionais aplicáveis à tutela das ECTs ou mesmo sobre a sua espécie ação popular, pois que o foco do estudo estaria sendo desviado.

Compreendido, de modo genérico, o mecanismo de funcionamento do modelo da ação popular e os institutos do Direito Constitucional como os mais apropriados para regular e possibilitar a aplicação dos direitos difusos, há de se atentar ao fato de que a importância do tema se dá em

qualquer cidadão como parte legítima para ingressar com a mesma e a isenção das custas judiciais e eventuais ônus de sucumbência. Tais particularidades têm como objetivo facilitar a proteção do patrimônio cultural. É também importante relevar que o cidadão poderá impetrar a Ação popular ainda que não esteja em seu domicílio eleitoral e mesmo que não pertença à comunidade a que respeita o litígio. De toda forma, o que ambienta o uso do referido remédio constitucional são dois requisitos, um de ordem subjetiva e outro de ordem objetiva. O requisito de ordem subjetiva já fora analisado, pois que este é a exigência para que a legitimidade ativa seja exercida somente por cidadãos, sem qualquer outra exigência prevista no texto constitucional. No que se refere ao requisito de ordem objetiva, este configura-se por ser um ato de ação ou omissão do Poder Público que venha a lesar o patrimônio público, devendo, portanto, ser impugnado. Outro ponto a ser colocado no que se refere à Ação popular é a consideração sobre qual a natureza de atos poderiam ser objeto de sua tutela; se somente aqueles inerentes à administração pública, portanto, atos de cunho administrativo direto, ou se estaria possibilitada a tutela também a atos de cunho legislativo ou inerentes ao judiciário. Acreditamos que o patrimônio cultural do país poderia ser violado por todo e qualquer ato inerente ao Poder Público, sendo irrelevante a natureza do referido ato.

Por fim, importante notar que a Ação popular somente caberá em casos práticos, nunca na análise de lei em tese.

DOS SUJEITO(S) DA TUTELA APLICÁVEL

decorrência de que antes mesmo do advento da elaboração de diplomas específicos que tratem de preservar as ECTs, por quaisquer outras modalidades de direitos, os direitos difusos já apresentam a discussão sobre a necessidade de preservação do patrimônio cultural, incluindo-se aí as ECTs[152].

[152] Alguns dos conceitos aqui demonstrados estarão presentes no capítulo 6, que trata da tutela jurídica das ECTs.

# Capítulo 4

# O Estado da Arte

Delineada a problemática sobre o tema bem como compreendidos as concepções sobre objeto e sujeito, cumpre efetuar um estudo de direito comparado para observar as soluções até o momento encontradas e praticadas.

Um estudo comparado justifica-se, por si só, pelas soluções que pode trazer desde um ordenamento alienígena até o que se interessa.

No que se refere às ECTs, o estudo comparado auxilia na composição da compreensão das possibilidades de aplicação do Direito, ainda que nas aplicações práticas sobejem as dúvidas sobre o mesmo.

Mas para que se efetue um estudo de direito comparado, há de se conhecer os critérios de escolha dos ordenamentos implicados.

## 4.1. Critérios de escolha de organizações internacionais e países

Em sede de direito comparado não poderíamos nos furtar a perceber o interesse internacional em larga escala pelo tema.

Em conseqüência desse interesse generalizado, seria enfadonho narrar o desenvolver dos acontecimentos ao redor do mundo de modo tão vasto que pudesse acompanhar amiúde os mesmos. Não seria justificável.

Por outro lado é irrefutável o argumento de que há inúmeras soluções apresentadas por ordenamentos nacionais e por organismos internacionais. Todas, em nossa opinião, incompletas, seja pela impossibilidade de tutelar as ECTs em sua total amplitude (v.b. Austrália, Brasil), seja pela inadequada atribuição de titularidade (v.b. Burquina Faso e outros países africanos).

A TUTELA JURÍDICA DAS EXPRESSÕES CULTURAIS TRADICIONAIS

Enquanto as soluções apresentadas pelos Estados têm como objetivo uma preservação de sua própria cultura, as organizações internacionais têm trabalhado na tentativa de harmonizar as legislações e a aplicabilidade dos interesses nacionais.

Por outro lado, há tratamentos que se repetem, sobretudo de legislações nacionais, o que não justificaria uma análise individual. No entanto, cumpre ressaltar que foram (e serão) indicados no decorrer do estudo à medida que apresentaram algo de novo, mesmo sem um destaque em sede de direito comparado mais complexo[153].

Um ponto de relevo é a percepção dos dois grupos de países que apresentam um tratamento totalmente diferenciado quanto aos temas, ou seja, aqueles do sistema de *common law* e os que se filiam ao sistema romano-germânico. Obviamente que a diferença sistemática traz inúmeras considerações a serem feitas, a saber; enquanto na *common law* há um especial relevo à jurisprudência como fonte de Direito, tornando-o mais dinâmico, o sistema romano-germânico traz um embasamento mais rígido, fundamentado em sua codificação.

Por outro lado, também há as considerações relacionadas ao Direito de Autor.

Nesse aspecto, na *common law* aquela categoria jurídica utiliza-se dos preceitos do *copyright*, aplicando-se uma tutela essencialmente objetiva, enquanto nos países do sistema romano-germânico a tutela é voltada de modo (mais) efetivo ao sujeito (pelo *Droit D'auteur*).

Ainda no âmbito da propriedade intelectual, mas não mais em referência ao Direito de Autor, ressalte-se a presença dos institutos de *passing off* e de *breach of confidence* no sistema da *common law* (especialmente inglês e presente em outros países deste sistema), na qualidade de espécies do gênero da concorrência desleal, esta mais amplamente presente no sistema romano-germânico, e também nos EUA.

Todas essas considerações foram analisadas com o fim de trazer um estudo amplo e que abarcasse a maior generalidade possível e interesses e pontos de vista.

---

[153] Nesse sentido, além dos ordenamentos jurídicos estudados comparativamente e dedicadamente, há indicações de ordenamentos jurídicos de inúmeros países, tais quais: Colômbia, Nigéria, Ilhas Marshall, Nicarágua, Equador, Tailândia, Filipinas e mais uma série já enumerada nos métodos de pesquisa que antecederam o desenvolvimento do trabalho.

Além das diferenciações sistêmicas e da internacionalização do tema, cumpre-se notar que há duas perspectivas para as quais os estudos estão voltados:

(1) a perspectiva das ECTs vistas como patrimônio imaterial cultural nacional e, portanto, merecedoras de tutelas protetivas que as imponham a condição de representativas de Estados nacionais e;
(2) a perspectiva das coletividades criadoras, em especial os grupos indígenas que buscam a aplicação de direitos pela representatividade que cabe às ECTs que lhes são originárias.

Essa diferenciação reflete o modo de aplicação do Direito, em geral voltado a uma tutela constitucional do PICN para o primeiro caso e ao Direito de Autor, para o segundo caso.

Todo esse universo de diferenças e particularidades fora considerado no estudo, e compreendemos que a representação dos problemas poderia ser efetuada de modo eficiente se agregássemos as soluções apresentadas pelos países e organismos internacionais, os quais estaremos analisando no presente capítulo.

Seguidamente iremos desenvolver o tratamento dos trabalhos apresentados pelos organismos internacionais atuantes na área, nomeadamente OMPI e Unesco, seja por meio de diplomas legais de extrema relevância (a Recomendação da Unesco e as Disposições-tipo conjuntas da Unesco e da OMPI), seja pela análise dos mais atuais estudos efetuados por essas instituições.

Alguns pontos relevantes sobre o tratado TRIPS/ADPIC que podem refletir sobre o tema das ECTs foram também analisados.

Após a compreensão dos tratamentos das organizações internacionais, analisaremos os tratamentos nacionais, buscando compreender os importantes fundamentos aplicados por alguns países, a saber: Austrália, EUA, Bolívia, Burkina Faso, Brasil, México e Panamá.

Antes de expor cada um dos ordenamentos e tratamentos, cabe justificar suas escolhas:

AUSTRÁLIA:
País que apresenta discussões adiantadas no que se refere aos direitos consuetudinários e nas questões inerentes aos povos indígenas, aos quais

denomina aborígenes. Apresenta as jurisprudências mais completas e interessantes para o relevo do tema, principalmente pela consideração da aplicação de conceitos de Direito consuetudinário às decisões do Direito estatal.

Busca também instituir um sistema de indicação de origem dos produtos e serviços de origem aborígene. Além disso, ao término da preparação do presente estudo discutia-se a proposta para modificação da lei nacional de Direito de Autor na tentativa de implementação dos direitos pessoais de autor para as coletividades aborígenes.

O foco das discussões na Austrália, portanto, refere-se à aplicação de direitos às coletividades criadoras.

### EUA:

País também do sistema da *common law*, não apresenta um adiantamento do tema como talvez pudesse se esperar de uma nação formada, dentre outros povos, por grupos indígenas. O grande número de povos indígenas, inclusive, justifica, junto com a importância econômica do país, a sua escolha em sede estudo comparado.

Nesse sentido, cumpre dizer que têm sido implementadas tentativas de aplicação de direitos de exclusivo aos povos indígenas.

Urge perceber as discussões sobre a repatriação e proteção dos bens materiais oriundos de grupos indígenas, certamente o foco mais interessante para o nosso tema.

De toda forma, nos EUA a proteção não está voltada ao PICN e ao interesse do Estado, mas às ECTs relacionadas aos povos de origem indígena e à aplicação de direitos específicos para esses grupos.

### BOLÍVIA:

A Bolívia é tradicionalmente indicada como o país que primeiramente solicitou à OMPI o estudo para a tentativa de proteções às ECTs e justifica-se por ser um país formado, como outros da região andina, por povos de antiga tradição e que merecem atenção à proteção das ECTs.

Por outro lado, as medidas protetivas que apresenta pela lei nacional de Direito de Autor são voltadas à tutela do patrimônio nacional pela atribuição de critérios que merecem indicação. Esse país propõe uma modalidade de aplicação de titularidade por uma espécie de domínio público remunerado, assemelhando-se ao modelo africano.

## O ESTADO DA ARTE

**BURKINA FASO:**

O ponto de maior relevo para a inclusão deste país é, sem dúvida nenhuma, a sua condição de país africano, oriundo de continente que exige, justificadamente, a tutela das ECTs.

Em nosso entender justificariam-se os estudos comparados mais amplos de países daquele continente, sendo certo que dois motivos os afastaram: em primeiro lugar a dificuldade em se ter acesso a informações precisas sobre os ordenamentos nacionais[154] e, em segundo lugar, uma certa harmonização que indica o interesse de boa parte do continente em atribuir uma tutela específica em seus respectivos ordenamentos, voltando-se, tal qual a Bolívia, a uma espécie de domínio público remunerado.

**BRASIL:**

A escolha do Brasil justifica-se por diversas razões.

Além de ser nossa base de estudo e interesse particular, apresenta riquíssimos elementos de cultura popular e um elevadíssimo número de povos indígenas distintos (216). E ainda nesse segundo aspecto, há de se atentar à sua posição geopolítica no continente americano, que por si só justifica sua inclusão no estudo, pois que centraliza uma região plena de povos indígenas, denominados, em gênero, ameríndios pré-colombianos. Essa situação justificou que efetuássemos pesquisas de campo em regiões indígenas, observando *in loco*[155] o foco dos interesses de alguns povos.

Por outro lado, a lei nacional de Direito de Autor (LDA) fora constituída, no ano de 1998 (Lei 9610/98), tendo sido estabelecida uma ressalva no instituto do domínio público, possibilitando uma proteção dos conhecimentos étnicos e tradicionais.

Além do que, a existência de um diploma legal que institui o registro do denominado Patrimônio Nacional do Brasil e a proteção constitucional do patrimônio cultural justificam a sua inclusão pelas peculiaridades.

---

[154] Dificuldades transpostas em certa medida pelo auxílio dos senhores Folarin Shyllon (Nigéria), Marisella Ouma (Quênia), Charles Akibodé (Cabo Verde) e Hezekiel Oira (Quênia), aos quais consignamos os mais profundos agradecimentos.

[155] Obviamente que em linhas gerais, visto que não se tratara de pesquisas de campo como o exigem as Ciências Antropológicas.

### MÉXICO:

O México é um país mundialmente conhecido pela população indígena que o compõe. País que ocupa parte do antigo território de um dos mais significativos povos ameríndios pré-colombianos, os Astecas, o México vem buscando a aplicação de uma tutela jurídica para as expressões culturais tradicionais semelhante a de outros países que têm instituído a tutela pelo PICN. Recentemente, parlamentares mexicanso tentaram modificar a lei de direito de autor, com o objetivo de incluir a tutela das ECTs de modo mais específico. A tentativa fora infrutífera, mas traz resultados positivos às ciências jurídicas. Não obstante o projeto de lei ter sido derrotado a sua simples existência e a composição étnica do México justificam a sua escolha como país de interesse para um estudo de direito comparado.

### PANAMÁ:

É inquestionável que o Panamá é um dos países que se encontra em mais adiantado grau nas discussões sobre a tutela jurídica das ECTs para as coletividades criadoras.

Além da formação de uma categoria jurídica denominada direitos coletivos dos povos indígenas[156], o Panamá regulamentou os diplomas legais de seu país através das concepções dos próprios povos indígenas[157], efetuando uma aplicação dos interesses destes pela oportunidade de ter tido um representante indígena como presidente do parlamento nacional.

Mais do que apresentar um ordenamento com elementos de diversas categorias de direitos de propriedade intelectual, o Panamá tem mantido representantes desses direitos atuando em tempo integral, tanto na manutenção dos mesmos quanto na divulgação internacional[158]. Dessa

---

[156] Lei 20 – *Ley 20 do Panamá, publicada em de 26 de junho de 2000 e denominada Ley del régimen especial de propiedad intelectual sobre los derechos colectivos de los pueblos indígenas, para la protección y defensa de su identidad cultural y de sus conocimientos tradicionales, y se dictan otras disposiciones*

[157] No Panamá são sete os povos indígenas: Ngöbe, Emberá, Buglé, Kuna, Wounaan, Naso- -Teribe e Bri-bri.

[158] Como os senhores Aténcio Lopez e Aresio Valiente, que representam e divulgam o método protetivo do Panamá voltado às coletividades criadoras.

forma, o ordenamento jurídico panamenho tem servido de modelo, inclusive no âmbito de estudo comparado das organizações internacionais, nomeadamente da OMPI[159].

A oportunidade de estar no território do país e efetuar pesquisas de campo também facilitou o acesso a informações sobre o desenvolvimento do tema.

## 4.2. Austrália:

A Austrália é um dos países que também vem desenvolvendo as discussões acerca do tema da tutela jurídica das ECTs, em decorrência do tratamento que destina às questões relacionadas às populações aborígenes.

Muitas das questões envolvendo os grupos indígenas australianos são discutidas pela sociedade australiana e tais grupos mantêm seus interesses muito bem organizados em instituições de defesa, proteção e estudo da população aborígene, e, no que mais nos interessa, na busca de uma melhor tutela para a sua cultura.

No âmbito do estudo comparado e no decorrer das análises do que há de interessante no ordenamento jurídico australiano, no que pese uma bem sedimentada doutrina sobre o tema[160], o que é mais relevante são as decisões relacionadas à cultura aborígene e o estudo e desenvolvimento dos denominados selos de autenticação[161].

Além da doutrina e da jurisprudência, faz-se necessária a análise dos diplomas legais inerentes ao tema, o que se passa a expor.

### 4.2.1. O ordenamento jurídico australiano – *Copyright Act* de 1968 e o *AATSIHPA*

Por ter sido colônia do Império Britânico, a Austrália possui como sistema jurídico a *Common Law*.

Dessa forma, de modo distinto do que ocorre nos países do sistema romano-germânico, a jurisprudência australiana ocupa uma posição de destaque como fonte de Direito. Em convergência, portanto, torna-se compreensível que se dê preferência ao tratamento dos casos que apre-

---

[159] Sumário comparativo de legislações de Direito *sui generis*: WIPO/GRTKF/IC/5/3.

[160] *Kamal Puri, Michael Blakeney, Terri Janke, Leanne Wisemann*, entre outros.

[161] No original: *labels of authenticity*.

A TUTELA JURÍDICA DAS EXPRESSÕES CULTURAIS TRADICIONAIS

sentam discussões relativas às ECTs em vez de propriamente se efetuar análises exaustivas dos ordenamentos jurídicos.

Ainda assim, cabe dispor que dois são os diplomas legais relevantes ao nosso tema no ordenamento jurídico australiano:

(1) o *Copyright Act* de 1968, emendado em 1994, que dispõe sobre a matéria de Direito de Autor em geral, e;

(2) o *Aboriginal and Torres Strait Islander Heritage Protection Act 1984 – AATSIHPA,* que trata exclusivamente da preservação do patrimônio cultural das populações aborígenes australianas, ou, como dispõe o seu próprio teor, da "[...] preservação e a proteção contra injúria e profanação de áreas e objetos na Austrália ou em águas australianas, que contenham significado particular para os povos aborígenes de acordo com a tradição destes povos.[...]"[162],[163]. Cabe dizer que o *AATSIHPA,* além de basear sua estrutura em uma concepção protetiva territorial e relacionada a bens tangíveis e objetos, traz à tona a questão de um necessário estudo comparado entre a lei dos povos aborígenes australianos e o sistema jurídico estatal da *commn law* naquele país.

No que se refere ao supracitado *Copyright Act,* é importante mencionar o fato de que este não trata de questões relacionadas às ECTs.[164] Obviamente questões relativas à cultura aborígene, pela sua ainda maior especificidade, também estão excluídas.

Por outro lado, cumpre perceber que em 1994 o *Copyright Act* australiano fora alterado, sendo-lhe introduzido os direitos pessoais de autor, típicos do sistema de *Droit D'auteur* e até há pouco tempo raros ou ausentes nos países de sistema de *Copyright.*

Foram incluídos, na emenda de 1994 daquele diploma legal, os direitos pessoais de autor que poderiam ser literalmente traduzidos por: direito

---

[162] Indicamos que seja comparado o tetxo do *AATSIHPA* com o texto do Nagpra e com questões referentes aos Direitos de Personalidade que tratamos neste estudo.

[163] *Section 4 – Purposes of Act – The purposes of this Act are the preservation and protection from injury or desecration of areas and objects in Australia and in Australian waters, being areas and objects that are of particular significance to Aboriginals in accordance with Aboriginal tradition.*

[164] Como também não se efetua qualquer menção a outros termos equivalentes, tais como folclore ou conhecimento tradicional.

O ESTADO DA ARTE

à atribuição de autoria, direito a não ter a autoria falsamente atribuída e direito à integridade da autoria de uma obra.[165-166]

Em linhas gerais, pode-se afirmar que os supra citados direitos equivalem aos direitos pessoais de autor do sistema de *Droit D'auteur* respectivamente elencados: direito à indicação da identificação e o direito à paternidade, bem como o direito à integridade da obra.

Ocorre que a seção 190 do *Copyright Act* determina que somente aos indivíduos[167] ou, para utilizar outras terminologias, pessoas físicas[168], pessoas singulares[169] ou *personnes physiques*[170] poderão ser conferidos os direitos pessoais[171].

Portanto, como se percebe, para que sejam atribuídos os direitos pessoais acima referidos, é necessário que os autores sejam indivíduos identificáveis, fato que em nada colabora para a atribuição de direitos coletivos para coletividades, como os aborígenes australianos. Ora, em verdade, a inclusão de direitos pessoais de autor no ordenamento jurídico de um país cujo sistema é o de *Copyright* tão-somente o aproxima dos países do sistema de *Droit D'auteur*, mas sem qualquer indução a direitos coletivos, visto que esta mesma ausência de direitos coletivos pode ser observada em países deste último sistema. Por outro lado, os direitos pessoais possibilitam a tutela de aspectos menos voltados aos valores econômicos e relacionados às emanações da personalidade dos criadores, o qual, em linhas gerais, é o seu próprio objeto de proteção. Dessa forma, a proteção de uma falsa atribuição de autoria prevê uma tutela necessariamente de cunho pessoal, e, no caso permitido no *Copyright Act*, ainda individual, mesmo que, em uma segunda instância, apresentem-se aspectos relacionados a um valor econômico.

---

[165] *The right of attribution of authorship; the right not to have authorship falsely attributed* e *right of integrity of authorship.*

[166] O qual nomearemos simplesmente por direito do autor à integridade da autoria, mantendo-se a tradução literal mantida na transcrição da lei.

[167] *Individuals.* Poderia ser utilizada a expressão em idioma inglês *natural person*, em oposição a *legal person.*

[168] No ordenamento jurídico brasileiro.

[169] No ordenamento jurídico português.

[170] No ordenamento jurídico francês.

[171] Nomeados no ordenamento australiano por *moral rights.*

A TUTELA JURÍDICA DAS EXPRESSÕES CULTURAIS TRADICIONAIS

O que se pode deduzir é a insuficiência da lei nacional australiana para a proteção das coletividades criadoras, principalmente das sociedades aborígenes[172]. De tal modo vêm ocorrendo as discussões sobre o tema que, à época da emenda ao *Copyright Act*, que incluiu os direitos pessoais de autor, tentou-se a inclusão de uma seção 190 A no *Copyrights Act* especificamente voltada à proteção dos direitos pessoais de autor em relação às obras indígenas de origem australianas.

A emenda previa[173], em termos gerais, que os direitos pessoais relacionados a uma obra cultural australiana criada por um autor indígena, sob permissão de um grupo cultural indígena, deveriam ser mantidos ou mesmo reivindicados por um representante do referido grupo[174]. Além disso, a referência ao autor deveria ser levada em conta, e quer nos parecer[175] que também deveria haver a indicação do representante, o qual, portanto, seria o verdadeiro responsável pela tutela da obra, no que se refere à proteção dos direitos pessoais inerentes à mesma.

A emenda não fora aprovada e os direitos pessoais relacionados à coletividade dos grupos indígenas australianos mantêm-se na ordem do dia como uma das prioridades para aquela comunidade.[176]

---

[172] Considerando-se que este é o grupo de interesse das discussões no país.

[173] Segue-se o texto original da emenda não aprovada na ocasião:
*190 A Moral rights in relation to Australian indigenous cultural work*
*(1) Moral rights in relation to an Australian cultural work created by an indigenous author, under the direction of an indigenous cultural group, may be held and asserted by a custodian nominated by the relevant indigenous cultural group as its representative for the purposes of this Part.*
*(2) In this Part, for the purposes of its application to Australian indigenous cultural works, a reference to na author is to be taken as a reference to a custodian nominated under subsection (1).*

[174] Em algum sentido como teria sido o fundamento da recente polêmica sobre as sandálias da marca brasileira Havaianas mesmo após autorização do seu autor Anuiá Yawalapiti para que a empresa produzisse kits promocionais com sandálias que levavam desenhos de sua autoria. Sobre o caso, ver as notícias e informações nos seguintes endereços eletrônicos: Notícia sobre o fato no sítio cibernético do periódico El País em português, publicada em 14 de fevereiro de 2015 e Notícia sobre o fato no sítio cibernético da Rádio Yandé publicada em 01 de dezembro de 2014) http://brasil.elpais.com/brasil/2015/02/13/politica/1423839248_331372.html http://radioyande.com/default.php?pagina=blog.php&site_id=975&pagina_id=21862&tipo=post&post_id=95

[175] Pois o texto da emenda não é claro neste sentido.

[176] Mantém-se, portanto, a idéia do projeto, mesmo sendo certo que até o término do presente estudo o mesmo não havia sido apresentado nem escrito. Cabe anunciar que

No que couber, serão indicados os pontos importantes dos supracitados diplomas legais quando da análise das decisões jurisprudenciais, as quais passamos a analisar. (Segue quadro 3)

QUADRO 3 – **Austrália**

| Copyright Act 1968 | Lei de Direito de Autor de 1968 |
|---|---|
| SECT 190 – Moral rights conferred on individuals. Only individuals have moral rights. | Seção 190 – Direitos morais conferidos aos indivíduos. Somente indivíduos[177] possuem direitos morais.[178] |

o projeto de emenda está sendo capitaneado pelo Ministério da Imigração e Negócios Multiculturais e Indígenas (*Minister for Immigration and Multicultural and Indigenous Affairs*) e pela Procuradoria Geral da Austrália. A intenção é que as discussões sobre o mesmo possam iniciar-se no parlamento australiano ainda no ano de 2003. O objetivo da emenda será possibilitar a tutela, por parte das comunidades aborígenes, de direitos coletivos que venham a protegê-las contra danos causados por terceiros, tal qual fora a intenção do legislador no projeto não aprovado no ano de 1994. Com a inclusão dessa categoria de direitos para tutelar as comunidades aborígenes, a Austrália estará impingindo um grande avanço no tratamento do tema dos direitos coletivos de proteção aos conhecimentos tradicionais e folclore. A terminologia para o direito que se irá buscar tutelar é *indigenous communal rights*. Informações sobre o projeto podem ser acessadas na página do Ministério da Imigração e Negócios Multiculturais e Indígenas: http://www.minister.immi.gov.au/atsia/media/media03/r03031.htm. Sobre os direitos pessoais na Austrália, veja o informativo *Information Sheet G43 – Moral Rights* do sítio do *Australia Copyright Council* em http://www.copyright.org.au/PDF/InfoSheets/G043v08.pdf e o sítio da Procuradoria Geral da Austrália, http://www.law.gov.au/www/securitylawHome.nsf/Web+Pages/4CB104F0C2FDE02FCA256B8800815E30?OpenDocument. Sobre a questão dos direitos pessoais para as comunidades aborígenes, veja Terri Janke, *A Moral Issue: Moral Rights and Indigenous Peoples – Cultural Rights,* acessado no endereço eletrônico http://www.niaaa.com.au/autumn_newsletter.html em 29 de julho de 2003. Consigno os especiais agradecimentos aos Sr. Sam Ahlin e ao Sr. Chris Creswell (Procuradoria Geral da Austrália) pelas informações acerca de todo o processo que está por vir sobre as emendas. Agradeço ao Ministro australiano para imigração e negócios multiculturais e indígenas, Sr. Philip Ruddock, pela atenção que me fora dispensada. Também nos foram primordiais as indicações e a atenção do Sr. Wend Wendland (chefe do setor de Conhecimentos Tradicionais da OMPI) e do Professor Kamal Puri sobre o tema.

[177] Pessoas físicas.

[178] Os ordenamentos jurídicos do *copyright* que vêm incluindo os direitos pessoais de autor utilizam-se da terminologia francesa traduzindo o termo por *moral rigths direitos morais.*

# A TUTELA JURÍDICA DAS EXPRESSÕES CULTURAIS TRADICIONAIS

| Copyright Act 1968 | Lei de Direito de Autor de 1968 |
|---|---|
| SECT 193 – Division 2 – Right of attribution of authorship<br><br>Author's right of attribution of authorship<br><br>(1) The author of a work has a right of attribution of authorship in respect of the work.<br>(2) The author's right is the right to be identified in accordance with this Division as the author of the work if any of the acts (the attributable acts) mentioned in section 194 are done in respect of the work. | Seção 193 – Divisão 2 – Direito à atribuição de autoria.<br><br>Direito do Autor à atribuição de autoria.<br><br>(1) O autor de uma obra tem o direito à atribuição de autoria em respeito à mesma.<br>(2) O Direito do Autor é o direito de ser identificado de acordo com esta divisão como o autor de uma obra se qualquer dos atos (atos imputáveis) mencionados na seção 194 são praticados em respeito à obra. |
| SECT 195 AC – Division 3 – Right not to have authorship of a work falsely attributed<br><br>Author's right not to have authorship falsely attributed<br><br>(1) The author of a work has a right not to have authorship of the work falsely attributed.<br>(2) The author's right is the right not to have a person (the attributor) do, in respect of the work, any of the acts (the acts of false attribution ) mentioned in the following provisions of this Division. | Seção 195 AC – Divisão 3 – Direito a não ter a autoria falsamente atribuída.<br><br>O direito do autor de não ter a autoria falsamente atribuída.<br><br>(1) O autor de uma obra tem o direito de não ter a autoria falsamente atribuída.<br>(2) O direito do autor é o direito de não ter uma pessoa (atribuidor) praticando, em respeito à obra, qulaquer dos atos de falsa atribuição mencionados nas disposições seguintes desta divisão. |
| SECT 195AI – Division 4 – Right of integrity of authorship of a work<br><br>Author's right of integrity of authorship<br><br>(1) The author of a work has a right of integrity of authorship in respect of the work.<br>(2) The author's right is the right not to have the work subjected to derogatory treatment. | Seção 195 AI – Divisão 4 – Direito à integridade da autoria de uma obra[179].<br><br>O direito do autor à integridade da autoria de uma obra.<br><br>(1) O autor de uma obra tem o Direito à integridade da autoria de uma obra.<br>(2) O direito do autor é o direito de não ter a obra submetida a tratamento que lhe seja ofensivo. |

---

[179] Nomeamos este direito simplesmente por direito à integridade de uma obra, optando pela tradução literal na transcrição da lei para o quadro com os excertos.

## 4.2.2. Jurisprudência

A Austrália apresenta adiantados questionamentos sobre a tutela das ECTs, servindo suas decisões como paradigma para o estudo do tema.

Por outro lado, as decisões australianas se referem a discussões no âmbito de uma aplicabilidade do direito consuetudinário aborígene no sistema estatal[180] amparado pela *Common Law*. Ora, nesse sentido, deve ser observado que na Austrália não há questionamentos inerentes à preservação cultural ou exercício de direitos inerentes às ECTs por via do Estado[181].

[180] Além dos casos que tratamos neste estudo, há outros de relevo que, sendo de interesse do leitor o tratamento à exaustão dos casos australianos, merecem ser examinados, tais como os casos R v. O'Loughlin, Australian Icon Products Pty Ltd (AIP) e Australian Aboriginal Art Pty Ltd (AAA). O primeiro refere-se a um caso de *passing off* em que o réu, John O'Loughlin passava-se pelo conhecido pintor aborígene Clifford Possum Tjapaltjarri, tendo sido a primeira pessoas a ser condenado por violação a arte aborígene. Os seguintes casos referem-se a violações de direitos aborígenes decorrentes de vendas de souvenirs pelas empresas como se arte aborígene fossem. Para análise destes casos e outros (além dos já citados no presente texto, ver o texto *Protecting Australian Indigenous Art: ownership, copyright and marketing issues for NSW schools* publicado em 2006 por *Board of Studies NSW* e acessado em 05 de março de 2015 pelo endereço eletrônico http://ab-ed.boardofstudies. nsw.edu.au/files/protecting-australian-indigenous-art.pdf .

[181] Sobre as decisões australianas, há extensa doutrina desenvolvida, em vários níveis, seja especificamente analisando os casos, seja incluindo os mesmos como importante fonte de Direito. Veja: "Declaração dos aborígenes australianos sobre a ideologia, a filosofia, e as terras indígenas", 1981 (Documento apresentado à Conferência Internacional de Organizações Não-Governamentais acerca das populações indígenas e a terra, Nações Unidas, Genebra, 1981; Michael Blakeney, *Milpurrurru & Ors v Indofurn & Ors: Protecting Expressions of Aboriginal Folklore Under Copyright Law*, acessado em 18 de novembro de 2001 no sítio http://www.murdoch.edu.au/elaw/issues/v2n1/blakeney.txt; Michael Blakeney, *Bioprospecting and the Protection of Traditional MedicalKknowledge of Indigenous Peoples: an Australian Perspective*, Europen Industrial Property Review, vol. 19, edição 6; Robin A. I. Bell, *Protección delFfolklore: la experiencia australiana*, Boletín de Derecho de Autor, Volume XIX, nº 02, Paris: Unesco, 1995; Michael Frankel & Associates http://www.icip.lawnet. com.au/html/part2.htm Copyright © 1997. Endereço geral http://www.icip.lawnet.com. au/, recolhido em 27 de novembro de 2001 – 04:50h; French, Justice Robert, *Applying the Native Title Act 1993*, acessado em 15 de novembro de 2001 do endereço eletrônico: http://www.murdoch.edu.au/elaw/issues/v2n1/french.txt; David Robbins, *Aboriginal Custom, Copyright & the Canadian Constitution*, capturado em 18 de novembro de 2001, aprox. 22:00h no endereço eletrônico http://www.ubcic.bc.ca/docs/Robbins.pdf; Kamal Puri, "Preservación y conservación de las expressiones del folclore", *Boletín de Derecho*

Sendo assim, os pontos de relevo apresentam-se sob diversas formas, seja apontando a necessidade de aplicação de preceitos de direito consuetudinário, seja trazendo a presença de conceitos típicos do Direito de Autor, e, além disso, de Propriedade Intelectual.

O primeiro caso importante que traz reflexos à tutela das ECTs é o caso *Foster vs Mountford*[182] (caso *Foster*), que indica a possibilidade de aplicação de preceitos típicos do sistema da *common law* para tutelar valores do Direito aborígene.

Nesse caso, a divulgação de informações secretas de um determinado clã desautorizadamente indicaria uma quebra de confidencialidade. O caso decorreu da comercialização de um determinado livro que continha conhecimentos sagrados comunicados por anciãos de um povo aborígene a um conhecido antropólogo.

Ocorre que o caráter privado e principalmente sagrado das informações não permitia a sua divulgação pública. Não havia como argumentar o desconhecimento do aspecto sagrado, visto que o próprio autor do livro havia estudado o povo em questão durante longos anos, sendo certo que detinha profundos conhecimentos sobre a sua cultura. O próprio conhecimento que possuía era um argumento favorável à constatação da violação.

O caso *Foster*, portanto, indicou, pela primeira vez, a possibilidade de aplicação de preceitos da *common law* ao direito consuetudinário, fato que pode gerar uma transferência de preceitos também em ordem inversa,

---

*de Autor*, Vol. XXXII, nº. 04, outubro/dezembro 1998; "Por una protección jurídica del folclore?", *Ediciones Unesco*, p. 05 e seg; Kamal Puri, *Protection of Expressions of Indigenous Cultures in the Pacific*, arquivo enviado pelo próprio autor por correio eletrônico; Kamal Puri, *Is Traditional or Cultural Knowledge a Form of Intellectual Property?*, WP 01/00, Oxford Electronic Journal of Intellectual Property Rights, acessado em 08 de setembro de 2002 no endereço eletrônico: http://www.oiprc.ox.ac.uk/EJWP0100.pdf; Terri Janke *A Moral Issue: Moral Rights and Indigenous Peoples – Cultural Rights*, acessado no endereço eletrônico http://www.niaaa.com.au/autumn_newsletter.html em 29 de julho de 2003; Sam Ricketson, "Coopyright in Australia – A chronicle of recent developments", *RIDA* nº 166, Paris, outubro de 1995; Michael Davis, "The 1989 Unesco Recomendation and Aboriginal and Torres Strait Islander Peoples Intellectual Property Rights", Paper submitted to the Unesco/ Smithsonian Conference http://203.147.134/issues/indigenous_rights/intellectual_property/Unesco_Paper.doc.
[182] *Foster vs Mountford (1976, 197829 FLR 233.*

por demonstrar que as fronteiras sistêmicas entre os direitos consuetudinários e estatal não podem ser consideradas demasiado rígidas.

Além do caso *Foster*, o caso *Mabo vs. State of Queensland*[183](caso *Mabo*) também é considerado paradigmático na questão da interseção temática entre os distintos sistemas de Direito presentes na Austrália. Nesse caso, a corte decidira que aspectos de direito consuetudinário poderiam servir de fonte para decisões embasadas pela *common law* australiana. Mais especificamente, a decisão reconheceu a presença de um sistema de direito consuetudinário no tratamento de terras aborígenes, que deveria ser considerado no tratamento da questão, visto que a Austrália, antes da ocupação européia, constituía-se em uma *terra nullius*, ou uma terra desocupada.

Dentre os casos que mais especificamente tratam de aspectos sobre temas de propriedade intelectual e temas afins encontram-se os casos *Yumbulul v. Reserve Bank of Australia Ltd.*(caso *Yumbulul*) e *Milpurrurru vs. Indofurn Pty Ltd* (caso *Milpurrurru*).

As decisões ocorreram respectivamenrte nos anos de 1991 e 1995, e todas relacionam-se a aspectos voltados aos temas da aplicabilidade dos princípios inerentes ao *Copyright Act* para os aborígenes australianos.

O caso *Milpurrurru* refere-se à importação para o território australiano de tapetes tecidos no Vietnã e que representavam desenhos típicos de povos aborígenes.

Artistas australianos ingressaram na justiça australiana contra as empresas envolvidas, com o objetivo de buscar indenizações diversas. Os artistas em questão eram cinco, e a natureza das obras violadas, assim como as violações, eram distintas, o que torna o caso ainda mais complexo. De toda sorte, os danos foram compreendidos pelo juízo, em especial pelo fato de que a produção das obras depende de autorizações de autoridades aborígenes, bem como, algumas vezes, de todo o clã, sendo certo que o descumprimento de seus valores tradicionalmente poderia levar, inclusive, à morte, situação limite não mais imposta pelos preceitos de direito consuetudinário aborígene, mas representativa da gravidade das violações que poderiam ser atribuídas aos artistas. O juízo admitira

---

[183] *Mabo vs. State of Queensland (1992)175 CLR 1 (Mabo decision).* http://www.abs.gov.au/Ausstats/abs@.nsf/0/1d8fbaddd7cb2ee9ca2569de001fb2ca?OpenDocument

que as violações haviam causado angústia pessoal aos artistas, bem como embaraço e desonra em sua relação com suas comunidades. Admitiu-se, portanto, a violação de Direitos de Autor, ainda que reconhecidos os indivíduos criadores, o que se distancia do tema específico da atribuição de titularidade às coletividades criadoras.

Michael Blakeney considera o caso *Milpurrurru* um passo à frente do caso *Yumbulul* na preparação dos tribunais, no sentido do reconhecimento dos interesses aborígenes na proteção das obras artísticas contra usos desautorizados[184].

Além desses casos, outros tantos interessam ao tema, sendo mais razoável analisar-se um de forma mais detalhada do que efetuar uma mera narrativa dos fatos ocorridos em relação a uma infinidade de decisões.

Com esse objetivo, tratamos de analisar pormenorizadamente o caso *Yumbulul*.

### 4.2.2.1. Caso *Yumbulul v. Reserve Bank of Australia Ltd*

Dentre os importantes casos australianos que despertam atenção, o caso *Yumbulul v. Reserve Bank of Australia Ltd.*[185] (doravante denominado **caso Yumbulul**) merece especial destaque.

No referido caso, o *Reserve Bank of Australia* reproduziu uma obra artística do artista *Terry Yumbulul* em uma nota de $10 (dólares australianos), sendo certo que a referida ilustração representava um desenho intitulado *Morning Star Pole*[186] cuja titularidade é requerida por sua comunidade.

Cumpre recordar que no que concerne às sociedades simples, coloca-se com muito mais força a problemática do respeito a determinadas manifestações artístico-culturais, principalmente pelo fato de estas sociedades apresentarem uma bem menos extensa compartimentalização do conhecimento do que as sociedades complexas. Dessa forma, o desrespeito a alguns aspectos que poderiam restar bem definidos e,

---

[184] Michael Blakeney, *Milpurrurru & Ors v Indofurn & Ors: Protecting Expressions of Aboriginal Folklore Under Copyright Law*, acessado em 18 de novembro de 2001 no sítio http://www.murdoch.edu.au/elaw/issues/v2n1/blakeney.txt

[185] *Yumbulul v. Reserve Bank of Australia Ltd.* (1991) 21 I.P.R. 481 (Federal Court of Australia, Gen. Div.).

[186] Que poderia ser traduzido como Estrela polar, Luz da manhã do pólo. Paulo de Bessa Antunes preferiu traduzir por "Poste da Luz da Alvorada", *In Conhecimento tradicional* [...].

O ESTADO DA ARTE

inclusive, avaliados em uma sociedade complexa, muitas vezes apresentam-se com características culturais e ao mesmo tempo religiosas, sendo de fato muito difícil destacar as características inerentes a cada área do conhecimento.

A problemática do caso *Yumbulul* decorre do fato de que não houve autorização para utilização da obra por parte do próprio artista criador nem de sua comunidade, sendo certo que os malefícios pelo uso indevido da obra ocorreram não somente em relação a ele, mas também em relação a todo o grupo social aborígene, especificamente o clã *Galpu*[187]. E, no sentido do que se apresenta o caso, deve-se partir da percepção de que em muitos casos o direito consuetudinário somente permite a utilização de determinadas obras em ocasiões especiais, como apresentou-se o problema na prática [188].

Como lembra David B. A. Robbins, "[...] o banco violou as restrições referentes ao direito consuetudinário relacionado ao Sr. Yumbulul e sua comunidade [...]"[189].

Perceba que tal fato ocorreu porque a utilização da imagem do desenho da *The Morning Star Pole* somente é permitida pela comunidade aborígene da qual é representativa em situações com as quais exista um contexto de cerimônias[190] ou com propósitos educacionais. Interessante também salientar que além da autorização para a utilização, existe a necessidade, muitas vezes, da autorização propriamente para a criação de obras que sejam representativas de imagens sagradas ou cuja função esteja previamente estabelecida pelo direito costumeiro. Tal fato decorre de que por vezes existe um impedimento na relação de independência entre o criador como pessoa identificável e o grupo em si. Nesse sentido, é curioso perceber que muitas vezes o aspecto coletivo (e a própria coletividade) tem o objetivo ou a intenção de preservar a cultura por muito

---

[187] Como em geral é o que se vem diagnosticando nos casos australianos que envolvem esta temática.

[188] David B. A.Robbins *Aboriginal Custom, Copyright & the Canadian Constitution*, capturado em 18 de novembro de 2001, aprox. 22:00h, no endereço eletrônico http://www.ubcic.bc.ca/docs/Robbins.pdf.

[189] *Aboriginal Custom, Copyright & the Canadian Constitution* [...] p. 05.

[190] Comemorações de mortes de importantes pessoas dos clãs e outras situações fáticas previamente determinadas e bem estabelecidas.

A TUTELA JURÍDICA DAS EXPRESSÕES CULTURAIS TRADICIONAIS

mais tempo do que propriamente a cultura individualista à qual nos submetemos nas sociedades complexas.

De um modo geral, portanto, é comum que quando um participante de uma sociedade simples se interessa pela criação de determinada obra representativa de imagens ou símbolos que tenham surgido no seio da comunidade deva pedir autorização a toda a comunidade em decorrência da relações de poder que esta exerce perante as manifestações socioculturais. A coletividade também pode ser, como usualmente o é, representada pelo poder de um cacique, pajé ou xamã, exemplos de altas autoridades de determinadas sociedades simples.[191]

No caso em tela, o Sr. *Yumbulul* não se encontrava autorizado a permitir o uso da obra por terceiros estranhos à sua comunidade, muito menos em situações às quais o Direito da mesma expressamente não permitisse. Em conseqüência desse fato, baseando-se inicialmente nos pressupostos gerais de Direito consuetudinário, o que se deve *a priori* levar em conta na compreensão do tratamento da propriedade das sociedades simples é o fato de que "[...] é muito pouco freqüente que a titularidade dos direitos de propriedade intelectual referentes a obras de indígenas se confira a uma pessoa.[...]", sendo certo que "[...] de acordo com a noção aborígene da titularidade tribal, as obras criadas por um membro da tribo serão propriedade em função de sua índole, da tribo ou do clã.[...]".[192] Ora, não sendo usual o conceito da propriedade individual e não cabendo direitos de exclusivo ao seu criador no âmbito interno, percebe-se a lógica do Direito e, conseqüentemente, de sua violação.

---

[191] Pudemos perceber tal fato inclusive em nossas pesquisas de campo, quando o pajé dos *Fulni-ô* nos permitiu, em grau de exceção, não permitindo a terceiros, entrar em território indígena para conhecer o local exato onde se passam as cerimônias do *Ouricuri*.

[192] Kamal Puri, *Preservación y conservación de las expressiones del folclore*, [...] p. 16. "[...] para qualquer reprodução de obras de arte sacra que são patrimônio do clã, não somente deve-se obter a autorização dos artistas, enquanto criadores, como também a dos dirigentes do grupo. Se não estiverem todos de acordo em conceder a autorização, não se pode reproduzir a obra, e se o artista autoriza a reprodução sem haver consultado previamente o clã, ou omitindo a situação deste, poderá ocorrer a imposição de sanções do clã perante o artista. O indivíduo criador da obra poderá ser sancionado ainda que não tenha autorizado conscientemente a reprodução, tal como ocorrera no caso em questão. [...]".

O ESTADO DA ARTE

Cabe salientar que, nesse sentido, ainda mais do que propriamente uma questão de Direito de Autor a ser discutida no âmbito do ordenamento australiano, o caso se coloca, antes de tudo, no universo da lei aborígene, como uma proibição costumeira de aspectos muito mais amplos do que propriamente tão-somente relacionados ao Direito de Autor[193]. Esse aspecto, como pode ser facilmente observado, é decorrente da pluralidade de temas que se interconectam[194] nas culturas ditas mais primitivas, tal qual a aborígene australiana.

De tudo o que vem sendo exposto sobre o caso, há de se salientar o fato de que o ponto chave no caso *Yumbulul* é que, em verdade, não se trata de uma discussão de direitos coletivos diretamente, senão de modo obliquo[195]. Tal fato decorre, diretamente, da identificabilidade do criador da obra objeto de violação, e tanto é verdade que a primeira violação que se observa é aquela do próprio autor, em decorrência do desautorizado uso de sua obra pelo *Reserve Bank* na cédula de $10 dólares australianos. O Sr. *Yumbulul*, portanto, na qualidade de titular de Direito de Autor sobre o qual recaem os mesmos direitos que recairiam sobre qualquer outro nacional australiano, terá para si a tutela do *Copyright Act*, no sentido da atribuição do direito pessoal de autor e do direito patrimonial, tutelados por aquele diploma legal. Nesse sentido, estamos certos de que não se confundem as situações fáticas da criação individual e aquela cuja autoria não se pode identificar. O uso não autorizado, porém ao qual atribui-se liberdade de utilização, por parte dos violadores, não se justificaria, para autores individualmente identificados, em nenhuma hipótese. Ou seja, enquanto é discutido se deve ou não haver uma titularidade inerente a direitos coletivos de propriedade intelectual, não paira qualquer dúvida sobre o fato de que, identificando-se o criador, tal qual o Sr. *Yumbulul*, o uso da obra de modo desautorizado constitui violação do *Copyright Act*,

---

[193] Indicando a necessidade de aplicação de tutelas semelhantes às inerentes aos direitos de personalidade.

[194] Visto que uma característica da cultura aborígene australiana é verificável em todas as sociedades nativas, pois que é um pressuposto de sua classificação como tal, que é a menor compartimentação do conhecimento em comparação às sociedades não nativas.

[195] De modo diferenciado ocorre, p.ex., no Panamá, país no qual as comunidades indígenas têm buscado a atribuição dos denominados direitos coletivos dos povos indígenas, sendo inafastável a característica da coletividade nas discussões da propriedade intelectual.

A TUTELA JURÍDICA DAS EXPRESSÕES CULTURAIS TRADICIONAIS

como o seria em qualquer ordenamento de Direito de Autor, visto que a hipótese não configura qualquer tipo de limitação ou *fair use*[196]. Importante lembrar que o uso de obras de origem aborígene não identificadas é livre, no que não prevê qualquer impedimento o *Copyright Act*. Tal não ocorre ao identificar-se o autor.

Há de se salientar, inclusive, que o simples fato de a criatividade do artista aborígene poder ser, em certa medida, definida ou influenciada pela cosmogonia do povo do qual faz parte, ou ainda por fatores relacionados às expressões culturais tradicionais concernentes à sua comunidade, não justifica o comprometimento do Direito que se lhe cabe.[197]

Conclui-se, portanto, que não resta qualquer dúvida quanto à violação de cunho patrimonial em um caráter individual pelo uso indevido da obra *The Morning Star Pole*, até porque, como se percebe, é absolutamente inaplicável o instituto do *fair use* tão típico do sistema de *copyright*.

O caso começa a se tornar interessante quando percebe-se a aplicação, ao seu titular individualmente identificável, da espécie de direito pessoal de autor nomeado no *Copyright Act* como direito à integridade da autoria[198] e disposto na seção 189 daquele diploma legal. Aliás, a lei australiana, de modo inequívoco, somente permite a atribuição de direitos pessoais às pessoas físicas individualmente identificáveis[199].

Visto isso, o problema coloca-se no fato de que pode haver violação de direitos relacionados à coletividade por uma representação inadequada da obra ou não. De fato, deve-se analisar se certos princípios da comuni-

---

[196] Nos países que adotam o sistema de *Copyright*, o Direito de Autor não é limitado por um elenco de situações fáticas que possibilitam o uso desautorizado, mas pela doutrina denominada de *fair use*, ou uso justo, que permite o uso das obras sobre as quais recai o direito de exclusivo desde que o uso das mesmas seja justo.

[197] Também parece pensar dessa forma Kamal Puri ao afirmar que "[...] é intranscendente que a criatividade de um artista aborígene esteja determinada por temas folclóricos ou outros elementos, p. ex., a seleção efetuada por um clã específico. Estes fatores não impedem que os artistas aborígenes sejam protegidos pela legislação sobre Direito de Autor, ainda que sua criatividade se mantenha dentro dos limites de determinadas normas culturais. [...]" BDA, p.17.

[198] Nomeado por direito à integridade em boa parte dos ordenamentos jurídicos pertencentes ao sistema de *Droit D'auteur*.

[199] Seção 190, *Only individuals have moral rights*.

## O ESTADO DA ARTE

dade à qual faz parte o Sr. *Yumbulul* foram efetivamente violados. Há de se compreender que foram violados.

No entender do Tribunal Federal[200] daAustrália, realmente há deficiências no *Copyright Act* do país que não permitem uma efetiva proteção dos direitos das comunidades aborígenes. Percebemos, porém, que as deficiências atribuídas por aquela corte não são distintas das que se apresentam nos demais países, sejam nos que adotam o sistema de *Copyright* ou mesmo naqueles que seguem o *Droit D'auteur*.

Dessa forma, também são obstáculos para a lei australiana, e, conseqüentemente, tornam-se impossíveis de serem tutelados, os direitos das comunidades aborígenes por razões como (1) a não identificabilidade dos autores, (2) a atemporalidade da criação, (3) a incompreensão – por parte das sociedades complexas – de uma propriedade coletiva, entre outros aspectos. Tais fatores são decorrentes das diferenças sistêmicas entre a *common law* australiana e o direito consuetudinário dos aborígenes daquele país. Cabe salientar, esta situação repete-se em diversos outros Estados em uma mesma relação lógica de conflito sistêmico.

Porém, ainda que estivesse atenta à questão aborígene, e mesmo diante de situação peculiar que lhe fora apresentada, o Tribunal Federal não entendeu que tenha havido violação na utilização do desenho da *Morning Star Pole* pelo réu. O argumento utilizado fora o de que, ao ter criado a obra, o artista teria disposto de seus direitos de propriedade intelectual sobre a mesma.

Além dess fato, aquela corte alertara para o fato de que "é (também) possível que a lei de Direito de Autor australiana não proporcione adequado reconhecimento das reivindicações das comunidades aborígenes para regular a reprodução e o uso de obras que são **essencialmente comunitárias em sua origem**."[201] (grifo nosso)

Afirmou, outrossim, que as questões relacionadas ao reconhecimento dos interesses das comunidades aborígenes na reprodução de

---

[200] *Federal Court.*
[201] *Yumbulul v. Reserve Bank of Australia Ltd.* (1991) 21 I.P.R. 481 (Federal Court of Australia, Gen. Div.).

A TUTELA JURÍDICA DAS EXPRESSÕES CULTURAIS TRADICIONAIS

objetos sagrados é tema que deve ser considerado pelos reformadores e legisladores[202].

O Caso Yumbulul apresenta um paradigma não tanto pela decisão em si, mas pelos comentários e, principalmente, pelos resultados práticos que ensejou.

### 4.2.3. Os selos de autenticidade[203]

Além da importância da jurisprudência australiana, cabe reconhecer a tentativa do país em estabelecer direitos às comunidades aborígenes através da instituição dos denominados selos de autenticidade (*labels of authenticity*).

Essa alternativa de proteção compreende a utilização de certificação da origem das manifestações artístico-culturais por meio do modelo das marcas de certificação[204].O sistema australiano estabelece a proteção através da aplicação dos denominados selos de autenticidade[205] e marcas de colaboração[206].

Os selos de autenticidade podem ser apostos a produtos ou serviços cuja origem seja comprovadamente aborígene, enquanto as marcas de colaboração podem ser apostas a produtos ou serviços que representem as ECTs aborígenes e que sejam autorizados pelas comunidades que seja representativas.

Em verdade, tanto os selos de autenticidade quanto as marcas de colaboração representam espécies de marcas de certificação[207].

---

[202] Parece que os suplícios do tribunal e do juiz Von Doussa foram atendidos, visto que as tentativas de modificação da lei nesse sentido vêm sendo indicadas.

[203] Sobre o tema das marcas de certificação, leia os informes da NIAAA em http://www.niaaa.com.au/label.html, bem como, por todos os demais artigos doutrinários, Leanne Wiseman, "The protection of Indigenous Art and Culture in Australia,: The Labels of Authenticity", *In* EIPR, *European Intellectual Property Review*, Volume 23, Issue 1, London: Sweet and Maxwell, janeiro 2001.

[204] No original em inglês, *certification marks*.

[205] No original em inglês, *labels of authenticity*.

[206] No original em inglês, *colaboration marks*.

[207] De todo modo, a doutrina australiana costuma atribuir o título selos de autenticidade/ *labels of authenticity* ao método de proteção apresentado, pela sua função mais ampla e pela representação do método da tutela.

# O ESTADO DA ARTE

As marcas de certificação aborígene australianas vêm sendo administradas pela NIAAA (*National Indigenous Arts Advocacy Association*) e possuem seu funcionamento por meio do sistema protetivo típico do direito marcário, com vias a tornar identificável a autenticidade dos produtos ou serviços de origem aborígene. O objetivo é impedir a comercialização de produtos de origem não aborígene ou mesmo não autorizados pelos mesmos.

Desde já cabe dizer que o referido método não é, sobremaneira, um método de proteção pelas indicações geográficas, visto que a origem que pretende tutelar não leva em conta aspectos de geografia de modo isolado, mas tão-somente de modo complementar, pois que a origem diz respeito ao grupo social ou indivíduo, e não a outros critérios objetivos. Ainda que se considerem aspectos humanos ao se atribuir uma indicação de origem[208], esta não parece ser a essência do mesmo, enquanto no método das marcas de certificação de origem aborígene australiana este coloca-se como o aspecto crucial da questão[209, 210].

Há de se perceber, primordialmente, que a instituição dos selos de autenticidade não correspondem a um direito aplicável às ECTs. Não se pode atribuir qualquer Direito às ECTs por uma mera possibilidade em se aplicar selos que identifiquem a sua origem.

O direito que cabe ao usuário dos selos de autenticidade refere-se tão-somente à possibilidade de aplicação dos mesmos sem a constituição de quaisquer direitos relacionados às ECTs às quais poderão ser aplicados os selos. Dessa forma, o que se pode identificar é um direito de aplicação que valorizaria os produtos ou serviços identificados, mas em nenhuma hipótese garante um direito de exclusivo (ou mesmo de remuneração) sobre a ECT cujo selo será aplicado.

---

[208] E de fato é o que ocorre, e para tanto transcrevemos, a título de ilustração, a definição de denominação de origem do Acordo de Lisboa, em seu art. 1º, nº 1: "Compreende-se por denominação de origem, no sentido do presente Acordo, a denominação geográfica de um país, de uma região ou de uma localidade que sirva para designar um produto originário do mesmo e cuja qualidade ou características devem-se exclusiva ou essencialmente ao meio geográfico, compreendidos os fatores naturais e os fatores humanos."

[209] Veja as completas considerações sobre o funcionamento prático e a aplicação da tutela dos sinais distintivos no capítulo 5.

[210] Sobre as diferenças entre marca de certificação, marca coletiva e indicações geográficas, veja o capítulo 5.

A TUTELA JURÍDICA DAS EXPRESSÕES CULTURAIS TRADICIONAIS

Percebe-se, portanto, que o sistema, apesar de útil, não impede o uso desautorizado de ECTs ou mesmo modalidades diversas de violação ou uso indevido além de outras manifestações ilícitas, tais como *passing off*, incidências contra o consumidor em geral ou mesmo falta de autenticidade e de garantia da origem.

Por outro lado há que se observar um controle na utilização e aplicação dos selos, visto que uma certa forma de controle deve ser instituída para valorizar a própria origem qualitativa que se está pretendendo.

Dessa forma, há de se recordar que o gênero instituído para controlar os produtos ou serviços na Austrália fora a marca de certificação, composta por duas espécies, a saber: selos de autenticidade e marcas de colaboração.

Para ter acesso ao selo de autenticidade, o requerente necessita comprovar que[211]:

1) O produto ou serviço sobre o qual deseja aplicar os selos são derivados de uma obra de arte criada, reproduzida ou produzida e manufaturada por aborígenes ou ilhéus do Estreito de Torres;
2) O produto ou serviço satisfaz a definição de autenticidade (sic);
3) Em especial em relação à marca de certificação, deve restar comprovado que os produtos ou serviços são produzidos através de acordos justos e legítimos com pessoas não originárias da cultura aborígene ou do Estreito de Torres.

Por outro lado, antes mesmo da possibilidade de uso dos selos, há de se verificar a aboriginalidade do requerente, que deverá ser declarada após proposta efetuada à ATSIC[212]. O próprio formulário que possibilita o uso dos selos de autenticidade exige a declaração da condição de aborígene, bem como a declaração por parte de comunidades aborígenes ou organizações destas de que aceitam a condição de aborígene do proponente.

Constata-se que o processo identificatório deveria exigir vastas comprovações da condição de aboriginalidade dos proponentes, o que não

---

[211] *NIAAA, Discussion Paper on thePproposed Label of Authenticity*, agosto de 1997.
[212] ATSIC, *Aboriginal and Torres Strait Islander Comission*.

O ESTADO DA ARTE

parece uma realidade prática, em decorrência de fatos que vêm indicando a possibilidade de falência do sistema. Neste sentido, cabe anunciar que uma enorme crise fora instaurada em relação ao método australiano em finais do ano de 2002, o que pode comprometer o uso prático do mesmo na Austrália.

Em decorrência de inúmeras reclamações acerca da má administração da NIAAA sobre as marcas de certificação, bem com a recusa de seu diretor[213] em permitir revisões e reestruturações no método e na atuação daquela organização, várias fontes de recursos foram extintas[214], condenando o funcionamento do método, seja tendo a NIAAA como administradora, ou mesmo toda e qualquer outra instituição.

Ainda assim, o processo merece consideração e análise sobre seu funcionamento.

Dessa forma, desconsiderando-se aspectos que sejam relacionados à mera política legislativa, algumas críticas podem ser efetuadas ao sistema. Dois pontos de relevo, desde já, merecem consideração.

Em primeiro lugar, há que se considerar que o fato de se possibilitar a aposição de selos de autenticidade a determinados produtos ou serviços aborígenes indicaria uma garantia de origem de produtos ou serviços com esta procedência, mas, a *contrario senso*, indicaria que aqueles que não fossem indicados não possuiriam uma legitimidade. No que diz respeito aos produtos de falsa origem aborígene, o sistema estaria exercendo plenamente sua função do sistema. A problemática coloca-se em relação aos produtos ou serviços de legítima origem aborígene cujas marcas de certificação não fossem apostas. Seria desconsiderada a origem desses últimos, alçados a uma mesma vala comum dos produtos de falsa origem. Como a aposição de selos não se constitui em obrigação mas em mera liberalidade para uma certificação, restariam prejudicados muitos grupos ou indivíduos que não pudessem fazer uso do sistema. A função do sistema restaria, dessa forma, essencialmente comprometida.

---

[213] *Philipp Hall.*

[214] Fundos do governo federal da Austrália: Mais de $500.000 anuais; 2. Fundos do *Australia Council*: $ 1 milhão, durante 3 anos; 3. Fundos do *Aboriginal and Torres Strait Islander Commission* (ATSIC): $ 1.2, durante 8 anos.

Além disso, fato que há de se destacar neste mesmo pensamento lógico seria exatamente o segundo ponto de relevo, ou seja, o extenso território da Austrália.

Não há que se olvidar que diversas coletividades criadoras, tratando-se em especial de sociedades simples, encontram-se em regiões excessivamente distantes dos centros urbanos. Em referência à específica situação dos selos de autenticidade, a NIAAA tem sua sede na cidade de Sidney, consideravelmente distante dos territórios aborígenes e

do Estreito de Torres, dificultando o acesso dos artistas aborígenes aos selos. Além disso, a difícil condição econômica dos aborígenes poderia ser um outro argumento que deveria impor um mecanismo que possibilitasse o acesso dos artistas ao sistema.

Por fim, cabe perceber que por mais eficiente que se possa demonstrar ou tornar o sistema de aplicação de selos de autenticidade, o mesmo é direcionado, primordialmente, aos artistas individualmente considerados, o que torna o escopo de proteção limitado no que diz respeito à especificidade de nosso tema, que trata da necessidade de aplicação de direito de ordem coletiva às coletividades criadoras e originadoras de ECTs.

De toda forma, o desenvolvimento do tema na Austrália merece considerações pela valiosa contribuição que este país vem trazendo, seja por meio das discussões jurisprudenciais, seja pela tentativa de modificação da lei nacional de Direito de Autor ou ainda pelos mecanismos de atribuição dos selos de autenticidade.

Pode-se concluir, portanto, que o tema das ECTs na Austrália é bastante rico e produtivo, o que também reflete uma doutrina especializada de qualidade. Como consequência, e como se poderá observar no decorrer deste estudo, os exemplo australianos são contributivos na formação de uma tutela específica das ECTs, que é exatamente o que pretendemos.

## 4.3. EUA

O foco do problema nos EUA está diretamente relacionado com grupos indígenas; fora deste âmbito não se apresenta qualquer discussão. O desenvolvimento do tema dos Direitos de Autor, p.ex., que poderia tratar de ECTs tuteladas pelo Estado ou outro ponto de discussão, parecem impensáveis, talvez em decorrência da iniciativa privada e dos organismos governamentais em voltar-se às questões do acelerado desenvolvimento da tecnologia e os danos que podem ser causados às indústrias do entretenimento em conseqüência desse processo[215].

Um pouco em conseqüência do acima exposto, os Estados Unidos da América não encontram as discussões em estado tão adiantado como se deveria esperar de um país com duas características importantes para o tema das ECTs, a saber: um elevado número de sociedades simples[216] (tribos indígenas) e um sistema jurídico que facilita a celeridade na adaptação e transformação do Direito de acordo com a realidade social (*common law*). Em comparação, p. ex., com a Austrália, também albergada pelo sistema da *common law* e de mesmo modo ambientada nas questões de populações indígenas, os EUA apresentam os problemas sob ponto de vista um tanto quanto particular.

Há de se observar que nos EUA o foco das discussões coloca-se no sentido da tutela dos bens materiais e, mais especificamente, relacionados com monumentos fúnebres, tais quais túmulos, sepulturas, entre outros.

Dessa forma, enquanto em outros países as discussões ocorrem em sede de utilizações indevidas de ECTs, nos EUA vislumbra-se uma dedicação com mais afinco ao tema da defesa das localidades sagradas e da proteção dos monumentos sagrados, inclusive funerários, e da repatriação de bens materiais pertencentes a museus diversos. Somente de modo indireto colocam-se as questões das ECT[217].

Por outro lado, há dois aspectos importantes para as discussões inerentes ao nosso estudo: (1) a relação política entre os povos indígenas norte-americanos e o governo e (2) a constatação da possibilidade de a violação de bens materiais levar a danos de cunho imaterial.

É inequívoco o interesse dos grupos indígenas norte-americanos em estabelecer e/ou fortalecer os direitos que lhes cabem e as discussões são amplas em razão da prévia ocupação de parte do território dos EUA

---

[215] Importante salientar o fato de que urge a discussão acerca das tutelas das ECTs também em função do acelerado processo de desenvolvimento das tecnologias.

[216] E que ostentam a condição de coletividades criadoras.

[217] Ainda assim, o novo método de proteção amparado pela Base de Dados das Insígnias oficiais das Tribos Nativas Americanas também parece que poderá trazer à luz discussões referentes às ECTs.

A TUTELA JURÍDICA DAS EXPRESSÕES CULTURAIS TRADICIONAIS

ao advento da colonização. As discussões se colocam, como em muitos outros países, em busca de equilíbrio, e, muitas vezes, devido às compensações históricas, seja no aspecto cultural, seja no aspecto das terras indígenas[218]. De toda forma, é latente o foco de uma tentativa dessa referida compensação histórica, também ambientada pelo princípio das ações afirmativas.

De modo geral, o que cumpre salientar é o fato de que os grupos indígenas norte-americanos estão politicamente bem organizados, e as discussões sobre os direitos que lhes cabem podem, a todo o momento, suscitar questionamentos mais precisos no que se refere às ECTs.

Por outro lado, a tutela dos bens materiais pelas coletividades criadoras norte- americanas reflete a problemática das ECTs, pela constatação de que a violação daqueles bens pode levar a danos de cunho imaterial.

### 4.3.1. Os métodos de proteção

Surge a necessidade, pois, de elencar os métodos de proteção relacionados às ECTs, ou, como já fora dito, para a *proteção do folclore dos nativos americanos* [219], e que são três [220] [221]: o *Iaca* (Indian Arts and Crafts Act); a

---

[218] Esse problema se coloca com grande força no Brasil, onde a tentativa de compensação histórica dos grupos indígenas vem fazer parte, inclusive, do texto constitucional. Nesse sentido, Art. 231 –" São reconhecidos aos índios [...] os direitos sobre as terras que tradicionalmente ocupam [...]". Nos países africanos em geral, a discussão sobre a busca de compensação histórica se coloca em uma relação de forças entre as antigas metrópoles e os próprios Estados nacionais.

[219] Linda Lourie, em comunicação conosco enviada por correio eletrônico.

[220] Foram fundamentais as indicações de pesquisa do Sr. Michael Keplinger e, principalmente, da Sra. Linda Lourie, ambos do USPTO, a quem externo meus mais profundos agradecimentos pelo apoio no fornecimento das informações relacionadas ao tema nos EUA.

[221] Para informações sobre o NAGPRA veja-se http://www.cast.uark.edu/other/nps/nagpra/nagpra.dat/lgmc08.html; sobre a base de dados do USPTO, veja: o acesso à base de dados em www.uspto.gov/main/trademarks.htm; o requerimento e análise de comentários em http://www.uspto.gov/web/offices/com/sol/notices/f990316a.htm; as audiências públicas, de 12 de julho de 1999, em .http://www.uspto.gov/web/offices/com/hearings/natinsig/nahear1.htm; de 15 de julho de 1999 em .http://www.uspto.gov/web/offices/com/hearings/natinsig/nahear2.htm e de 08 de julho de 1999 em .http://www.uspto.gov/web/offices/com/hearings/natinsig/nahear3.htm bem como outras informações relevantes sobre o banco de dados em http://www.uspto.gov/web/offices/com/speeches/01-37.htm

Base de Dados das Insígnias Oficiais das Tribos Nativas Americanas [222] e o Nagpra (*Native American Grave Protection and Repatriation Act*);

Urge salientar, como já descrito, que a totalidade desses métodos de controle está voltada à tutela das comunidades indígenas norte-americanas, excluindo-se, portanto, outras sociedades simples ou grupos destacados da sociedade complexa dos EUA.

Seria forçoso efetuar uma análise de todas as modalidades, levando-se em conta principalmente o fato de que nenhuma trata especificamente do tema da tutela das ECTs, bem como não há considerações sobre o tema na lei nacional de Direito de Autor.

Dessa forma, vimos por bem analisar os pontos que mais aporte trariam ao tema das ECTs e o escopo de proteção que interessa ao nosso estudo.

O Iaca tão-somente merece a indicação sem maiores considerações, visto que trata de temas relacionados aos bens materiais e sua menção serve para demonstrar o interesse da tribos indígenas em tutelar os bens relacionados à sua cultura.

A Base de Dados das Insígnias Oficiais das Tribos Nativas Americanas é tema de relevo, e demonstra o interesse em se tutelar, pelo direito marcário, serviços e produtos de origem indígena norte-americana. Ainda assim, porém, não pode auxiliar em muito o estudo em tela por sua ainda incipiente aplicação no que se refere às ECTs.

De toda forma, cabe anunciar que o USPTO permitiu o registro de marcas de povos indígenas norte-americanos nas classes de interesse destes, como medida de fortalecer e garantir a origem dos produtos e serviços de toda e qualquer categoria.

---

e em http://www.globaltechnoscan.com/IP_Patents/uspto.htm. Sobre o Iaca, ver http://www.doi.gov/iacb/enter.html.

[222] *USPTO Database of Official Insignia of Native American Tribes.* O acesso para a base da dados das insígnia oficiais das tribos norte-americanas se dá pela mesma base de dados de quaisquer outras marcas, pelo sistema TESS do USPTO (http://tess2.uspto.gov/bin/gate.exe?f=tess&state=4805:ig64kw.1.1). Uma vez que se chegue à referida base de dados, a pequisa referente às insígnias se dá pelo lançamento no sistema TESS, na rubrica *Word and/or Design Mark Search (Free Form)* e posteriormente o lançamento, como ferramenta de pesquisa da expressão "Native American Tribal Insignia"[od] (com o código de indexação [od]).

A TUTELA JURÍDICA DAS EXPRESSÕES CULTURAIS TRADICIONAIS

Tal medida poderá garantir a aplicação das marcas indígenas e, conseqüentemente, a própria autenticidade e origem dos serviços e produtos. Assemelha-se, no objetivo, aos selos de autenticidade australianos, ainda que aqueles sejam uma espécie de marca de certificação, enquanto estas sejam, em verdade, simples marcas de comércio e indústria. A titularidade das marcas cabe a cada uma das tribos norte-americanas e seu uso ainda não está plenamente estabelecido. De toda forma é bastante significativo o fato de ter havido a criação de uma exclusiva base de dados especialmente destinada aos povos indígenas com o fim de proteger todos aqueles grupos indígenas que manifestem o interesse na tutela de seus serviços e produtos por meio da certificação de sua origem nativa.[223].

É certo, porém, que ainda hoje tal sistema ainda apresenta-se muito aquém das reais necessidades das tutelas das ECTs, sendo sua indicação meramente descritiva de algum avanço na proteção inerente a sociedades simples.

Além da Base de Dados das Insígnias Oficiais das Tribos Nativas Americanas, o Nagpra [224] também não tutela diretamente as ECTs, mas acaba por demonstrar interessantes pontos a serem analisados à luz do direito comparado.

O objetivo desse diploma legal é proteger bens materiais relacionados a localidades que possam conter restos humanos e objetos de origem dos povos nativos norte-americanos, os quais, em geral, vão apresentar um valor sagrado às comunidades ou povos de sua origem.

A relação de proteção dos bens materiais não traz, em si mesma e destacadamente, interesse ao tema das ECTs, mas há que se considerar que os bens materiais também são compostos de valores imateriais, em espe-

---

[223] Indicamos na versão original deste estudo, apresentada no ano de 2003: *"Ao término deste estudo, muito poucas tribos haviam requerido o registro de marcas que as pudessem representar, sendo certo que uma rápida evolução se dará em um futuro próximo".* Na ocasião, portanto, da primeira versão deste estudo, apresentado como dissertação de Mestrado na Faculdade de Direito da Universidade de Lisboa, indicamos, por meio de um apêndice, os processos em andamento para atribuição das referidas insígnias. Na última pesquisa realizada para a versão atual do texto (em março de 2015) o número de processos ativos de requerimento de consideração de insígnias era de 48 (quarenta e oito), tendo havido, portanto, um aumento bastante significativo nos últimos anos.

[224] Em uma tradução livre: Lei de Repatriação e Proteção de Sepulturas dos Americanos Nativos.

O ESTADO DA ARTE

cial quando relacionados com aspectos inerentes à cultura e à religiosidade de um determinado povo.

Ora, veja que o Nagpra procura proteger o patrimônio cultural[225] por meio da tutela dos bens e locais que sejam sagrados aos povos nativos ou seus descendentes.

Essa tutela vai se dar no sentido de atribuir uma propriedade aos itens culturais (gênero)[226], sejam restos humanos (espécies) ou objetos (espécies).

Dessa forma, a propriedade e o controle dos itens culturais escavados ou descobertos em terras indígenas ou federais após a implementação da vigência do Nagpra serão destinados aos titulares de direitos de acordo com a qualidade dos itens encontrados.

Nesse sentido, para os restos humanos nativos e denominados objetos funerários associados[227], seguir-se-á a linha de descendência do nativo americano.

Em qualquer caso para o qual a linha de descendência não possa ser atribuída e para o caso de objetos funerários não-associados[228], objetos

---

[225] Seção 2, 3, D – *Cultural patrimony*.

[226] Seção 2, 3, – *Cultural items*

[227] Objetos funerários associados (*Associated funerary objects*) – objetos que fizeram parte do ritual de morte ou de cerimônia de uma cultura, sobre os quais há suficientes razões para crer que tenham sido colocados com restos humanos individuais, no momento da morte ou após, e tanto os objetos quanto os restos humanos estão atualmente na posse ou controle de uma agência federal ou museu. (excluem-se da condição de objetos funerários associados os outros itens que tenham sido exclusivamente feitos para enterros ou para conter restos humanos).

[228] Objetos funerários não-associados (*Unassociated funerary objects*) – objetos que fizeram parte do ritual de morte ou de cerimônia de uma cultura, sobre os quais há suficientes razões para crer que tenham sido colocados com restos humanos individuais, no momento da morte ou após, cujos restos não estejam na posse ou controle de uma agência federal ou museu, e os objetos possam ser identificados (1) pela preponderância/clareza das evidências como relacionados a indivíduos específicos ou famílias, bem como restos humanos conhecidos ou (2) pela preponderância/clareza das evidências que tenham sido removidos de um local específico para sepultamento de um indivíduo culturalmente afiliado a uma tribo indígena em particular.

# A TUTELA JURÍDICA DAS EXPRESSÕES CULTURAIS TRADICIONAIS

sagrados[229] e objetos do patrimônio cultural[230], deverá obedecer-se à seguinte ordem estabelecida no Nagpra:

Em primeiro lugar – Tribo indígena ou organização nativa havaiana em cujas terras os objetos ou restos tenham sido encontrados.

Em segundo lugar – Tribo indígena ou organização nativa havaiana que mantenha a mais aproximada filiação cultural com os restos e/ou objetos e que os requeira.

Em terceiro lugar – Se a filiação cultural dos objetos não puder ser descoberta com razoabilidade e se os objetos tiverem sido encontrados em terras federais reconhecidas, em último grau de jurisdição pela comissão de pedidos indígenas que possuam a condição de terras indígenas de alguma tribo indígena, caberá à tribo indígena reconhecida como ocupante da área de descoberta dos objetos que reivindicar a propriedade.

No entanto, se ficar demonstrado a preponderância da evidência de que uma tribo diferente mantém uma relação cultural mais aproximada e uma maior filiação cultural com os restos ou objetos que as tribos ocupantes da área da descoberta, será atribuída a propriedade para esta última, se for reivindicada[231].

Percebe-se que a atribuição de propriedade sobre os bens tutelados no Nagpra tem como fundamento a busca da identificação mais precisa possível do titular do direito relacionado a um bem, neste caso, material.

Além disso, atente-se ao fato de que a seção 3 do Nagpra também estabelece a permissão de escavação ou remoção de quaisquer objetos

---

[229] objetos sagrados – objetos específicos para cerimônias e que são necessários para a prática das religiões dos povos nativos norte-americanos pelos líderes religiosos.

[230] Patrimônio cultural – objeto que possua uma contínua e fundamental importância histórica, tradicional ou cultural, para um grupo nativo norte-americano ou para a cultura em si mesma, preferencialmente de propriedade de um nativo norte-americano e que por isso não pode ser alienado, transferido, transportado sem a devida atenção, seja o indivíduo ou não membro de uma tribo indígena ou organização nativa havaiana e tenha sido considerado este objeto inalienável pelo grupo nativo norte-americano, no momento da separação do objeto do grupo.

[231] Estas determinações podem ser observadas na seção 3, a qual trata do tema da propriedade (ownership) sobre tais bens (ainda que a melhor técnica jurídica no sistema rmano-germânico e tradução indicam a titularidade sobre os direitos referentes a tais bens. O texto do Nagpra pode ser acessado em http://www.nps.gov/nagpra/MANDATES/INDEX.HTM (acessado em 05 de Março de 2015).

que estejam em terras indígenas, somente com autorização das próprias tribos[232]. Ademais, existe a obrigatoriedade em cessar qualquer atividade nas terras das referidas descobertas, bem como de efetuar um razoável esforço para proteger os itens descobertos e comunicar os fatos relacionados à descoberta.

Ponto de enorme importância decorre da repatriação de bens materiais que possuam as mesmas características que os acima analisados. A seção 7 do diploma legal determina as condições em que ocorre o repatriamento, sendo certo que a noção de filiação cultural é o ponto de relevo neste item, tal qual no direcionamento dos objetos funerários não-associados, objetos sagrados e objetos do patrimônio cultural que sejam descobertos após a vigência da lei. A repatriação deverá ocorrer com o intuito de trazer às tribos indígenas uma série de bens materiais relevantes à sua cultura.

No que se refere à filiação cultural, esta assemelha-se a outros dois conceitos tratados no decorrer do estudo, a saber: a representatividade da coletividade criadora e a presunção de nacionalidade. Em relação à representatividade da coletividade criadora já se fez menção e se pode constatar sua importância como conceito que se coloca como condição de fundo para a tutela das ECTs[233]. A presunção de nacionalidade é conceito que ainda não se apresentou. Decorre, porém, do tratamento das ECTs nos países que se utilizam do sistema de proteção por meio do domínio público remunerado. Nesses países a instituição de uma presunção de que uma ECT é produzida ou fora originada de uma coletividade nacional de um país impõe o exercício da tutela aplicável às ECTs segundo o tratamento nacional[234]. Ocorre que enquanto a representatividade da coletividade criadora corresponde à própria demonstração de que uma ECT faz parte de um grupo social coletivo criativo, a presunção de nacionalidade ignora este fato, atribuindo desde logo a titularidade ao Estado.

---

[232] Note, também, a sempre presente questão das terras indígenas como objetivo primordial de tutela pelos povos indígenas e demais sociedades simples. Caso típico de sociedades simples não-indígenas são os remanescentes de quilombos brasileiros.

[233] Hipótese que se apresentará ainda mais inquestionável no capítulo 6.

[234] Senegal, Bolívia, BurkinaFaso, Burundi, Congo etc.

A TUTELA JURÍDICA DAS EXPRESSÕES CULTURAIS TRADICIONAIS

Portanto, pode-se concluir que a filiação cultural prevista no Nagpra determina a aferição da coletividade criadora, em consonância com o conceito que se apresenta no presente estudo. Em verdade, pode-se mesmo afirmar que o conceito de filiação cultural e o de representatividade da coletividade criadora possuem um mesmo sentido, o que, por si só, justifica a análise do Nagpra ainda que seus objetos de proteção não sejam exatamente as ECTs.

### 4.4. Bolívia

A Bolívia fora o primeiro país a reivindicar, no âmbito internacional, a proteção às manifestações folclóricas e decorrentes do conhecimento tradicional. Já nos idos da década de 1970 o governo daquele país sul americano propunha à OMPI o desenvolvimento de um grupo de estudo sobre o tema.

A lei nacional de Direito de Autor da Bolívia é a Lei 1.322 do ano de 1992[235], que prevê uma proteção ao que fora denominado por *patrimônio nacional*.

O próprio texto legal é declaratório da proteção por via do patrimônio cultural, tal qual definido no artigo 22º da lei, quando este dispõe que as obras do folclore[236] *serão consideradas pertencentes ao patrimônio nacional*. O mesmo diploma legal vai estabelecer um verdadeiro regime de pagamento e proteção do referido patrimônio, previsto no artigo 58º e seguintes e que logo será analisado.

O que releva, em um primeiro momento, é afirmar que a solução adotada pela Bolívia fora a do denominado domínio público remunerado, e não só no que se refere às obras consideradas folclóricas mas para todas aquelas que, no entender do artigo 58 da lei, *saem da proteção do direito patrimonial privado*. Dessa forma, as obras relacionadas ao *folclore*[237] constituem tão-somente uma espécie de obras para as quais fora estabelecida

---

[235] Publicada em 13 de abril de 1992.

[236] Definido de acordo com o artigo 21 do mesmo diploma legal, o folclore, em sentido estrito, será "o conjunto de obras literárias e artísticas criadas no território nacional por autores não conhecidos ou que não possam ser identificados e que se presumam nacionais do país ou de suas comunidades étnicas e se transmitam de geração em geração, constituindo um dos elementos fundamentais do patrimônio cultural tradicional da nação."

[237] Na terminologia utilizada pela lei.

a obrigação de pagamento caso a sua utilização se dê com intuito de lucro, ou, nos termos do artigo 60, para o uso comercial.

O que irá importar será o teor da letra a do artigo 58, a qual vem determinar que as obras folclóricas e de cultura tradicional de autor não conhecido passarão a ser administradas sob o regime do patrimônio nacional e não mais pelo direito patrimonial privado. Em verdade, a legislação deveria ter destacado e analisado as obras folclóricas cujos autores não podem ser identificados sob a luz de uma primeira e única tutela decorrente do patrimônio nacional, visto que, no ordenamento jurídico boliviano, obras com essas características nunca foram tuteladas por direito privado.

A dificuldade em se atribuir o direito de exclusivo de autor às ECTs, ou, na terminologia daquele país, às obras folclóricas, é exatamente, como já exaustivamente demonstrado, a condição que conduz ao estudo de uma nova modalidade de Direito. Ora, em não tendo havido qualquer proteção anterior, as obras folclóricas ou de cultura tradicional de autor não conhecido não mudam de tutela, pois a tutela prevista pela letra a do artigo 58 é a primeira a ser-lhes aplicada. Indicada a imprecisão legislativa, analisando-se o caput do artigo 58 e sua letra a,, deve ser compreendido o que parece ser o regime de proteção pelo patrimônio nacional.

Consideremos irrelevantes, para o âmbito de nosso estudo, a constatação de que há situações fáticas distintas daquelas definidoras da condição das obras folclóricas.

No mesmo artigo, portanto, há a tutela, por via do patrimônio nacional:

(1) das obras cujos autores tenham renunciado expressamente a seus direitos (letra b);
(2) das obras de autores falecidos que não tenham deixado sucessores ou titulares (letra c);
(3) das obras cujos prazos de proteção fixados pelos artigos 18 e 19 tenham se esgotado[238], incluindo-se aí as obras estrangeiras (letra d), bem como, por fim;
(4) os hinos pátrios, cívicos e todos aqueles que sejam adotados por qualquer instituição de caráter público ou privado.

---

[238] Prazo este que, em termos gerais, é de cinqüenta anos após a morte do autor.

A TUTELA JURÍDICA DAS EXPRESSÕES CULTURAIS TRADICIONAIS

Seguindo adiante, a tutela do patrimônio nacional[239] permitirá toda e qualquer utilização de obras que possam ser enquadradas no artigo 58, incluindo-se aí, por óbvio, as obras folclóricas e de cultura tradicional.

O que tão logo prevê o dispositivo é que, ao constatar-se a utilização com fins econômicos, deverá haver pagamento de valores ao Estado pelo uso das obras.

O pagamento, estabelecido em regulamentos, deverá ser efetuado na base de valores definidos entre 10 % e 50% do que se costuma pagar aos autores ou aos titulares de direito pela utilização de obras similares que estejam sujeitas ao regime de proteção privado de Direito de Autor. Obviamente essa determinação quantitativa irá referir-se às outras possibilidades de cobrança de valores pelo instituto do domínio público remunerado, visto que não há margem eqüitativa direta para aplicação dos valores para obras folclóricas, já queàs mesmas nunca deveriam ter sido aplicados os princípios do Direito de Autor.

Também o artigo 62 vem apresentar uma razoável solução para a remuneração de sociedades nativas, ao dispor que o Estado, pela Direção Nacional de Direitos de Autor, irá disponibilizar às comunidades cujas obras possam ser identificadas[240] como tendo ali sua origem uma porcentagem de 10% dos valores arrecadados. O que não parece razoável, por seu turno, é a atribuição de índices tão baixos, visto que 10% do que seja arrecadado corresponde a um valor ínfimo para as comunidades que sejam identificadas como originárias.

Por fim, os valores arrecadados pelo Estado pelo pagamento do uso das obras que possuem a qualidade de Patrimônio Nacional serão aplicados no fomento e difusão de valores culturais do país, tal qual determinado pelo artigo 61.

A opção boliviana na proteção do interesse público e da atuação do Estado na proteção das ECTs faz uso de conceitos de Direito de Autor e de Direito Público em sentido idêntico ao dos países africanos, com a única diferença de que no presente diploma legal há um repasse de valores às comunidades de origem que possam ser identificadas como fontes das ECTs (*Art. 62* "O Estado, através da Direção Nacional de Direitos de

---

[239] A legislação não parece fazer distinção entre patrimônio nacional e domínio público.
[240] Pode-se perceber, portanto, no ordenamento boliviano, a presença do conceito que iremos tratar e que nomeamos como representatividade da coletividade criadora.

Autor, reconhecerá, da porcentagem arrecadada por obras do patrimônio nacional, dez por cento (10%) ao compilador e (10%) à comunidade de origem para os casos em que sejam identificados)."

Cabe salientar que, apesar de exigir o pagamento de valores baseados em porcentagens determinadas pela lei, o Estado boliviano declara livre a utilização das obras do patrimônio nacional, não existindo, na lei, qualquer modalidade de exigência ou requerimento prévio de uso. Em verdade, e como já apontado, a lei declara a liberdade de uso, exigindo tão-somente o pagamento de valores quando aquele ocorrer.

Outro tema de relevo é a utilização da terminologia obras em oposição ao termo expressões, que vem sendo contemplado em muitas legislações nacionais e diplomas que servem de referência para a elaboração de leis nacionais.[241]

Por fim, cabe salientar o fato de que o tema do pagamento para o uso de obras do patrimônio nacional encontra-se no Título XI, intitulado "Del regimen fiscal", no capítulo I sobre o patrimônio nacional e domínio público, trazendo à luz a discussão sobre a natureza jurídica dos pagamentos devidos pelo uso das obras. A discussão se dá pela constatação de que, em não havendo direitos de exclusivo e estando ausente a titularidade de Direito de Autor, o pagamento devido não se configuraria em Direito de Autor, mas em tributos a serem pagos diretamente ao Estado. A discussão sobre a natureza em relação a determinados valores por uso de obras não é tão distante quanto se poderia imaginar, sendo uma constante no que se refere ao tema da cópia privada.[242]

A Bolívia, portanto, soluciona a questão das ECTs por meio de uma condição mista de direito público e privado, na condição de patrimônio público e de Direito de Autor, pela aplicação do instituto do domínio público remunerado para várias categorias de obras, como também para as ECTs[243].

---

[241] Tal qual as disposições tipo.

[242] Sempre houve amplas discussões doutrinárias sobre a natureza do pagamento pelo uso de cópia privada, instituto bastante aplicado na Europa, sendo por vezes defendida a tese de que o mesmo é Direito de Autor, por outras defendida a (absurda tese, em nossa opinião) de sua natureza jurídica como tributo.

[243] Maiores considerações sobre a espécie de domínio público remunerado utilizado pela Bolívia serão apresentadas no capítulo 5.

## Quadro 4

| |
|---|
| **Lei nacional de direito de autor da Bolívia**<br>**Ley 1322 de derechos de autor de Bolivia (13.4.1992) (excertos)** |
| Articulo 8º – Únicamente la persona natural puede ser autor, sin embargo, el Estado, las entidades de derecho público y las personas morales o jurídicas pueden ejercer los derechos de autor como titulares derivados de conformidad con las normas de la presente ley. |
| **Del folklore y artesania** |
| Articulo 21 – Se consideran protegidas por esta ley todas aquellas obras consideradas como folklore, entendiéndose por folklore en sentido estricto: el conjunto de obras literarias y artísticas creadas en el territorio nacional por autores no conocidos o que no se identifiquen y que se presumen nacionales del país o de sus comunidades étnicas y se transmitan de generación en generación, constituyendo uno de los elementos fundamentales del patrimonio cultural tradicional de la nación. |
| Articulo 22 – Las obras del folklore de acuerdo con la definición anterior, para los efectos de su utilización como obras literarias y artísticas, serán consideradas como obras pertenecientes al patrimonio nacional de conformidad con las normas contenidas en el título xi de la presente ley, sin perjuicio de las normas de protección que puedan ser adoptadas por otras instituciones del Estado o por acuerdos internacionales. |
| Articulo 23 – Las artesanías y el diseño artesanal serán protegidos por las normas generales de la presente ley y especialmente por aquéllas referidas a las artes plásticas y al patrimonio nacional. |
| **De las limitaciones al derecho de autor** |
| **Del regimen fiscal** |
| **Patrimonio nacional y dominio publico** |
| Articulo 58.- Patrimonio nacional es el régimen al que pasan las obras de autor Bolivia no que salen de la protección del derecho patrimonial privado, por cualquier causa, pertenecen al patrimonio nacional: |
| A) las obras folklóricas y de cultura tradicional de autor no conocido.<br>B) las obras cuyos autores hayan renunciado expresamente a sus derechos.<br>C) las obras de autores fallecidos sin sucesores ni causahabientes.<br>D) las obras cuyos plazos de protección fijados por los arts. 18º y 19º se hayan agotado.<br>E) los himnos patrios, cívicos y todos aquellos que sean adoptados por cualquier institución de carácter público o privado.<br>Pertenecen al dominio público las obras extranjeras cuyo período de protección esté agotado. |

| Lei nacional de direito de autor da Bolívia |
| --- |
| Ley 1322 de derechos de autor de Bolivia (13.4.1992) (excertos) |
| Articulo 60 – La utilización bajo cualquier forma o procedimiento de obras del patrimonio nacional y del dominio público será libre, pero quien lo haga comercialmente, pagará al Estado, de acuerdo con lo establecido en los reglamentos, una participación cuyo monto no será menor del diez por ciento (10%) y no mayor del cincuenta por ciento (50%) que el que se pague a los autores o sus causahabientes por utilización de obras similares sujetas al régimen privado e protección. |
| Articulo 61 – Los montos recaudados por concepto de utilización de obras del patrimonio nacional, se aplicarán únicamente al fomento y difusión de los valores culturales del país. |
| Articulo 62 – El Estado a través de la dirección nacional de derechos de autor, reconocerá del porcentaje recaudado por obras del patrimonio nacional, un diez por ciento (10%) al recopilador y un diez por ciento (10%) a la comunidad de origen en caso de ser identificados. |
| Articulo 72 – Como dependencia del instituto boliviano de cultura del ministerio de educación y cultural y con jurisdicción en todo el territorio nacional, funcionará la dirección nacional de derecho de autor, el centro nacional de información sobre derecho de autor y las demás dependencias necesarias. |

## 4.5. Burkina Faso

O desenvolvimento do tema da tutela das ECTs no continente africano se dá de modo semelhante em muitos países. A atribuição das titularidades em geral busca instituir o Estado como titular de direitos de cunho econômico, deixando para segunda ordem os demais pontos de relevo relacionados à preservação cultural em si.

Somente o Burkina Faso será tratado por meio de uma análise mais detalhada, seja pela dificuldade em se acessar material bibliográfico adequado sobre os países africanos[244], seja pela semelhança entre os tratamentos nacionais.

Ponto crucial por parte dos países em desenvolvimento, mas principalmente pelos países africanos, e mais especialmente aqueles cujo processo de independência deu-se a partir da década de 60, é o fato de a possibilidade de proteger sua culturas populares ser uma das maneiras

---

[244] As dificuldades foram transpostas em certa medida pelo auxílio dos senhores Folarin Shyllon (Nigéria), Marisella Ouma (Quênia), Charles Akibodé (Cabo Verde) e Hezekiel Oira (Quênia), aos quais consignamos os mais profundos agradecimentos.

de se lograr êxito na tentativa ainda não alcançada de se tornarem verdadeiramente independentes ou, em outras palavras, é uma das ferramentas que representam o distanciamento do ainda muito presente processo de descolonização. Obviamente que seria pretensioso pensar que tão-somente a possibilidade de se auferir lucros com a negociação de bens imateriais, principalmente relacionados às ECTs, seria suficiente para modificar o quadro econômico de países que passam por crises econômicas de enorme monta. Ainda assim, não se pode, sobremaneira, desvalorizar tais objetivos também pela necessidade de valorização da cultura e das artes de cada um desses países, numa busca incessante de aceitação das diferenças e valorização da sua própria cultura[245].

Nesse sentido, o paradigma da preferência da tutela das ECTs por meio do domínio público remunerado tem sido a preferência pelos países do continente africano, tal qual o Burkina Faso, que iremos tratar.

Há motivações suficientes para compreender a escolha dessa modalidade por aquele grupo de países.

Em primeiro lugar porque não há que se olvidar que o direito das ECTs está mais voltado a uma proteção de bens nacionais e para impedir – o que se faz menção constantemente como – uma continua espoliação dos valores culturais [246]. A oposição de interesses se dá, portanto, no campo da relação entre Estados, enquanto na tutela que atribui a titularidade originária se dá, em linhas gerais, no campo da relação entre as coletividades criativas e o Estado nacional a que pertencem contra outros Estados.

---

[245] Aliás, como se tem observado, não há dúvida de que a inserção das culturas populares de um modo geral seria benéfica para toda a sociedade contemporânea. De toda forma, as manifestações de cultura popular estão já um tanto quanto excessivamente oprimidas pela supra citada cultura de massa e pelas produções de arte e cultura artificiais e ilusórias, representativas de efêmeros e inalcançáveis desejos tão típicos da já nomeada sociedade do espetáculo (Guy Debourd).

[246] Sobre toda a problemática concernente a todo o tipo de espoliação de obras de arte, veja Ghislaine Guillotreau, *In Art et Crime – La criminalité du monde artistique, sa répression*, Puf – Paris: Presses Universitaires de France, 1998.

p.52. "[...] Todo monumento ou bem cultural está ligado a um contexto histórico, econômico ou social. [...] graças a eles (os objetos de arte de uma determinada cultura) é possível se reencontrar a história de populações desaparecidas, tenham elas deixado ou não laços escritos [...]"

O ESTADO DA ARTE

Em segundo lugar cumpre notar a preferência dessa tutela também em decorrência da criação de fronteiras artificiais pelos colonizadores[247]. Esse ponto é também conseqüência da descolonizarão tardia que faz os países africanos sedentos da consideração de sua identidade nacional e cultural.

Burkina Faso está entre os países africanos que apresentam a proteção aos conhecimentos tradicionais e ao folclore. O Estado conhecido anteriormente pelo nome de Alto-Volta[248] apresenta a modalidade de proteção de seu patrimônio cultural tradicional pelo disposto em sua legislação nacional sobre Direito de Autor, a saber, Lei 032-99/NA (doravante denominada Lei 032), bem como por outros diplomas legais.

Observe, desde já, que não se utiliza a terminologia folclore, que vem sendo combatida por diversos setores da comunidade internacional, e, em especial, por grupos de países africanos, pelo entendimento de que tal expressão carregaria uma certa dose de preconceito e oposição indevida (e preconceituosa) às obras que poderiam denominar-se cultas. [249]

Dentre os inúmeros pontos de interesse relacionados ao ordenamento jurídico burquinense está a escolha do sistema de tutela por via da proteção do nomeado patrimônio cultural tradicional, que se pode considerar, em verdade, uma espécie de aplicação do domínio público remunerado.

A proteção ocorre por via de um controle exercido pelo governo por meio do Ministério da Cultura, mais especificamente pela entidade de gestão coletiva nomeada *Bureau Burkinabé du Droit D'auteur* (doravante denominado BBDA). O Ministério da Cultura do país, portanto, é o responsável pela arrecadação e distribuição de valores de obras artísticas de qualquer natureza, bem como das obras que pertençam ao patrimônio cultural tradicional. Dessa forma, o BBDA é órgão que tem como função, entre outras, gerir, pelo sistema de gestão coletiva, a arrecadação e a distribuição dos valores devidos pelo uso de obras, sejam do patrimônio

---

[247] Pois que pelas fronteiras artificiais povos unos foram divididos por fronteiras destinadas a demarcar colônias pertencentes a diferentes colonizadores, trazendo à baila o problema da identidade cultural e nacional, fato que, durante anos, vem gerando conflitos internos. Como exemplo basta recordar o conflito entre Tutsis e Hutus nas fronteiras de Ruanda e Burundi, no início dos anos 1990.

[248] O uso do nome Burkina Faso iniciou-se em 1984.

[249] Ver os documentos da OMPI do Comitê 3 em www.ompi.org.

A TUTELA JURÍDICA DAS EXPRESSÕES CULTURAIS TRADICIONAIS

cultural tradicional ou não. Portanto, exercendo a gestão coletiva de um modo geral, o estará fazendo com fins a proteger e arrecadar valores relativos ao uso de obras que contenham elementos do patrimônio cultural tradicional.

Além do mais, cabe conhecer a caracterização que a lei atribui à categoria de expressões do patrimônio cultural tradicional, e que compreenderá às obras compostas exclusivamente por elementos característicos do patrimônio artístico e literário tradicional, os quais sejam desenvolvidos e perpetuados por uma comunidade nacional de Burkina Faso ou por indivíduos reconhecidos como responsáveis pelas aspirações artísticas tradicionais de certa comunidade.[250]

O objeto de tutela que interessa ao nosso estudo está definido na Lei 032 quando esta dispõe, na parte final do art. 88, que pertencem ao patrimônio nacional as expressões do patrimônio cultural tradicional cujos autores sejam individualmente desconhecidos, mas tudo leva a crer que sejam respeitantes à cultura de Burkina Faso.[251]

Dessa forma, tais expressões deverão ser tuteladas pelo Estado. Ocorre de idêntico modo com as expressões do patrimônio cultural tradicional cujos autores individuais conhecidos tenham morrido há mais de 70 (setenta) anos.[252]

Conclui-se, portanto, que estarão disponíveis para o controle do Estado, pela tutela do patrimônio cultural:

(1) As obras de autoria conhecida que expressem elementos característicos do patrimônio cultural tradicional e cujo prazo de proteção findou-se;

(2) As obras de autoria desconhecida que expressem elementos característicos do patrimônio cultural tradicional, e cuja origem reputa-se da cultura burquinense.

Como sabe-se que deverá haver o pagamento de valores para o uso das obras elencadas acima, de acordo com as determinações do Minis-

---

[250] Art.88. – Todo o título III da lei, composto de três capítulos, trata do tema das expressões do patrimônio cultural tradicional.

[251] Trata-se do conceito de presunção de nacionalidade.

[252] Lei 032-99/NA, art. 88, acessível no endereço eletrônico http://www.culture.gov.bf/M.C.A.T/reglementation/loi_bbda13.htm .

O ESTADO DA ARTE

tério da Cultura e do BBDA, percebe-se a aplicação do domínio público remunerado.

Atente para o fato, porém, que tal instituto não é sinônimo de tutela do patrimônio imaterial por parte do Estado. Por outro lado, no ordenamento que ora se apresenta, pode-se perceber que o domínio público remunerado coloca-se como um dos modos de proteção determinadas pelos Estado, visto que, além da cobrança dos valores pelo uso das obras que representem expressões do patrimônio cultural tradicional, a Lei 032 também determina a autorização para uso das mesmas no art. 92., bem como: a proteção das obras contra as ações ilícitas a outras ações danosas (art. 90.)[253]. Ora, ainda diferenciando o domínio público remunerado da tutela do patrimônio cultural, cabe dizer que o mesmo não tem como função proteger ou valorar o uso de obras inerentes aos conhecimentos tradicionais, senão toda uma gama de obras cuja utilização, em um primeiro momento, deveria ser livre por toda a sociedade por motivos distintos[254]. Ainda assim, cabe dizer que é uma das ferramentas utilizadas pelo ordenamento burquinense.

Levando-se em conta os princípios gerais determinados no art. 90, interessante alertar para a exigência da indicação da fonte de toda e qualquer expressão identificável do patrimônio cultural tradicional em qualquer publicação ou comunicação ao público de obras. Tal identificação pode ocorrer pela menção do nome do autor (se for o caso de ser conhecido), pela menção da comunidade originária ou mesmo do local geográfico de sua origem. Aplica-se, portanto, no caso da Lei 032, idêntico sentido ao existente no direito de autor pessoal de indicação de autoria no que se refere à menção das comunidades. No que diz respeito às localidades percebe-se uma curiosa analogia ao mesmo. Analogia no sentido de que, ainda que se possa admitir os denominados direitos coletivos, os mesmos somente poderiam ser aplicados a grupos de pessoas, mas nunca a locais. Na concepção das localidades, a menção assemelha-se, de certo modo, portanto, ao tema das indicações geográficas[255].

---

[253] Tal qual indicado nas Disposições-tipo OMPI/Unesco.

[254] Nesse sentido, não se pode olvidar que o domínio público remunerado pode ser aplicado em toda e qualquer situação na qual o domínio público esteja presente. Sobre o domínio público remunerado, ver o capítulo 5.

[255] Sobre o tema das indicações geográficas e princípios de Direito Marcário, ver capítulo 5.

A TUTELA JURÍDICA DAS EXPRESSÕES CULTURAIS TRADICIONAIS

Dentre os interessantes princípios determinados na lei, está a diferenciação no tratamento entre os nacionais e os estrangeiros, disposta no art. 92, quando este determina que a criação de obras derivadas[256] de expressões culturais tradicionais será livre para o nacional, enquanto o estrangeiro necessitará de autorização por parte do instituto de gestão coletiva, o BBDA. A própria lei dispõe que a autorização deverá ser declarada e, portanto, nunca subentendida como tal. Não existe, portanto, presunção de autorização.

Importante salientar que salta aos olhos, pelo supra citado dispositivo legal, uma demonstração do interesse geral dos países africanos em buscar uma recuperação e, principalmente, preservação de sua identidade cultural por meio de um diferenciado tratamento dado aos estrangeiros e aos nacionais.

O que se coloca a refletir é se o fato de se estar aplicando uma diferenciação no tratamento entre nacionais e estrangeiros estaria ferindo tratados internacionais e, sob outro ponto de vista, se seria uma violação do princípio da igualdade (seja no que se refere à liberdade criativa ou na simples exploração de ECTs).

Acreditamos que, pelo disposto na lei, a obrigatoriedade em se requerer a autorização para uso de elementos do patrimônio cultural tradicional não fere qualquer princípio de igualdade, por uma eventual ofensa à liberdade de expressão, mas, por outro lado, demonstra o interesse em preservar a cultura do país e de seu povo, já desconsiderada, em outras ocasiões, do ponto de vista jurídico. Ora, não se está a impedir a livre criação, somente requer-se o controle como medida de preservação justa e, ainda mais, justificada por motivos históricos incontestáveis. Trata-se, por outro lado, de medida adequada e não baseada em princípios de aplicação de vilania ou compensação histórica, muito recorrentes no que se trata da matéria de Direito de Autor, principalmente relacionadas ao conhecimento tradicional.

Cabe dizer, Burkina Faso é um país que apresenta uma série de princípios que buscam a manutenção e preservação de seu patrimônio histórico e cultural, e não só material, mas também imaterial. Nesse sentido,

---

[256] Por obras derivadas entendem-se aquelas classificadas deste modo pelos princípios do Direito de Autor.

ver a de legislação que exige uma série de condições a todos que têm a intenção de exportar objetos de arte do país.[257] Outro ponto de relevo é aquele que determina que no que se refere à responsabilidade do Ministério da Cultura em relação ao controle do uso das obras do patrimônio cultural tradicional, todas as utilizações de obras que apresentam intenção de lucro deverão ser controladas pelo Estado.

Além de todo o exposto, o ordenamento burquinense criou o Fundo Nacional de Promoção Cultural com o objetivo de promover as atividades culturais no país. O referido fundo tem como uma de sua fontes de renda as receitas decorrentes da arrecadação de valores por parte do BBDA. As receitas, às quais se refere o decreto [258], serão originárias do pagamento do BBDA pela remuneração decorrente da cópia privada e pela exploração das expressões do patrimônio cultural tradicional.

De tudo o que fora analisado sobre o ordenamento burquinense, é relevante a constatação de que as Disposições-tipo servem de modelo para a lei nacional de Direito de Autor do país, sendo parte dos institutos apresentados simples adaptações das recomendações constantes daquele documento. Por outro lado, ressalta-se a importância da determinação que impede a criação de obras derivadas sem a autorização do BBDA (teor do artigo 92) por parte de estrangeiros, determinação exatamente

---

[257] A necessidade de cumprimento de requisitos e exigências está prevista e regulamentada no Décret n° 85-493/CNR/PRES/INFO de 29 de agosto de 1985 que regulamenta a exportação de obras de arte do Burquina Faso, e que pode ser acessado pelos seguintes sítios eletrônicos: Ministério da Cultura de Burquina Faso (http://www.culture.gov.bf/) e (Association Archélogique Panafricaine http://www.panafprehistory.org/fr/. Dentre as determinações legais, cabe citar, entre outras: a obrigatoriedade para que as autorizações para a exportação sejam assinadas pelo Ministro da Cultura (art. 2); a limitação para a exportação de no máximo até 05 (cinco) objetos (para pessoas físicas) (art. 4); a obrigação de apresentação do objeto a ser exportado para a Direção do Patrimônio Artístico e Cultural (art. 7).

[258] Decreto n° 2000 – 574/PRFS/PM/MCA/MTT/MCPEA, que dispõe: Artigo 1º "É criado um fundo de sustento às atividades culturais nacionais, denominado 'Fundo nacional de promoção cultural'" ; Artigo 3º –"O Fundo nacional de promoção cultural é alimentado pelas subvenções do Estado e os aportes das estruturas a seguir elencadas : [...] 1) Pelo Ministério da Cultura: [...] – Pelo Escritório Burquinense de Direito de Autor (BBDA) em decorrência das receitas percebidas a título de remuneração por cópia privada e pela exploração de expressões do patrimônio cultural tradicional pretencentes ao patrimônio nacional; [...]".

oposta àquela relacionada às Disposições-tipo, que prevê a liberdade de uso do teor de quaisquer ECTs na condição de empréstimo para obra nova[259].

Em linhas gerais, o ordenamento jurídico do Burkina Faso segue as indicações da OMPI e da Unesco, sendo certo que indica os interesses de grande parte dos países mais interessados no tema da tutela das ECTs, ou seja, os países africanos.

QUADRO 5 – **Burkina Faso**

| LEI NACIONAL DE DIREITO DE AUTOR | |
|---|---|
| **Loi 032-99/AN** | **Lei 032-99/AN** |
| TITRE III – DES EXPRESSIONS DU PATRIMOINE CULTUREL TRADITIONNEL | TÍTULO III – DAS EXPRESSÕES DO PATRIMÔNIO CULTURAL TRADICIONAL |
| CHAPITRE I – TITULARITE DES DROITS SUR LES EXPRESSIONS DU PATRIMOINE CULTUREL TRADITIONNEL<br>Article 88 : Aux fins de la présente loi, on entend par "expressions du patrimoine culturel traditionnel ", les productions se composant exclusivement d'éléments caractéristiques du patrimoine artistique et littéraire traditionnel, lequel est développé et perpétué par une communauté nationale du Burkina Faso ou par des individus reconnus comme répondant aux aspirations artistiques traditionnelles de cette communauté et comprenant notamment les contes populaires, la poésie populaire, les chansons et la musique instrumentale populaires, les danses et spectacles populaires ainsi que les expressions artistiques des rituels et des productions d'art populaire. | CAPÍTULO I – TITULARIDADE DOS DIREITOS SOBRE AS EXPRESSÕES DO PATRIMÔNIO CULTURAL TRADICIONAL<br>Artigo 88 – Para os efeitos da presente lei, entende-se por expressões do patrimônio cultural tradicional as obras compostas exclusivamente de elementos característicos do patrimônio artístico e literário tradicional, as quais sejam desenvolvidos e perpetuados por uma comunidade nacional de Burkina Faso ou por indivíduos reconhecidos como responsável pelas aspirações artísticas tradicionais de certa comunidade e compreenderá, notadamente, os contos populares, a poesia popular, as músicas com letras (canções) ou instrumentais, as danças e espetáculos populares assim como as expressões artísticas dos rituais e das produções de arte popular. |

[259] Sobre este tema, ver, neste capítulo, o número 4.10, bem como o capítulo 6.

## O ESTADO DA ARTE

| LEI NACIONAL DE DIREITO DE AUTOR | |
|---|---|
| **Loi 032-99/AN** | **Lei 032-99/AN** |
| Les dispositions du présent titre ont pour objet la protection des expressions du patrimoine culturel traditionnel dans ses aspects relatifs à la propriété littéraire et artistique. | As disposições do presente título têm por objeto a proteção das expressões do patrimônio cultural tradicional nos aspectos relativos propriedade literária e artística. |
| Les expressions du patrimoine culturel traditionnel dont les auteurs individuels sont inconnus mais pour lesquels il y a tout lieu de penser qu'ils sont ressortissants du Burkina Faso, appartiennent au patrimoine national. Il en est de même des expressions du patrimoine culturel traditionnel dont les auteurs individuels connus sont décédés depuis plus de soixante dix (70) ans. | As expressões do patrimônio cultural tradicional cujos autores sejam individualmente desconhecidos mas tudo a leva a crer que sejam respeitadas à cultura de BurkinaFaso, pertencerão ao patrimônio nacional. De igual modo ocorre com as expressões do patrimônio cultural tradicional cujos autores individuais conhecidos tenham morrido há mais de 70 (setenta) anos. |
| Article 89: Les expressions du patrimoine culturel traditionnel dont les auteurs individuels sont connus appartiennent à leurs auteurs si, selon la durée de protection du droit d'auteur, elles ne sont pas encore tombées dans le domaine public. Il appartient à celui qui prétend être l'auteur d'une expression du patrimoine culturel traditionnel d'en apporter la preuve par toute voie de droit. | Artigo 89: As expressões do patrimônio cultural tradicional cujos autores sejam individualmente desconhecidos pertencem a eles mesmos se, segundo a duração da proteção do direito de autor, elas ainda não tenham caído em domínio público, mas tudo leva a crer que sejam respeitadas à cultura de Burkina Faso, patrimônio nacional. |
| Les redevances dues par les usagers à l'occasion de l'exploitation des expressions du patrimoine culturel traditionnel dont les auteurs sont connus seront réparties entre les titulaires de droits et l'organisme de gestion collective selon le règlement de répartition de ce dernier. | Os valores devidos pelos usuários pela exploração das expressões do patrimônio cultural tradicional das quais os autores são conhecidos serão repartidas entre os titulares de direitos e o organismo de gestão coletiva conforme o regulamento de repartição deste último. |

| LEI NACIONAL DE DIREITO DE AUTOR | |
|---|---|
| **Loi 032-99/AN** | **Lei 032-99/AN** |
| CHAPITRE II – PRINCIPES DE PROTECTION | CAPÍTULO II – PRINCÍPIOS DE PROTEÇÃO |
| Article 90: Les expressions du patrimoine culturel traditionnel appartenant au patrimoine national sont protégées par la présente loi contre leur exploitation illicite et autres actions dommageables. | Artigo 90: As expressões do patrimônio cultural tradicional pertencentes ao patrimônio nacional são protegidas pela presente lei contra a sua exploração ilícita e outras ações danosas. |
| Toute publication et communication au public d'une expression identifiable du patrimoine culturel traditionnel appartenant au patrimoine national doit être accompagnée de l'indication de sa source de façon appropriée, soit par la mention du nom de l'auteur, soit par la mention de la communauté et/ou du lieu géographique dont elle est issue. | Toda e qualquer publicação e comunicação ao público de uma expressão identificável do patrimônio cultural tradicional pertencente ao patrimônio nacional deve estar acompanhada da indicação de sua origem, seja pela menção do nome do autor, seja pela menção da comunidade e/ou local geográfico do qual ela é originária. |
| Les exemplaires d'expressions du patrimoine culturel traditionnel de même que les exemplaires des traductions, arrangements et autres transformations de ces expressions, fabriqués sans autorisation ou sans déclaration selon les cas, ne peuvent être ni importés, ni exportés, ni distribués. | Os exemplares de expressões do patrimônio cultural tradicional, de idêntico modo que os exemplares de traduções, arranjos e outras transformações de suas expressões, fabricados sem autorização ou sem declaração, *selon les cas* (em cada caso ou por cada vez), não poderão ser importados, exportados e nem distribuídos. |
| La protection des expressions du patrimoine culturel traditionnel appartenant au patrimoine national est assurée sans limite de temps. | A proteção das expressões do patrimônio cultural tradicional pertencentes ao patrimônio nacional é assegurada sem limite de tempos. |

| LEI NACIONAL DE DIREITO DE AUTOR | |
| --- | --- |
| **Loi 032-99/AN** | **Lei 032-99/AN** |
| Article 91: Les utilisations suivantes d'expressions du patrimoine culturel traditionnel appartenant au patrimoine national sont soumises à l'autorisation de l' organisme professionnel de gestion collective après accord du Ministère en charge de la Culture lorsqu'elles sont faites à la fois dans une intention de lucre et en dehors de leur contexte traditionnel ou coutumier: | Artigo 91: As utilizações seguintes das expressões do patrimônio cultural tradicional pertencentes ao patrimônio nacional serão/ são submetidas à autorização do organismo profissional de gestão coletiva após autorização/acordo do Ministério da Cultura quando elas possuam, ao mesmo tempo, uma intenção de lucro e sejam utilizadas fora do seu contexto tradicional ou costumeiro: |
| toute publication, reproduction et toute distribution d'exemplaires d'expressions du patrimoine culturel traditionnel appartenant au patrimoine national ; | qualquer publicação, reprodução e qualquer distribuição de exemplares de expressões do patrimônio cultural tradicional pertencentes ao patrimônio nacional; |
| toute récitation, représentation ou exécution publique, toute transmission par fil ou sans fil et toute autre forme de communication au public d'expressions du patrimoine culturel traditionnel appartenant au patrimoine national. | qualquer recitação, representação ou execução pública, transmissão por fio ou sem fio, e qualquer outra forma de comunicação ao público de expressões do patrimônio cultural tradicional pertencente ao patrimônio nacional. |
| Article 92: La création d'oeuvres dérivées à partir d'expressions du patrimoine culturel traditionnel appartenant au patrimoine national telles que les adaptations, traductions, transcriptions, collectes avec ou sans arrangement et autres transformations est libre pour les burkinabé. Elle est soumise à l'autorisation de l'organisme professionnel de gestion collective pour les étrangers. Elle doit être déclarée, après réalisation, à l'organisme professionnel de gestion collective. | Artigo 92: A criação de obras derivadas a partir de expressões do patrimônio cultural tradicional pertencente ao patrimônio nacional, tais quais as adaptações, traduções, transcrições, coletâneas com ou sem arranjo, modificação e outras transformações é livre para os burquinenses. Estará, porém, sujeita à autorização do organismo profissional de gestão coletiva, no caso dos estrangeiros. A criação deverá ser declarada, após realização/produção, ao organismo profissional de gestão coletiva. |

# A TUTELA JURÍDICA DAS EXPRESSÕES CULTURAIS TRADICIONAIS

| LEI NACIONAL DE DIREITO DE AUTOR | |
|---|---|
| **Loi 032-99/AN** | **Lei 032-99/AN** |
| Article 93 : L'autorisation de l'organisme professionnel de gestion collective est donnée après accord du Ministère en charge de la Culture, moyennant le paiement d'une redevance dont le montant sera fixé en fonction des conditions en usage pour les oeuvres protégées de même catégorie. Les produits de cette redevance seront, déduction faite des frais de gestion, versés dans un fonds de promotion culturelle.<br><br>Les redevances dues par les usagers à l'occasion de l'exploitation d'oeuvres dérivées d'expressions du patrimoine culturel traditionnel appartenant au patrimoine national seront réparties entre les titulaires de droits et l'organisme professionnel de gestion collective selon des dispositions à prévoir dans le règlement de répartition de ce dernier. | Artigo 93: A autorização do organismo profissional de gestão coletiva será fornecida de acordo com determinação do Ministério da Cultura, mediante o pagamento de uma taxa cujo montante será fixado em função das condições de uso para as obras protegidas da mesma categoria. Os produtos dessa taxa serão, deduzidos os custos de gestão, direcionados a um fundo de promoção cultural.<br><br>As taxas devidas pelos usuários por ocasião da exploração de obras derivadas de expressões do patrimônio cultural pertencentes ao patrimônio nacional serão repartidas entre os titulares de direitos e o organismo profissional de gestão coletiva, segundo as disposições a serem previstas no regulamento de distribuição deste último. |
| CHAPITRE III – EXCEPTIONS A LA PROTECTION<br><br>Article 94 : Les exceptions aux droits d'auteur prévues par cette loi s'appliquent mutatis mutandis aux expressions du patrimoine culturel traditionnel. | CAPÍTULO III – EXCEÇÕES À PROTEÇÃO<br><br>Artigo 94: As exceções aos Direitos de Autor previstos por esta lei, aplicam-se, *mutatis mutandis*, às expressões do patrimônio cultural tradicional. |

QUADRO 6 – **Burkina Faso**

| Decreto que institui o fundo nacional de promoção cultural | |
|---|---|
| Decret nº 2000- 574/PRFS/PM/MCA/ MTT/MCPEA | Decreto nº 2000- 574/PRFS/PM/MCA/ MTT/MCPEA |
| Article 1 – Il est crée un fonds de soutien aux activités culturelles nationales dénommé " Fonds national de promotion culturelle". | Artigo 1 – É criado um fundo de sustento às atividades culturais nacionais, deno-minado "Fundo nacional de promoção cultural". |
| Article 2 – Ce fonds est placé sous la tutelle du Ministre chargè de la culture. | Artigo 2 – O referido fundo estará sob a tutela do Ministéro da Cultura. |
| Article 3 – Le fonds national de promotion culturelle est alimenté par les subventions de l'Etat et les apports des structures ci-après:<br><br>– 1) Au titre du Ministère chargé de la culture:<br><br>– Le Bureau Burkinabé du Droit d'Auteur (BBDA) sur les recettes perçues au titre de la rémunération pour copie privée et pour l'exploitation des expressions du patrimoine culturel traditionnel appartenant au patri-moine national;<br><br>[...] | Artigo 3 – O Fundo nacional de promoção cultural é sustentado pelas subvenções do Estado e os aportes das estruturas a seguir elencadas:<br><br>– 1) Pelo Ministério da Cultura:<br><br>– Pelo Escritório Burquinense de Direito de Autor (BBDA) em decorrência das receitas percebidas a título de remune-ração por cópia privada e pela explora-ção de expressões do patrimônio cultu-ral tradicional pretencentes ao patrimô-nio nacional;<br><br>[...] |

## 4.6. Brasil

No Brasil, o tema da tutela do folclore e dos conhecimentos tradicionais não tem recebido a atenção que merece, muito menos levando-se em conta a importância de seu objeto para a cultura brasileira.

Não é forçoso lembrar que o Brasil, tal qual uma série de países que têm na formação de seu povo um sem-fim de etnias e culturas distintas, apresenta uma cultura popular riquíssima, que por si só já deveria justi-ficar uma grande atenção por parte dos juristas e profissionais relaciona-dos à tutela jurídica inerente à cultura.

Como se já não bastasse a sua cultura popular destacadamente rica e envolvente, existem, hoje, no território brasileiro cerca de 216 povos indí-genas que pertencem a diferentes grupos lingüísticos e culturais.

A TUTELA JURÍDICA DAS EXPRESSÕES CULTURAIS TRADICIONAIS

Especificamente sobre o tema indígena, percebe-se ainda que, se por um lado as questões inerentes ao mesmo sejam motivo de uma ampla movimentação social, por outro praticamente não há discussões sobre a tutela dos direitos relacionados às manifestações artístico-culturais dos povos indígenas brasileiros. Cumpre ressaltar, porém, que se observa um razoável crescimento no interesse pelas questões relacionadas à biotecnologia, à medicina tradicional e à patenteabilidade de determinadas substâncias e ervas medicinais. Ainda assim, os temas que mais provocam interesse são os relacionados às terras indígenas. Por motivos vários e historicamente compreensíveis, o Brasil ainda enfrenta sérios problemas da ordem de uma melhor divisão das terras indígenas. Percebe-se que o interesse ainda repousa firmemente sobre este tema, principalmente por parte dos titulares dos direitos, ou seja, os próprios grupos indígenas.[260]

De toda forma, não são somente as questões indígenas que justificam o estudo, apesar de uma certa tendência, já sinalizada por parte da doutrina internacional, de tratar os temas da cultura popular e aspectos relacionados à cultura dos povos indígenas como sinônimos.

Cabe dizer, no Brasil a doutrina sobre o tema é raríssima e ainda incipiente, o que certamente dificulta um rico tratamento no âmbito do estudo comparado, visto que as discussões ainda estão todas por vir.

Analisaremos o estado da arte no Brasil, considerando os diplomas legais relevantes, iniciando-se a análise pelo texto constitucionaldevido à proteção que este confere ao patrimônio cultural.

### 4.6.1. A proteção conferida pela CRFB (Constituição da República Federativa do Brasil) para o patrimônio imaterial cultural nacional

A CRFB, promulgada em 1988, promove a proteção da identidade cultural do Brasil por meio da manutenção do patrimônio cultural, e este é o ponto de partida para tema que nos interessa.

No seu artigo 216, *caput*, a CRFB afirma que "[...] Constituem patrimônio cultural brasileiro os bens materiais e **imateriais**, tomados individualmente ou em conjunto, portadores de referência à identidade, à

---

[260] Tal fato tornou-se inequívoco nas pesquisas de campo que foram efetuadas aos territórios dos povos Pankararu, Fulniô e Potiguara.

O ESTADO DA ARTE

ação, à memória dos diferentes grupos formadores da sociedade brasileira [...].(grifo nosso)

Diante da interpretação desse dispositivo, percebem-se três pontos de relevância:

1. A proteção constitucional de bens que façam parte do universo cultural de **quaisquer grupos que componham a sociedade brasileira,** ao possibilitar que recaia a tutela jurídica sobre quaisquer grupos sociais, estará possibilitando a defesa de grupos pertencentes ou formadores das sociedades complexas ou das sociedades simples, de modo a atender ao princípio constitucional da igualdade, também previsto na CRFB, nos artigos 3º, inciso IV e 5º, *caput.*
2. A consideração de que os bens imateriais inerentes à cultura brasileira deverão ser tutelados como forma de preservá-la. Esse ponto não só possibilita como garante a compreensão de que houve preocupação, por parte do legislador constituinte, em tutelar os bens imateriais, e que poder-se-ia esperar, por parte do Estado, que tal função fosse plenamente exercida.
3. O dispositivo constitucional, apesar de não impor qualquer modalidade de tutela jurídica, indica, no parágrafo único, a preferência da tutela pelo Estado para cumprimento dessa obrigação, visto que são determinadas pela CRFB a promoção e proteção do patrimônio cultural brasileiro. Até este ponto, não há discussão sobre imposição de modalidades de tutela jurídica, sendo quaisquer daquelas por nós estudadas possíveis de aplicação, pela admissibilidade por parte da CRFB. Por outro lado, o teor do mesmo parágrafo dispõe que tal promoção e proteção ocorrerão por meio de "[...] inventários, registros, vigilância, tombamento e desapropriação [...]" bem como por " [...] outras formas de acautelamento e preservação."

Pela indicação das modalidades de proteção compreendidas no teor do artigo 216, em especial em seu parágrafo único, cremos que o constituinte indicou a preferência da tutela, por parte do Estado brasileiro, pelo denominado Direito do Patrimônio Cultural ou Imaterial.[261]

---

[261] Pela utilização da nomenclatura bens materiais e imateriais no artigo 216 da CRFB, a denominação Patrimônio Cultural faz-se mais indicada do que Patrimônio Imaterial, para o ordenamento brasileiro.

Quando discorremos sobre a preferência de tutela pelo PICN por parte do constituinte, alertamos para a relativa contraposição entre essa modalidade de tutela e os mecanismos protetivos oriundos da Propriedade Intelectual e, principalmente, do Direito de Autor.

Ora, a contraposição, ou tão-somente a discussão acerca da melhor tutela aplicável é um dos pontos nevrálgicos do tema nas reuniões internacionais e nas trocas de informações entre os países interessados no tema e os organismos internacionais.[262]

Além dos três pontos de relevância que merecem destaque, é importante salientar, outrossim, que o texto constitucional, no mesmo artigo 216, em seus incisos de I a V, elenca uma série de objetos passíveis de tutela jurídica, que são: "[...] I- as formas de expressão; II – os modos de criar, fazer e viver; III – as criações científicas, artísticas e tecnológicas; IV- as obras, objetos, documentos, edificações e demais espaços destinados às manifestações artístico-culturais; V- os conjuntos urbanos e sítios de valor histórico, paisagístico, artístico, arqueológico, paleontológico, ecológico e científico [...].".

Em linhas gerais, pode-se afirmar que apesar de todos os incisos serem absolutamente relevantes para nosso estudo, parece um pouco mais relevante o inciso III, que tutela as criações científicas, artísticas e tecnológicas.

Além das determinações do art. 216, cabe destacar o teor do seu dispositivo imediatamente antecedente, o art. 215, que em seu par. 1º anuncia a obrigação do Estado em proteger as "[...] manifestações de culturas populares, indígenas e afro-brasileiras, e das de outros grupos participantes do processo civilizatório nacional. [...]".

---

[262] A OMPI acredita que as distinções entre a proteção por meiodo Direito de Autor e do Patrimônio Cultural colocam-se nas diferentes atuações relacionadas a cada modalidade de tutela. Assim, enquanto o Direito de Autor busca "[...] fomentar a criatividade, estimular a divulgação ao público e permitir que o titular controle a exploração da obra", a tutela do Patrimônio Cultural tem em si o objetivo "de assegurar a manutenção e viabilidade dos bens tangíveis ou intangíveis" – Documento WIPO/GRTKF/IC/5/3 da Quinta Sessão do Comitê Intergovernamental sobre Propriedade Intelectual e Recursos Genéticos, Conhecimentos Tradicionais e Folclore, p. 07. Cumpre dizer que as diferenças vêm sendo destacadas no decorrer das experiências práticas apresentadas pelos países que propõem a utilização de uma dessas modalidades de proteção, além das demais possibilidades estudadas.

Dessa forma, as expressões culturais de sociedades simples e de quaisquer grupo de sociedades complexas que sejam, de acordo com a letra da lei, participantes do processo civilizatório nacional, merecem a proteção pelo Estado brasileiro. Essa proteção poderá advir de mecanismos já existentes e de outros também mais específicos a serem integrados ao ordenamento jurídico brasileiro. Dentre os mecanismos já existentes com o fito de proteger o patrimônio cultural nacional, podem ser incluídos os remédios constitucionais da ação popular e da ação civil pública, os quais possibilitam a tutela jurídica das ECTs pela atribuição do que denominamos por titularidade derivada plúrima.

Ainda em referência à tutela pela via do Estado sobre o patrimônio, precebe-se que pela leitura do par. 1º do já analisado art. 216 a promoção e a proteção do patrimônio cultural deverão ser de responsabilidade do Poder Público, bem como o Estado deve indicar qual seria o órgão da administração responsável por tais atividades e, em especial, em que medida as mesmas devem ocorrer.

O órgão governamental responsável é o Instituto do Patrimônio Histórico e Artístico Nacional (Iphan), subordinado às determinações, no âmbito do Poder Executivo, ao Ministério da Cultura.

Esse instituto é o órgão governamental responsável pelas atribuições determinadas pela CRFB.

Possui como atribuições promover a manutenção e a proteção de tudo o que seja considerado patrimônio histórico e artístico nacional, e, além de denominadas unidades especiais, possui 15 escritórios sob a forma de superintendências regionais com vias a analisar os regionalismos inerentes aos temas sob sua responsabilidade.

Portanto, quando o texto da CRFB determina que o Poder Público deverá promover e proteger o patrimônio cultural, entende-se como representante do Poder Público o Iphan. O instituto é o órgão responsável pela tutela e conservação do Patrimônio Nacional material e, no que mais nos interessa, imaterial.

Por outro lado, a proteção e a promoção de responsabilidade do Iphan ocorrerão de acordo com as determinações do Decreto 3.551, publicado em 04 de agosto de 2000, que, além de instituir o Programa Nacional do Patrimônio Imaterial, também instituiu o registro de bens culturais de natureza imaterial que constituem o patrimônio cultural brasileiro.

A TUTELA JURÍDICA DAS EXPRESSÕES CULTURAIS TRADICIONAIS

Exatamente sobre a tutela dos bens imateriais, são relevantes o conhecimento e a análise do teor do Decreto 3.551/2000.

## 4.6.2. O Decreto 3.551/2000

O Decreto 3.551/2000[263] (doravante denominado Decreto) tem, por objetivo, em linhas gerais, a proteção do patrimônio cultural brasileiro, em conseqüência da previsão constitucional que a determina.

Seu principal objetivo é a instituição de um registro de bens culturais de natureza imaterial com vias a efetuar um catálogo dos mesmos, para que a tutela possa ser exercida.[264] Dentre os bens passíveis de tutela encontram-se as ECTs. Como se poderá perceber, o referido diploma legal apresenta uma série de incongruências do ponto de vista da técnica jurídica[265], nomeadamente em relação à defesa eficaz do Patrimônio Imaterial, visto que o seu objetio é, tão-somente, instituir o registro dos bens culturais de natureza imaterial.

Como se não bastasse sua ineficácia no objeto, apresenta inúmeras falhas em sua técnica legislativa, bem como é flagrantemente inconstitucional[266].

---

[263] O texto integral do Decreto pode ser acessado no sítio eletrônico que disponibiliza toda a legislação da República Federativa do Brasil em http://www.planalto.gov.br/ccivil_03/decreto/D3551.htm .

[264] Cabe indicar que acreditamos que esta seja a (assim denominada pela OMPI) proteção preventiva, ou seja, o objetivo da tutela é tão-somente impedir que terceiros adquiram os direitos de propriedade intelectual e Direito de Autor, bem como as derivações e adaptações das manifestações artísticas de conhecimento tradicional e folclore. A proteção preventiva, portanto, não indicaria um interesse em possuir direito s exclusivos, mas somente direitos que impediriam e afastariam as eventuais evocações de direitos de exclusivo.

[265] Além do que chega a ser questionado por determinados setores relacionados aos órgãos do Ministério da Cultura se a sua promulgação não teria sido somente uma forma de atender às recomendações da Unesco. Sobre este aspecto lembramos que a *Recomendação para a Salvaguarda da Cultura Tradicional e do Folclore* ocorrera tão-somente em 15 de novembro de 1989, portanto, após a promulgação da CRFB. Por outro lado, as *Disposições Modelo da Unesco e da OMPI para a Proteção do Folclore* datam de 1982. Mais do que informar as datas dos documentos seria especular sobre temas políticos totalmente alheios ao nosso estudo, e inúteis do ponto de vista técnico.

[266] Há de se demonstrar a inequívoca inconstitucionalidade do Decreto.
Cabe lembrar que o par. 1º do art. 216 da CRFB indica que o Poder Público promoverá e protegerá o patrimônio cultural brasileiro. Tal situação fática deveria decorrer da pro-

## 4.6.2.1. Do registro dos bens

Sendo certo que não cabe dúvida quanto à inconstitucionalidade do Decreto, os registros efetuados de acordo com o que o mesmo dispõe não

mulgação de lei cujo objeto seriam as atribuições e atuações do Estado no tratamento da proteção do patrimônio cultural brasileiro, por meio de algumas das atribuições elencadas no referido dispositivo, a saber: inventários, registros, vigilância, tombamento e desapropriação. Em teoria, o Decreto estaria já atendendo à Lei 9.649, publicada em 27 de maio de 1998, e regulamentaria o teor da referida Lei, o que não é possível do ponto de vista do direito constitucional, como poder-se-á observar a seguir.

Percebe-se que o objeto da Lei 9.649/98, evocada como diploma legal que estaria atendendo a exigência do referido disposto constitucional, trata, de modo genérico, das atribuições do Poder Executivo, ou, em suas próprias palavras, *dispõe sobre a organização da Presidência da República e dos Ministérios e dá outras providências.*

Dentre a organização delimitada pela supracitada lei, inclui-se aquela do Ministério da Cultura, nos seguintes termos: "[...] Art. 14. Os assuntos que constituem área de competência de cada Ministério são os seguintes: [...] IV – Ministério da Cultura: [...] a) política nacional de cultura; **b) proteção do patrimônio histórico e cultural;** c) aprovar a delimitação das terras dos remanescentes das comunidades dos quilombos, bem como determinar as suas demarcações, que serão homologadas mediante decreto; [...]" (grifo nosso).

Ora, percebe-se que as atribuições determinadas pela lei tão-somente tratam do evidente, ou seja, que o Ministério da Cultura será o responsável por matérias relacionadas à cultura e, por óbvio, relativos à proteção do patrimônio histórico e cultural.

O que salta aos olhos é que o tema específico que deveria ser tratado em lei, a qual deveria ser promulgada pelo Congresso Nacional, é tratado por um decreto nos ternos do art. 84 da CRFB. Ora, a CRFB espera e exige a complementação dos seus dispositivos inerentes à manutenção e proteção do patrimônio cultural nacional pela forma de lei e não por decreto. O decreto, cuja competência é privativamente atribuída ao presidente da república, pelo já citado art. 84 do inciso IV da CRFB, tem por finalidade buscar a execução de lei anteriormente publicada.

Ora, os decretos podem ser expedidos pelo Presidente da República pois que representarão tão-somente a tentativa e, por vezes, a viabilidade de se alcançar uma maior celeridade no processo legislativo, visto que estarão complementando o funcionamento da lei, sendo certo que esta, sim, por sua vez, já passara pelo processo legislativo devido determinado na CRFB, em seus arts. 59, 61 e seguintes.

Veja, portanto, que a inconstitucionalidade observada coloca-se entre as modalidades de inconstitucionalidade formal e material.

Inconstitucionalidade formal no sentido de que um decreto não poderia tratar sobre tema que caberia à lei, já que esta é representativa da *volonté générale*, enquanto aquele é mero ato do poder executivo sem a força representativa do contrato social inerente à lei, que deve passar pelo crivo dos representantes da sociedade, a saber, o Congresso Nacional.

A TUTELA JURÍDICA DAS EXPRESSÕES CULTURAIS TRADICIONAIS

apresentam qualquer validade no universo jurídico do ponto de vista da atribuição de exclusividades ou exigências ineretes a direitos de natureza remuneratória, típicos do Direito de Autor.

Ainda assim, há que se efetuar a análise daquele diploma legal como forma de perceber seu teor e suas fartas imprecisões técnicas, até mesmo porque novas proposituras logo ocorrerão, o que impõe a compreensão dos erros apresentados.

Não há dúvida quanto à adequação da competência do órgão instituído para efetuar o registro, por ser órgão que tem por fim a defesa do patrimônio artístico, histórico e cultural do Brasil.

Por outro lado, o registro previsto no Decreto representa uma proteção incipiente do ponto de vista da amplitude do nosso tema de interesse, seja no que tange à tutela das ECTs em sentido amplo, seja na tutela por meio do PICN, em sentido restrito.

Ora, veja que o registro em si é uma forma de assegurar a anterioridade no conhecimento da existência de determinado bem imaterial. Por outro lado, a própria atribuição da natureza do registro necessita de interpretação, visto que no texto do Decreto não há qualquer determinação nesse sentido. O Decreto dispõe efetivamente somente sobre a

---

Isso porque, para que haja a complementação de temas de direito constitucional é necessária a participação da sociedade, por meio da democracia representativa, para que seus representantes possam verdadeiramente *constituir* o Direito.

Por sua vez, observa-se flagrante inconstitucionalidade material, no sentido de que a lei a qual a CRFB exige o tratamento sobre a proteção do patrimônio cultural deveria tratar sobre este tema de forma específica, e não sobre as atribuições do Poder Executivo de modo genérico.

Nesse sentido, resta evidente que a Lei 9.649/98 não trata de estabelecer os parâmetros para a proteção do patrimônio cultural nacional, portanto, não representa a exigência dos arts. 215 e 216 da CRFB, levando à conseqüente conclusão de que não há, portanto, lei nacional eficaz e em vigor para o tratamento do tema.

Por outro lado, todo o objeto do decreto, no que pesem as imprecisões técnicas de seus dispositivos, deveria ser tratado por lei a ser aprovada pelo Congresso Nacional, para que, dessa forma, os representantes do contrato social e da vontade geral pudessem dar seguimento à complementação do exigido no texto da CRFB.

Por não estarem presentes os representantes da sociedade no referido processo, e não atendidos os pressupostos materiais e formais da formação complementar da CRFB, conclui-se pela inconstitucionalidade do Decreto.

inscrição do bem imaterial dentre os livros à disposição do registro, e sua conseqüente titulação como Patrimônio Cultural do Brasil.

O registro dos bens deve ser feito em um, dentre quatro livros de registros, assim denominados:

(1) Livro de Registro dos Saberes, no qual serão inscritos *os conhecimentos e modos de fazer enraizados no cotidiano das comunidades*[267];

(2) Livro de Registro das Celebrações, no qual serão inscritos *os rituais e festas que marcam a vivência coletiva do trabalho, da religiosidade, do entretenimento e de outras práticas da vida social*[268];

(3) Livro de Registro das Formas de Expressão, no qual serão inscritas *as manifestações literárias, musicais, plásticas, cênicas e lúdicas*[269]; e, finalmente, o

(4) Livro de Registro dos Lugares, no qual serão inscritos *mercados, feiras, santuários, praças e demais espaços onde se concentram e reproduzem práticas culturais coletivas*[270].

Percebe-se que, de fato, nenhum dos livros refere-se a qualquer modalidade de bem que não seja imaterial, sendo atendido o pressuposto básico da instituição do Programa Nacional do Patrimônio Imaterial que, obviamente, será a imaterialidade dos bens tutelados, os quais, pelo presente instrumento, serão registráveis.[271-272] Além da atribuição dos quatro livros apropriados às manifestações culturais elencadas, o Decreto possibilita a abertura de outros livros que não tenham objeto possível de enquadramento nos supra citados. A referência[273] para o registro em

---

[267] Art. 1º , par. 1º , inciso I.

[268] Art. 1º , par. 1º , inciso II.

[269] Art. 1º , par. 1º , inciso III.

[270] Art. 1º , par. 1º , inciso IV.

[271] Cabe lembrar que o teor do art. 216 da CRFB não refere-se somente aos bens imateriais, mas também à proteção de bens materiais, que não interessam ao nosso estudo, mas fazem parte do escopo de proteção do Iphan.

[272] O mais perto que se chega da materialidade é no livro de registro dos lugares, no qual se registram manifestações literárias, musicais, plásticas, cênicas e lúdicas. Ainda assim, como a natureza dos bens é imaterial, pode-se questionar se o registro não poderia ocorrer com a mera descrição dos bens, tal qual em relação, p. ex., com as artes plásticas.

[273] *Utilizando-se da própria nomenclatura do Decreto.*

A TUTELA JURÍDICA DAS EXPRESSÕES CULTURAIS TRADICIONAIS

algum dos livros existentes é a continuidade histórica do bem e sua relevância nacional para a memória, identidade e a formação da sociedade brasileira. Em nosso entender, a referência em verdade coloca-se como uma verdadeira exigência qualitativa. Portanto, cumprindo esse requisito qualitativo, o bem pode ser registrado seguindo os procedimentos burocráticos previstos no Decreto e na Portaria nº 208 de 24 de julho de 2002[274].

Tendo em conta que o Decreto não propõe qualquer tipo de resultado ou efeito decorrente do registro, cabe à doutrina e à jurisprudência analisá-lo.

### 4.6.2.2. Dos efeitos do registro

O primeiro ponto a se colocar é que, levando-se em conta que o objetivo do registro é atribuir aos bens imateriais a qualidade de Patrimônio Cultural do Brasil, observa-se que a conseqüência não pode ser a atribuição de um direito de exclusivo para seus proponentes (ou como já indiquei, nem a exigência para pagamentos sob a forma de direitos de simples remuneração).

Nesse sentido, do ponto de vista do sujeito, não há qualquer semelhança entre o registro do Direito de Autor previsto na LDA e o registro proposto pelo decreto[275]. Da mesma forma, coloca-se o tema no âmbito da Lei 9.279 de Propriedade Industrial. Isso porque, se a amplitude de propositura permite que a sociedade civil participe no processo[276], conseqüentemente há a permissão para que diversos sujeitos, **em um primeiro momento, alheios ao objeto registrável**, venham a requerê-lo, independentemente da ausência de uma relação direta com o bem.

Ora, em verdade, ocorre uma confusão em conseqüência da própria técnica da lei que confunde o sentido de direitos difusos com o sentido

---

[274] Até a presente data não fora encontrado qualquer vestígio sobre a publicação, no Diário Oficial, da referida Portaria, o que poderia comprometer as suas resoluções.

[275] Em verdade, o registro de obra protegível por Direito de Autor não é tradicionalmente constitutivo de direito no sistema de *Droit D'auteur*, porém, auxilia a discussão quanto à comprovação da autoria. No sistema de *Copyright*, também como padrão, por sua vez, o registro constitui o Direito.

[276] E isto é verdade, pelo teor do art. 2º, inciso IV, do Decreto.

de direitos coletivos[277],[278]. Como se poderá perceber, não se apresenta uma pertinência temática quando da possibilidade em se atribuir a toda a coletividade o requerimento do registro, principalmente pelo fato de que o efeito do mesmo pode invocar, erroneamente, ao proponente, a idéia de que este será o titular do bem do registro que propõe[279].

Ora, se o objetivo do registro é fazer ingressar um determinado bem imaterial no elenco do que seria o Patrimônio Cultural do Brasil, tal fato irá gerar dois efeitos.

No sentido formal, o registro será constitutivo, visto que o bem passará a integrar um rol da categoria de bens do patrimônio nacional. Terá efeitos, portanto, *ex-nunc*, visto que somente neste momento passará a integrar, formalmente, tal categoria.

No que se refere ao sentido material, o efeito será declaratório, pois aceitar algo como patrimônio material do Brasil é dizer que é possível a inclusão em um elenco de algo que sempre fora parte do referido elenco e, por tal motivo, fora aceito. Isso porque atribuir a algo a categoria de elemento cultural é tão-somente aceitar que tal bem já fazia parte da cultura nacional.

Ainda em referência ao registro, a má técnica[280] do Decreto apresenta nova falha quando, no art. 7º, apresenta a determinação da responsabilidade do Iphan para reavaliar os bens culturais registrados pelo menos a cada dez anos. Dispõe aquele artigo[281] que, observando-se a impossibilidade de se revalidar o título, o Conselho Consultivo do Patrimônio Cultural negará a revalidação, e o bem perderá o título anteriormente adquirido. O efeito desse ato de invalidação ou, em outras palavras, dessa negação de revalidação será meramente declaratório no sentido formal,

---

[277] E tratamos aqui dos direitos coletivos no sentido restritivo, considerando-se como titular uma coletividade identificável.

[278] Sobre este tema, ver o capítulo 3.

[279] Nesse sentido, acreditamos que ocorreu com o pedido de registro da Enciclopédia Itaú Cultural.

[280] A má técnica legislativa apresentada, no que se refere em especial à revalidação é uma verdadeira aberração jurídica, motivo de espanto por sua ineficácia.

[281] *Artigo 7º* – "O Iphan fará a reavaliação dos bens culturais registrados, pelo menos a cada dez anos, e a encaminhará ao Conselho Consultivo do Patrimônio Cultural para decidir sobre a revalidação do título de 'Patrimônio Cultural do Brasil'. Parágrafo único. Negada a revalidação, será mantido apenas o registro, como referência cultural de seu tempo."

A TUTELA JURÍDICA DAS EXPRESSÕES CULTURAIS TRADICIONAIS

visto que tal bem, indubitavelmente, já faz parte, e, como vimos, sempre o fez, do ponto de vista material, do patrimônio cultural, não podendo lhe ser negada tal posição no âmbito da cultura.

De toda forma, ao atribuir-se os efeitos aqui elencados, não se está a afirmar que poderá haver resultados práticos dos mesmos, visto que declarar ou constituir o que quer que seja e que não poderá gerar efeitos práticos é caminhar no vazio, e, acreditamos, infelizmente, que em linhas gerais essas são as conseqüências do Decreto.

### 4.6.2.3. Da legitimidade para propor o registro
No que se refere à legitimidade para a instauração do processo e requerimento do registro de bens imateriais, o Decreto atribuiu essa possibilidade, no teor de seu artigo 2º:

I – Ao Ministro de Estado da Cultura;
II – Às instituições vinculadas ao Ministério da Cultura;
III – Às Secretarias de estado, de município e do distrito federal;
IV – Às sociedades ou associações civis.

Consideramos equivocado atribuir a legitimidade do registro de bens inerentes ao patrimônio cultural às sociedades ou associações civis de um modo geral. Isso porque a confusão do Decreto leva à indução da existência de uma titularidade para o proponente, titularidade esta que, indubitavelmente, em nenhuma hipótese recairá sobre o mesmo[282].

Veja, por outro lado, que para haver a aplicabilidade da titularidade seria necessária uma relação próxima e um interesse específico entre a sociedade ou associação e o bem a ser registrado. Ora, não há sentido em permitir o registro, p. ex., de qualquer bem relacionado a uma determinada sociedade simples senão por membros desta referida sociedade, pela associação de indivíduos formadores da mesma ou, em última análise, por coletividades diretamente interessadas no desenvolvimento cultural daquele grupo social.[283] Dessa forma, o decreto permite o processo

---

[282] Essa indução é consequência da técnica legislativa imprecisa que não permite compreender a natureza do registro.

[283] Até o término da versão original deste estudo, no ano de 2003, dentre os cerca de quinze registros requeridos, dois já haviam sido concedidos: o Ofício das Paneleiras de

O ESTADO DA ARTE

de registro ainda que não haja pertinência temática entre a parte legítima e o objeto, o bem imaterial registrável.[284] Isso porque os interesses dessa coletividade caberão tão-somente a ela, e não à coletividade das pessoas no sentido que os direitos difusos buscam tutelar.

Portanto, apesar da desarrazoabilidade, ocorre a instituição de direitos difusos[285] e, ao mesmo tempo, indução de titularidades aos propo-

---

Goiabeiras do estado do Espírito Santo (dossiê R.01/01) e a Arte Gráfica Kusiwa – Pintura Corporal e Arte Gráfica do Grupo Indígena Wajãpi do Amapá (dossiê R.07/02), tendo como proponentes, respectivamente, a Associação das Paneleiras de Goiabeiras do ES e o Museu do Índio, conjuntamente com a Associação e Conselho das Aldeias Wajãpi – APINA . Para esses registros, não cabe dúvida quanto à legitimidade dos proponentes aos registro dos bens. Isto não significa, como se verá em notas a seguir, que todos os pedidos de então poderiam ser considerados legítimos, no que se refere aos eus proponentes. Já na versão atualizada do texto, finalizada em março de 2015, a lista de requerimentos era muito mais extensa, e os bens registrados pelo Iphan nos termos do Decreto 3551 eram os seguintes: Ofício das Paneleiras de Goiabeiras, Arte Kusiwa – Pintura Corporal e Arte Gráfica Wajãpi, Círio de Nossa Senhora de Nazaré, Samba de Roda do Recôncavo Baiano, Modo de Fazer Viola-de-Cocho, Ofício das Baianas de Acarajé, Jongo no Sudeste, Cachoeira de Iauaretê – Lugar sagrado dos povos indígenas dos rios Uaupés e Papuri, Feira de Caruaru, Frevo, Tambor de Crioula do Maranhão, Matrizes do Samba no Rio de Janeiro: Partido Alto, Samba de Terreiro e Samba-Enredo, Modo artesanal de fazer Queijo de Minas, nas regiões do Serro e das Serras da Canastra e do Salitre, Roda de Capoeira, Ofício dos Mestres de Capoeira, Modo de fazer Renda Irlandesa – Sergipe, O toque dos Sinos em Minas Gerais, Ofício de Sineiro, Festa do Divino Espírito Santo de Pirenópolis – Goiás, Ritual Yaokwa do Povo Indígena Enawene Nawe, Sistema Agrícola Tradicional do Rio Negro, Festa de Sant' Ana de Caicó, Complexo Cultural do Bumba-meu-boi do Maranhão, Saberes e Práticas Associados aos Modos de Fazer Bonecas Karajá, Rtixòkò: expressão artística e cosmológica do Povo Karajá, Fandango Caiçara, Festa do Divino Espírito Santo de Paraty, Festa do Senhor Bom Jesus do Bonfim, São Sebastião na Região do Marajó, e Produção Tradicional e Práticas Socioculturais Associadas à Cajuína no Piauí.

[284] Neste momento, poderia ser argumentado que havendo a possibilidade de exercício por parte dos titulares de direitos difusos não haveria que se falar em pertinência temática, visto que a generalidade da sociedade possui interesses no desenvolvimento cultural. Por outro lado, a crítica se coloca pela má técnica legislativa que possa permitir a confusão entre os conceitos de direitos difusos e direitos coletivos.

[285] Assemelhando o proponente, se compararmos esta atribuição ao universo do Direito de Autor, à figura do produtor fonográfico e das empresas de radiodifusão, que não trazem aporte criativo às obras registradas, por exemplo.

nentes.[286] Alguns dossiês parecem indicar claramente que se espera alguma titularidade em conseqüência do registro do bem imaterial como Patrimônio Nacional do Brasil.[287-288]

Essa situação leva à confusão entre direitos coletivos e difusos e pode possibilitar maiores desentendimentos. No decreto observa-se exatamente a possibilidade de uma parte legítima requerer o registro com efeito constitutivo e declaratório, e, ao se indicar uma titularidade, esse

---

[286] A situação que ora se apresenta pode ser comparada com o requisito subjetivo exigido para a ação popular, no sentido de que naquele remédio constitucional, qualquer cidadão pode ser o sujeito ativo da mesma. Ora, a possibilidade de impetrar a ação tem um fim específico que é proteger o patrimônio nacional (cultural, para o caso de interesse neste estudo), enquanto o registro, ainda que ineficaz e não indicativo de um efeito de direito de exclusivo *erga omnes*, pode induzir à titularidade do registro para quem o requereu.

[287] Um exemplo foi o dossiê R.03/01, que tinha como objeto de registro a Enciclopédia Itaú Cultural de Artes Visuais e, como proponente, o Instituto Itaú Cultural. Em texto divulgado no sítio cibernético do Instituto Itaú Cultural, a Enciclopédia Itaú Cultural de Artes Visuais era indicada (na ocasião do pedido, no ano 2003) *a maior obra de referência online sobre artes visuais do país.* O objeto que se pretendia atribuir a condição de patrimônio imaterial nada mais é do que uma base de dados e ostentaria outras possibilidades de proteção pelo direito, não havendo qualquer sentido no pedido de sua inclusão na categoria de Patrimônio Cultural do Brasil para a referida Enciclopédia. Endereço eletrônico www. itaucultural.org.br, em 23/7/2003. Em março de 2015, já observado o muito mais ampo rol de registros efetuados, não se encontra a Enciclopédia Itaú Cultural de Artes Visuais.

[288] Dessa forma, o Decreto confunde direitos difusos com direitos coletivos e seu texto acaba por confundir o titular do registro e a parte legítima para propô-lo. Poderia se diferenciar o titular de um direito daquele que possua legitimidade para exercê-lo afirmando que, enquanto o primeiro seria *um sujeito ativo de um Direito*, este último refere-se à *necessária qualidade do ato para tornar válida uma atuação em face dos demais cidadãos.* Enquanto o titular exercerá o direito que lhe cabe e que poderia dispor do modo que desejasse, a parte legítima está determinada pela lei e sua delegação somente decorreria se ao sujeito delegado fosse também possibilitado esta capacidade pela lei. Não há que se olvidar que a noção de titularidade refere-se ao sujeito material, enquanto a de legitimidade, ao direito processual. Portanto, o titular do Direito será aquele que poderá exercê-lo e que terá os efeitos da titularidade a si atribuídos. Por outro lado, a titularidade invoca uma característica de direito material constitutivo, e o Decreto, pelo seu teor, indica a atribuição do direito como se estivesse efetivamente atribuindo um direito que caberia à parte legítima como se titular fosse. Como visto, no que se refere à legitimidade, o enfoque desta é o do direito processual, no sentido de que aquele que é parte legítima para requerer determinado direito poderá fazê-lo, independentemente de ser o titular do mesmo.

registro poderia instituir-se contra outrém, este sim, seu verdadeiro titular, e, nesse sentido, equivoca-se plenamente o decreto.

Observe que em respeito à amplitude para a propositura o decreto permite que qualquer associação ou sociedade civil venha a propor o registro. Esse diploma legal está, em verdade, possibilitando a participação de toda a sociedade de modo amplo e genérico, tal qual pode-se vislumbrar, em certa medida, na Ação popular e na Ação Civil Pública. Ocorre que o titular do direito decorrente do registro é tão-somente o Estado, não cabendo qualquer dúvida quanto a este pela titulação do bem como Patrimônio Cultural do Brasil. Dessa forma, o que se está a observar é, em realidade, que o Decreto é uma tentativa de aplicação do Direito do Patrimônio Cultural, em oposição aos princípios da propriedade intelectual. Isso porque ao proponente não poderá, posteriormente, ser atribuída qualquer vantagem senão meramente um sentido de agradecimento pelo interesse manifestado na cultura do país. Esse fato pode, de pior, trazer um sentido popularesco e/ou eleitoreiro que é evitado na ação popular[289] pela exigência do pagamento de custas e ônus de sucumbência caso seja percebida a má-fé com aqueles fins.

Ora, veja que, nesse sentido, o Decreto não determina, em seu texto, a qualidade de direitos difusos por parte dos proponentes, o que poderá trazer problemas graves no futuro. Tal confusão parece ser inequívoca quando se observa que determinados proponentes podem vir a buscar o registro de bens vislumbrando uma eventual titularidade e exclusividade como conseqüência de seu registro.

Quando indicamos a natureza difusa dos bens registráveis, estamos apenas admitindo que para haver o registro de bens que sejam do Patrimônio Cultural do Brasil é necessário que os mesmos sejam um testemunho de nossa cultura, e no que compreendemos por cultura, estamos referindo-nos ao interesse de todos que compõem a nossa sociedade como interessados, o que pressupõe a categorização de bens de natureza difusa, no sentido de que tão-somente aqueles que interessam à coletividade propositora podem ser objeto do registro. De certo modo esse fato está disposto no artigo 1º , em seu par. 2º.

---

[289] No ordenamento brasileiro.

Ainda no que se refere ao sujeitos proponentes do registro, veja que, sendo o Estado representante legítimo dos interesses da sociedade em decorrência do contrato social e da *volonté générale*, e este mesmo Estado o titular irrenunciável por determinação constitucional, não poderá haver, em qualquer hipótese, a atribuição de Direitos de exclusivo em face de quem quer que seja por ter sido o proponente do registro.

O registro, portanto, não confere qualquer tipo de direito de exclusivo às partes legítimas que o requereram, mas por outro lado representa a obrigação do Estado na proteção do patrimônio cultural, como representante do interesse de toda a sociedade.

Ora, e ainda que se compreenda que a tutela do Patrimônio Imaterial não prevê o estabelecimento de quaisquer exclusividade e gerações de efeitos *erga omnes* distanciadores de terceiros porventura interessados, a ausência de qualquer situação decorrente do registro causa estranheza.

### 4.6.2.4. O objetivo do registro e a natureza da tutela

Veja, nesse sentido, que a natureza da tutela do conhecimento tradicional prevê não só a proteção dos bens, mas, outrossim, a manutenção de sua integridade, por meio de atuações previstas e delimitadas no ordenamento jurídico nacional. Em nosso entender, a referida manutenção da integridade dos bens imateriais pode ser exercida pelo que determina a CRFB no par. 4º , do artigo 216, quando este dispõe que: "[...] os danos e ameaças ao patrimônio cultural serão punidos, na forma da lei. [...]". Porém, o dispositivo constitucional, apesar de alçar à categoria do Direito Constitucional a manutenção do patrimônio da sociedade formadora do elemento humano do país, não prevê um modo específico de proteção.

Concluímos, portanto, que do ponto de vista do Direito interno é ineficaz o registro nos livros instituídos pelo decreto.

Mas há outras considerações a fazer no que diz respeito aos efeitos do registro no âmbito internacional.

Temos que uma possível explicação para a atribuição e possibilidade de registro de bens imateriais proposta pelo decreto seja uma busca de proteção e manutenção da cultura brasileira contra terceiros, sejam outros Estados ou não.[290]

---

[290] Sejam estes terceiros estrangeiros ou nacionais e estejam eles estabelecidos em territórios alheios ou em território nacional

O ESTADO DA ARTE

Veja que atualmente não é raro escutar-se sobre registros indevidos de bens imateriais, principalmente relacionados à criação de ativos da propriedade industrial. Nesse sentido, alguns países, em conseqüência das imperfeições nas leis referentes à propriedade intelectual[291] e da dificuldade de harmonização de diplomas legais relacionados ao tema, têm estado apreensivos com a possibilidade de registro de má-fé de bens imateriais por instituições inescrupulosas. [292]

O que se depreende com tal situação é o fato de que o registro por meio do Decreto poderia certificar, a eventuais biogrileiros de má-fé, que registros efetuados para além da jurisdição brasileira estariam violando direitos inerentes ao patrimônio público nacional. No que se refere aos bens passíveis de registro pelo Decreto, acreditamos ser razoável essa colocação, visto que confere-se grande amplitude às possibilidades registráveis, tal qual criações científicas, artísticas e tecnológicas; objetos e edificações e espaços destinados às manifestações artístico-culturais, entre outras hipóteses. Levando-se em conta a já citada falta de harmonização entre as leis de propriedade intelectual, não raro poder-se-ia observar a violação de direitos que deveriam caber, tão-somente, a titulares brasileiros.

Mais ainda, tal procedimento de proteção tem sido denominado como proteção preventiva pelo Comitê da OMPI. Nas palavras daquela instituição, "esse objetivo consistiria em servir-se de estratégias de prevenção preventiva (sic) destinadas a impedir que terceiros adquiram direitos de propriedade intelectual de derivações e adaptações de expressões culturais tradicionais e suas representações [293]".

No entender da OMPI, os países que adotassem tal procedimento não estariam interessados em obter proteção por propriedade intelec-

---

[291] Mais especificamente propriedade industrial.

[292] O Brasil, inclusive, já fora vítima da denominada *biogrilagem* no ano de 2003, quando a empresa japonesa *Asahi Foods* promoveu o registro do nome cupuaçu no Japão, nos EUA e na Comunidade Européia. O referido registro fora muito mal visto por parte da comunidade internacional. Sobre o tema, veja a revista eletrônica *Carta Maior* www.cartamaior. com.br, de 26 de março de 2003; o Portal Vermelho no http://www.vermelho.org.br/ diario/2003/0421/0421_cupuacu.asp , de 21 de julho de 2003.

[293] Documento WIPO/GRTKF/IC/5/3, p. 13, do Comitê da OMPI. Sobre o desenvolvimento do tema na OMPI ver neste capítulo o ponto 4.10.

A TUTELA JURÍDICA DAS EXPRESSÕES CULTURAIS TRADICIONAIS

tual, mas sim em salvaguardar seu patrimônio cultural e as manifestações artísticos culturais dele decorrentes[294].

Essa medida de proteção serviria, portanto, como modo de afastamento de terceiros de má-fé, como já fora visto.

Por outro lado, há de se salientar que se coloca um outro problema no que se refere ao registro, muito semelhante ao decorrente dos *labels of autheticity* australianos[295]. Levando-se em conta a hipótese de conferência e aceitação dos registros como certificação da titularidade do Estado brasileiro, a *contrario sensu* poder-se-ia imaginar, e esta é mesmo a lógica, que os bens eventualmente interessantes para terceiros, principalmente empresas e instituições, estabelecidas no exterior ou não, desde que não registrados na forma do Decreto, teriam garantido o seu livre registro ou uso, de acordo com o pensamento e os princípios básicos da propriedade industrial.

Tal situação fática seria extremamente perigosa e conflitante do ponto de vista da propriedade intelectual. Ora, há que se considerar que, para haver um registro do que quer que seja, deve haver alguma atribuição de Direito para aquele que propõe o referido registro, sob forma de o mesmo tornar-se inócuo (ou, ainda pior, injusto)[296].

---

[294] Idem nota supra.

[295] Sobre os *labels of authentucity* ver neste capítulo o ponto 4.2.

[296] Nesse sentido, e reexaminando a listagem então existente na ocasião deste texto original finalizado no ano de 2003, havia pedidos de registro em espera no Iphan (dossiês de código R.09/02, R.10/02, R.11/02, R.02/02 e R.03/02) cujos proponentes não pareciam ter legitimidade para requerer o devido registro. Entre estes estavam o Instituto dos Arquitetos do Brasil, IAB, da seção Ceará, a Associação dos Apresentadores de Programas de Radio "Talian" do Brasil – ASSAPRORATABRAS e a Fundação Itaú Cultural. Para os dossiês propostos foram requeridos os registros: da (1) obra do poeta Patativa do Assaré (processo iniciado em (17/10/02), (2) da Festa do Pau da Bandeira de Santo Antônio, em Barbalha (processo iniciado em (17/10/02), e, por fim, da (3) Banda Cabeçal dos Irmãos Aniceto de Crato (processo também iniciado em (17/10/02) todos por parte do Instituto dos Arquitetos do Brasil, IAB, da seção Ceará. No que pese o interesse da referida instituição em proteger a cultura e o patrimônio cultural nacional, não vislumbramos qualquer tipo de interesse direto que justificasse o requerimento do registro dos referidos bens imateriais por aquela instituição. Na atualização do texto, as referidas manifestações não receberam atribuição de registro, tendo sido todas consideradas improcedentes. No mesmo sentido, ocorreu a improcedência dos demais requerimentos supra mencionados (R.02/02 e R.03/02) referentes ao idioma Talian/ Município de Erechim/ RS e à Enci-

O que podemos concluir, portanto, é que o registro através do Decreto atribui a titularidade e, portanto, obrigações decorrentes desta para o Estado brasileiro no que diz respeito à proteção dos bens imateriais[297].

### 4.6.3. A Lei 9610/98 – Lei de Direitos Autorais – LDA.

O texto da LDA não dispensa muita atenção ao tema das ECTs.

Em verdade, somente o art. 45 trata de enumerar as hipóteses em que as obras ingressarão no domínio público.[298] Por outro lado, o Brasil não se utiliza do método do domínio público remunerado, e o artigo que trata sobre o domínio público aplica este instituto a três categorias de obras:

1) As obras cujo prazo de proteção já tenha expirado (art.45, caput);
2) As obras que ingressam no domínio público após a morte do autor por ausência de sucessores destes (art.45, inciso I).

Observe-se que as duas hipóteses supra citadas referem-se, como se percebe, às obras cujos autores foram, em algum momento, identificados.

---

clopédia Itaú Cultural de Artes Visuais/ SP respectivamente efetuados pela Associação dos Apresentadores de Programas de Radio "Talian" do Brasil – ASSAPRORATABRAS (processo iniciado em 07/05/2001) e pelo Instituto Itaú Cultural (processo iniciado em 07/11/2001).

[297] Já após finalizado o presente estudo e em revisão tipográfica final, nos foi apresentado um produtivo estudo sobre a natureza, funções e demais características do registro de bens culturais imateriais desenvolvido pelo autor Hermano Fabrício Oliveira Guanais e Queiroz. O estudo, entre outras questões, aponta para uma necessidade de registro dos bens como um objetivo do Estado para garantir a proteção do patrimônio do povo brasileiro contra espoliações diversas, inclusive por parte de registros a serem efetuados no exterior. De fato, mantemos nossa posição referente à necessidade de implementação de garantias para um direito de exclusivo ou mesmo de remuneração, mas o registro, ainda que não seja eficaz neste sentido, serve como uma ferramenta de proteção mínima no ambiente dos direitos culturais, como bem analisa o texto do supracitado autor nomeado: *O registro de bens culturais imateriais como instrumento constitucional garantidor de direitos culturais*, Revista do IPAC/Instituto do Patrimônio Cultural da Bahia, ano 1, número 1, Brasília, 2016.

[298] "Art. 45. Além das obras em relação às quais decorreu o prazo de proteção aos direitos patrimoniais, pertencem ao domínio público:

I – as de autores falecidos que não tenham deixado sucessores;

II – as de autor desconhecido, ressalvada a proteção legal aos conhecimentos étnicos e tradicionais."

Uma terceira categoria de obras é a que inclui no domínio público aquelas cujo autor seja desconhecido. Pela sua não identificabilidade, não há possibilidade de exercício do Direito de Autor por qualquer titular de direito de exclusivo. (art.45, inciso III). Ocorre que para esta terceira categoria de obras existe a ressalva da LDA à proteção legal dos conhecimentos étnicos e tradicionais. A LDA, porém, não dispôs sobre o tema em nenhum outro artigo. Além disso, apesar da ressalva que possibilita a tutela nos termos da lei aos conhecimentos étnicos e tradicionais, também não houve qualquer manifestação, por parte do legislador para alterar o quadro disposto na LDA por meio de qualquer norma regulatória.

Assim, segue o ordenamento jurídico brasileiro sem definir o que são conhecimentos étnicos e tradicionais, sem providenciar, pois, qualquer tipo de modificação como medida de proteção às ECTs, tendo como paradigma o Direito de Autor.

O único exemplo que pudemos encontrar em relação a qualquer tipo de relação entre a proteção jurídica das ECTs, a lei nacional e a LDA fora o registro de obras do povo Kadiwéu pela Associação das Comunidades Indígenas da Reseva Kadiwéu – ACIRK – e a transferência de uso para a *Wohnungsbaugesellschat Hellersdorf mbh – WoGeHe*[299].

O registro das obras fora efetuado na Escola Nacional de Belas Artes, pelo procedimento ordinário de registro. Ocorre, porém, que o registro das obras fora efetuado tomando por base a identificabilidade dos autores individuais, não se tratando, portanto, de autoria coletiva. O que ocorreu fora o registro individual com a transmissão da titularidade efetuada para a associação indígena no próprio documento de registro, com posterior averbação para a sociedade alemã *Wohnungsbaugesellschat Hellersdorf mbh – WoGeHe*, que efetuou concurso com as obras plásticas dos indígenas para fazer reforma de edifício na cidade de Berlim.

Como pode-se perceber, o sistema jurídico brasileiro permite o estabelecimento de diversas modalidades de tutela das ECTs, sendo-lhe aplicável a tutela por via do PICN, do Direito de Autor por meio da modalidade do domínio público remunerado, bem como pelo exercício dos direitos difusos.

---

[299] Escola Nacional de Belas Artes – Departamento de registros, UFRJ (Universidade Federal do Rio de Janeiro, Cidade Universitária).

## 4.7. México

A lei mexicana (Ley Federal de Derecho de Autor, publicada em 24 de dezembro de 1996[300]) apresenta, logo de início, uma preocupação que nos leva a crer que as ECTs estarão sendo tratadas de modo privilegiado em seu corpo.

No artigo 1º, a lei mexicana afirma ter por objeto "a salvaguarda e a promoção do acervo cultural da nação".

É relevante dizer que a lei dispõe que as normas que vem a aplicar são de ordem pública e de interesse geral.

A única questão, porém, realmente significativa do texto mexicano em vigor é a previsão estabelecida nos artigos indicados no quadro 7 que determinam a proteção da origem das obras contra a sua deformação que lhes possam vir a causar demérito[301]. Ocorre porém, que lhe falta um inventário que possa dar legitimidade a esta possibilidade de proteção, além da pouco clara concepção sobre a legitimidade para o exercício de tal direito ou, prerrogativa de tal poder.

Porém, não mais vem a tratar de algo que possa assemelhar-se a uma tutela do folclore pelo Direito de Autor ou mesmo pelo patrimônio cultural imaterial do ponto de vista de trazer alguma efetividade objetiva na proteção sob a forma de direitos exclusivos ou de remuneração.

Portanto, a lei mexicana, desafortunadamente, cala-se causando estranheza. Estranheza decorrente do conhecimento da riquíssima cultura popular que ocorre naquele país, o qual, a exemplo de diversos outros países que também tiveram seus territórios na condição de terra de povos indígenas desde tempos pré-colombianos, possui vastíssima produção cultural indígena.

Cabe ainda citar o artigo 4º, que busca definir as obras segundo o seu autor. No nosso entender, deveria ser colocada uma quarta possibilidade,

---

[300] A última reforma à lei mexicana foi publicada em 14 de Julho de 2014.

[301] Esta é praticamente a mesma determinação prevista na legislação portuguesa no que se refere ao objeto da proteção, sendo certo porém, que o texto legal português expressa a responsabilidade contra tais atos atribuindo-a ao Ministério da Cultura daquele país. (CDADC, 57º, 2)

que é a autoria coletiva, difusa ou qualquer outra terminologia que indicasse os propósitos da tutela das ECTs[302-303].

No âmbito das discussões referentes à adequação das legislações nacionais dos países ditos *exportadores de folclore*, havia no México, em meados de 2002/2003, proposta de modificação da Lei Federal de Direiot de Autor.

Desafortunadamente, a referida proposta não fora implementada pelo legislativo daquele país, o que não impede a menção ao projeto pela sua técnica bem desenvolvida e em consonância com as discussões atuais sobre o tema.

O deputado José Soto Martínez, na exposição de motivos do projeto, reafirma o que já tem se colocado internacionalmente como a justificativa primordial para a adequação das legislações de Direito de Autor no sentido de aprimorar medidas protetivas para grupos sociais que não recebem a tutela do Direito de Autor por não apresentarem as condições de possibilidade[304] das tais medidas. Afirmou o deputado, na ocasião:

> "Os processos criativos das culturas indígenas respondem à herança de um saber e uma tradição coletiva que se vem mantendo por séculos, como o comprovam o artesanato, a indumentária, as obras de cerâmica, códigos, arquitetura e música popular na atualidade, que não têm nenhuma proteção autoral."[305]

A relevância da proteção do tema das ECT no México trouxe reflexos e discussão para a sociedade civil, culminando com uma tentativa de implementação de modificação da lei Federal de Direito de Autor, que, apesar de ter sido proposta ao congresso em meados do ano de 2003, não fora aprovada, mantendo-se o texto original da lei sem muitas possibilidades de tutela às ECT.

---

[302] A lei mexicana apresenta uma das mais interessantes e objetivas categorizações apresentadas por leis nacionais ao definir as obras protegidas por direito de autor.

[303] Curiosamente, antes mesmo de conhecermos o texto do projeto tínhamos essa opinião, a qual se fortaleceu ao descobrir que esta era exatamente a intenção do mesmo.

[304] Lembrando que a expressão condições de possibilidade é utilizada neste estudo, mas nã nas indicações do autor citado.

[305] O projeto de modificação da Lei Mexicana de Direito de Autor for apresentado pelo Deputado José Soto Martínez do PRI e publicado na *Gazeta Parlamentaria,* de número 1105, no dia 9 de outubro de 2002, na Cidade do México.

Por sua vez, confunde-se, em alguns momentos, tratando o Direito de Autor como área de Direito possível para tutelar aspectos relacionadas exclusivamente à propriedade industrial.

Cabe dizer, desde já, que diferentemente de outros países, como os EUA, a Austrália e o Panamá, a tentativa de implementação de modificação do ordenamento jurídico mexicano fora no sentido de se atribuir a possibilidade de tutela do folclore e não somente às ECT originadas de comunidades indígenas. Por outro lado, como pode-se já observar, o projeto de lei deveria ser modificador da lei nacional de Direito de Autor, e, portanto, previa a aplicação dos pressupostos daquela categoria de direitos.

Infelizmente o México perdeu a oportunidade de se tornar um dos países que protegem o direito inerente ao folclore e às ECTs.

QUADRO 7

| México |
| --- |
| Excertos sobre as ECTs na Lei federal de direito de autor |

| | |
| --- | --- |
| Definição de ECTs (ou folclore, conhecimentos tradicionais, etc.). | Não há. |
| Proteção do folclore. | Titulo septimo – De los derechos de autor sobre los simbolos patrios y de las expresiones de las culturas populares.<br><br>Capitulo I – Disposiciones Generales.<br><br>Articulo 154<br>Las obras a que se refiere este titulo estan protegidas independientemente de que no se pueda determinar la autoria individual de ellas o que el plazo de proteccion otorgado a sus autores se haya agotado.<br><br>Capitulo III – De las culturas populares.<br><br>Articulo 157<br>La presente ley protege las obras literarias, artisticas, de arte popular o artesanal, asi como todas las manifestaciones primigenias en sus propias lenguas, y los usos, costumbres y tradiciones de la composicion pluricultural que conforman al Estado mexicano, que no cuenten con autor identificable. |

| México |
| :--- |
| **Excertos sobre as ECTs na Lei federal de direito de autor** |

| Proteção do folclore. | Articulo 158 |
| :--- | :--- |
| | Las obras literarias, artistica, de arte popular o artesanal; desarrolladas y perpetuadas en una comunidad o etnia originaria o arraigada en la republica mexicana, estaran protegidas por la presente ley contra su deformacion, hecha con objeto de causar demerito a la misma o perjuicio a la reputacion o imagen de la comunidad o etnia a la cual pertenecen. |
| | Articulo 159 |
| | És libre la utilizacion de las obras literarias, artisticas, de arte popular o artesanal; protegidas por el presente capitulo, siempre que no se contravengan las disposiciones del mismo. |
| | Articulo 160 |
| | En toda fijacion, representacion, publicacion, comunicacion o utilizacion en cualquier forma, de una obra literaria, artistica, de arte popular o artesanal; protegida conforme al presente capitulo, debera mencionarse la comunidad o etnia, o en su caso la region de la republica mexicana de la que es propia. |
| Outras referências ao tema no ordenamento jurídico. | Articulo 161 |
| | Corresponde al instituto vigilar el cumplimiento de las disposiciones del presente capitulo y coadyuvar en la proteccion de las obras amparadas por el mismo. |

## 4.8. Panamá[306]

A importância do ordenamento jurídico do Panamá alçou a Lei 20 à condição de lei-modelo nos mais recentes estudos apresentados na OMPI.

Aquele país fora um dos últimos a promulgar leis de propriedade intelectual[307], sendo certo que a lei nacional de Direito de Autor possibili-

---

[306] Consignamos nossos mais profundos agradecimentos aos Srs. Atencio Lopez e Aresio Valiente pela acolhida na *Ciudad de Panamá*, pelas informações sobre todo o processo político e jurídico relativo à tutela das ECTs no Panamá e, principalmente, por nos permitir o acesso e a participação nas festividades do povo *Kuna* durante o mês de outubro de 2002 . Além destes agradecemos também a todos da Digerpi pela calorosa acolhida e facilitação de informações precisas sobre os temas de nosso interesse.

[307] A lei nacional de Direito de Autor fora promulgada em 08 de agosto de 1994 (Lei 15), e a de propriedade industrial, em 10 de maio de 1996 (Lei 35).

O ESTADO DA ARTE

tou a discussão específica da proteção das ECTs em decorrência de seu artigo 2º, nº 11, ao dispor que: "as expressões do folclore são as produções de elementos característicos do patrimônio cultural tradicional, constituídas pelo conjunto de obras literárias e artísticas criadas no território nacional por autores não conhecidos ou que não se identificam, que se presumem nacionais[308] ou de suas comunidades étnicas, e se transmitem de geração em geração e reflitam as expectativas artísticas ou literais tradições de uma comunidade."

Dessa forma, a Lei 20, em verdade, decorre diretamente de três fatores:

(1) o adiantado estágio das discussões acerca das questões dos direitos indígenas no Panamá;

(2) a possibilidade de implementação, em decorrência do disposto na lei nacional de Direito de Autor, de uma lei que tutelasse as ECTs;

(3) o corrente uso indevido de expressões culturais dos povos indígenas panamenhos, em especial o uso indevido da *Mola*, expressão cultural que designa os tecidos representativos dos índios *Kuna*.

O primeiro ponto de relevo a ser considerado em relação à Lei 20 é o fato de que este diploma legal tutela as ECTs daquele país atribuindo-se a titularidade das mesmas às coletividades criadoras, por meio, portanto, do que denominamos por titularidade originária. Nesse sentido, apesar do artigo 2º da lei nacional de Direito de Autor supracitada indicar a representação das expressões culturais e nomeá-las por patrimônio cultural tradicional, não há determinações indicativas de que o Estado seria o titular dessas expressões. Sendo assim, as ECTs que tenham a sua origem alcançada poderão ser reconhecidas como representativas das coletividades que originaram.

Conclui-se, portanto, que o método de proteção panamenho diferencia-se dos demais ordenamentos nacionais estudados, apresentando,

---

[308] A presunção nacional é característica também dos países africanos, os quais, apesar de possuírem esta característica em comum com a Lei 20, apresentam um sistema protetivo totalmente diferenciado, visto que enquanto o ordenamento panamenho aponta as coletividades criadoras para a condição de sujeitos de direito, as leis africanas preferem instituir imediatamente o Estado como titular dos direitos sobre as ECTs. Como pode ser observado no capítulo 3, nomeamos a titularidade relacionada ao Estado por titularidade derivada.

A TUTELA JURÍDICA DAS EXPRESSÕES CULTURAIS TRADICIONAIS

a primeira vista, uma proteção que poderia ser indicativa do Direito de Autor. Ocorre, porém, que a categoria jurídica que tutela as ECTs no Panamá não se enquadraria na categoria de Direito de Autor pelo fato de que o objeto de proteção vai muito além das próprias obras ou até mesmo das expressões culturais, conforme exposto no capítulo 2 do presente estudo. A Lei 20 busca tutelar as ECTs não somente através de mecanismos de Direito de Autor, mas explicitamente de direitos de exclusivo de um modo genérico, ao determinar que os costumes, tradições, crenças, espiritualidade, religiosidade, cosmovisão, expressões folclóricas, manifestações artísticas, conhecimentos tradicionais e qualquer outra forma de expressão tradicional dos povos indígenas formam parte do patrimônio cultural dos povos indígenas e não podem ser objetos de nenhuma forma de exclusividade por terceiros não autorizados[309].

Essa amplitude de proteção e atribuição de aplicação de direitos de exclusivo tão- somente às coletividades criadoras, na qualidade de titulares originários, comprova duas características marcantes do modelo panamenho:

(1) A tutela das ECTs se faz por um Direito denominado *derechos colectivos,* não enquadrado especificamente em uma categoria delimitada no rol dos direitos de exclusivo, nem na espécie Direito de Autor ou mesmo na tutela do PICN;

(2) A tutela das ECTs possui como titular as coletividades criadoras, atribuindo-se o que nomeamos por titularidade originária.

No que pese a especificidade do ordenamento jurídico panamenho, parece restar claro que o modelo estabelecido, ainda que não se enquadre em uma categoria específica dos direitos de exclusivo, representa todo o gênero desses direitos, indicando uma certa facilidade em se enquadrar esse tipo jurídico na categoria de direitos de exclusivo, não merecendo classificações complexas tal qual o direito que se nos apresenta no capítulo 6.

Já fora dito que a finalidade da Lei 20 é proteger os direitos coletivos de propriedade intelectual e os conhecimentos tradicionais dos povos

---

[309] Artigo 2º – Lei 20.

indígenas sobre suas criações, a fim de ressaltar os valores socioculturais das culturas indígenas e aplicar-lhes justiça social.[310]

### 4.8.1. Os direitos coletivos e o registro

Os direitos coletivos previstos no ordenamento jurídico panamenho estabelecem um dos 07 povos indígenas do Panamá[311] na condição de beneficiários dos direitos de exclusivo sobre as ECTs. Nesse sentido, a Lei 20 legitima os congressos gerais dos povos indígenas ou as autoridades tradicionais indígenas[312] para solicitar o registro dos direitos coletivos.

Até o término da primeira versão deste estudo, somente um registro havia sido concedido em virtude da Lei 20. O registro efetuado fora o da *Mola Kuna*, exatamente uma das expressões culturais que mais justificou a discussão sobre a necessidade de se estabelecer uma categoria de direitos coletivos aos povos indígenas. Posteriormente outros registros de ECTs passaram a ser concedidos em obediência à legislação nacional panamenha, tais como os registros das ECTs denominadas (1) Kra, (2) Krade, (3) Sobro, (4) Naun (Nahua) (expressões vinculadas a tecidos) e o emblema (5) Culebrakray, todas estas referentes à comarca Ngäbe-Buglé, bem como os emblemas (6) Embera Neo e (7) Hösig Di, estes últimos referentes à comarca Emberá-Wounaan[313].

Os registros deve ser solicitado na *Digerpi* por meio de um departamento especificamente voltado para este fim, denominado *Departamento de Derechos Colectivos y Expresiones Folclóricas.*

Importante salientar que o ordenamento panamenho enfrenta a problemática sobre a temporalidade na atribuição dos direitos de exclusivo determinando que os direitos coletivos não irão caducar e nem mesmo terão término de duração[314], o que suscita o debate sobre a atribuição de direitos eternos, tema que preferimos tratar no capítulo em que desenvolvemos uma nova tutela possível a ser aplicada às ECTs. De toda forma, parece-nos que o ordenamento jurídico deveria ter salientado que a

---

[310] Aresio Valiente López, *Experiencia en la protección de los conocimientos tradicionales* [...] p. 8.

[311] Ngöbe, Emberá, Buglé, Kuna, Wounaan, Naso-Teribe e Bri-bri

[312] Artigo 4º da Lei 20.

[313] A atualização dos registros concedidos aos povos indígenas do Panamá podem ser verificadas no sítio cibernético da Digerpi: https://www.digerpi.gob.pa.

[314] Artigo 7º.

A TUTELA JURÍDICA DAS EXPRESSÕES CULTURAIS TRADICIONAIS

proteção deverá ocorrer enquanto houver representatividade dos povos indígenas, com vias a não permitir um excesso na tutela[315].

Por fim, ainda no que se refere ao registro, parece-nos que para que haja uma plena eficiência na proteção das ECTs através do registro, há de se esclarecer que o mesmo não poderia ser constitutivo de Direito, sendo seu efeito meramente declaratório. Tal qual o estabelecido através do Decreto 3551/2000 do Brasil, há que se compreender que, em havendo a atribuição de registro do que já se constitui como patrimônio cultural tradicional de povos indígenas panamenhos, a sua aceitação por parte de um instituto nacional não pode determinar o direito de exclusivo a partir da data do registro em si, pois que se a ECT é representativa de uma coletividade desde tempos imemoriais, o registro tão-somente reconhece o que o Estado já deveria proteger. Este é um ponto de relevo e que não fora enfrentado ou discutido pela lei, por seus regulamentos ou mesmo pela doutrina que trata sobre o tema. Obviamente que tal problemática não é exclusiva do ordenamento jurídico panamenho, mas de todo aquele que busca instituir direitos às ECTs atribuindo-se qualquer modalidade de registro.

O que nos pareceria razoável, na compreensão do significado dos direitos coletivos, seria a atribuição dos direitos de exclusivo relacionados à propriedade industrial somente após o seu efetivo registro, sendo anterior, porém, a manutenção da cultura através do que denominamos por direito à preservação cultural (em sentido amplo). Dessa forma, o registro estabeleceria o exclusivo de titularidade dos povos que o requereram, sendo certo, porém, que a preservação da cultura não exige registro de qualquer espécie, até por se uma prerrogativa que deveria caber ao Estado[316].

Ainda assim, a solicitação de registro deverá indicar[317]: (1) que o mesmo é direito coletivo; (2) que é pertencente a um dos povos indígenas do país; (3) a técnica de produção indicada (se tratar-se de um

---

[315] De toda forma, poder-se-ia argumentar que, enquanto estiver viva e puder ser identificada uma coletividade criadora, há de se apontar a sua representatividade por ECTs.

[316] Nesse sentido, cabe também menção ao que estabelecemos no capítulo 6 sobre a obrigação por parte do Estado em preservar a cultura

[317] Nos termos do artigo 6º do *Decreto Ejecutivo* nº 12, de 20 de março de 2001, que regulamenta a Lei 20.

objeto); (4) a história, tradição inerente ao mesmo, por meio de uma breve descrição. Além dessas indicações, é obrigatória a inclusão de um exemplar do regulamento de uso referente ao direito coletivo indígena. O regulamento deverá indicar as condições necessárias ao uso da ECT.

Além disso, o regulamento determina a quem será atribuída a titularidade da expressão cultural tutelada nos termos da Lei 20. Tomando-se por exemplo o regulamento da *Mola Kuna Panamá*, o artigo 6º daquele documento atribui a titularidade ao povo *Kuna*, através de seus 04 congressos gerais[318]. Por outro lado, o parágrafo (único) do próprio artigo atribui a titularidade do direito coletivo *Mola Kuna Panamá* aos membros do povo *Kuna*, em especial às mulheres que sejam produtoras da *Mola*. Apesar da confusão expressamente praticada pelo regulamento, compreendemos que a titularidade caberá à coletividade criadora *Kuna*, sendo esta representada pelos seus respectivos congressos gerais. O mesmo regulamento expressa que as pessoas autorizadas por lei a utilizar o direito coletivo[319] (sic) [320] são os membros da coletividade do povo *Kuna*, e de maneira especial as mulheres Kunas produtoras das *Molas* na república do Panamá. Dessa forma, estabelece os direitos exclusivos, já amplamente determinados através do próprio registro e de todo o procedimento presente no ordenamento jurídico.

Por fim, um último ponto de relevo inerente à titularidade das ECTs é que os titulares do direito coletivo das *Molas* poderão negar a autorização por uso por parte de terceiros, determinação que, em nosso entender, está totalmente de acordo com o que deveria ser estabelecido nos ordenamentos nacionais que pretendem tratar sobre a tutela das ECTs pela via de direitos de natureza exclusiva. A negativa, porém, no entender do regulamento[321], deverá ocorrer para os casos de uso que sejam contrários à espiritualidade e à identificação cultural do povo *Kuna*. O disposto no

---

[318] Congresso Geral Kuna; Congresso Geral Kuna de Madungandi; Congresso Geral Kuna de Wargandi e Congresso Geral Kuna de Takarkunyala. O regulamento pode ser acessado em http://www.mici.gob.pa/imagenes/pdf/reglamento_uso_mola.pdf (último acesso em 16 de março de 2015).

[319] Artigo 9º.

[320] Em verdade, seriam autorizadas a utilizar a ECT *Kuna*.

[321] Artigo 11.

A TUTELA JURÍDICA DAS EXPRESSÕES CULTURAIS TRADICIONAIS

artigo que fala especificamente sobre o tema das Molas mereceria um tratamento mais generalizado.

Observamos no teor desse artigo um direito que busca preservar a cultura do povo indígena *Kuna*. Dessa forma, identifica-se esse direito com o que denominamos por direito à preservação cultural em sentido amplo[322].

Em verdade esse é o ponto de partida para que haja qualquer tipo de uso relacionado a uma ECT, tendo sido já contemplado nas Disposições-tipo em sua seção 3, que exige a autorização de uso do objeto da lei nacional, a não ser nas hipóteses de uso permitido sem a necessidade de autorização prévia.[323]

Em linhas gerais, ainda que esteja de fato implementando o seu funcionamento e iniciando o processo de tutela das ECTs, o ordenamento panamenho vem indicando bons resultados na tutela do referido objeto, podendo, vários de seus institutos, servir de modelo para a implementação de outras leis nacionais.

## 4.9. Tratamento da OMPI, Unesco e das convenções internacionais

No âmbito do tratamento internacional sobre o tema, a Unesco e a OMPI, ambas organizações internacionais vinculadas à ONU, são as duas instituições de caráter internacional responsáveis pelo tema das discussões no caminho de uma regulamentação das ECTs, sendo certo que não há o que se questionar sobre as largas vitórias alcançadas por essas instituições no sentido de promover uma proteção às ECTs, ou, no mínimo, na implementação de uma cultura internacional com este objetivo.

Desde os idos dos anos 80, as referidas organizações internacionais buscam indícios para a harmonização das legislações nacionais, sejam

---

[322] Tratado no capítulo 6.

[323] As Disposições-tipo recomendam um limite exageradamente amplo para a autorização. Ainda que se deva atentar ao disposto sobre o tema neste capítulo, bem como no capítulo 6, cabe dizer que, em linhas gerais, nos termos das daquele diploma legal, o uso de uma ECT será livre desde que não se dê concomitantemente com o intuito de lucro e fora do contexto tradicional.

## O ESTADO DA ARTE

relacionadas ao Direito de Autor e Propriedade Intelectual, ou àquelas que aplicam outras modalidades tais como a do PICN[324].

Em verdade, parece que o interesse da Unesco e da OMPI é promover a instituição e a harmonização de um sistema que conjugue aspectos de tutela do patrimônio cultural com institutos já clássicos de Direito de Autor. Exatamente por estarem ambas envolvidas com os temas relacionados pelas manifestações de cultura popular, OMPI e Unesco necessitam trabalhar conjuntamente, visto que, enquanto esta tem por objetivo a proteção, entre outros temas, da cultura em todos os seus níveis, aquela é a organização da ONU responsável pelo desenvolvimento da Propriedade Intelectual.

Dentre as conclusões tomadas pelos estudos promovidos pela OMPI[325], algumas têm merecido relevo, em especial as decorrentes de seu Comitê Intergovernamental sobre Propriedade Intelectual e Recursos Genéticos, Conhecimentos Tradicionais e Folclore (Doravante denominado Comitê). A importância dos mesmos decorre do fato de que as considerações efetuadas aos Estados-membros acaba sendo um verdadeiro estudo de direito comparado.

Uma das importantes questões a que se chegou fora a identificação, por parte do Comitê, de três distintos tipos de objetivos a serem alcan-

---

[324] A preocupação da UNESCO e da OMPI na preservação do patrimônio remonta já remonta há algumas dezenas de anos, especialmente no que respeita àquela primeira organização. De toda forma, parece-nos evidente que a discussão sobre a tutela dos bens imateriais tenha sucedido a dos bens materiais. Arriscaríamos a afirmar que os bens imateriais somente vem a ter aplicada uma maior importância por parte destas instituições após o evento – visto de modo genérico – de independência dos países africanos. Antes destas discussões porém, já se falava em proteção ao patrimônio cultural, e em conservação sua conservação. Veja-se **Hiroshi Daifuku** *In La importância de los bienes culturales*, in *La conservación de los bienes culturales (con especial referencia a las condiciones tropicales)*, UNESCO, 1969, p. 21: *La expresión "bienes culturales", ideada para satisfacer la necesidad de una designación que incluya la mayor parte de los objetos materiales asociados a lãs tradiciones culturales, está entrando gradualmente en el uso común.*
*Los bienes culturales se clasifican con frecuencia en dos categorias: (1) Los bienes muebles, ya sean las obras de arte, libros, manuscritos, u otros objetos de carácter artístico o arqueológico y, en particular, las colecciones científicas; (2) Los bienes inmuebles tales como monumentos arquitectónicos, artísticos o históricos, lugares arqueológicos y edifícios de interés histórico o artístico.*
[325] Phuket, em conjunto com a UNESCO, Fact Finding, Comitê e questionários, reuniões etc.

çados pelos países interessados na proteção dos conhecimentos tradicionais e folclore, divididos em duas categorias denominadas **proteção positiva** e **proteção preventiva**.[326]

Dentre essas categorias, a proteção positiva divide-se em duas espécies, enquanto a proteção preventiva é uma.

A proteção positiva funciona por meio de duas possibilidades, quais sejam:

(1) a proteção por propriedade intelectual tendo como objetivo o **desenvolvimento econômico, estando a serviço deste último**, ou;

(2) a proteção por propriedade intelectual **com vias a impedir o uso não autorizado por terceiros, estranhos ao objeto da tutela**.

Por sua vez, a proteção preventiva é aquela que se apresenta através de estratégias destinadas a **impedir que terceiros adquiram os direitos de exclusivo sobre os conhecimentos tradicionais e folclore**.[327]

O foco das proteções é nitidamente diferenciado[328].

Obviamente que se percebe que enquanto a proteção positiva demonstra uma maior agressividade no escopo da tutela, a proteção preventiva busca proteger um determinado sujeito, seja o Estado, sejam as coletividades criadoras, contra a espoliação das ECTs que fazem parte de sua cultura.

Por outro lado, a proteção positiva é aquela utilizada por países que consideram a propriedade intelectual a categoria jurídica mais adequada para a tutela de sua cultura tradicional, sendo certo que se aplicam os fundamentos constitutivos de direitos de exclusivo de acordo com cada um dos critérios nacionais.

---

[326] Documento WIPO/GRTKF/ IC/5/3 da OMPI, acessível em www.ompi.org . Acessado em 10 de março de 2015 que indica as chamadas análises consolidadas da proteção legal das ECTs. Na ocasião, o Comitê encontrava-se em sua 5ª sessão. Entre os dias 07 e 09 de Julho de 2014 o comité já se encontrava em sua 28ª (vigésima oitava edição).

[327] Esta parece ser a modalidade de proteção decorrente do Decreto 3551/2000 do Brasil.

[328] Cabe informar, preliminarmente, que nenhuma da organizações supra citadas apresenta tais medidas de modo preferencial, e as conclusões tão-somente fazem parte das discussões capitaneadas pela OMPI.

O ESTADO DA ARTE

Dessa forma, seja para promover o desenvolvimento econômico, seja para impedir que outros o persigam de modo desarrazoado, os países que se utilizam deste método baseiam-se nos princípios da propriedade intelectual como forma de tutela da cultura tradicional.

A proteção preventiva, por sua vez, utiliza-se de mecanismos relacionados à tutela pelo PICN, como forma de preservar sua cultura, evitando a injusta espoliação de seu patrimônio cultural.

Este, portanto, era o foco das discussões desde o início dos anos 2000 e até o advento das propostas de textos para alimentar um eventual futuro tratado.

Ou seja, as discussões sobre as ECTs na OMPI estão exatamente no momento de estebelecimento de propostas para um eventual tratado internacional sobre o tema, já com a proposição de projetos para o desenvolvimento de artigos[329].

O documento (WIPO/GRTKF/IC/25/7), ainda com longo caminho a percorrer, prevê os temas mais relevantes e cujo conteúdo a ser efetivado ainda exige rodadas de negociação. Não obstante tão fato, até o momento, a composição genérica (para um eventual tratado) traria os seguintes temas, em seus devidos artitulados:

Artigo 1º – O objeto de proteção. A simples definição do objeto de proteção comporta o uso da terminologia utilizada, bem como os eventuais beneficiários de um sistema protetivo. Assim como neste estudo tivemos que nos debruçar sobre a escolha de um terminologia, e a referida terminologia escolhida indicava uma análise includente ou excludente de amplitude do universo de proteção, também releva, para um tratado, a escolha correta e eficaz do objeto de proteção para tornar o tratado o mais efetivo possível.

Artigo 2º – Sujeito de direito (da proteção). O que delimitamos e indicamos como "sujeito" neste estudo, em alguma medida equivale aos beneficiários do direito que é objeto de discussão do eventual tratado. As medidas a serem tomadas em direção aos beneficiados é o objeto deste artigo.

Artigo 3º – Escopo de proteção. Trata-se, em linhas gerais, do conteúdo que pretende estabelecer a salvaguarda dos interesses de natureza econô-

---

[329] Ver, a este respeito, os documentos WIPO/GRTKF/IC/25/5, WIPO/GRTKF/IC/25/6 e, especialmente este último documento que é o que contém um esboço dos artigos em sua segunda revisão: WIPO/GRTKF/IC/25/7 e que serve de análise das próximas linhas.

mica e extra econômica do objeto de proteção em análise. A versão inglesa do texto atualmente em discussão faz uso da expressão "*economic and moral interests*" o que está alinhado com o que indicamos como uma necessária distinção entre elementos de valor econômico e de valor extra econômico, sendo estes últimos, para muitas sociedades simples, de muito maior importância do que o eventual recebimento de valores. A parte econômica, porém, não pode também ser excluída por ser um fundamento de enorme interesse, especialmente para algumas coletividades e Estados.

Artigo 4º – Administração dos direitos/interesses. Ponto de particular importância é o que estabelece a atribuição de autoridade competente para administrar os direitos. Entenda-se como administração de direitos, de modo genérico, não somente a administração de recursos de valor econômico, mas de acordo com os fundamentos protetivos de valores extra-econômicos, também a autorização prévia para uso das ECTs, visto que muitos dos usos podem gerar violações de aspectos essencialmente relevantes na formação e manutenção cultural da sociedades simples cujas ECTs são objeto de utilização extra-comunidade.

Artigo 5º – Exceções e limitações. Um dos temas de evidente maior dificuldade a ser implementado é o das limitações e exceções, considerando, de início que: as limitações e exceções devem levar em conta aspectos de possibilidade de acesso às ECTs de modo particularmente assemelhado ao das obras protegidas pelo Direito de Autor tradicional. Ora, se no terreno do Direito de Autor já apresenta tamanhas dificuldades, imagine no que se refere a uma categoria jurídica que, dependendo de como for implementado o documento, será, em verdade internacionalmente inaugurada como tal por meio deste tratado internacional.

Artigo 6º – Prazo de proteção. A questão a ser estabelecida neste artigo é de suma importância, pois se refere à temporalidade da proteção, ao prazo de proteção ser estabelecido. Neste particular, há duas opções indicadas. Enquanto a primeira diferencia os valores (e direitos) de natureza econômica estabelecendo uma genérica proteção quanto existirem as ECTs (exatamente como o que denomino neste estudo por "representatividade da coletividade criadora") e destaca a proteção de aspectos extra-econômicos estabelecendo a sua proteção por prazo indefinido, a segunda determina que, ao menos os valores econômicos devem ser limitados no tempo ("Pelo menos no que diz respeito aos aspectos econômicos das expressões culturais tradicionais, a sua protecção deve/deveria ser limitada no tempo.").

Artigo 7º – Formalidades. O tema relacionado às formalidades apresenta uma única proposta: [Como um princípio geral], a proteção das expressões culturais tradicionais deve/deveria não estar sujeito a nenhum formalidade." Não obstante o fato de que, em linhas gerais estejamos de pleno acordo com esta concepção, por outro lado ela pode trazer alguns problemas aos países que estabelecem o registro de natureza constitutiva de direito. Como modo de evitar tal conflito, a técnica utilizada no texto foi estabelecer o tema como um "princípio geral". De todo modo, a questão do livros, inventários e outras modalidades de bancos de dados é bastante sensível no que se refere às ECTs.

Artigo 8º – Sanções, remédios e e exercício dos direitos/interesses. É importante que os Estados aderentes estabeleçam possibilidades de proteção e garantias de direito por meio de sanções e circunstâncias legais que possibilitem o combate às violações dos direitos materialmente reconhecidos no ordenamento nacional. Sem a eficácia garantida parte do tratado deixa de ter validade efetiva por tornar-se inaplicável.

Artigo 9º – Medidas transitórias. O projeto também deve prever a necessidade de aplicação das medidas protetivas às ECTs que estejam vivas no momento de início da vigência do tratado. E, mais do que isso, além da proteção das ECTs cuja aplicabilidade seja posterior ao início da vigência do tratado também há de ser garantida a proteção adquirida anteriormente à existência do tratado, com o estabelecimento da garantia dos direitos adquiridos.

Artigo 10º – Coerência com o quadro jurídico geral. Um importante elemento na negociação e na discussão e apreciação de tratados internacionais é a sua aplicabilidade em conjunto com outros textos internacionais que estejam em vigor e tenham sido adotados pelos Estados-membros que pretendem firmar ou aderir ao tratado em negociação. Por isso, é comum a cláusula que indique a necessidade de que o documento negociado esteja em conformidade com outros instrumentos internacionais, neste caso, em especial, com aqueles relacionados à propriedade intelectual e os direitos culturais e o patrimônio cultural. Neste caso, há portanto, somente uma proposta de texto.

Artigo 11º – Tratamento nacional. Também o tratamento nacional é tema de evidencia em tratados internacionais e, portanto, é inquestionável que o entendimento do tratado (e dos Estados aderentes) esteja claro quando de sua construção, especialmente com a finalidade de garantir o mesmo tratamento aos nacionais e estrangeiros, de acordo com as disposições do tratado

A TUTELA JURÍDICA DAS EXPRESSÕES CULTURAIS TRADICIONAIS

(ou, quando for o caso de assim ficar previsto pelos tratados – e dizemos isto genericamente – , que sejam claramente estebelecidas as diferenças).

Artigo 12º – Cooperação entre fronteiras (ou transfronteiriça). Os Estamos aderentes ao tratado devem garantir que haja um tratamento protetivo no sentido de garantir uma colaboração transfronteiriça, como segurança de que os termos do tratado serão respeitados e de que seus objetos serão efetivamente alcançados.

Seria enfadonho seguir analisando todas as possibilidade de construção de um tratado internacional sobre o tema das ECTs, especialmente pelo fato do mesmo estar ainda em vias de ser escrito, negociado e eventualmente (ainda que seja o que se espera) aprovado e, sendo o texto ora objeto de análise somente um estudo. No mais, efetuar estudos sobre todas as fases de negociação de um eventual tratado não parece razoável nem produtivo.

No mais, este mesmo argumento serve como constatação sobre a improdutividade de analisar todos os estudos apresentados tanto pela Unesco quanto pela OMPI, além de não ser, o direito internacional sobre as ECTS, especificamente o objetivo de nosso estudo.

Ainda assim, e exatamente por isso, vimos por bem apresentar, além das constatações sobre os questionamentos do Comitê da OMPI supra mencionadas, os dois documentos relacionados àquelas organizações e que nos parecem ser os mais relevantes no que se refere ao tratamento internacional sobre o tema, a saber:

(1) *A recomendação da Unesco para a salvaguarda do folclore*, adotada pela 25ª Conferência Geral em Paris, no dia 15 de novembro de 1989 (Doravante Recomendação);[330]

(2) *As Disposições-tipo para as leis nacionais sobre proteção do folclore contra exploração ilícita e outras ações prejudiciais*, adotadas conjun-

---

[330] O conteúdo da Recomendação pode ser acessado no texto originalmente publicado referente à 25ª conferência da Unesco no endereço eletrônico em inglês (http://unesdoc.unesco.org/images/0008/000846/084696e.pdf#page=242) ou em espanhol (http://unesdoc.unesco.org/images/0008/000846/084696s.pdf#page=252) acessado em em 30 de Julho de 2003 e, para a revisão da atual versão deste estudo, em 16 de março de 2015.

O ESTADO DA ARTE

tamente pela OMPI e pela Unesco no ano de 1982 (Doravante Disposições-tipo)[331].

Trataremos de expor suas intenções e objetivos.

### 4.9.1. A recomendação da Unesco para a salvaguarda do folclore, adotada pela 25ª Conferência Geral em Paris, no dia 15 de novembro de 1989 (Recomendação)

O objetivo da recomendação é auxiliar os Estados-membros na construção de métodos de salvaguarda das ECTs que fazem parte de sua cultura.

Dessa forma, aquele documento não prevê institutos especificamente jurídicos, mas, por outro lado, tem por fito indicar métodos práticos de direcionamento para a salvaguarda das ECTs, nomeadas no documento pela terminologia folclore[332].

A recomendação procura definir e enquadrar o que seria o folclore tutelável, bem como propõe métodos de conservação e salvaguarda. Dentre as recomendações especificamente determinadas, encontram-se:

No que diz respeito à identificação do folclore: (1) a elaboração de um inventário nacional das instituições interessadas no folclore; (2) a criação de sistemas de identificação e registro e (3) o estímulo à criação de uma tipologia padronizada, através de classificações e registros etc.

Em relação à conservação do folclore, recomenda-se, em linhas gerais, a criação de arquivos e de centros e serviços de arquivos que possam possibilitar uma centralização do folclore existente no país.

Já no que concerne à proteção do folclore, aquele diploma legal indica o caminho já anteriormente traçado pelas Disposições-tipo, visto que recomenda a proteção do folclore por meio de uma proteção análoga à da propriedade intelectual, visto que, nas palavras do documento, "o fol-

---

[331] O conteúdo das *Disposições*-tipo pode ser acessado no texto originalmente publicado em 19 de novembro de 1979 no endereço do sítio eletrônico da Unesco em: http://unesdoc.unesco.org/images/0021/002199/219966so.pdf acessado em em 30 de Julho de 2003 e, para a revisão da atual versão deste estudo, em 16 de março de 2015.

[332] Atendendo o anteriormente determinado no capítulo 2 estaremos tratando de nomear o objeto de estudo por folclore, no que diz respeito a este diploma.

A TUTELA JURÍDICA DAS EXPRESSÕES CULTURAIS TRADICIONAIS

clore se traduz por manifestações da criatividade intelectual individual ou coletiva[333]".

Ainda especificamente no que diz respeito à tutela jurídica do folclore, a recomendação ainda deixa claro a intenção de que os Estados--membros estejam atentos à adequação da aplicabilidade da propriedade intelectual como categoria jurídica adequada a salvaguardar o folclore, e que tanto a Unesco quanto a OMPI estão, desde há muito, promovendo importantes trabalhos nesse sentido.

O diploma ainda dispõe de recomendações específicas para que haja uma cooperação internacional, inclusive pelo uso conjunto de recursos humanos e materiais, com o fito de preservar o folclore.

Por fim, e em linhas gerais, a recomendação objetiva indicar o melhor caminho aos Estados-membros na procura de uma adequada salvaguarda e proteção de seu folclore, sem, por outro lado, indicar soluções práticas ou especificamente determinadas para os problemas técnico-jurídicos, estes, por sua vez, buscados nas Disposições-tipo da Unesco e da OMPI, que passamos a analisar.

### 4.9.2. Disposições-tipo para as leis nacionais sobre proteção do folclore contra exploração ilícita e outras ações prejudiciais, adotada conjuntamente pela OMPI e pela Unesco no ano de 1982 (Disposições-tipo)[334]

Diferentemente do texto da recomendação, as Disposições-tipo preveem a análise especificamente voltada à tutela jurídica das ECTs, o que eleva o seu interesse ao nosso estudo.

---

[333] Recomendação, Letra F, parte inicial.

[334] Vere análises sobre as disposições tipo em WIPO – *Draft Report on Fact-Finding Missions on Intellectual Property and TraditionalKknowledge (1998-1999) – Draft for Comment* – 03 de julho de 2000; ICIP-Lawnet, *Information Sheet 5 about Unesco/WIPO Models of Folklore Protection*, recolhido no endereço eletrônico http://www.icip.lawnet.com.au/info5.htm, em 28 novembro de 2001, às 04:50h; Bráulio do Nascimento, *Comentários (cópia) sobre as Disposições-tipo*, Funarte, coletado no Museu Nacional de Folclore, Rio de Janeiro, sem data; Valsala G. Kutty, *A Study on the Protection of Expressions of Folklore*, WIPO, Genèvè: 1999, disponível em http://www.wipo.org/globalissues/studies/cultural/expressions/study/kutty.pdf.

O ESTADO DA ARTE

As Disposições-tipo também não se utilizam do termo expressões culturais tradicionais[335], preferindo a nomeação do objeto de estudo por folclore. Por sua vez, já se torna flagrante desde então a preocupação com a amplitude que deve ser aplicada ao objeto de tutela jurídica. Destarte, e observando-se que a tutela de *obras* não é suficiente, prefere-se a nomeação do objeto por *expressões* ou *produções* de folclore. Esse fato, por si só, afasta a incidência de uma eventual preferência do uso do Direito de Autor por meio de seus conceitos clássicos para a tutela do objeto previsto naquele diploma[336]. Em outras palavras, não resta dúvida sobre a preferência das Disposições-tipo em indicar a tutela por um Direito de categoria *sui generis*[337], amparado por princípios inerentes a várias outras categorias jurídicas, ainda que tendo como paradigma fundamental o Direito de Autor.

Outro ponto de relevo é a indicação de que somente a denominada *herança artística*[338] poderá ser objeto de proteção. Isso significa que determinadas concepções, separadas de formas culturais tradicionais possíveis não poderiam ser tuteladas. Esse aspecto é de suma importância e de extrema complexidade. Sua importância se revela quando delimita a exata intenção de preservação da cultura sem o excesso que poderia levar a abusos na exclusão de informações as quais deveriam ser de livre acesso a toda a sociedade. Assim, o Direito *sui generis* proposto pelas Disposições-tipo busca o equilíbrio[339] entre a tutela das ECTs e o livre acesso às informações. Por outro lado, a complexidade que se coloca surge no sentido de que muitas vezes há de se perceber uma maior dificuldade em delimitar o que vem a ser uma herança artística no sentido exato proposto pelas Disposições e o que poderiam ser aspectos relacionados à mesma, mas vistos a partir de outro ponto de vista . Ora, as crenças tradicionais ou a cosmogonia tradicional não se revestem, sempre, de aspectos

---

[335] Visto que este é muito mais atual, tendo sido utilizado somente a partir do 3º Comitê da OMPI.

[336] Já fora analisado este aspecto, em tese, no capítulo 2.

[337] Terminologia amplamente utilizada para descrever o Direito inerente às ECTs, nitidamente inadequada a indicar com exatidão as características da categoria

[338] Seção 2 – *Traditional Artistic Heritage*. Sobre este aspecto, ver-se ICIP-Lawnet, *Information Sheet 5 about Unesco/WIPO Models of Folklore Protection* [...], na seção "Protection of Folklore".

[339] Ou, ao menos, parece indicar esta situação.

artísticos. O acesso a concepções desta categoria de expressões não pode ser excluído da sociedade. Desta forma, a relação de equilíbrio deve ser vista com cautela.

Ainda sobre o objeto, há uma enumeração ilustrativa das mais típicas expressões do folclore, sendo certo que serão tutelas as expressões que se apresentem por palavras[340], pela de músicas[341], por meio de ações humanas[342], tenham as expressões relativas a cada uma das três categorias sido ou não reduzidas à forma material[343], bem como pelas expressões tangíveis[344].

Por sua vez, a própria definição do que vem a ser o folclore não é uma preocupação das Disposições-tipo.

No que se refere aos direitos conferidos aos titulares, as Disposições-tipo estabelecem a categoria de direitos de exclusivo, pelos quais todo o uso de *expressões tradicionais* deverá requerer prévia autorização. Os usos que conferem a necessidade de prévia autorização são: publicação, reprodução e qualquer distribuição de cópias[345], bem como recitação pública, ações performáticas (*performances*), transmissão por cabo ou por outros meios que não utilizem cabo, e qualquer outra forma de comunicação ao público[346]. Todas as modalidades, portanto, encontram-se presentes no universo do Direito de Autor. A diferenciação entre os dois grupos está no fato de oprimeiro referir-se às utilizações que respeitam ao uso de cópias, enquanto o segundo grupo inclui, em gênero, qualquer comunicação ao público. Por sua vez, o direito à disponibilidade[347] ao público, categoria que vem se tornando a mais compatível e delineada no âmbito da *Internet*, não poderia, pela sua atualidade, estar contemplada naquele texto, visto que as Disposições datam de 1982, portanto, alguns anos antes do advento comercial da grande rede de computadores. De

---

[340] Seção 2 – (i) *Verbal expressions.*

[341] Seção 2 – (ii) *Musical expressions.*

[342] Seção 2 – (iii) *Expressions by actions.*

[343] O que induz já a ausência da fixação como um requisito para a proteção.

[344] Seção 2 – (iv) *Tangible expressions.*

[345] Seção 3, (i).

[346] Seção 3, (ii).

[347] Também denominado direito de posta à disposição, direito de colocação `a disposição ou direito de disposição pública.

O ESTADO DA ARTE

toda forma, além dessa categoria jurídica específica, quer nos parecer que a instituição de leis nacionais deve levar em conta o advento da *sociedade tecno-comunicacional* e a convergência inerente a esta nova situação social.[348-349]

Além do direito supra citado e especificado na seção 3 do diploma legal, cumpre ressaltar a obrigação da indicação da origem das ECTs.

As Disposições-tipo determinam que a origem das *expressões tradicionais* deverá ser indicada de maneira apropriada, seja por meio da indicação da comunidade de origem, seja pela menção do local geográfico de onde tenha se originado. A menção da origem, nestes termos, é obrigatória em todas as publicações impressas[350] e em todas as modalidades de comunicação ao público.[351]

No que se refere aos sujeitos de direito, as Disposições-tipo possibilitam que a titularidade sobre os direitos inerentes às ECTs possa recair sobre o Estado, pelo que denomina *autoridade competente,* bem como sobre a coletividade criadora, aqui denominada *comunidade relacionada*[352]. Nesse aspecto, por não se configurar como lei nacional, tratando-se portanto, de recomendações, não pode ter um aspecto definidor. No caso de oEstado instituir o diploma legal, somente este poderá ter conhecimento sobre

---

[348] Denominação que preferimos à nomeada (nova) sociedade da informação, apesar desta última terminologia estar praticamente assentada no uso comum. Sobre nossas constatações acerca do tema, veja-se *Internet, privacidade e dados pessoais*, Lumen Juris, Rio de Janeiro, 2003.

[349] Salientamos o fato de que as novas tecnologias e seu acelerado desenvolvimento parecem indicar uma ainda maior necessidade em se tutelar as ECTs, seja pelo sentido de sua própria preservação, seja pelo seu valor econômico que lhes é ínsito.

[350] *printed publications.*

[351] Em outros momentos deste estudo tratamos do tema das indicações da origem das ECTs. No capítulo 5, apresentamos análises precisas sobre a possibilidade de se aplicar a categoria de direitos relacionada aos sinais distintivos. No capítulo 4, tratamos de demonstrar o funcionamento dessa modalidade de proteção nos ordenamentos nacionais do Panamá, da Austrália e dos EUA, consoante cada método adotado. Por último, no capítulo 6, discorremos sobre o que denominamos direito à correta indicação da origem, ao tratarmos sobre a tutela jurídica adequada à proteção das ECTs. A origem das ECTs é ponto de relevo e especial interesse no que diz respeito aos diplomas legais que tratam sobre o tema.

[352] Em verdade, o termo utilizado é *community concerned*, o que poderia ser traduzido como a comunidade com qual as expressões tradicionais estejam relacionadas.

A TUTELA JURÍDICA DAS EXPRESSÕES CULTURAIS TRADICIONAIS

a necessidade de destacar a coletividade criadora e de instituir a melhor tutela a ser aplicada de modo específico, seja uma mais voltada à proteção do PICN ou outra mais relacionada ao Direito de Autor.

Visto o tratamento dos direitos conferidos e seus titulares, cabe conhecer as possibilidades de violações, as quais são definidas por duas categorias, denominadas *explorações ilícitas*[353] e *outros atos prejudiciais*[354].

Observe no que consistem as denominadas *explorações ilícitas*.

Qualquer utilização de uma expressão do folclore que concomitantemente possua *intuito de lucro*[355] e que ocorra (ou seja utilizada) *fora do contexto tradicional ou costumeiro*, sem autorização do titular de Direito (**autoridade competente** ou **comunidade relacionada**), classifica-se como exploração ilícita. Atente ao fato da necessidade de constatação da presença de ambos os aspectos de modo concomitante. Desta forma, uma utilização, ainda que de modo a apresentar o intuito de lucro mas que ocorra no contexto tradicional ou costumeiro, não deverá ser submetida à autorização. Por outro lado, uma utilização, mesmo que por membros da coletividade criadora, deverá ser autorizada se ocorrer na forma acima disposta, com os aspectos conjuntamente apresentados.

Além dessas considerações, o teor da seção 3 impõe-se como um dos mais relevantes para o tratamento do tema.

Recordando o que já fora supra mencionado, as Disposições-tipo determinam que se deva fazer necessária a autorização para a utilização das expressões juridicamente tuteladas. Esta autorização, porém, não irá se dar senão quando o uso da expressão cultural ocorrer com intuito de lucro e fora do contexto tradicional ou costumeiro relacionado a este objeto. Assim, qualquer utilização que ocorra com intuito de lucro estará previamente autorizada desde que esteja no contexto tradicional. Por sua vez, qualquer uso no contexto tradicional é livre. A concorrência dos fatores importa em violação caso ocorra de modo desautorizado.[356]

Por outro lado, tal qual formas diversas de direitos de exclusivo, também nas Disposições-tipo recomendatórias de um Direito *sui generis* para

---

[353] *Illicit exploitation.*
[354] *Other prejudicial actions.*
[355] *gainful intent.*
[356] Sobre este tema, ver o capítulo 6, nas teses que defendemos sobre o tema.

O ESTADO DA ARTE

a tutela das ECTs são especificados os limites de aplicação do Direito[357]. Tal fato decorre, obviamente, em razão da necessidade de se buscar o equilíbrio entre as relações protetivas e o livre acesso ao conhecimento, por parte de toda a sociedade.

Nesse sentido, não será necessária a autorização quando o uso das ECTs puder ser enquadrado entre as opções a seguir elencadas, ainda que com o intuito de lucro e com o uso para além de seu contexto tradicional.

Sendo assim,nos exatos termos do texto, as utilizações submetidas à autorização não o serão nos casos em que ocorram:

(1) Com fins educacionais[358];
(2) A título de ilustração[359];
(3) Como "empréstimo" por um autor de uma obra original;
(4) Pela utilização incidental.

No que se refere individualmente a cada um dos limites, há de se considerar que:

(1) O uso das ECTs com fins educacionais está em conformidade com o princípio aplicável em todo e qualquer Direito que mantenha relação com a preservação da cultura, com a proteção das artes, incluindo-se aí, obviamente, a tutela do PICN, o Direito de Autor e o Direito *sui generis* proposto no presente texto. É o princípio da busca do equilíbrio entre a proteção das manifestações artístico-culturais contra o mau uso por terceiros e o acesso à livre informação. O conhecimento não pode estar restrito, e o acesso ao mesmo deve ser amplamente possibilitado, sob as mais diferentes formas.

---

[357] A denominação utilizada nas disposições-tipo é exceção(ões). No âmbito do Direito de Autor, a discussão sobre o uso dos termos exceções, limitações ou limites parece não ter fim, sendo certo que preferimos o uso da expressão *limites* para indicar a sua possibilidade de incidência na constatação de direitos de exclusivo, quando nos referimos àquele direito. Obviamente, os limites relacionam-se com o fato de que o Direito de Autor não pode ter como medida a sua aplicação absoluta, tratando, p.ex., das modalidades de uso livres de autorização prévia, como aquela usualmente disposta nas leis nacionais de Direito de Autor.

[358] *For educational purposes.*
[359] *By way of illustration.*

Possibilitar o acesso às ECTs é, também, garantia para sua preservação, além de ser um limite aplicável, o que está de pleno acordo com o intuito do direito que pretende tutelar as ECTs.

(2) O uso de ECTs com o título de ilustração não é amplo, senão residual, promovendo também uma certa divulgação que pode, inclusive, auxiliar na preservação da mesma, tal qual no limite supra citado. Não resta dúvida de que a fonte da ECT deve ser citada e a menção à sua origem e do povo que representa também (bem como a origem geográfica, nos termos das Disposições-tipo). A mera ilustração pode ser entendida, em linhas gerais, no mesmo sentido da citação compreendida no Direito de Autor.

(3) O uso de ECTs na categoria de "empréstimo" por um outro autor de uma obra original é um ponto de relevo que não nos parece ser razoavelmente justo a ser implementado como um limite ao direito de exclusivo proposto pelo teor das Disposições.

Observamos com resguardo a constatação de que para toda e qualquer obra que tivesse por base uma ECT poderia ser alegado um uso sem a necessidade de autorização. Dessa forma, boa parte das lesões estaria afastada, ao menos no sentido econômico que as compõe. Imagine-se que para cada novo arranjo musical original composto por um compositor alheio a uma coletividade criadora que se baseie em temas dessa coletividade haveria de ser instituída uma plena liberdade de uso econômico. Pode-se, inclusive, inserir esta concepção na metáfora existente entre esta mesma liberdade e a relação histórica, não muito distante, entre metrópole e colônia Esse ponto, em verdade, pode sacrificar todo o escopo protetivo das ECTs, tudo levando a indicar que seu estabelecimento seria conseqüência de pressão política dos países que se utilizam de ECTs dos países denominados exportadores de folclore[360]. Esta hipótese propõe que, em última análise, qualquer obra derivada que se utilize de ECTs será protegida pelo Direito de Autor, enquanto a sua fonte, que deveria ser protegida de modo primígeno, não o é. Por outro lado, a

---

[360] Fato que causa estranheza pelo seu uso na lei nacional da Nigéria. Ver sobre este ponto no capítulo 6.

O ESTADO DA ARTE

hipótese que se poderia colocar seria a utilização sem a necessidade de autorização, mas com o pagamento de valores pelo uso comercial, e, por outro lado, presente a garantia da indicação da origem da ECTs. [361]

Porém, além da problemática já exposta, as Disposições-tipo determinam que a obrigação da indicação da origem não irá ser aplicada a este caso[362]. Dessa forma, desobrigando o autor de obra original baseada em *expressões tradicionais* de sequer citar a origem do que fora coletado, dilui-se completamente a própria origem das expressões, o que se coloca totalmente em desacordo com a preservação da cultura..

(4) A utilização incidental de ECTs indica também terreno difícil. É conceito demasiado amplo e, além disso, as Disposições-tipo não possuem elenco sob a forma de *numerus clausus*. Por outro lado, indicam de modo exemplificativo os casos mais típicos de utilização incidental que contemplariam o uso sem a necessidade de uma prévia autorização:

– a utilização de qualquer expressão do folclore que possa ser vista ou ouvida no curso de um evento que tenha propósitos informacionais, seja por meios fotográficos, radiodifusão, gravação musical ou visual, contanto que a extensão da utilização justifique-se pelos propósitos informacionais.
– a utilização de objetos que contenham expressões do folclore e que estejam permanentemente dispostos, se a utilização consistir na inclusão da sua imagem em fotografia, filme ou radiodifusão pela televisão.

A idéia da incidentalidade pretende fornecer um sentido que excluiria o uso das **expressões do folclore** como um objetivo principal. Ainda assim não parece atingir este objetivo no caso das **expressões** localizadas em local público. Exemplificadamente, o uso comercial que se faça de imagens de escultura de origem precisamente identificável em uma sociedade simples e que esteja localizada em praça pública não parece ser um uso incidental.

---

[361] Ver sobre este tema no capítulo 6.
[362] Seção 5, 2.

Preferimos interpretar o texto considerando sempre uma análise que contemple o uso *rigorosamente* incidental[363], sem a possibilidade de usos com fins econômicos diretos, o que não fora previsto no texto.

Além das explorações ilícitas e dos limites que lhes são determinados, as Disposições-tipo prevêem os denominados *outros atos prejudiciais*.

Neste rol de ilicitude, incluem-se:

(1) a não indicação da origem.[364]

O ato de não indicar a origem da expressão do folclore, seja especificamente da comunidade de que esta advém, seja da localidade geográfica[365]. Assemelha-se com o direito à correta indicação da origem demonstrado em nossa construção doutrinária (capítulo 6), bem como apresenta algumas semelhanças, em seus fundamentos, com os conceitos inerentes aos sinais distintivos.

(2) o uso desautorizado de uma *expressão do folclore*, quando a autorização não for requerida ou além dos limites determinados;

Sendo o Direito estabelecido uma forma de direito de exclusivo, a autorização para seu uso será exigida, e se não efetuada, constitui-se em violação. Obviamente que a questão dos limites deve ser considerada se o uso que afasta a necessidade de autorização for excessivo, está fundamentada a violação.

(3) atuação ludibriosa, iludindo o público (ou o consumidor) pela impressão criada de que esteja tendo acesso a um *expressão do folclore*.

A atuação que indica, falsamente, a presença de uma *expressão do folclore* assemelha-se ao ato de *fazer-se passar por*, tutela típica de alguns países da *commn law* pelo Direito que denomina-se *passing off*.[366]

---

[363] A lei nacional da Nigéria faz uso também deste instituto, quando dispõe, em seu Par. 28, 2: "[...] O direito conferido na subseção (1) desta seção não incluirá o direito de controle [...] e) o uso incidental das expressões do folclore.[...]"

[364] Tal qual determinado na seção 3, documento como um direito conferido aos titulares.

[365] Para o caso das impossibilidades de identificação.

[366] Sobre o *passing off*, ver o capítulo 5.

O ESTADO DA ARTE

(4) uso público deturpado de *expressão do folclore* de modo prejudicial aos interesses culturais da comunidade a que esteja relacionada. Esta tutela assemelha-se à construção doutrinária que prevê uma defesa à integridade das ECTs[367].

A recomendação das Disposições-tipo para estabelecer o controle sobre cada uma das hipóteses acima elencadas, as quais denominam-se *outros atos prejudiciais*, é o enquadramento das mesmas na categoria de ilícitos penais, pela gravidade praticada.

Não nos interessa, porém, a análise do âmbito do direito penal, sendo certo que a tipificação criminosa somente pode ser efetivamente aplicada de acordo com o ordenamento de cada país, pois somente cada Estado possui a capacidade de avaliar, propriamente, a possibilidade de tutelar as ECTs através deste Direito.

Esgotadas as análises sobre as Disposições-tipo, justifica-se a escolha de seus institutos como base de estudo comparado da categoria de diplomas que buscam a harmonização do tema, tal qual Lei-modelo para leis nacionais do Encontro do Pacífico Sul (2002), o Acordo de Bangui da Organização Africana da Propriedade Intelectual (OAPI) (1999) e a Lei-modelo de Túnis para Direito de Autor (1976).[368]

A análise de cada um dos diplomas não se justifica, já que tomando-se por base uma lei que sirva de modelo podem ser analisados todos os conceitos inerentes ao tema. Além disso, tornaria o estudo excessivamente descritivo pela repetição de conceitos. Preferimos, portanto, utilizar as Disposições-tipo por constituir a representação das duas organizações de maior peso no tratamento do tema. Os demais diplomas, por sua vez, permeiam o estudo pelos exemplos entre os conceitos empregados.

Por fim, conclui-se que as Disposições-tipo demonstram o interesse das organizações internacionais na busca de uma harmonização sobre o tema, bem como uma tentativa por parte dos Estados que vêm implementando seus institutos, em preservar as ECTs de modo a atingir seus

---

[367] Capítulo 6 – "Direito à integridade cultural".

[368] Para um estudo comparativo entre esses ordenamentos jurídicos somados a outros (Lei 20 e Disposições-tipo), ver o documento da OMPI preparado para a mais recente reunião do Comitê Permanente, realizada em julho (07 a 15) de 2003.

próprios interesses nacionais, e, por outro lado, de toda a comunidade internacional.

## 4.10. O Tratado TRIPS/ADPIC e a Organização Mundial do Comércio

Simplesmente pela sua importância internacional, muito justificaria a análise do tratado TRIPS/ ADPIC[369] no presente estudo.

Ocorre, porém, que entre os temas inerentes ao referido tratado não se encontra a proteção das ECTs, enquanto, por outro lado, o interesse no que se refere à biotecnologia está nitidamente presente.

Deve ser salientado, neste momento, o já tratado aspecto de que as ECTs e que algumas categorias de conhecimentos inerentes a outras ciências fundamentam-se na tradição. Dessa forma, a origem justificaria um tratamento relativamente semelhante. No entanto, os direitos aplicáveis pertencem nitidamente a categorias jurídicas distintas, visto que a sua própria natureza assim o exige[370], ocorrendo um certo distanciamento no tratamento de cada um dos temas.

Por outro lado, quer nos parecer que este não é o único ponto de relevo para distanciar o tratamento das ECTs dos demais conhecimentos de origem tradicional, visto que os valores econômicos colocam-se na linha de frente dos interesses daqueles que podem ser beneficiados de sua utilização e proteção por meio de direitos de exclusivo.

Justifica-se plenamente a preferência pela análise da biotecnologia e exclusão do tema das ECTs por diferenças no trato econômico, pois não há dúvida de que as questões relacionadas à biotecnologia são de interesse mais acentuado da generalidade dos Estados, mas principalmente daqueles economicamente mais desenvolvidos e da comunidade internacional, em decorrência de seu alto valor econômico e possibilidade de geração de divisas. Por outro lado, o interesse na proteção das ECTs respeita as coletividades criadoras e os Estados que são pelas mesmas representados. Pode-se afirmar que o tema dos conhecimentos tradicio-

---

[369] *Trade-Related Aspects of Intellectual Property Rights.*

[370] Nesse sentido, enquanto o direito patentário está voltado à proteção de resultados inventivos da criatividade humana, as ECTs mantêm relações com o domínio das artes e das cultura, merecendo consideração outras categorias jurídicas, tal qual, e principalmente, o Direito de Autor.

O ESTADO DA ARTE

nais engloba os aspectos do domínio das artes e da cultura[371] e outros aspectos das ciência fora deste contexto, tal como aqueles das ciências da saúde ou medicinais.

Ocorre que a possibilidade de geração de recursos econômicos mais avantajados em decorrência da aplicação de direitos de exclusivo para o conhecimento da área das ciências da saúde suplanta qualquer interesse que pudesse haver pelo tema das ECTs.

Dessa forma e cientes que o TRIPS não apresenta qualquer concepção relacionada diretamente às ECTs, justifica-se o interesse da OMC pelos conhecimentos tradicionais de modo amplo. Por outro lado, os temas relacionados ao Direito de Autor do TRIPS são: a sua relação e a aplicação dos direitos relacionados com a Convenção de Berna (Artigo 9º), excluídos os direitos pessoais de autor tratados no Artigo 6º bis daquela Convenção; os programas de computador e compilações de dados (Artigo 10); os direitos de aluguel (Artigo 11); duração da proteção (Artigo 12); limitações e exceções (Artigo 13); proteção de artistas-intérpretes, produtores de fonogramas (gravações sonoras) e organizações de radiodifusão (Artigo 14). Compreendido que os temas relacionados às ECTs não fazem parte do interesse direto do documento, há de se atentar ao fato de que o art. 27, 3, b, determina que "os Membros concederão proteção a variedades vegetais, seja por meio de patentes, seja por meio de um sistema *sui generis* eficaz, seja por uma combinação de ambos[372]".

---

[371] Constituindo-se o nosso tema.

[372] TRIPS, *Artigo 27: Matéria Patenteável.*
"1. Sem prejuízo do disposto nos parágrafos 2 e 3 abaixo, qualquer invenção, de produto ou de processo, em todos os setores tecnológicos, será patenteável, desde que seja nova, envolva um passo inventivo e seja passível de aplicação industrial. Sem prejuízo do disposto no parágrafo 4 do Artigo 65, no parágrafo 8 do Artigo 70 e no parágrafo 3 deste Artigo, as patentes serão disponíveis e os direitos patentários serão usufruíveis sem discriminação quanto ao local de invenção, quanto a seu setor tecnológico e quanto ao fato de os bens serem importados ou produzidos localmente.
2. Os Membros podem considerar como não patenteáveis invenções cuja exploração em seu território seja necessário evitar para proteger a ordem pública ou a moralidade, inclusive para proteger a vida ou a saúde humana, animal ou vegetal ou para evitar sérios prejuízos ao meio ambiente, desde que esta determinação não seja feita apenas por que a exploração é proibida por sua legislação.
3. Os Membros também podem considerar como não patenteáveis:

A TUTELA JURÍDICA DAS EXPRESSÕES CULTURAIS TRADICIONAIS

Inequívoca a exclusão das ECTs do documento original, sendo razoável crer, porém, que poderia haver uma inclusão do tema que nos interessa nas próximas rodadas de negociação, visto que o tema vem se tornando atraente a alguns países.

Por outro lado e em sentido oposto, a OMC vem se interessando pelo tema específico da proteção jurídica das ECTs, sendo certo que este interesse se manifesta pelos pedidos de alguns membros desta organização, tais como o Comitê de Comércio e Desenvolvimento (CDD) e de outros membros do próprio TRIPS/ADPIC[373].

Esse interesse manifestou-se publicamente na Terceira Conferência Ministerial de Membros da OMC, ocorrida na cidade de Seattle[374], quando fora discutida a possibilidade de se implementar uma nova rodada de negociações que pudesse amparar o tema dos conhecimentos tradicionais, incluindo-se as ECTs.

A Quarta Conferência Ministerial de Membros da OMC que fora celebrada em Doha no ano de 2001 oficialmente iniciou uma nova rodada de negociações, e, em seu ponto 19[375], houve a encomenda ao conselho do TRIPS para que fosse examinada, futuramente, além de uma série de outros pontos, a relação entre o TRIPS e o Convênio sobre a Diversidade Biológica (CDB). Ainda mais recentemente, na reunião ocorrida entre 05 e 07 de março de 2002, o Conselho do TRIPS pediu à secretaria que preparasse um documento que pudesse informar sobre as questões rela-

a) métodos diagnósticos, terapêuticos e cirúrgicos para o tratamento de seres humanos ou de animais;
b) plantas e animais, exceto microorganismos e processos essencialmente biológicos para a produção de plantas ou animais, excetuando-se os processos não-biológicos e microbiológicos. Não obstante, **os Membros concederão proteção a variedades vegetais, seja por meio de patentes, seja por meio de um sistema sui generis eficaz, seja por uma combinação de ambos**. O disposto neste subparágrafo será revisto quatro anos após a entrada em vigor do Acordo Constitutivo da OMC."
[373] WIPO/GRTKF/IC/3/10, disponível no sítio da OMPI em www.ompi.org.
[374] Ocorrida na cidade de Seattle, EUA, entre 30 de novembro e 03 de dezembro de 1999.
[375] Notas informativas da OMC nº 19 março de 2002.

O ESTADO DA ARTE

cionadas aos conhecimentos tradicionais de um modo geral, incluindo-se as ECTs[376-377].

[376] Informações adicionais e atualizadas sobre o TRIPS, a OMC e as questões sobre ECTs e diversidade biológica disponíveis nos documentos encontrados nos sítios a seguir elencados: Fact sheet OMC : Accord sur la propriété intellectuelle (TRIPS) – www.swiss coalition.ch/francais/files/T_HoAe.pdf; OMC – Propriété intellectuelle – Réexamens, article 27:3b) – www.wto.org/french/tratop_f/TRIPs_f/art27_3b_f.htm; OMC environnement – bulletin TE 035 – www.wto.org/french/tratop_f/envir_f/te035_f.htm; Informazione giuridiche – Organizzazioni: OMC/ADPIC – www.ige.ch/I/jurinfo/jl101.htm; Informations juridiques – Organisations: OMC/ADPIC – www.ige.ch/F/jurinfo/jl101. htm; ICTSD.Org – www.ictsd.org/pass_synthese/02-07/inbrief.htm; Cyberhumanisme OMC : l'organisation commerciale du monde- www.francenet.fr/cyberhumanisme/mc/ msg00060.html; Jornal eletrônico *La Gauche*, Notícia OMC : bilan de la conférence de Doha -www.lagauche.com/lagauche/article.php3?id_article=98. Alémdestes, ver Paulo de Bessa Antunes, *Diversidade biológica e conhecimento tradicional associado*, Rio de Janeiro: Editora Lumen Juris:, 2002; David Robbins, *In Aboriginal Custom, Copyright & the Canadian Constitution*, acessado em 18 de novembro de 2001, no endereço eletrônico http://www.ubcic.bc.ca/docs/Robbins.pdf; Carlos Correa, *Los conocimientos tradicionales y la propriedad intelectual*; Erica-Irene A. Daes, *Human Rights of Indigenous Peoples, Report of the Technical Meeting on the Protection of the Heritage of Indigenous People*, Geneve: United Nations, 6 a 7 de março de 1997; OMPI, documentos: WIPO/GRTKF/IC/3/10, WIPO/GRTKF/IC/5/14, WIPO/GRTKF/IC/5/INF/2, WIPO/GRTKF/IC/5/3. Sobre o posicionamento norte- americano acerca da OMC, de modo global, vere no sítio http://livrecomercio. embaixada-americana.org.br/?action=artigo&idartigo=144 o Capítulo 1 do Relatório Anual de 2001 e da Agenda Comercial de 2002, escritos pelo representante do comércio dos EUA, Robert Zoellick. O texto integral do relatório pode ser acessado em http://www.ustr.gov/reports/2002.html.

[377] Ao término do desenvolvimento deste estudo ocorria mais uma reunião da OMC, desta vez na cidade de Cancún, no México, em meados de setembro de 2003, na qual diversos temas de destaque foram analisados com o fim de harmonizar as regras relacionadas ao comércio internacional. Como é usual nas reuniões diplomáticas internacionais, há posicionamentos radicalmente favoráveis e contrários a uma série de temas. No referido encontro os principais assuntos em discussão foram aqueles relacionados à agricultura. De todo modo, os temas de propriedade intelectual de um modo amplo permearam alguns pontos, gerando comentários de representantes diplomáticos e de ONGs. Enquanto fora dito que a agenda conhecida na OMC é econômica, só interessando aos países envolvidos nas questões comerciais, excluindo-se os temas relacionados a direitos humanos (Greenpeace pelo seu representante Marcelo Furtado), também fora defendida a tese de que há interesse no estabelecimento de um agenda real relacionada e que priorize direitos humanos (Mary Robinson, presidente da ONG Oxfam), tendo como exemplo dessa situação a permissão do uso de remédios genéricos para combater epidemias em países

A TUTELA JURÍDICA DAS EXPRESSÕES CULTURAIS TRADICIONAIS

Em linhas gerais, pode-se constatar um interesse crescente no tratamento do tema dos conhecimentos tradicionais, em especial no que diz respeito à biodiversidade.

O tratamento da biodiversidade e das ECTs deveria ser visto separadamente no âmbito de cada Estado, como parece convir pela diferenciação entre os objetos de proteção. Por outro lado, a constatação de concepção holística dos temas dificulta uma divisão em relação à aplicabilidade de normas, principalmente no âmbito internacional. Assim, o tratamento conjunto pode indicar o interesse dos países economicamente mais desenvolvidos em utilizar as ECTs como moeda de troca. Desta forma, enquanto se possibilitaria uma tutela e a instituição de um tratado internacional protetivo das ECTs, a biodiversidade poderia ser utilizada de modo mais amplo no comércio internacional. No que pese o andamento ainda incipiente de negociações sobre o tema, uma inadequada e ardilosa saída política neste sentido seria calamitosa para os países que apresentam as ECTs como forte conteúdo cultural em sua formação, bem como seria excluidora do poder de voto e discussão das coletividades criadoras.

O temor de uma inclusão dos temas relacionados à tutela das ECTs é razoável, e se coloca também em decorrência dos distintos interesses entre duas categorias de países: os países que têm nas ECTs uma rica representação de sua cultura e os países que se utilizam desta rica cultura como forma de produzir bens de consumo[378]. Essa antagônica relação apresenta interesses absolutamente distintos[379]. Este temor não é inédito, ocorrendo não somente no que se refere às ECTs mas em rela-

---

em desenvolvimento. Este seria, inclusive, não somente um exemplo do desenvolvimento humanitário das questões relativas à propriedade intelectual, bem como uma prova da intenção de se enquadrar o TRIPS à OMC, com vias a desenvolver melhores mecanismos de equilíbrio entre os diferentes grupos de países e suas distintas economias. Notícias sobre a reunião de Cancún coletadas no sítio http://br.invertia.com/canales/noticia.asp?idcanal=453&idNoticia=200309131337_AEB_27335415&idtel= no dia 14 de setembro de 2003.

[378] Atribui-se, outrossim, a terminologia países *exportadores de folclore* àqueles do primeiro grupo citado.

[379] Imagine, no que se refere aos limites a serem estabelecidos no Direito das ECTs. Enquanto o interesse do primeiro grupo é possibilitar um rol menos amplo, buscando um maior escopo protetivo, o objetivo do segundo grupo é diminuir o máximo possível a incidência de limites. Sobre este tema é relevante, em e special, as colocações sobre os

ção a todo o escopo de proteção do Direito de Autor, tendo sido dito, inclusive, que:

> "[...] faz parte do regime do TRIP's/ADPIC, a proteção do Direito de Autor representa(nte) (d) os valores do capitalismo, liberdade individual, propriedade, empresas privadas, acúmulo de capitais, consumo acelerado etc. Deste modo, ao impor estes argumentos a todos os Estados-membros, o mecanismo do comércio global impinge na habilidade da sociedade tradicional, enquanto constituinte de um Estado-membro, a observar e preservar, sublinhando valores desta sociedade expressos através da lei. O Estado vem conflitando obrigações às sociedades e a comunidade internacional sob os auspícios do TRIP's/ADPIC. Em resumo, o TRIP's/ADPIC é uma forma de **coerção pacífica** tanto quanto ignora e atravessa as culturas dos povos indígenas presentes no acordo através de seus Estados-membros. [...]"[380]. (grifo nosso)

De fato, no que pese algum ressentimento histórico que deve ser afastado no tratamento das ciências jurídicas, é razoável e factível a constatação de que a inclusão do tema das ECTs em um mesmo tratamento do tema da biodiversidade pode levar a uma coerção pacífica e uma compensação que não seriam benéficas aos países cuja cultura está assentada em fortes valores decorrentes da constante presença das ECTs em sua formação cultural.

---

limites apresentadas nas Disposições-tipo. Ver, portanto, esse capítulo no nº x e o capítulo 6, sobre a tutela jurídica das ECTs.

[380] David Robbins, *In* Aboriginal Custom, *Copyright & the Canadian Constitution*, acessado em 18 de novembro de 2001 no endereço eletrônico http://www.ubcic.bc.ca/docs/Robbins.pdf., p.06

# Capítulo 5
## Tutelas Aplicáveis

Analisado o estado da arte, percebe-se uma certa amplitude nas opções de tutela das ECTs. Ocorre, porém, que para cada situação e ordenamento nacional há distintas aplicações jurídicas, e, além disso, ainda não se pode apontar uma categoria jurídica que possa ser aplicada com vias a amparar todas as necessidades que se apresentam às ECTs e aos sujeitos de direito implicados.

As expressões culturais tradicionais (ECTs) merecem a proteção jurídica de um novo Direito e se apresentam como um instituto que não é adequadamente protegido pelas ciências jurídicas.

Dessa forma, torna-se necessário o surgimento de uma categoria jurídica autônoma, ainda que se possa buscar auxílio em direitos previamente existentes.

A impossibilidade na precisão de uma categoria jurídica adequada a preencher os anseios dos sujeitos de direito relacionados às ECTs é de conhecimento da comunidade internacional, mas ainda assim se faz uso de categorias jurídicas distintas na tentativa de atribuir direitos, mesmo que os resultados atingidos não sejam satisfatórios.

Exatamente em decorrência dessa inadequação, propõe-se a análise dos direitos preexistentes para que se possam criar subsídios que possibilitem o surgimento de um novo Direito.

No desenvolver do presente capítulo serão apontadas diversas categorias jurídicas que apresentam institutos ou princípios que podem ser aplicados para tutelar juridicamente as ECTs.

A TUTELA JURÍDICA DAS EXPRESSÕES CULTURAIS TRADICIONAIS

No sentido dessas constatações, optou-se pela análise de direitos já conhecidos, os quais pudessem dar o tom de necessidade das ECTs e para que fossem tornadas palatáveis as discussões sobre o tema, inclusive, ou principalmente, indicando os caminhos que pudessem indicar o nascimento de uma categoria jurídica autônoma.

Como se poderá perceber, uma série de direitos são aplicáveis a uma série de situações fáticas distintas. Dessa forma, há a possibilidade de se tutelar as ECTs através dos sinais distintivos, da concorrência desleal, dos Direitos de Personalidade, bem como, e principalmente, através do Direito de Autor e de princípios de Direito Constitucional. Outras modalidades que se utilizam de princípios de categorias jurídicas distintas também são utilizadas, tal qual a tutela do Patrimônio Imaterial Cultural Nacional (PICN).

Ocorre, porém, que para cada uma das modalidades há possibilidades de proteção para fatos jurídicos determinados, sendo certo que o Direito de Autor e tutela do Patrimônio Imaterial Cultural Nacional são as que emprestam maior quantidade de institutos e princípios que possam gerar um novo Direito adequadamente aplicável às ECTs.

Desse modo, optou-se pela utilização do Direito de Autor e do Direito Constitucional como paradigmas fundamentais e ponto de partida para a análise das necessidades do Direito aplicável às ECTs, pelas relações íntimas que mantêm com o objeto que requer um novo Direito.

Porém, no que diz respeito ao Direito de Autor e ao Direito Constitucional, e especial no que se refere ao Patrimônio Imaterial Cultural Nacional, não se coloca a necessidade de se efetuar um estudo destacado, tendo em vista que estss categorias jurídicas permeiam toda a extensão do estudo. Por outro lado, uma modalidade que apresenta institutos trazidos exatamente das categorias jurídicas do Direito de Autor e da tutela do Patrimônio Imaterial Cultural Nacional distintas mereceu consideração particular nesse capítulo, a saber, o domínio público remunerado especialmente voltado a tutela das ECTs.

As utilizações práticas que vêm ocorrendo nos ordenamentos jurídicos nacionais de diversos países foram analisadas no capítulo que ambienta o universo de estudo, descrevendo e criticando o estado da arte (capítulo 4).

Cabe compreender que a utilização do Direito de Autor como paradigma é uma conseqüência do fato do mesmo tutelar as criações individuais do domínio das artes e da cultura, tornando-o indispensável pela aplicação de institutos que lhes sejam típicos também em direção a um novo Direito que surge. É bom lembrar que as concepções de Direito de Autor referem-se, em um primeiro momento, às concepções de Direito privado. Em relação ao paradigma do Direito Constitucional e da tutela do Patrimônio Imaterial Cultural Nacional, além de constituir-se em modalidade já utilizada por alguns ordenamentos jurídicos, os pressupostos que lhes são ínsitos justificam toda uma teoria de preservação das ECTs por uma necessidade para toda a sociedade, incluindo-se essa categoria no Direito Público.

Dessa forma, e com o fito de ainda mais implementar o escopo comparativo do presente estudo, analisamos algumas opções de categorias jurídicas para além dos paradigmas do Direito de Autor e da tutela constitucional do PICN. Nesse sentido, o presente capítulo tem por fundamentação tornar evidente a possibilidade de utilizações de preceitos das categorias jurídicas estudadas, além das supra mencionadas.

Serão apresentadas as diferenciadas possibilidades de tutela amparadas pelos seguintes critérios:

(1) A **necessidade** de aplicação de alguns institutos estranhos ao Direito de Autor e à tutela do PICN e presentes em outras categorias jurídicas, que deverão ser instituídos em um novo direito;

(2) A **possibilidade** de aplicação, em casos práticos, de princípios inerentes a outras categorias jurídicas estudadas[381]

Em decorrência do acima exposto, serão analisadas a tutela dos sinais distintivos e a aplicação do Direito Marcário, a Concorrência Desleal e os Direitos de Personalidade.

Como se perceberá, cada uma dessas categorias jurídicas auxiliará na fundamentação de um novo Direito, o qual será apresentado no capítulo seguinte. Tal fato decorre de que algumas possibilidades de tutela jurídica são amparadas por cada uma das categorias jurídicas a seguir estudadas, restando comprovada a necessidade na implementação de novos conceitos para tutelar as ECTs em sua totalidade.

Nesse sentido, tome-se por exemplo que, compreendendo-se a metodologia de aplicação do Direito de Autor, percebe-se que esta categoria

---

[381] Quando tratamos da possibilidade de aplicação, estas decorrem de constatações decorrentes de jurisprudência ou mesmo de situações fáticas, mesmo que não analisadas do ponto de vista prático do Direito.

jurídica não possibilita a proteção da origem de obras pela certificação da origem das mesmas, sendo este princípio inerente ao Direito Marcário. Analisando-se a necessidade indicada pelas ECTs em uma proteção da origem e a impossibilidade de o Direito de Autor abarcar essa opção, torna-se necessária a compreensão do funcionamento inerente ao Direito Marcário.

Além das categorias jurídicas mencionadas, outro modelo será tratado e analisado.Trata-se de um modelo híbrido e fundamentado em princípios de Direito de Autor e de Direito Constitucional, e no que pese a intenção em ser aplicado como um direito definitivo para tutelar as ECTs[382], apresenta algumas deficiências pela sua incompletude.

Não se trata somente de Direito de Autor, bem como também não se trata de Direito Constitucional ou de uma tutela específica para a proteção do PICN.De todo modo, pode ser nomeado por uma espécie de domínio público remunerado, e, apesar da imprecisão terminológica, utilizamos esta última nomenclatura.

Por tudo o que fora analisado, percebe-se a impossibilidade na aplicação das categorias ora descritas de um modo independente que pudesse contemplar todas as necessidades inerentes às ECTs, sem a aplicação de princípios típicos das categorias jurídicas. Até porque, se assim o fosse, não se justificaria o presente estudo.

Tratemos de perceber os princípios de cada categoria aplicáveis às ECTs para que, posteriormente, seja possível a compreensão de um novo direito aplicável às ECTs.

## 5.1. Da tutela pelos sinais distintivos

Os sinais distintivos em geral, sejam marcas ou indicações geográficas, são notadamente voltados à tutela jurídica de bens relacionados ao meio industrial e comercial empresarial.

Nesse sentido, o desenvolvimento de produtos e serviços deverá relacionar-se sempre com a possibilidade de conhecimento por parte do consumidor de que cada um dos produtos e serviços disponíveis ao consumo está vinculado à sua origem, seja ao produtor, para o caso de produtos, seja ao prestador, para o caso dos serviços.

---

[382] Principalmente pelos países africanos que o utilizam.

TUTELAS APLICÁVEIS

Em linhas gerais, a diferenciação dos produtos e/ou serviços é o verdadeiro fator que pode levar à escolha por parte do consumidor entre uma enorme variedade à sua disposição. Importa saber que essa escolha poderá se dar por diversos modos, mas sempre levando em conta critérios que sejam identificadores dos produtos ou serviços.

Além do modo de apresentação e de outros critérios, como forma, embalagem e outros aspectos inerentes à indústria e ao comércio, o que se apresenta como primordial é o nome que será aposto ao objeto de consumo.

E quando falamos em nome, estamos nos referindoa toda e qualquer nomenclatura que possa ser utilizada com fins a identificar a coisa desejada e o nome que à mesma está destinada.

A coisa em si é o objeto de desejo, mas somente pela sua identificabilidade lingüística pode, sem estar presente, fazer brilhar os olhos de quem a deseja.

Os produtos ou serviços oriundos da indústria e do comércio, além dos nomes que lhes foram atribuídos, podem alcançar o *status* de identificação através dos denominados sinais distintivos. Assim sendo, o nome, o modo em si de identificar uma coisa, seja produto ou seja serviço, passa também a possuir identificações outras que, em geral, relacionam-se à identificação visual. [383]

Visto isso, e atentando-se conseqüentemente à necessidade de identificação dos serviços ou produtos, seja pelo elevado número de empresas e inúmeras atividades que as mesmas apresentam, não há que se furtar ao fato de que os sinais distintivos são de suma importância para o desenvolvimento do comércio e de sua circulação.

Por outro lado, e certo de que as empresas necessitam identificar seus produtos e/ou serviços, e, portanto, constituindo-se este fato como inequívoco e sedimentado no meio empresarial universal, há de se analisar

---

[383] E especificamente no Brasil não se apresentam sob outras formas que não a visual, em oposição a outros países que tutelam, exemplificadamente, marcas sonoras, entre outras. Há inúmeros países que possibilitam outras modalidades de marcas que não somente visuais, tal qual a lei nacional de marcas da Polônia (de 1985), que em sua seção 4.2. dispõe: "São considerados marcas de comércio, em particular, as seguintes: palavras, desenhos, ornamentos, combinações de cores, formas plásticas (marcas tridimensionais), melodias ou outros sinais acústicos e a combinação destes elementos."

que estas mesmas motivações transcendem ao universo empresarial e penetram já, com força, no universo que respeita às ECTs.

A necessidade da compreensão de uma eventual aplicabilidade de institutos inerentes aos sinais distintivos decorre, antes de tudo o mais, de um respeito à origem de produtos ou serviços diretamente relacionados às expressões culturais tradicionais, o que justifica a sua análise no presente estudo.

De fato, como se poderá depreender, utiliza-se desta categoria jurídica com o fim de estabelecer direitos aos titulares que possam aplicar os sinais. Esses direitos, porém, não são direitos sobre as ECTs, mas tão-somente direitos que possibilitam alguma proteção pelo uso exclusivo de sinais distintivos.

Tratemos de seu funcionamento para que haja uma compreensão dos mesmos.

### 5.1.2. Espécies do gênero

A proteção dos sinais distintivos para o ambiente da indústria e do comércio pode ocorrer através de diversas tutelas específicas inerentes à categoria de Propriedade Industrial, em uma classificação jurídica denominada Direito Marcário.

Não nos interessa efetuar análises profundas de Direito Marcário, senão analisar algumas espécies que poderiam ser implementadas com o fito de tutelar as ECTs.

Cabe salientar, porém, que confusões terminológicas de enorme magnitude imperam neste tema, sendo certo que diversos ordenamentos nacionais e textos de tratados definem de modos distintos muitos dos institutos inerentes ao Direito Marcário que nos interessam, em especial no que se refere às certificações de origem dos produtos ou serviços.

Tendo em vista que o escopo de nosso estudo não pode ser uma análise exaustiva dos aspectos inerentes à propriedade industrial, nem mesmo ao Direito Marcário, vamos nos ater a duas modalidades que mais nos interessam.

Trataremos, portanto, dos institutos denominados por:

(1) indicação geográfica e (2) marca de certificação/marca coletiva.

### 5.1.2.1. Indicação geográfica

Imperam, no que se refere em especial a este instituto, as confusões terminológicas, sendo a indicação geográfica denominada com maior ou menor exatidão como sinônimo de denominação de origem, indicação de procedência, indicação de proveniência[384], indicação de origem, entre outros termos.

O fato é que a confusão termina com a constatação da existência de um gênero sobre o qual deverão repousar duas espécies distintas.

O gênero denomina-se **indicação geográfica,** e, as espécies, **indicação de procedência** e **denominação de origem.**

**A indicação geográfica** tem por finalidade definir aspectos inerentes à origem de produtos ou serviços de uma determinada região que ficou conhecida pela produção ou fabrico de produtos, com maior ou menor amplitude de características intrínsecas, o que levará à definição da espécie por uma das elencadas em seguida. A indicação geográfica é um gênero, e corresponde a um nome geográfico, um topônimo cuja aplicação a produtos deverá ocorrer para todo e qualquer produtor da região geográfica que o utiliza como sinal distintivo.

A indicação geográfica aproveita a todos os produtores da região e a sua titularidade será inerente à coletividade produtora de produtos de uma determinada região.[385] O Estado[386], portanto, em linhas gerais, não participa como sujeito de Direito, bem como não há que se indicar a possibilidade de tutela pelos titulares dos direitos difusos, para desde já indicar os três sujeitos relacionados a tutelas das ECTs.

---

[384] Utilização efetuada no ordenamento português.

[385] Parece-nos que a análise pormenorizada da natureza jurídica da indicação geográfica seria um desvio excessivo ao nosso tema, sendo certo que há diversas concepções distintas sobre a mesma. Por outro lado, cumpre salientar o fato de que há diferenciações e construções doutrinárias bem diversificadas. Pontes de Miranda defende a posição de que a indicação geográfica seria um Direito inerente a toda a coletividade e seria caracterizado por ser uma *res communis* (coisa incorpórea) de todos aqueles que tenham os produtos de uma mesma procedência. Seria, outrossim, um direito de propriedade. Por sua vez, Ribeiro de Almeida entende que o direito pertence à coletividade dos produtores, permanecendo, porém, íntegro a cada um deles.

[386] Ainda que a Lei nacional mexicana (de 1991), p. ex., disponha que o Estado mexicano é titular da denominação de origem. (Art.167.) Essa concepção ocorre à guisa de exceção, não merecendo comentários de grande profundidade.

A TUTELA JURÍDICA DAS EXPRESSÕES CULTURAIS TRADICIONAIS

Diferenciam-se as espécies indicação de procedência e denominação de origem.

No que se refere à indicação de procedência, trata-se de sinal distintivo representativo de localidade geográfica que tornou-se notória como pólo de referência da origem de determinados produtos. A concepção da indicação de procedência é neutra[387], não trazendo a representação de valores que possam carregar um valor intrínseco na diferenciação de produtos originários desta região das de outros. Certifica, por assim dizer, a origem do produto, mas não indica quaisquer qualidades inerentes ao mesmo.

Por outro lado, no que se refere a outra espécie do gênero, ou seja, a denominação de origem, apesar desta também constituir-se em nome geográfico, para a sua há que se considerar que a região tornou-se notória em decorrência das qualidades intrínsecas ao produto originário da mesma. Há elementos outros que não somente aqueles neutros que vinculam o produto a uma indicação de procedência.

Preferimos utilizar a definição de denominação de origem oriunda do Acordo de Lisboa[388], que determina que será denominação de origem "a denominação geográfica de um país, de uma região ou de uma localidade que sirva para designar um produto originário do mesmo e cuja qualidade ou características se devam exclusiva ou essencialmente ao meio geográfico, compreendidos os fatores naturais e os fatores humanos".

As denominações de origem têm por objetivo garantir a procedência de um determinado produto ou serviço, se lhes indicando a origem e certificando o seu usuário ou consumidor de que o produto ou serviço terão atendidas as características exigidas por determinações inerentes. Em outras palavras, o consumidor terá a garantia de que o produto ou serviço possuem o padrão exigido para que lhes sejam apostos o sinal distintivo ou a indicação nominal.

---

[387] Terminologia largamente utilizada pela doutrina para caracterizar uma indicação que não se refere a valores intrínsecos dos produtos oriundos da localidade geográfica.

[388] Acordo de Lisboa relativo à proteção da denominações de origem e seu registro internacional de 31 de outubro de 1958, revisado em Estocolmo em 14 de julho de 1967 e modificado em 28 de setembro de 1979.

TUTELAS APLICÁVEIS

Pela breve leitura da supra citada definição, salta aos olhos o aspecto da consideração dos fatores humanos e a indicação de sua relevância na consideração da atribuição de um direito de exclusivo.

Ora, não há que se olvidar que todo o escopo de proteção exigido pelas coletividades criadoras tem sua razão de ser voltada essencialmente aos fatores humanos, visto que se está a tratar de expressões criativas, o que não pode fugir à aplicabilidade da atuação humana[389].

Dessa forma, os fatores humanos são os que realmente interessam no que diz respeito à utilização das denominações de origem como possibilidade de tutela protetiva às ECTs. Obviamente que os fatores naturais serão determinantes na concepção da origem, mas influenciarão somente de modo indireto os aspectos primordialmente humanos. É dizer, ainda, que se fossem definitivos no seu surgimento, não exerceriam qualquer força por sua condição meramente objetiva. Dessa forma, uma certa qualidade de vestimenta típica de regiões frias como dos *Inuit*[390] ou dos *Saami*[391-392] seria influenciada pelo aspectos da geografia mas não seria somente tutelável por esta motivação de ordem objetiva, visto que se os referidos habitantes vivessem nos trópicos as vestimentas seriam outras, e a coletividade teria aplicada a si o Direito de idêntico modo, ainda que sobre outro objeto. Para que pudesse recair o Direito, bastava (como basta) a existência da ECT.

### 5.1.2.2. Marca de certificação e marca coletiva
Além das denominações de origem, particularmente nos interessa o sentido das marcas de certificação e das marcas coletivas. A noção inicial dos sinais distintivos, incluindo-se a marca, já fora indicada nas disposições iniciais deste capítulo, mas além disso é necessária a compreensão dos institutos mais específicos das marcas de certificação e coletiva.

Também tal qual ocorre com as **indicações geográficas**, a confusão conceitual impera no âmbito desta modalidade de sinais distintivos.

---

[389] Tal qual como obviado no capítulo 2, pela exclusão das forças da natureza e dos animais.

[390] Denominados por Esquimós, os quais habitam territórios do Canadá e da Groenlândia.

[391] Denominados por Lapões, os quais habitam o norte da península escandinava, incluindo-se Suécia, Noruega e Finlândia.

[392] Farta documentação sobre o povo *Saami* nos foi enviada pelos senhores *Mattias Åhrén* e *Laila Susanne Vars*.

Costuma-se confundir os termos marca de certificação e marca coletiva, não sendo justificável a confusão entre ambas, visto que sua função é claramente diferenciada.

A marca coletiva é indicativa da origem de produtos ou serviços por membros de um determinado grupo, o qual irá vinculá-los a uma referida marca que atenda aos interesses de toda a coletividade. Por sua vez, a marca de certificação tem como objetivo certificar e garantir a conformidade de um produto ou serviço com padrões previamente estabelecidos.

No que pese a diferenciação entre os supra citados tipos de marcas, há ordenamentos que consideram as marcas de certificação uma espécie das marcas coletivas (Portugal), bem como há aqueles que as diferenciam sem enquadrá-las numa relação de espécie do gênero (Brasil). Iremos, porém, utilizar a classificação que não relaciona marca de certificação como espécie do gênero marca coletiva[393], em oposição à portuguesa, pois acreditamos que essa classificação induz a maiores confusões.

[393] Tal qual o ordenamento jurídico brasileiro.

## Quadro 8

| Definições de marcas de interesse às ECTs | | | |
|---|---|---|---|
| Ordenamento jurídico | Marca coletiva | Marca de certificação | Marca de associação |
| Lei 9.279/96 – Brasil | Aquela usada para identificar produtos ou serviços provindos de membros de uma determinada entidade (Art. 122, III). | Aquela usada para atestar a conformidade de um produto ou serviço com determinadas normas ou especificações técnicas, notadamente quanto à qualidade, natureza, material utilizado e metodologia empregada. (Art. 122, II). | Não existe |
| Decreto 36/2003 – Portugal | 1 – Entende-se por marca colectiva uma marca de associação ou uma marca de certificação. 2 – Podem constituir marca colectiva os sinais ou indicações utilizados no comércio para designar a origem geográfica dos produtos ou serviços. 3 – O registo da marca colectiva dá, ainda, ao seu titular o direito de disciplinar a comercialização dos respectivos produtos, nas condições estabelecidas na lei, nos estatutos ou nos regulamentos internos. (Art. 228). | 1 – Uma marca de certificação é um sinal determinado pertencente a uma pessoa colectiva que controla os produtos ou os serviços ou estabelece normas a que estes devem obedecer. 2 – Este sinal serve para ser utilizado nos produtos ou serviços submetidos àquele controlo ou para os quais as normas foram estabelecidas. (Art. 230). | Uma marca de associação é um sinal determinado pertencente a uma associação de pessoas singulares ou colectivas, cujos membros o usam, ou têm intenção de usar, para produtos ou serviços relacionados com o objecto da associação. (art. 229º) |

Cumpre perceber a possibilidade de aplicação de ambos os modelos como forma de garantir a origem das ECTs, sendo cada um aplicado de acordo com o interesses dos Estados (quando da implementação de suas legislações nacionais) e das coletividades criadoras. Cita-se, como exemplo de aplicação de marcas coletivas, o ordenamento panamenho, através da Lei 20, que institui os denominados direitos coletivos indígenas, e,

A TUTELA JURÍDICA DAS EXPRESSÕES CULTURAIS TRADICIONAIS

como exemplo de uso das marcas de certificação, o procedimento dos *labels of authenticity* dos aborígenes australianos.

Acreditamos que tanto o modelo de aplicação inerente às marcas de certificação quanto o das marcas coletivas são adaptáveis à questão das ECTs.

Nesse sentido, cumpre perceber algumas diferenças no que se refere à aplicação das marcas de cerificação e coletivas às ECTs.

Enquanto a marca coletiva protege a produção que irá identificar seu produtor e seu vínculo com uma associação, a marca de certificação admite mais amplamente a criação individual, visto que cada criador a poderá apor desde que os produtos ou serviços que forneça estejam de acordo com os requisitos exigidos pelo certificador.

Por outro lado, enquanto a titularidade da marca coletiva caberá à própria coletividade, a titularidade da marca de certificação caberá à entidade certificadora.

Dessa forma, no que se refere à marca de certificação, haverá a intervenção de um terceiro na consideração da qualidade dos produtos/serviços, enquanto a marca coletiva indica tão-somente uma origem, e ainda que exija uma certa qualidade, seu titular não possui a neutralidade exigida para a certificação.

Em relação à marca coletiva, cabe dizer que este modelo poderia ser imediatamente aplicado para solucionar problemas decorrentes de um aspecto específico do Brasil, que é o elevado número de povos indígenas que compõem a sociedades deste país.

Circulam no meio comercial inúmeros produtos de pretensa origem indígena, sendo certo que a já extensa quantidade de associações de povos indígenas poderia imediatamente estabelecer um certo controle ao buscar a titularidade de marcas coletivas que pudesse proteger a origem dos produtos de cada um dos povos indígenas envolvidos.

No que se refere à marca de certificação, a necessidade da titularidade de uma entidade neutra para a aposição de marcas de certificação não está explicitada na lei brasileira, o que parece ser contrário aos ordenamentos nacionais de diversos países.

Além do ordenamento português já supra citado (quadro 8), também o ordenamento norte-americano, na seção 45 do seu *Lanham Act* (1946), modificado em 1988, alude ao tema. Em linhas gerais, a lei nacional norte-americana afirma que a expressão marca de certificação poderá designar

## TUTELAS APLICÁVEIS

qualquer palavra, nome, símbolo ou desenho, ou qualquer combinação possível desses elementos, *utilizada por uma pessoa que não o proprietário*[394], mas sendo certo que este tem a intenção fundada na boa-fé de autorizar a utilização da marca no comércio por outra(s) pessoa(s), para a qual será solicitada um registro estabelecido pela Lei[395].O registro e a aposição de selo ou semelhante terá como finalidade certificar a origem (regional ou equivalente), a matéria, o modo de fabricação ou produção, a qualidade, a exatidão ou outras características de produtos ou serviços sobre os quais poderá a ser aposta a marca de certificação. Também poderá ser indicativa de que o produtor/fornecedor faz parte de membros de um sindicato ou outra organização.

Dessa forma, a marca de certificação atende ao princípio inerente à sua própria terminologia, certificando produtos e serviços que a tenham utilizado.

Ora, no que se refere às ECTs, as marcas de certificação podem garantir uma série de critérios como os supra citados, de idêntico modo ao que ocorre com produtos oriundos da indústria.

Esse instituto típico do Direito Marcário vem sendo utilizado, em mais larga ou estreita medida, por algumas coletividades criadoras, tal como o já citado exemplo dos aborígenes australianos e os povos nativos (indígenas) norte-americanos.

No que se refere ao sujeito da tutela, há de se compreender que o *status* de neutralidade do titular da marca de certificação será condição de admissibilidade para que se possa aplicar o instituto e para que se possa corretamente certificar, pois restaria questionável uma hipótese de "autocertificação" e concorrência com os demais produtores.

---

[394] Da marca de certificação.

[395] Também a lei do Reino Unido é inequívoca ao estabelecer a necessidade de o titular da marca de certificação ser um terceiro, ao definir este instituto como: *a marca que se utiliza para distinguir quaisquer produtos certificados por uma pessoa* (melhor seria referir-se à instituição ou sinônimo.) *em relação à origem, material, modo de elaboração, qualidade, precisão ou outras características, dos produtos não certificados.* Cabe dizer que além desta definição, a noção instituída no ordenamento do Reino Unido precisa que a pessoa a certificar não será a própria produtora (ou fornecedora) ou proprietária dos produtos.

A TUTELA JURÍDICA DAS EXPRESSÕES CULTURAIS TRADICIONAIS

### 5.1.3. Aplicabilidade da tutela do sinais distintivos aos sujeitos de ECTs

Para a análise da aplicabilidade de tutela jurídica dos sinais distintivos às ECTs, há de se recordar os sujeitos de direito envolvidos.

Recordemos, portanto, que os sujeitos da tutela das ECTs somente podem se apresentar sob três distintas formas: (1) um grupo determinado em cujo seio as manifestações artístico-culturais tenham sido originadas (coletividades criadoras), [396] (2) o Estado [397]; e (3) os titulares de direitos difusos, ou seja, a sociedade que compõe um Estado[398].

### 5.1.3.1. Exclusão do Estado e dos titulares de direitos difusos da condição de sujeitos das ECTs tuteláveis por sinais distintivos

Não paira dúvida sobre o fato de que o Direito inerente aos sinais distintivos será o direito de exclusivo inerente à Propriedade Industrial. Dessa forma, observa-se a inaplicabilidade de sinais distintivos como direitos de exclusivo por parte do Estado e dos titulares dos direitos difusos.

Para o caso de produtores como titulares de direitos de índole coletiva, afasta-se, de plano, a possibilidade de o Estado ser o destinatário do Direito relacionado aos sinais distintivos.

Atente-se ao fato de que na indicação geográfica e nas respectivas espécies indicação de procedência e denominação de origem, o produtor não será o Estado. Dessa forma, ao mesmo não aproveitará um Direito de apor um sinal distintivo. De idêntico modo se passa com a marca coletiva.

No que se refere às marcas de certificação, é possível que uma instituição certificadora seja um órgão ou instituição estatal[399]. Por outro lado, este fato não faz com que o Estado seja o titular do Direito e que possa fazer uso de alguma marca de certificação, mas tão-somente, como se pode compreender pela natureza das entidades certificadoras, poderá controlar o uso da marca pelos produtores[400].

---

[396] Sejam sociedades simples ou partes de sociedades complexas destacáveis.

[397] Visto que, neste caso, as coletividades criadores diluíram-se.

[398] Através da tutela dos denominados direitos difusos.

[399] O mesmo não se passando com a marca coletiva.

[400] Pode-se perceber, portanto, que ainda que exista a possibilidade de titularidade por parte do Estado no que respeita às marcas de certificação, é certo que esta titularidade não lhe permite o uso da marca, pela já compreendida natureza da marca de certificação que exige a neutralidade do certificador. Por outro lado, cumpre salientar que a correta

TUTELAS APLICÁVEIS

Por outro lado, no que se refere ao Estado, vislumbra-se uma possibilidade de exercício da obrigação da preservação da cultura, que poderia estar travestida de titularidade.[401] Para a compreensão do supra mencionado há de se recordar o Caso *Tayrona*, originário do ordenamento jurídico colombiano, através do qual não fora permitido o registro da expressão *Tairona*, como marca de indústria e comércio, pois esta indicaria uma eventual confusão e semelhança com um determinado povo que habitou aquele país. O registro fora requerido na classe 30 da classificação de Direito Marcário do Instituto de Registro colombiano.[402] A análise para a decisão levara em conta o artigo 136 g da Decisão 486 da Comissão da Comunidade Andina, que não permite o registro como marcas de sinais que "consistam no nome das comunidades indígenas, afro-americanas ou locais, ou as denominações, palavras, letras, caracteres ou signos utilizados para distinguir seus produtos, serviços ou a forma de processá-los, ou que constituam a expressão de sua cultura ou prática, salvo se a solicitação for apresentada pela própria comunidade ou com o seu consentimento expresso". No caso em questão, percebe-se a presença dos elementos relacionados ao Direito Marcário e sinais distintivos sendo aplicados na defesa de aspectos relacionados, indiretamente, às ECTs (e com vias a proteger o patrimônio imaterial cultural nacional).

Sendo certo que os *Tayrona* estão extintos, não somente seria excessivo aplicar-se a tutela tomando-se por base uma titularidade originária, como seria impossível pela obviedade em não se poder falar em tutela de um povo que, de fato, não mais apresenta resquícios de sua existência na atualidade.

---

certificação por parte do Estado em relação às ECTs pode ser enquadrada no universo das obrigações que lhe cabem

[401] Salta aos olhos alguma indignação neste fato, posto que se observará que o Direito que está em causa se extinguiria com a ausência de uma coletividade criadora, e, dessa forma, estariam também ausentes os produtos ou serviços inerentes à mesma, o que dificulta a compreensão da aplicação do Direito.

[402] Em resposta ao questionário enviado aos países membros da OMPI sobre utilização de mecanismos de proteção aos conhecimentos tradicionais, a delegação da Colômbia respondeu e indicou mecanismos concretos (tal qual solicitado) e narrou o já clássico caso *Tayrona*. As respostas e considerações sobre o mesmo encontram-se nos sítos cibernéticos http://www.wipo.org/globalissues/questionnaires/ic-2-5/colombia-es.pdf e http://www.wipo.org/documents/es/meetings/2003/igc/pdf/grtkf_ic_5_inf_2.pdf.

A tutela em situações como a descrita deverá, portanto, importar em dois sentidos: (1) como medida protetiva do patrimônio imaterial cultural do país, atuando o Estado como mantenedor de uma cultura extinta na tentativa de preservá-la, e (2) como modo de proteger a coletividade também do ponto de vista do consumo, visto que a indução a qualquer tipo de produto ou serviço relacionado à referida cultura poderia levar a confusões do ponto de vista da qualidade dos produtos ou serviços.

Cumpre ressaltar nosso interesse maior ao primeiro aspecto, visto que relaciona-se com mais força ao nosso tema de interesse.

Conclui-se que, no caso *Tayrona*, não há a tutela a este povo em si mesmo, mas primordialmente uma medida protetiva do patrimônio cultural da nação colombiana[403], por meio da obrigação que cabe ao Estado em promover a preservação da cultura daquele país[404].

Pode-se também compreender a possibilidade de aplicação de direitos difusos com o fito de preservar o patrimônio cultural nacional através de impedimentos em registros referentes a órgãos administrativos que tratem, nacionalmente, sobre o registro de sinais distintivos. Neste caso, há que se falar em titularidade. Ocorre, porém, que o escopo de proteção terá como fim a preservação do patrimônio nacional.

---

[403] A Lei colombiana da cultura, Lei 397, de 07 de agosto de 1997, determina as obrigações do Estado colombiano com a manutenção do patrimônio cultural nacional, inclusive imaterial. Merecem transcrição os arts. 4º e 5º da referida lei, sendo grifados os pontos mais relevantes: "Art. 4º. Definición de patrimonio cultural de la Nación. **El patrimonio cultural de la Nación** está constituido por todos los **bienes y valores culturales que son expresión de la nacionalidad colombiana, tales como la tradición, las costumbres y los hábitos, así como el conjunto de bienes inmateriales** y materiales, muebles e inmuebles, **que poseen un especial interés histórico, artístico,** estético, plástico, arquitectónico, urbano, arqueológico, ambiental, ecológico, lingüístico, sonoro, musical, audiovisual, fílmico, científico, testimonial, documental, literario, bibliográfico, museológico, antropológico y las manifestaciones, los productos y las representaciones de la cultura popular. Art. 5º **Las disposiciones de la presente ley y de su futura reglamentación serán aplicadas a los bienes y categorías de bienes que siendo parte del Patrimonio Cultural de la Nación pertenecientes a las épocas prehispánicas,** de la Colonia, la Independencia, la República y la Contemporánea, sean declarados como bienes de interés cultural, conforme a los criterios de valoración que para tal efecto determine el Ministerio de Cultura."
[404] Ainda que se possa argumentar que a tutela tenha se dado em função da proteção das

TUTELAS APLICÁVEIS

### 5.1.3.2. Condições de admissibilidade para a aplicação da tutela dos sinais distintivos às coletividades criadoras

Coloca-se como primordial, neste momento, a percepção de que o sujeito voltado à tutela de sinais distintivos é, especificamente, a coletividade criadora. Visto isso, percebe-se as dificuldades inerentes à tutela em decorrência das características do mesmo.

Há duas condições de admissibilidade a serem colocadas:

A existência, ou não, tanto de atividade empresarial quanto de concorrência.

No que diz respeito à atividade empresarial, compreende-se e espera-se que a atividade de uma coletividade criadora não tenha por objetivo fundamental o exercício comercial[405]. Ainda que assim o seja, porém, não há que se negar a atribuição de tutela pela categoria de direitos inerentes aos sinais distintivos.

Destarte, as sociedades simples e os grupos destacáveis das sociedades complexas podem, portanto, ser titulares de direitos que possuem como princípios aqueles do Direito Marcário. Além disso, podem ser utilizadas as marcas de certificação cuja titularidade caberá a instituições neutras.

Observa-se na prática esta situação, bastando para tal recordar o sistema de proteção norte-americano através da bases de dados das Insígnias Oficiais das Tribos Nativas Americanas, administrado pelo USPTO; o sistema de selos de autenticidade fornecidos aos artistas aborígenes australianos e administrado pela NIAAA; bem como o sistema de proteção e registro dos direitos coletivos de propriedade intelectual dos povos indígenas do Panamá, todas modalidades protetivas objeto de análise neste estudo.

### 5.1.4. Exemplos de utilização dos sinais distintivos como medidas protetivas

Os exemplos supra citados merecem algumas considerações neste capítulo, além daquelas já presentes na análise dos respectivos tratamentos nacionais.

---

relações de consumo que pudessem advir da comercialização de produtos ou serviços com a marca Tairona, cremos que a proteção do patrimônio nacional suplanta este ponto de relevo.

[405] Parece-nos, porém, que em determinadas ocasiões este pensamento se apresenta um tanto quanto afastado da realidade.

A TUTELA JURÍDICA DAS EXPRESSÕES CULTURAIS TRADICIONAIS

Dentre as utilizações que vêm ocorrendo no sentido de estabelecer sinais distintivos como medidas protetivas de direitos das ECTs, a Lei 20 do Panamá apresenta uma visão prática sobre o tema.

Aquele diploma legal que tem por objeto os denominados direitos coletivos de propriedade intelectual e conhecimentos tradicionais dos povos indígenas sobre suas criações[406] não vem a definir o que seriam as *indicações geográficas*, mas, por sua vez, as indica como parte do patrimônio cultural dos povos indígenas formadores daqueles país. Nesse sentido, o artigo 2º da referida Lei 20 afirma que formam parte do já citado patrimônio cultural os costumes, as tradições, as crenças, a espiritualidade, a religiosidade, a cosmovisão, as expressões folclóricas, as manifestações artísticas, os conhecimentos tradicionais e qualquer forma de expressão tradicional, não podendo ser, portanto, objeto de nenhuma forma de direitos de exclusivo por parte de terceiros que não seus verdadeiros titulares ou que não sejam autorizados pelo mesmos.

A Lei 20 enumera, ainda que não de modo exaustivo, quais modalidades são proibidas para registro e atribuição de direitos exclusivos no âmbito da propriedade intelectual, a saber: Direito de Autor, modelos industriais e, o que mais nos releva no momento, marcas e indicações geográficas.

Cumpre salientar que, como jea indicado, o ordenamento jurídico panamenho permitiu o registro de uma série de ECTs, tendo sido iniciado este processo de atribuição de direitos na ocasião da atribuição de direitos às *Mola*, de origem do povo indígena *Kuna*, como um primeiro certificado decorrente da Lei 20.

Outro exemplo prático que nos interessa é o estabelecimento das marcas de certificação inerentes aos produtos ou serviços oriundos de aborígenes australianos.

Também na Austrália pode-se observar a atuação de uma coletividade criadora buscando a aplicação de Direito inerente à tutela dos sinais distintivos, com o fito de assegurar origem de produtos ou serviços. O sistema a que se refere, melhor exposto no capítulo anterior, certifica aborígenes ou pessoas autorizadas por aborígenes a utilizar-se dos denominados selos de autenticação em produtos (ou para servir de referência

---

[406] Artigo 1º da Lei 20, de 26 de Junho de 2000.

a serviços) que tenham origem aborígene ou correspondam aos interesses das sociedades simples relacionadas aos aborígenes australianos.

Além dos exemplos práticos australiano e panamenho, também os EUA instituíram uma medida protetiva semelhante através de uma base de dados de marcas relacionadas aos povos indígenas daquele país que corresponde ao estabelecimento de marcas para cada um dos povos indígenas nativos americanos. Havia muito poucos requerimentos de registros na ocasião da primeira versão deste estudo, sendo certo que o número de requerimentos cresceu de maneira relevante[407] no caso deste último país.

De tudo o que fora exposto, conclui-se por uma possibilidade de aplicação das modalidades de proteção supra mencionadas, visto que as ECTs apresentam características que permitem o funcionamento dos princípios inerentes aos sinais distintivos. Torna-se evidente, outrossim, que as discussões vêm ocorrendo em sede de direitos indígenas.

Destaque-se, portanto, a questão dos povos indígenas e outras sociedades simples, e perceba-se que tais coletividades podem ser fornecedoras de produtos e serviços, como assim pode-se observar em casos práticos ao redor do mundo[408].

Por outro lado, seu objetivo primordial não é a atividade empresarial, o que é um argumento apresentado por aqueles que são contrários à possibilidade de certificação de serviços ou produtos cuja origem remonta às sociedades simples. Porém, a possibilidade de atribuição da titularidade de uma coletividade criativa em referência aos direitos de exclusivo no que se relaciona à indústria e ao comércio não pode ser impedida por sua atividade não estar exclusivamente voltada à produção dos referidos produtos ou fornecimento de serviços. Noutro sentido, uma coletividade não empresarial para a qual estar-se-ia atribuindo uma qualidade de direitos coletivos parece apresentar uma condição semelhante, em nosso

---

[407] Somente 06 (seis) até a primeira versão do presente estudo e 48 (quarenta e oito) até março de 2015.

[408] P.ex., povos indígenas do Panamá (Kuna, Ngöbe-Buglé, Emberá-Wounaan, entre outros), Aborígenes e Ilhéus do Estreito de Torres da Austrália, Povo Krahô do Brasil, Povo Fulni-ô do Brasil, Povo Pankararu de Brejo dos Padres do Brasil, somente para citar aqueles com com os quais pode desenvolver estudos empíricos e documentais.

## A TUTELA JURÍDICA DAS EXPRESSÕES CULTURAIS TRADICIONAIS

entender, a qualquer um que forneça produtos ou serviços que mereçam a tutela dos sinais distintivos.

Ainda assim, e compreendendo-se que a análise genérica de sinais distintivos pode não ser suficiente para compreender a possibilidade de que os mesmos sejam aplicáveis à tutela das ECT, cumpre perceber as funções inerentes aos sinais distintivos.

São diversas as suas funções[409], e percebe-se que a identificação dos produtos e serviços é fruto de diversas discussões e defesa de interesses no entorno da propriedade intelectual, mais especificamente no âmbito da propriedade industrial.

Assim como as empresas, também as sociedades primitivas apresentam uma característica similar, que é o fim duradouro no que respeita à sua existência[410].

Seria um tanto quanto equivocado comparar diretamente as supra citadas instituições no sentido de que as funções de uma empresa seriam definidas e relacionadas especificamente ao comércio, enquanto se fosse possível definir uma função existencial de um povo, seria a existência dele mesmo por si só, e não uma mera compreensão deste povo como instituição artificial com fins no universo comercial. Vamos expor as semelhanças com o cuidado que lhes cabe.[411]

---

[409] Tal qual a função distintiva da marca, já estudada por Luís do Couto Gonçalves em a *Função distintiva da marca*, Almedina, Coimbra: 1999.

[410] Sobre o fim duradouro da existência das empresas, ver Alberto Francisco Ribeiro de Almeida, *Denominação de origem e marca*, Coimbra Editora: Coimbra, 2001.

[411] No sítio http://www.kraho.org.br/frameset.html pode-se ter acesso a suportes físicos relacionados à cultura indígena do povo Krahô, que, por sinal, autodenomina-se *Merrin*, alertando que a denominação Krahô lhes fora colocada (ou imposta) pelos brancos. Cumpre ressaltar que uma dupla nomenclatura é comum em razão do contato entre as sociedades simples e complexas, tal qual pudemos observar no Brasil em nossas pesquisas *in loco* com os grupos indígenas *Fulni-ô, Pankararu* e *Potiguara*. Ainda a partir do sítio citado anteriormente é possível comprar CD's, camisetas, fitas de vídeo-cassete e, por fim, produtos que nos chamaram a atenção pela peculiaridade, um livro infantil narrando a lenda de CATXÊKWY, a estrela mulher. O livro infantil com a narrativa que se expõe está ali sendo comercializado em decorrência de um desejo e uma autorização por parte do grupo indígena, fato que obviamente não indica qualquer violação. De modo contrário seria através da comercialização desautorizada do mesmo objeto de proteção. Ver, neste sentido, o estudado caso *Yumbulul* que indica um caso semelhante. Constata-se, portanto, que apesar de auferirem lucros para sua própria comunidade em decorrência da manifes-

Por outro lado, no que se refere à possibilidade de aplicabilidade em termos práticos, cremos ser absolutamente concebível a tutela dos sinais distintivos às coletividades criadoras.

Cumpre ressaltar, outrossim, que dentre as modalidades expostas no presente capítulo, as marcas de certificação encontram-se como as mais adequadas a esta situação fática, visto que apresentam melhor caracterização das necessidades das coletividades criadoras, e não apresentam aspectos inerentes a localidades e a conceitos geográficos.

Entendemos que a tutela das ECTs por via dos sinais distintivos é suficiente somente em determinadas situações às quais confere a tutela de produtos ou serviços de origem identificada e que mereçam a tutela por serem representativos de coletividades criadoras.

Coloca, porém, um problema grave mas que pode ser facilmente compreendido: a aposição de marcas na forma de selos ou semelhantes indica a aceitação, por parte do grupo, de que determinados indivíduos, em decorrência de sua condição representativa, podem utilizar-se das marcas de certificação.

Ocorre, porém, que o fato de se atribuir a categoria de uso por determinados indivíduos partícipes de coletividades criadoras e que mereçam o uso de marcas de certificação não significa dizer que todos, de fato, farão uso das referidas marcas. Logo, por questões de cunho econômico, extensão territorial e mero desinteresse dos indivíduos formadores das sociedades simples das quais fazem parte pode haver uma exclusão para os produtos e/ou serviços, os quais, apesar de legítimos, não possuem os certificados ou selos que indiquem a certificação. Em termos práticos,

---

tação autoral quando da exteriorização de obras, os índios Krahô tutelam suas atuações folclóricas e costumes além dos mesmos conceitos definidos pelo direito de autor imposto pelo Estado brasileiro. Desse modo, toda e qualquer pessoa que procurar produzir material comercializável com mesmo ou semelhante conteúdo ao utilizado pelos próprios índios poderá comercializar o material coletado e exteriorizado sob diferentes formas. Dito desta forma, parece estar exercendo sua perfeita atuação o Direito de Autor, dando a todos a mesma oportunidade de acesso o à concepção e desenvolvimento e exteriorização de obras decorrentes de livres idéias. Mas a questão que se coloca é que comercialização direta de qualquer dos grupos indígenas deve ser observada à luz de um estado de exceção. Não é somente a comercialização de produtos que deve ser remunerada aos povos atuantes através de determinadas ECTs. A questão que se coloca é a possibilidade de sempre haver um benefício à comunidade atuante através de ECTs.

essa discussão tem ocorrido no âmbito australiano, em decorrência do território de dimensões continentais daquele país e pela impossibilidade real em se aceder aos denominados *labels of authenticity* previstos como medida de proteção dos produtos ou serviços de origem aborígene. Não cabe dúvida que esta situação prática constitui-se em um obstáculo para a implementação do Direito, o que deve ser considerado por países que apresentam situação de isolamento de coletividades criadoras tal qual a Austrália.

Por outro lado, e ainda que seja uma possibilidade de proteção, a tutela jurídica decorrente dos sinais distintivos não abarca a totalidade necessária à tutela das ECTs. Pode-se inclusive afirmar que não são direitos inerentes às ECTs, mas um monopólio sobre determinados bens imateriais, aplicável por vezes pelas coletividades criadoras[412], por outras por sujeitos que possuem interesse na preservação da cultura[413] e ainda pelo Estado. O monopólio, por sua vez, refere-se aos sinais distintivos e não às ECTs.

O mecanismo de proteção proposto pelos sinais distintivos e em especial a experiência prática que vem derivando do mesmo merecem consideração na influência de um escopo de proteção mais amplo para as ECTs.

Cumpre ressaltar, porém, que os sinais distintivos não garantem, por exemplo, quaisquer violações que ocorram na forma de usos desautorizados, contrafações etc. Também a prática de atos desleais que não mantenham relação com o uso de sinais distintivos perpassam a proteção destes, o que exige a compreensão de outros institutos jurídicos que possa auxiliar na formação de um novo Direito, e é o que passamos a expor ao analisar a concorrência desleal e temas a que lhes são correlatos.

## 5.2. Concorrência desleal e figuras jurídicas derivadas (*passing off e breach of confidence*)[414]

A concorrência desleal protege uma série de possibilidades através das quais os legítimos titulares de direito podem ver contra si praticados atos

---

[412] P.ex., marca coletiva.

[413] Marcas de certificação. P.ex., *labels of autehnticity*, certificado pela NIAAA.

[414] Para buscar manter o sentido originariamente destinado aos termos pela técnica jurídica, vamos utilizá-los em sua expressão original quando não houver correspondência

que prejudiquem o bom funcionamento de suas atividades comerciais. Têm como escopo a defesa dos interesses empresariais e da livre concorrência, formando parte de todo o complexo de institutos relacionados `a propriedade industria e ao direito da concorrência. Neste sentido, apesar de tratada no âmbito da propriedade industrial, a concorrência desleal não é modalidade de direito de exclusivo, tendo por objetivo primordial, para além da já citada livre concorrência, a própria manutenção da boa fé no ordenamento econômico decorrente da produção de bens e serviços.

Tal qual a modalidade de tutela por via dos sinais distintivos, a concorrência desleal vincula-se a aspectos comerciais, inerentes às relações de consumo, ou , como já definimos anteriormente, tutela valores econômicos relacionados com bens imateriais próprios da indústria e do comércio.

Além da própria concorrência desleal tratada de modo genérico, cumpre perceber a análise de suas duas espécies típicas do sistema de *common law* inglês, as quais, pela sua peculiaridade e (eventuais) adequações a casos relacionados à tutela das ECTs, merecem análise também destacada.

São elas: o *passing off* e o *breach of confidence*.

Antes de tudo, cabe analisar a possibilidade da tutela dos sujeitos inerentes às ECTs através da concorrência desleal.

### 5.2.1. Sujeitos da tutela

Antes das análises de aspectos específicos inerentes à concorrência desleal, analisemos se as concepções relativas a essa categoria jurídica aproveitam a todos os titulares que relacionam-se com as ECTs.

Nesse sentido, para a aferição da aplicabilidade sobre os sujeitos, há de se conhecer a condição de possibilidade para a tutela da concorrência desleal e a sua eventual presença no universo jurídico de cada sujeito, para que haja uma conseqüente aplicação de princípios.

Constitui-se, esta condição de possibilidade, na existência de atos ou relações de concorrência. Em outras palavras, ausente a concorrência, não há que se falar em deslealdade.

---

em nosso idioma original. Desta forma, utilizaremos *passing off* e *breach of confidence*, em oposição a fazer-se passar por/fazer parecer e quebra de confiança, mas, por outro lado, utilizaremos o termo concorrência desleal, e não *unfair competition*.

A TUTELA JURÍDICA DAS EXPRESSÕES CULTURAIS TRADICIONAIS

Visto isso, em um primeiro momento defenestram-se as possibilidades de tutela pelo Estado e pelos titulares de direitos difusos.

Tal fato decorre de duas situações distintas.

O Estado e os titulares de direitos difusos não produzem bens ou serviços relacionados às ECTs e, portanto, não concorrem. Há de se observar que este fato não quer significar, exemplificadamente, que não exista produtos de origem do Estado como produtor, mas tão-somente que as ECTs não possuem essa origem[415].

Por outro lado, cabe a consideração de como participam cada um destes sujeitos no que mais poderia avizinhar-se aos conceitos inerentes à CD:

(1) No que se refere ao Estado caberia tão somente a instituição de regras de concorrência com o fito de impedir atuações ofensivas desde monopólios indevidos até atos desleais e desprovidos de má fé. Não há, portanto, que se falar em Estado como produtor de bens ou serviços relacionados `as ECTs, mas regulador de princípios[416].

(2) No que se refere aos titulares de direitos difusos, também não há que se falar produção de bens e serviços, cabendo tão-somente a constatação de que também o denominado Direito do Consumo[417] faz parte desta categoria jurídica, mas para além deste fato que não traz reflexos à conservação das ECTs, não há aspectos de concorrência que possam ser observados.

Desta forma, a tutela da concorrência desleal aplica-se tão somente à titularidade originária inerente às coletividades criadoras, não cabendo análise das titularidades relacionadas ao Estado[418] e aos titulares de direitos difusos.

---

[415] E se houver a produção de bens e serviços com essas características, haveria de se exigir uma autorização por parte das coletividades criadoras, titulares originárias deste direito.

[416] Não é, portanto, titular de direitos, mas de obrigações.

[417] Ou Direito do Consumidor, em alguns ordenamentos jurídicos.

[418] Senão sua obrigação em manter os intitutos da livre concorrência, bem como a boa-fé inerente à mesma.

## TUTELAS APLICÁVEIS

Restam-nos as coletividades criadoras como titulares de direitos inerentes às ECTs sendo tuteladas pelo escopo protetivo da concorrência desleal e suas espécies *passing off* e *breach of confidence*.

No que se refere à aplicabilidade de princípios de concorrência desleal para a tutela de coletividades criadoras, não restam dúvidas sobre o fato de que o mesmo pode ser aplicado em decorrência da já percebida semelhança entre estas e qualquer entidade que tenha como escopo fundamental a atividade comercial.

Nesse sentido, já fora analisado no capítulo anterior que as coletividades criadoras, ao atuarem na qualidade de produtoras de bens de consumo e serviços, merecem também a tutela de sinais distintivos, valendo o mesmo princípio à concorrência desleal, no que se refere a um escopo protetivo como fornecedor de produtos ou serviços.

### 5.2.2. A aplicabilidade da concorrência desleal como medida protetiva das ECTs decorrentes de coletividades criadoras

Em referência aos princípios gerais da concorrência desleal e o seu interesse para as ECTs, alguns pontos devem ser salientados.

A definição de concorrência desleal, referida no art. 10, bis da Convenção de Paris, estabelece que "qualquer ato de competição contrário às práticas honestas em questões comercias ou industriais constitui-se em ato de concorrência desleal".

Portanto, o texto da Convenção de Paris estabelece uma grande amplitude ao instituto, ainda que seguidamente à sua definição especifique os atos que, particularmente, devem ser proibidos nos países signatários[419].

---

[419] Um grande número de países procura instituir o elenco mais vasto possível para os atos de concorrência desleal, não só como possibilidade de aumentar o âmbito de proteção, mas também por inserir a concorrência desleal no universo jurídico do Direito Penal, o que torna absolutamente necessária uma tipificação restrita, pela natureza desta categoria jurídica. A classificação da concorrência desleal como prática criminosa vem sendo criticada por parte da doutrina que prefere instituí-la tão-somente como ilícito civil, não merecendo o amplo escopo público inerente ao Direito Penal. Exemplo de uma extensa tipificação é o ordenamento jurídico brasileiro, na Lei 9.279/96, que em seu artigo 195 estabelece que comete crime de concorrência desleal quem: "I – publica, por qualquer meio, falsa afirmação, em detrimento de concorrente, com o fim de obter vantagem; II – presta ou divulga, acerca de concorrente, falsa informação, com o fim de obter vantagem; III – emprega meio fraudulento, para desviar, em proveito próprio ou alheio, clientela de

A TUTELA JURÍDICA DAS EXPRESSÕES CULTURAIS TRADICIONAIS

Estes atos são:

(1) Quaisquer atos de concorrência que tenham por natureza criar confusão por qualquer meio que seja com o estabelecimento, bens ou atividades comerciais ou industriais de um concorrente;

outrem; IV – usa expressão ou sinal de propaganda alheios, ou os imita, de modo a criar confusão entre os produtos ou estabelecimentos; V – usa, indevidamente, nome comercial, título de estabelecimento ou insígnia alheios ou vende, expõe ou oferece à venda ou tem em estoque produto com essas referências; VI – substitui, pelo seu próprio nome ou razão social, em produto de outrem, o nome ou razão social deste, sem o seu consentimento; VII – atribui-se, como meio de propaganda, recompensa ou distinção que não obteve;VIII – vende ou expõe ou oferece à venda, em recipiente ou invólucro de outrem, produto adulterado ou falsificado, ou dele se utiliza para negociar com produto da mesma espécie, embora não adulterado ou falsificado, se o fato não constitui crime mais grave; IX – dá ou promete dinheiro ou outra utilidade a empregado de concorrente, para que o empregado, faltando ao dever do emprego, lhe proporcione vantagem; X – recebe dinheiro ou outra utilidade, ou aceita promessa de paga ou recompensa, para, faltando ao dever de empregado, proporcionar vantagem a concorrente do empregador; XI – divulga, explora ou utiliza-se, sem autorização, de conhecimentos, informações ou dados confidenciais, utilizáveis na indústria, comércio ou prestação de serviços, excluídos aqueles que sejam de conhecimento público ou que sejam evidentes para um técnico no assunto, a que teve acesso mediante relação contratual ou empregatícia, mesmo após o término do contrato; XII – divulga, explora ou utiliza-se, sem autorização, de conhecimentos ou informações a que se refere o inciso anterior, obtidos por meios ilícitos ou a que teve acesso mediante fraude; ou XIII – vende, expõe ou oferece à venda produto, declarando ser objeto de patente depositada, ou concedida, ou de desenho industrial registrado, que não o seja, ou menciona-o, em anúncio ou papel comercial, como depositado ou patenteado, ou registrado, sem o ser; XIV – divulga, explora ou utiliza-se, sem autorização, de resultados de testes ou outros dados não divulgados, cuja elaboração envolva esforço considerável e que tenham sido apresentados a entidades governamentais como condição para aprovar a comercialização de produtos." A legislação portuguesa é mais comedida e procurar generalizar os atores de forma a ampliar o escopo interpretativo, nos termos do artigo 317º do Código da Propriedade Industrial (Decreto 36/2003), *in verbis*: Concorrência Desleal. "1 – Constitui concorrência desleal todo o acto de concorrência contrário às normas e usos honestos de qualquer ramo de actividade económica, nomeadamente: a) Os actos susceptíveis de criar confusão com a empresa, o estabelecimento, os produtos ou os serviços dos concorrentes, qualquer que seja o meio empregue; b) As falsas afirmações feitas no exercício de uma actividade económica, com o fim de desacreditar os concorrentes; c) As invocações ou referências não autorizadas feitas com o fim de beneficiar do crédito ou da reputação de um nome, estabelecimento ou marca alheios;

# TUTELAS APLICÁVEIS

(2) Falsas alegações no curso do comércio ou atos de concorrência com vias a abalar o crédito do estabelecimento, bens ou atividades comerciais ou industriais de um concorrente;

(3) Indicações ou alegações de uso, as quais no decorrer do processo do comércio sejam responsáveis por induzimento a erro ou engano sobre a natureza, o processo de produção, as características, os propósitos ou a quantidade dos bens.

Em linhas gerais, portanto, a Convenção de Paris dispõe sobre a proteção de sujeitos que deveriam ser tutelados contra atos de terceiros que intencionem confundir os consumidores, bem como contra atos que produzam abalo de crédito e induzimento a erro ou engano sobre bens ou serviços.

O que logo se coloca no tocante às ECTs e às coletividades criadoras é a pergunta: Quem poderia praticar atos tais como os descritos na Convenção de Paris? Em outras palavras: quem praticaria concorrência desleal contra as coletividades criadoras?

Há um aspecto importante a ser observado, pois que deve haver a configuração de concorrência, o que poderia indicar a necessária atuação de sujeito de Direito que ostenta uma mesma posição com o seu concorrente, no mundo fático. Em outras palavras, somente coletividades criadoras poderiam concorrer com outras. Ainda mais especificamente, somente coletividades que produzissem bens semelhantes ou praticassem atos semelhantes a de outra poderiam estar concorrendo. Não nos parece razoável crer dessa forma, visto que a concorrência vai se dar de modo objetivo, levando-se em conta se houve ou não, em determinada hipótese, um ato de concorrência que possa atender aos pressupostos

---

d) As falsas indicações de crédito ou reputação próprios, respeitantes ao capital ou situação financeira da empresa ou estabelecimento, à natureza ou âmbito das suas actividades e negócios e à qualidade ou quantidade da clientela; e) As falsas descrições ou indicações sobre a natureza, qualidade ou utilidade dos produtos ou serviços, bem como as falsas indicações de proveniência, de localidade, região ou território, de fábrica, oficina, propriedade ou estabelecimento, seja qual for o modo adoptado; f) A supressão, ocultação ou alteração, por parte do vendedor ou de qualquer intermediário, da denominação de origem ou indicação geográfica dos produtos ou da marca registada do produtor ou fabricante em produtos destinados à venda e que não tenham sofrido modificação no seu acondicionamento."

A TUTELA JURÍDICA DAS EXPRESSÕES CULTURAIS TRADICIONAIS

indicados em cada legislação nacional que trate do tema, tendo por base a Convenção de Paris, e que se considere como um ato desleal.

Retomando nosso questionamento, duas hipóteses se colocam, de imediato:

(1) A prática de concorrência desleal por outras coletividades criadoras que tenham como representativas ECTs de tal modo semelhantes com as de outra coletividade, o que poderiam indicar uma confusão. Veja-se que, nesse sentido, coloca-se o aspecto da representatividade, já estudado no capítulo 2, sobre o objeto da tutela. Ora, sendo representativa de sua própria comunidade, uma coletividade criadora não estaria praticando ato de concorrência desleal se constatada uma mera semelhança dessa ECT com a de outra coletividade. Seria o exemplo de uma comunidade indígena, produtora de determinada cestaria ou tapeçaria representativa de sua cultura, que fosse marcadamente semelhante ao de uma outra comunidade. Para que houvesse um ato de concorrência desleal, deveria haver propositada confusão, ou demais critérios elencados em cada legislação nacional, para configurar-se o instituto da concorrência desleal. De toda forma, não nos parece este o fato mais importante a ser observado.

A segunda hipótese a ser observada é a seguinte:

(2) A atuação de terceiros que não ostentam um *status* jurídico diferenciado ao das coletividades criadoras, sendo este o fato que nos parece relevar.

Observe-se que mesmo que haja um intuito comercial intrínseco em determinadas coletividades criadoras, não nos parece razoável crer que o objetivo primordial destas seja a prática comercial[420]. De todo modo, ainda que assim o seja, seria mais razoável crer que outras instituições parecem estar mais voltadas ao comércio, como empresas, que, objetivamente, comercializem produtos relacionados à cultura e ao entretenimento. É exatamente na relação entre as coletividades criadoras e empresas com fito comercial que coloca-se com mais gravidade o problema. Observe-se que a produção de bens de consumo fazendo-se passar por originais de coletividades criadoras não seria concepção difícil de se imaginar. Ou ainda uma segunda opção, como a mera utilização de

---

[420] Como já fora exposto no ponto anterior, em referência aos sinais distintivos.

234

TUTELAS APLICÁVEIS

ECTs sem a autorização do titular das mesmas com via a efetuar competição com bens originais, desautorizadamente. Dessa forma, a venda de cestarias ostentando uma determinada (falsa) origem, sendo em verdade produzidas em escala industrial, ou a utilização por terceiros de obras que representem expressões de uma cultura tradicional são hipóteses de ilícitos que podem ser tuteados pelos princípios da concorrência desleal[421].

Concluímos por uma aplicabilidade dos princípios da concorrência desleal, principalmente nesta última hipótese supra mencionada, sendo certo que o escopo de proteção desse instituto jurídico não é suficiente para tutelar as necessidades implicadas às ECTs.

Analisemos, ainda, no que se refere à concorrência desleal, os institutos do *passing off* e do *breach of confidence*.

Para tal, há de se ter em mente que a concorrência desleal, em sentido lato, é uma modalidade de tutela aplicável em países que não apresentam as divisões tais quais as comentadas em seqüência. Os países que têm por sistema o romano-germânico mantêm a modalidade de concorrência desleal em sentido amplo, bem como os EUA.

Por sua vez, os países diretamente relacionados com o sistema da *common law* inglesa, tais quais Austrália e Nova Zelândia, além da própria Inglaterra, apresentam em seu ordenamento jurídico as espécies a seguir tratadas.

A importância de tratar sobre as categorias jurídicas do *passing off* e do *breach of confidence* decorre da aplicabilidade destes para tutelar as ECTs de modo menos genérico do que através da concorrência desleal.

### 5.2.2.1. *Passing off*[422]

Dentre as diversas modalidades de atuação que possam indicar um ato de concorrência desleal, cabe mencionar aquela que se constitui em fazer um produto ou serviço se parecer com o de um concorrente.

---

[421] P.x., caso *Milpurrurru*, da jurisprudência australiana.

[422] Para análises mais aprofundadas sobre o tema, indica-se: Robert C. Dorr, Christopher H. Munch, *Protecting Trade Secrets Patents, Copyrights and Trademarks,* London: Aspen Law and Business −Aspen Publishers Inc., (?): (?); Michael F. Flint e, Nicholas Fitzpatrick e Clive D. Thorne, *A User's Guide to Copyright,* 5ª. Edição, London: Butterworths, − Edinburgh − Dublin, 2000; David Young, *Passing off − The Law and Practice Relating to the Imitation of Goods, Businesses and Professions,* Oyez Longman, London(?): ?.- Obra pesquisada na

## A TUTELA JURÍDICA DAS EXPRESSÕES CULTURAIS TRADICIONAIS

Ao ser comparada com a concorrência desleal, essa violação constitui--se em um ilícito autônomo, estando presente em um grupo delimitado de países[423], cujos ordenamentos jurídicos a denominam *passing off*[424].

O ponto primordial que leva à discussão do *passing off* em nosso estudo é a constatação de que a produção e comercialização de obras/expressões e produtos diversos como se fosse produção original de determinadas coletividades criadoras ensejaria uma violação tutelável pelo instituto jurídico supra mencionado. O *passing off* pode ser caracterizado pelo comportamento de comerciantes inescrupulosos, os quais, com o fito de ludibriar terceiros, promovem a venda de produtos falsamente relacionados, os quais poderiam, exemplificadamente, estar relacionados à determinada cultura indígena.

Importante observar que o Direito que irá condenar o ato de *"fazer-se passar por"* tem por objeto de proteção a boa-fé presente em um negócio, e, além disso, o ato deverá ter sido cometido contra um sujeito em uma relação de consumo. Por outro lado, o *passing off* é cometido por um comerciante contra outro, apesar de a prática ludibriosa ter ocorrido em relação a um consumidor[425]. Nesse sentido, em linhas gerais, pode-se afirmar que o consumidor ludibriado poderá atuar juridicamente contra aquele que o enganou, tendo por base o direito do consumo[426]. Não há qualquer impeditivo, porém, para que sejam aplicados os princípios do

---

Biblioteca do IDIUS, na Universidade de Santiago de Compostela, em meados de julho de 2003; W.R. Cornish, *Intellectual Property:* Patents, Copyright, Trademarks and Allied Rights, 4ª edição, Segunda impressão, London: Sweet and Maxell, 2000. Para referências sobre o *trade dress*, ver Paul Walsh, *Securing Trade Dress Protection in the UK*, Trade Mark Yearbook- Managing Intellectual Property, London: Euromoney Publications PLC, , 1998; Eugene F. Collins, *Protecting Trade Dress in Ireland,*Trade Mark Yearbook- Managing Intellectual Property, London: Euromoney Publications PLC, , 1998; Anna Sobczyk e Lidia Zochowska, *Protecting Trade Dress in Ireland,*Trade Mark Yearbook- Managing Intellectual Property, London: Euromoney Publications PLC, , 1998.

[423] Países que se utilizam do sistema inglês da *common law.*

[424] Que poderia ser traduzido como o ato de *fazer-se passar por.*

[425] Nesse sentido, David Young, *Passing off – The Law and Practice Relating to the Imitation of Goods, Businesses and Professions esclarece:* "[...] A ação judicial que tem por escopo a categoria de tutela nomeada por passing off (fazer-se passar por) é intentada por um comerciante/empresário em face de outro comerciante/empresário e não pelo membro do público (consumidor) contra quem a fraude tenha sido praticada.[...]" p. 01. (tradução livre do autor).

[426] Também denominado Direito do Consumidor.

TUTELAS APLICÁVEIS

*passing off* e de direito do consumo em decorrência de uma mesma ação que mereça a condenação por ambas categorias jurídicas, visto que os sujeitos ativos são distintos.

Em conseqüência da exatidão do objeto protegido e da possibilidade em se aplicar o *passing off* em relação às ECTs, a proteção contra esse tipo de ilícito fora já contemplada nas Disposições-tipo, através de sua seção 6, nº 3.[427] Aquele diploma legal estabelece a possibilidade de se vislumbrar uma espécie de *passing off*, recomendando aos Estados que a utilizem como base para suas leis nacionais, ainda que não sejam países que façam uso dos preceitos da *common law*[428]. O dispositivo legal das Disposições-tipo enumera as ofensas que deverão incluir-se em um rol de práticas consideradas criminosas. Neste rol de violações[429] de, suposta, maior gravidade, inclui-se a prática do *passing off*, quando o texto dispõe que "[...] deverá ser punida qualquer pessoa que intencionalmente ludibria terceiros em relação à origem de artefatos ou objetos de performances ou recitações disponibilizadas ao público de modo direto ou indireto, apresentando estes artefatos ou objetos como expressões de uma determinada comunidade à qual estes de fato não pertençam [...]"

Antes, porém, de analisar como se poderia proceder no que concerne às ECTs, há de se conhecer os elementos que compõem esta categoria jurídica.

O *passing off*, por sua origem e aplicação no sistema de *common law*, baseia-se em princípios decorrentes de alguns *leading cases*. Dessa forma, os elementos que caracterizam essa categoria decorrem basicamente de dois casos[430], sendo que um deles estabeleceu o que ficou conhecido por *clássica trindade*[431].

---

[427] Sobre este aspecto, ver o capítulo 4, em referência às Disposições-tipo OMPI/Unesco, bem como o capítulo 6 no que se refere ao direito à preservação cultural em sentido amplo.
[428] Pode-se afirmar que é possível a instituição desta categoria jurídica em países que não a reconheçam, e, mesmo pertencentes a outros sistemas que não a *common law*, basta que se estabeleça um tratamento determinado em lei.
[429] *Offences.*
[430] *Erven Warnink BV vs. J Touwnend & Sons (Hull) Ltd.* e *Reckitt Colman Products Ltd vs Borden Inc.*
[431] O caso que estabeleceu o que nomeou-se por *classic trinity* fora *Reckitt Colman Products Ltd vs Borden Inc.*

A TUTELA JURÍDICA DAS EXPRESSÕES CULTURAIS TRADICIONAIS

Dessa forma, para que uma ação seja considerada um ilícito que ocorra através do *passing off* é necessário que:

1 – O autor da ação/lesado demonstre a boa-fé na origem de seus produtos, bem como no uso de seu nome e/ou sua marca na mente do público consumidor;

2 – O autor da ação/lesado deve demonstrar que houve comportamento que denotasse falsidade ideológica, uso de declarações falsas ou fraude por parte do comitente do ilícito de *passing off*, conduzindo o público a crer (de modo intencional ou não) que os produtos ou serviços deste último seriam do autor da ação;

3 – O autor da ação/lesado deve demonstrar que sofreu ou provavelmente teria sofrido danos em conseqüência do comportamento do comitente do ilícito.

Reconhecidos cada um desses pressupostos, se estabelece o ilícito de *passing off*.

Resta saber, pois, no que poderia, esta modalidade de proteção jurídica, tutelar as ECTs.

Como já observado na parte geral que tratou sobre a concorrência desleal, basta que um concorrente atue de modo a ludibriar o consumidor através dos pressupostos supra mencionados para que esteja configurado o *passing off*. Cumpre ressaltar, não é exigido que o concorrente seja de uma mesma categoria do sujeito que dá origem ao produto ou serviço relacionado à ECT que gerou a demanda.

Casos práticos indicam a tutela de ECTs através de *passing off*.

Vejamos, p.ex., o uso das *Molas* típicas do povo indígena *Kuna*, do Panamá. Atuações que indiquem, por outra fonte que não a relacionada com aquele povo, a origem de *Molas* ou que façam parecer que aquelas manifestações culturais sejam originais configuram-se em ações passíveis de tutela pela categoria do *passing off*.

Por outro lado, a produção de bens que indicam falsamente a procedência de uma determinada coletividade criadora constituiria-se em prática de *fazer-se passar por*, bastando que estejam presentes os seus pressupostos já elencados.

Como se pode perceber anteriormente, a instituição de sinais distintivos pode auxiliar no combate a esta prática, mas sua eficiência resta

TUTELAS APLICÁVEIS

limitada, visto que instituir-se o uso de selos que comprovem a autenticidade[432] não significa dizer que terceiros não irão fazer uso de selos falsos ou mesmo de atuações que indiquem uma falsa origem.

Por fim, há que se recordar do princípio estabelecido no mais antigo caso que trata sobre o tema, conhecido por *Reddaway vs. Banham*[433], no qual o Juiz *Halsbury* determinou que "[...] ninguém possui qualquer direito a fazer parecer seus bens como se fossem bens de outrem [...]". Este, portanto, deve ser o ponto de partida para a constatação do ilícito do *passing off*, que, no que pese a sua impossibilidade em tutelar todas as necessidades de proteção inerentes às ECTs, auxilia na constatação de uma prática ilícita de particular importância no universo das ECTs. Nesse sentido, resta perceber que a categoria jurídica do *passing off* auxilia ao desenvolvimento da tutela jurídica que será apresentada no capítulo 6.

### 5.2.2.2. *Breach of confidence*

Além do instituto do *passing off*, o sistema inglês da *common law* também se utiliza do instituto denominado *breach of confidence*. O termo poderia ser traduzido como "quebra de confiança".

Enquanto na concorrência desleal as atuações ilícitas podem ser de diversas categorias e no *passing off* correspondem a *"fazer-se passar por"*, no *breach of confidence* apresenta-se outra espécie de prática ilícita, que é a quebra de confiança decorrente de um direito de confiabilidade.

O *breach of confidence* nos interessa pois possibilita que uma idéia (e no que mais nos interessa, também propriamente as expressões culturais tradicionais), ao ser utilizada no sentido de criar ou produzir uma obra tutelável, seja protegida antes mesmo de sua manifestação exterior, sem, portanto, ainda exigir-se um desenvolvimento para a mesma. Para que se possa compreender a relação deste instituto jurídico com o tema das ECTs, faz-se necessária a compreensão dos elementos essenciais definidos pela jurisprudência[434] para que o mesmo se configure.

Dessa forma, para que haja *breach of confidence* são necessárias:

---

[432] Tal qual nos métodos protetivos australianos e panamenhos.
[433] *Reddaway vs. Banham (1896) 13 RPC 218 at 214 (HL).*
[434] *Coco vs. Clark (enginerrs) Ltd [1969] RPC 41 at 47.*

# A TUTELA JURÍDICA DAS EXPRESSÕES CULTURAIS TRADICIONAIS

(1) A confidencialidade da informação;

(2) A comunicação da informação em circunstâncias que importam em uma obrigação de confiança por parte de seu receptor e, finalmente;

(3) A divulgação ou simples ameaça de divulgação desautorizada ou o mal uso efetuado ou simplesmente ameaçado da divulgação.

Dessa forma, podemos observar que diversas informações inerentes a tutela por parte de distintos direitos podem ser incluídas no método protetivo da *breach of confidence*.

O que nos importa é perceber e fazer uma análise comparativa do escopo de proteção das ECTs pelo instituto que ora se apresenta.

Certo é que o mesmo não apresenta plena eficiência quando da tutela das ECTs, mas não há que se olvidar que, em determinados casos, o *breach of confidence* pode consolidar uma defesa razoável das ECTs.

Em linhas gerais, cumpre salientar que o instituto do *breach of confidence* pode ser eficaz se utilizado a auxiliar a criação de um novo Direito ou mesmo se aplicado pelos países que o possuam em seu ordenamento jurídico.

Compare-se, primeiramente, com casos específicos relacionados a outras modalidades de tutela, tais como o Direito de Autor e os Direitos de Personalidade. Por exemplo, o caso de um professor que divulga informações ou notas em confidência sobre determinado tema e, portanto, encontra-se protegido por seu legítimo direito de confidencialidade, segundo a doutrina do *breach of confidence*.

De certo que a utilização por parte dos alunos com fins comerciais das notas tem relação com a obrigação de segredo relacionadas com as mesmas. Melhor dizendo, o fato de utilizar-se das anotações sem fins comerciais não implica qualquer violação. O fato de utilizar-se com fins comerciais implica violação, independentemente do direito de confidencialidade. Por outro lado, a divulgação e a relação de confiança com os alunos receptores da informação estão protegidos pela aplicação do *breach of confidence*, nos países que o utilizam. Neste último caso não importa se houve uso comercial ou não, visto que o ponto de vista da tutela não é a prática comercial, mas a proteção da confidencialidade. Desta forma, vê-se relação do *breach of confidence* com o Direito de Autor, e uma maior amplitude de proteção a determinadas situações como a

# TUTELAS APLICÁVEIS

supra citada. Para países que utilizam-se da concorrência desleal, em linhas gerais não se poderia efetuar a proteção do caso acima, pois não haveria necessariamente concorrência. O mais aproximado que se poderia chegar ao *breach of confidence* seria a aplicação dos pressupostos da responsabilidade civil.[435]

Percebendo-se a implicação do instituto, cabe também compreender a sua aplicação para casos relacionados a violações das ECT.

Tome-se por base a produção das *Molas* dos índios *Kuna* do Panamá. Sabe-se que a criação e o desenvolvimento das molas é prerrogativa da cultura daquele povo. A informação do modo de fazer, quando divulgada em confiança, deve ser mantida independentemente do uso comercial que da mesma se poderia efetuar. Ora, o uso desautorizado do modo de fazer ensejaria a proteção pelo *breach of confidence*, mas a mera divulgação do mesmo já seria suficiente para conduzir à tutela por este Direito[436].

---

[435] Ora, no sistema de *Droit D'auteur* não se faz necessário o registro da obra, sendo certo que a fixação não é um requisito da tutela, visto que a criação deve ter sido, somente, exteriorizada. Por sua vez, no sistema de *Copyright*, por sua proteção mais voltada ao objeto que ao sujeito, é necessário mais do que uma exteriorização, exigindo-se a fixação. Até porque, o direito de reprodução é a base desse sistema. Em outras palavras, é necessário haver uma comprovação de que a obra, em si, existe e fora criada e mantém uma determinada forma. Voltando-se ao sistema do *Droit D'auteur*, mantendo-se a visão personalista do Direito de Autor, a mera exteriorização de uma idéia, ainda que não ocupante de um corpo físico ou mesmo através da representação (material) de sua existência, merece a tutela deste Direito. Dessa forma, o escopo do *Droit D'auteur* abrange uma maior amplitude quando do momento da criação da obra, restando a questão da aplicação do Direito à demonstração comprobatória do mesmo. O registro não é condição *sine qua non* para o Direito de Autor no sistema de *Droit D'auteur*. Visto isso, percebe-se que parte do que poderia ser protegido pelo *breach of confidence* inglês poderia ser tutelado no sistema de *Droit D'auteur*. Por outro lado, o *breach of confidence* traz uma maior complexidade na medida protetiva do *Copyright*.

[436] Em relação às ECTs, há a possibilidade de uma certa equivalência entre o instituto do *breach of confidence*, típico dos países da *common law*, com aplicações inerentes aos Direitos de Personalidade. A divulgação de informações secretas relativas a uma coletividade criadora implicaria em prática de *breach of confidence*, não importando, inicialmente, o meio pelo qual a informação fora fornecida, mas desde que atendidos os pressupostos do referido direito, ou seja, as já citadas confindencialidade, quebra na confiança e divulgação desautorizada. Por outro lado, na ausência do instituto do *breach of confidence*, e alcançada a violação de aspectos internos, de interesses somente às coletividades criadoras, não nos furtamos em perceber a possibilidade de aplicação dos Direitos de Personalidade.

A TUTELA JURÍDICA DAS EXPRESSÕES CULTURAIS TRADICIONAIS

Exemplo de aplicação de *breach of confidence* ocorreria em violação de ECTs, como a de festividades proibidas a pessoas estranhas aos grupos, tal qual a festividade do Ouricuri dos índios *Fulni-ô*, do nordeste do Brasil. Levando-se em conta a religiosidade e o aspecto sagrado das manifestações que ocorrem através das festividades do Ouricuri na localidade que leva o mesmo nome, não é permitido o acesso ao evento de quem não seja componentes do referido grupo indígena. Nesse sentido, por não serem merecedores da confiança dos *Fulni-ô*, os estranhos àquela comunidade não podem sequer ter conhecimento do que se passa internamente naquela localidade, sendo certo que as determinações consuetudinárias são severas. A divulgação de informações dadas em confiança sobre o que se passa no referido local seriam plenamente tuteláveis pelo instituto do *breach of confidence*, se o mesmo fosse utilizado no Brasil[437].

Um exemplo de aplicação prática desse direito é o caso *Foster* (1976), da jurisprudência australiana, um dos paradigmas da vasta jurisprudência oriunda daquele país e que interessa ao nosso tema.

Naquele caso observou-se a quebra de confiança

em decorrência da publicação da obra de um antropólogo que divulgou informações precisas sobre povos aborígenes australianos, sendo certo que essas informações lhes foram transmitidas em total confiança e como condição de que não fossem trazidas a público. Observa-se a aplicação prática do instituto do *breach of confidence* para tutelar as ECTs[438].

### 5.2.3. A aplicação da concorrência desleal e outras espécies

No que se refere a todo o escopo protetivo possibilitado pela concorrência desleal, concluímos que essa categoria jurídica apresenta possibilidades de tutela no âmbito das ECTs, em especial no que se refere às práticas comerciais que possam ser danosas a determinadas coletividades criadoras.

---

[437] Sobre a festividade do Ouricuri ver o boletim informativo nº 9 e nº 10 (Brasília, 1973/1974), da FUNAI, *Ouricuri, A festa proibida dos Fulni-ô*. Estivemos na aldeia dos Fulni-ô por ocasião das pesquisas de campo realizadas para atingir os fins deste estudo e mesmo que tenhamos estabelecido uma relativa confiança com o Pajé, ainda assim também não nos foi permitido ultrapassar o limite estebelecido pelo chefe indígena.

[438] Sobre o caso Foster e outros casos jurisprudenciais australianos, ver o capítulo 4.

Por outro lado, não nos parece suficiente e adequado instituir-se a concorrência desleal como única medida protetiva das ECTs, em decorrência das inúmeras falhas decorrentes do escopo limitado em seu âmbito de proteção.

Além disso, a consideração de que há dois sistemas que aplicam princípios diferenciados utilizando-se por vezes da concorrência desleal e por outras dos institutos de *passing off* e *breach of confidence* também significa que uma harmonização não seria possível.

Dessa forma, a concorrência desleal, tal qual outras categorias jurídicas que vêm sendo estudadas, serve como forma de indicar as necessidades de tutela com o fim de indicar a um Direito o mais amplo possível para tutelar as ECTs

No que respeita em especial ao *breach of confidence*, importante considerar que os aspectos inerentes a esta categoria de Direito poderiam se afastados da disciplina da concorrência desleal, configurando uma tutela autônoma, ao menos no que respeita à sua aplicabilidade referente às ECTs. Também nesse sentido, este último instituto pode servir como exemplo para tutelar alguns aspectos ausentes nos países que aplicam a concorrência desleal em sentido amplo.

## 5.3. Dos Direitos de Personalidade

Outra possibilidade de tutela aplicável às ECTs seria a dos Direitos de Personalidade.

Em estudo anterior já definimos personalidade, sob o ponto de vista das Ciências Jurídicas, como "o conjunto de idiossincrasias inerentes a cada ser humano em sua individualidade, mantendo este conjunto, relação ou não com a sociedade".[439]

Essa personalidade protegível pelo Direito é tema de amplos estudos de ordem jurídica, além de outras áreas do conhecimento.

A questão da tutela das ECTs traz em si um aspecto de fácil delimitação no que se refere ao sujeito da tutela aplicável pelos Direitos de Personalidade ao tornar evidente que o Estado e, além deste, os titulares de direitos difusos, não poderiam ser tutelados por essa categoria jurídica.

---

[439] *Internet, privacidade e dados pessoais*, Victor Gameiro Drummond, Rio de Janeiro: Editora Lumen Juris., 2003, p. 13.

A TUTELA JURÍDICA DAS EXPRESSÕES CULTURAIS TRADICIONAIS

Faltam-lhes um requisito básico que é a personalidade sobre a qual deveria repousar os Direitos. São conceitos por demais abstratos para conceber a análise de uma possível aplicação de personalidade, no domínio do que esta interessa à tutela das ECTs.

De toda forma, além da simples exclusão dos sujeitos de tutela supra citados, coloca-se a discussão no âmbito das coletividades criadoras e da possibilidade de aplicação da tutela pelos Direitos de Personalidade.

### 5.3.1. Aplicação dos Direitos de Personalidade à coletividade criadora – o cerne da discussão

O que mais releva no estudo que ora se apresenta é o fato de que para haver a tutela de coletividades criadoras não se poderá tratar de personalidade do ponto de vista individual. Tal fato decorre da origem coletiva das ECTs, estas já exaustivamente analisadas no presente estudo[440].

E por quais motivos se poderia argumentar favoravelmente a uma tutela pelos Direitos de Personalidade? Neste momento hemos de nos socorrer da Antropologia e analisar os fatos à luz de um contraposição entre esta ciência e o Direito.

Pelo simples fato de que a concepção e a cosmogonia dos muitos povos existentes são diferentes, sendo certo que para determinados grupos sociais o que parece ser individualmente inabalável e plenamente privado se consideraria coletivo e público se transplantado para outros ordenamentos sociais.

Para alguns povos e grupos sociais não existe o individual, senão o coletivo.

Não existe o **meu,** senão o **nosso**, o de **todos**[441-448].

---

[440] Capítulo 3

[441] Nesse sentido, afirma Kamal Puri "[...] O direito consuetudinário aborígene se caracteriza pela não exclusividade dos direitos. Nas comunidades aborígenes, as formas e criações artísticas são propriedade da tribo, ainda que o direito de executar desenhos e pinturas estejam determinados em função dos costumes e usos tribais. [...]" Kamal Puri, *Preservación y conservación de las expressiones del folclore*, Boletín de Derecho de Autor, Vol. XXXII, nº. 04, outubro/dezembro 1998, Por una protección jurídica del folclore?, Ediciones Unesco, p. 13. O que Puri pretende aqui indicar se refere, evidentemente, à exclusividade individual e não à exclusividade no sentido de exclusão de terceiros sobre a aplicabilidade e o exercício de um direito. Portanto, não está se referindo o autor a uma condição que seja a exclusividade quando comparada com os direitos de remuneração, mas, de modo mais

TUTELAS APLICÁVEIS

Não restam dúvidas sobre as diferentes cosmogonias e, por conseguinte, sobre um diferenciado tratamento jurídico que às mesmas deveria recair.

A questão que deve ser colocada é: ainda que se possa admitir a existência de concepções e cosmovisões distintas sobre individualidade e coletividade na interpretação de distintos povos e grupos sociais, essas diferenças interpretativas seriam suficientes para gerar uma série de direitos coletivos, derivados, por sua vez, de uma categoria de direitos plenamente individualista, como o são os Direitos de Personalidade?

especificamente voltado à questão aborígene, relacionada à exclusividade no sentido de individualidade exclusiva. Refere-se, portanto, à individualidade e identificabilidade de individualidade que merece a tutela exclusiva de um direito, como é o fundamento clássico do Direiot de Autor. Contrariamente, porém, Júlio Cezar Melatti lembra que não raro escuta-se que os índios não têm noção do que venha a ser o Direito de Propriedade. O autor refuta tal suposição e simplesmente afirma que somente o referido direito não é aplicado da mesma maneira como em outras sociedades, e ainda entre as variedades indígenas sofrem variações. O autor traça o perfil do que seriam as diferenciadas modalidades de propriedade apresentadas por determinados grupos indígenas, chegando a dizer que, inclusive, há bens de propriedade coletiva, outros de propriedade individual. O que nos importa, de toda sorte, é a afirmação, por nós já conhecida, de que o contato de comunidades indígenas com os homens civilizados trouxe determinadas necessidades que comprovam as acentuadas diferenças sistemáticas entre o direito consuetudinário e outros sistemas jurídicos. (Comprova, outrossim, que as sociedades primitivas possuem uma inter-relação de conhecimentos distintos ainda mais profunda do que nas sociedades complexas).Como comprovação desta constatação cabe perceber que "[...] A introdução de novos elementos e de novas necessidades entre os índios pelo contato com os civilizados fez com que tivessem de solucionar certos problemas com relação ao direito de propriedade. [...]".*Índios do Brasil*, Hucitec/INL-Mec, 3ª. edição, São Paulo, 1980, p. 65.

[442] Dentre os fatores que implicam a diferenciação na compreensão do individual e do coletivo está a transitoriedade. Este aspecto é diferenciador na cosmogonia das sociedades simples, e, deste modo, não só a diferença entre individualidade e coletividade irá se colocar, mas também em outros conflitos que demonstram a necessidade das sociedade nativas preservarem a sua existência por meio de aspectos inerentes a todo o grupo social. Dessa forma, e exemplificadamente, o interesse de diversos países africanos encontra-se calcado sobre determinado grupo de instituições que, no entender de René David (*Os grandes sistemas do Direito contemporâneo, São Paulo:*Martins Fontes, 1998, p. 500) *perduram no e para além do tempo, tal qual tribos, castas, aldeias, linhagens,* enquanto o que ocorre no ocidente é a valorização de *elementos mais transitórios, como os indivíduos, casais e domicílios.* Sendo certo, portanto, que *a terra pertence aos antepassados e às gerações futuras tanto quanto, senão mais, aos homens atualmente vivos.* Toda essa relação é plenamente aplicável às ECTs.

A TUTELA JURÍDICA DAS EXPRESSÕES CULTURAIS TRADICIONAIS

A questão se coloca no sentido de buscar condições para a análise dos Direitos de Personalidade aplicáveis a determinados grupos sociais. Essa possibilidade deverá estar assentada na condição de atribuição de uma personalidade coletiva em sentido anterior à aplicabilidade do Direito, para, ato contínuo, aplicar-se a categoria jurídica e uma tutela desta categoria de direitos. Dito de outro modo, deve-se analisar se, havendo cosmovisões privilegiadoras de uma coletividade tutelável, haveria a possibilidade de lhes aplicar a categoria de Direitos de Personalidade, atribuindo-se uma nova classificação de **Direitos de Personalidade coletiva**. O titular do Direito seria, então, todo um grupo social, coletivamente considerado.

Nesses moldes, o titular do Direito teria a coletividade criadora protegida contra atos praticados contra a(s) emanação(ões) de uma personalidade coletiva[443].

Ainda que o ponto de partida seja antropológico, visto que se deverá analisar as diferentes visões sociais individualistas e coletivistas, o resultado prático deverá ser, inevitavelmente, ambientado nas Ciências Jurídicas, para conceber se os Direitos de Personalidade deveriam se prestar a esta nova tutela.

No universo dos Direitos de Personalidade, identificando-se individualmente o titular do Direito, está-se a aplicar o Direito preexistente relacionado à personalidade individualmente compreendida/concebível.[444-445]

---

[443] Utilizando-se e admitindo-se uma expressão classicamente romantizada do direito de autor.

[444] Ainda que haja questionamentos sobre o fato de se saber se a personalidade jurídica como instituição é anterior à coisa em si ou conseqüência. Mais ainda do que no âmbito do Direito de Personalidade referindo-se às pessoas ditas físicas ou naturais, tal discussão se coloca no âmbito da natureza jurídica das personalidades jurídicas.

[445] Por sua vez, não se confunde a categoria de Direitos de Personalidade com a de Direitos Fundamentais, pois o escopo de proteção de ambas é diferente, apesar de algumas espécies poderem ser encontradas nas duas categorias. Enquanto os Direitos Fundamentais tutelam a dualidade entre Estado e cidadão na concepção dos direitos mínimos necessários ao livre desenvolvimento da pessoa humana, os Direitos de Personalidade tratam de um escopo de proteção anterior ao Estado, inerentes às relações civis, como uma modalidade tratada como Direito Natural. Poucos são os autores que definem com exatidão as diferenças entre as duas categorias. Leia-se, por todos, José de Oliveira Ascensão, *Teoria*

TUTELAS APLICÁVEIS

Certo é que, se tal fato ocorre no que se refere ao indivíduo, uma visão de mundo lhe é atribuída, antropologicamente, e assim deverá sê-lo a diversos grupos sociais que tratam sua própria cosmogonia de modo diferenciado. Assim, tanto pode-se dizer que os indivíduos possuem diferenciada visão do mundo, como também os grupos sociais aos quais pertencem.

Neste mesmo raciocínio, veja-se que grande parte dos Direitos de Personalidade vinculam-se a institutos que requerem uma interpretação plenamente subjetiva e que serão deste modo tuteláveis pelo Direito. Exemplo são os direitos à honra, à privacidade e à imagem-atributo, só para citar alguns dos que merecem destaque.

Dessa forma, como já tivemos a oportunidade de afirmar, *o indivíduo necessariamente estará historicizado e nunca será alguém isolado do universo que o rodeia.*[446] Do ponto de vista dos Direitos de Personalidade, este fato importa pela consideração social que será atribuída a cada um dos indivíduos.

A historicização dos indivíduos que formam uma coletividade criadora deve ser observada do ponto de vista da própria coletividade, sem a atribuição de valores exteriores à mesma. Nesse sentido, não há que se efetuar uma transposição de valores para a compreensão social de universo externo àquelas sociedades, pois haveria uma interferência nos próprios significados transpostos.

Sendo assim, **se uma sociedade crê que uma violação através da divulgação de segredos inerentes à sua crença a atinge de modo coletivo, não há que se considerar a violação do ponto de vista individual**.

---

*geral do Direito Civil*, "[...] Não há equivalência entre direitos fundamentais e direitos de personalidade. Antes de mais, a preocupação da abordagem é diferente [...] p. 67. Luiz Roldão de Freitas Gomes, em seu artigo "Os direitos de personalidade e o novo Código Civil: Questões Suscitadas", *Revista da EMERJ*, v.5., nº 19, 2002, também enfrenta o tema ao citar Mazeaud e afirmar que "[...] os chamados direitos do homem são direitos públicos, dado que visam primordialmente a protegê-lo contra o arbítrio do Estado, enquanto os direitos de personalidade são muitos daqueles direitos da pessoa humana encarados na possibilidade de sofrerem atentados por parte de outros homens [...]" (*Mazeaud em Leçons de Droit Civil*, tomo 1, p.629.).

[446] *Internet, privacidade e dados pessoais*, Victor Gameiro Drummond, [...] p. 17.

A TUTELA JURÍDICA DAS EXPRESSÕES CULTURAIS TRADICIONAIS

Observe-se o exemplo do já citado ritual do Ouricuri dos índios Fulni--ô. Tudo o que se passa no interior da aldeia no período do Ouricuri[447], em meados do mês de setembro de cada ano, é sagrado e possui uma função originária religiosa. As normas daquela sociedade simples não permitem a sua divulgação, pois estaria ferindo princípios de direito consuetudinário[448]. Qualquer terceiro que viesse a divulgar os fatos aos quais teve acesso de modo ilícito[449] deveria, primordialmente, ser penalizado por violação de preceitos relacionados a um valor subjetivo daquela coletividade.

Interessa busca perceber qual o direito implicado nesta situação[450].

O que se percebe é que há, positivamente, valores subjetivos inerentes à coletividade, entendida, de um modo geral, através das sociedades simples.

Ainda nesse mesmo sentido, cumpre ressaltar que se têm como fluída e por vezes não identificáveis as diferentes emanações da personalidade individualmente concebida. Ora, sabe-se que por estar historicizado, o comportamento individual deverá obedecer ao grupo social ao qual pertence o indivíduo. E as emanações da personalidade individual, por sua vez, poderão ser percebidas a partir dos diversos modos de agir. O modo de falar, de vestir, de se alimentar, de criar e fazer arte e cultura, de exercer as crenças religiosas. Até mesmo a discussão sobre um Direito de Personalidade aplicável aos denominados direitos pessoais de autor já fora colocada.

---

[447] O termo Ouricuri se refere à região, ao período e às festividades.

[448] Os quais, obviamente, não se apresentam categorizados como nas sociedades complexas.

[449] P.ex., através de processos tecnológicos de captura de imagens e sons dos rituais relacionados ao Ouricuri, só para citar algumas hipóteses.

[450] A situação que se apresenta deve ser observada desde o ponto de vista dos fatos jurídicos em sua essência e observando o seu significado primígeno. Dessa forma, deve-se compreender o que significa um determinado fato (que possui uma função originária) no interior de uma coletividade e aplicar-lhe a tutela de acordo com o seu significado, sem a transposição para outros universos significativos (portanto, sem lhe aplicar uma função derivada). Desta forma, se uma coletividade considera um determinado comportamento uma violação de aspectos subjetivos do ponto de vista coletivo, o Direito deverá compreender esta situação fática e ser aplicado deste modo.

TUTELAS APLICÁVEIS

O fato é que, através de diversos modos a personalidade do indivíduo é apresentada no universo social, sendo certo que, até hoje, somente de modo individual houve a tutela jurídica aplicável.

Há grupos sociais, porém, que apresentam um comportamento plenamente coletivo em oposição à consideração individualista corrente nos grupos sociais das sociedades complexas. Dito de outro modo, *existem sociedades que constroem sistematicamente uma noção de indivíduo onde a verdade interna é exaltada (caso do Ocidente), e outras onde a ênfase recai na noção social de indivíduo, quando* **ele é tomado pelo seu lado coletivo: como instrumento de uma relação complementar com a realidade social**. *É isso que ocorre nas sociedades chamadas tribais.*[451-452]

Nesse sentido, parece ser razoável crer que determinados grupos sociais possam apresentar um comportamento coletivo em detrimento da manutenção de um comportamento essencialmente individualista[453-454].

Em aspectos relacionados a temas como o conceito de propriedade, p.ex., tal assertiva é inquestionável. E, mais especificamente, no que nos interessa, ou seja, nas ECTs, também é corrente a percepção de que gru-

---

[451] Anthony Seeger, Roberto DaMatta, Eduardo B. Viveiros de Castro, Eduardo B., *A construção da pessoa nas sociedades indígenas brasileiras*, Boletim do Museu Nacional, antropologia, nº 32, Maio de 1979.

[452] Mantivemos a denominação *sociedades tribais* originalmente destacada do texto apesar de preferirmos utilizar a denominação sociedades simples.

[453] É corrente a constatação de uma personalidade coletiva para grupos sociais determinados representativos de etnias e outras concepções antropológicas. Além disso, podemos afirmar que em termos práticos é o que vem ocorrendo no Brasil no que diz respeito aos grupos indígenas e, mais recentemente, aos quilombolas (remanescentes de quilombos da época da escravidão no Brasil), visto que são já inúmeras as associações representativas de Direitos dessas coletividades. Talvez não fosse sequer necessário a atribuição de associações, ainda que compreendamos a diferença, p. ex., entre a atribuição da personalidade de grupos étnicos e de associações representativas de grupos étnicos. Sobre este tema e toda a questão envolvendo os direitos coletivos, ver o texto de Darlene M. Johnston intitulado *Native Rights as Collective Rights: a Question of Group Self-preservation, in The Rights of Minority Cultures*, organizado por (edited by) Will Kymlicka, Nova York : Oxford University Press, Ohford, etc., 1995, p. 179-201.

[454] Esta seria a razão da aplicação dos Direitos de Personalidade para tutelar o ritual do Ouricuri.

# A TUTELA JURÍDICA DAS EXPRESSÕES CULTURAIS TRADICIONAIS

pos sociais são os verdadeiros titulares dos direitos relacionados às criações do domínio das artes e da cultura.[455-456]

Mas o Direito de Propriedade, apesar de demonstrar a diferente cosmogonia entre as sociedades simples e complexas, não é o que nos interessa.

Por outro lado, a preocupação com aspectos inerentes à consideração social de grupos sociais destacáveis e identificáveis traz o problema ao interesse dos Direitos de Personalidade.

---

[455] Esta é uma percepção facilmente reconhecível nas populações aborígenes australianas, tal qual já constatara Kamal Puri em diversos escritos, especificadamente no texto *Preservación y conservación de las expressiones del folclore*, Boletín de Derecho de Autor, Vol. XXXII, nº 04, Outubro/Dezembro 1998, Por una protección jurídica del folclore?, Ediciones Unesco, p. 13, no qual o autor afirma muito corretamente que *o direito consuetudinário aborígene se caracteriza pela não exclusividade dos direitos. Nas comunidades aborígenes, as formas e criações artísticas são propriedade da tribo, ainda que o direito de executar desenhos e pinturas estejam determinados em função dos costumes e usos tribais.* Desta forma, uma hipótese de questionamento seria a existência/atribuição de um eventual direito exclusivo para além da referida comunidade, exercido por ela mesma através de uma manutenção da sua personalidade coletiva. E complementa afirmando que: "[...] a produção e regulamentação de imagens nas comunidades indígenas não se fundamentam exclusivamente nos conceitos de talento ou expressão individual, mas emanam de sistemas de direitos e obrigações herdados [...]" Veja-se que as legislações que tratam do tema já vêm buscando estabelecer a propriedade coletiva sobre alguns bens imateriais. Neste sentido, Valsala Kutty *A Study on the protection of expressions of folklore,* WIPO, Genève: 1999, disponível em http://www.wipo.org/globalissues/studies/cultural/expressions/study/kutty.pdf
e a Lei 20 do Panamá.

[456] Também na categoria de direito de imagem-retrato percebe-se a possibilidade de sua aplicabilidade visto que a produção e regulamentação de imagens nas comunidades indígenas não se fundamenta exclusivamente nos conceitos de talento ou expressão individual, mas emanam de sistemas de direitos e obrigações herdados (Kamal Puri, *Preservación* [...] p. 13).. Em outras palavras, o talento que dera origem a determinadas concepções artístico-culturais não está diretamente e de modo individual relacionado aos criadores, mas não passa de "empréstimos" temporários para o indivíduo criador. Poderia ser ele o criador como qualquer outro. Ou ainda, poderia identificar-se uma diferença entre o autor e o criador. O autor seria, de fato, quem deu a luz à obra, mas o criador seria a coletividade. Deixaremos a análise de uma concepção nestes moldes para outro momento, pela eventual confusão terminológica que poderia proporcionar.

TUTELAS APLICÁVEIS

Parece inquestionável que os valores coletivos devem ser tutelados. Há de se perceber se as espécies de valores inerentes à integridade, à moral, à imagem-atributo podem ser vistos como passíveis de aplicação a coletividades.

Também não há que questionar a presença de valores como honra e integridade moral às coletividades criadoras.

Resta tão-somente perceber se é possível atribuir o Direito.

O primeiro argumento que se poderia utilizar é o da aplicação dos valores relacionados à integridade humana a todo e qualquer povo formador de uma nação. Essa concepção estaria voltada à tutela dos valores inerentes aos direitos humanos, considerados em uma perspectiva de Estado, de igualdade social entre diferentes grupos formadores de um elemento humano.

Por mais importante que sejam essas concepções, não é o que se está a questionar. A conclamação de direitos que possam advir de uma relação com o Estado, como o são os direitos fundamentais, pode causar confusão com a categoria dos Direitos de Personalidade. Tais categorias não se devem confundir.

Dessa forma, os direitos fundamentais baseiam-se em fundamentos de direitos humanos, que prevêem uma manutenção de uma ordem social justa e aplicação equitativa de direitos independentes de raça, cor, credo religioso, classe social etc. Não são o objeto de análise, ainda que possam suplantar a discussão pela sua validade constitucional.[457]

---

[457] Os questionamentos dessa categoria permeiam as discussões sobre a atribuição de direitos coletivos, mesclando princípios de Direitos Fundamentais e sua relação com o Estado e outras categorias, como os Direitos de Personalidade. Os próprios povos indígenas em geral já vêm tratando do tema, principalmente voltado a uma tutela pela Direito Constitucional, tal qual na Assembléia Plenária da 1ª. Conferência dos Povos Indígenas, realizada de 27 a 31 de outubro de 1975 em Port Albeni, Colúmbia Britânica, Canadá, em texto recolhido da obra *Os direitos do índio*, Manuela Carneiro da Cunha, São Paulo: Editora Brasiliense, 1987. Nas conclusões do encontro, a Assembléia Plenária da Conferência, dentre outras conclusões, dispunha que "[...] Todos os governos dos países onde há grupos indígenas devem reconhecer os direitos econômicos, culturais, políticos e sociais dos indígenas, tanto como seres humanos individuais quanto como grupo. [...]"

Por sua vez, os Direitos de Personalidade colocam-se no âmbito das relações civis antes de considerações acerca da existência do Estado. Por outro lado, apresentam, originariamente, cunho necessariamente individual, enquanto os direitos fundamentais apresentam, no sentido que se está a buscar, valores coletivos.

De toda sorte, a própria doutrina tem percebido a necessidade de um avanço na teoria dos Direitos de Personalidade e vem adotando concepções bem diferenciadas desta linha de atuação plenamente individualista. Dessa forma, não custa perceber a discussão sobre a violação de honra de pessoas jurídicas/coletivas, bem como da imagem-atributo desses mesmos entes jurídicos.

Por esta via de raciocínio, parece haver uma possibilidade de se aplicar a tutela de determinadas categorias de Direitos de Personalidade tal qual o direito de imagem e o direito à honra das coletividades criadoras. Observe-se, por exemplo, a compreensão de que a imagem-atributo de todo o grupo social deve ser preservada contra eventuais violações cometidas à mesma por quaisquer outros sujeitos exteriores a ela. No que toca à própria manutenção da ordem social interna, o grupo irá resguardar a manutenção de sua imagem-atributo através de sanções estabelecidas por si mesmos, geralmente já fundamentadas em princípios consuetudinários, fortalecidos pelo interesse em demonstrar a credibilidade social que todo o grupo deve apresentar perante seus congêneres ou terceiros. A tutela jurídica para evitar as violações externas, porém, segue sendo necessária.

Há que se perceber, outrossim, que a tutela de valores ínsitos à personalidade humana como os tratamos vão além das concepções culturais das ECTs. Dessa forma, apesar da possibilidade de tutela em determinadas situações, outras possivelmente estariam além do que poderia ser definido como expressões culturais tradicionais, e esse excesso não nos interessa.

Seria mais razoável, portanto, admitir a existência de valores coletivos que pudessem ser enquadrados na categoria de Direitos de Personalidade e propor a tutela destes por um novo direito, cuja aplicação ocorreria com vias a proteger as ECTs, além de seus valores econômicos e sua relação com a personalidade coletiva admitida

Por fim, há que se concluir pela possibilidade de aplicação de tutela jurídica às coletividades criadoras em decorrência de valores tradicionalmente relacionados e tutelados, nas sociedades complexas, pelos Direitos de Personalidade[458]. O que é (deve ser) tutelado, de fato, são fatores que emanam de modo coletivo da coletividade criadora e que sejam representativos de valores íntimos do grupo social. Porém, somente nos interessam os valores relacionados às expressões culturais tradicionais, o que torna a categoria de Direitos de Personalidade, apesar de aplicável, insuficiente ao nosso objeto de Direito.

## 5.4. A proteção do Patrimônio Imaterial Cultural Nacional (PICN) e o domínio público remunerado

Como se pôde constatar no capítulo anterior, existe uma tendência a se tutelar as ECTs através de um mecanismo que não apresenta somente princípios de Direito de Autor, como também de Direito Constitucional. Alguns países que se utilizam desse modelo são Bolívia, Senegal, Burkina Faso, entre outros.

Portanto, além da análise da possível aplicação de institutos das categorias jurídicas já analisadas no presente capítulo, cabe especial atenção ao modelo prático utilizado pelos países acima descritos, cabendo algumas considerações iniciais.

Em virtude da impossibilidade de se enquadrar esse Direito em uma categoria já conhecida e delimitada, aplica-se-lhe o desarrazoado termo direito *sui generis*. Ocorre que *sui generis* não significa nada além de constatar que algo não possui classificação. Afirmar que um Direito se denomina *sui generis* é somente dizer que ele possui valores ou características que outros não possuem. Mas não nomeia, somente exclui. Dizer que alguém não se chama João ou José não é nomear, senão excluir, e, portanto, não é o mesmo que lhe atribuir o nome Carlos. É, em sentido oposto, dar-lhe o nome de Não-José.

---

[458] Poderia se afirmar que com o individualismo liberal típico das sociedades complexas ocidentais, não se pode mais compreender a concepção coletiva tal qual ocorre nas sociedades simples. Nestas, a diluição da personalidade individual em prol da existência de uma essência coletiva (ou das emanações de todo o pensamento e modo de agir de um grupo social) e de um modo de pensar de todo o grupo social poderia ser traduzido, em termos práticos, como uma personalidade coletiva, se pudessem ser transpostos os valores para a sistemática jurídica das sociedades complexas.

A TUTELA JURÍDICA DAS EXPRESSÕES CULTURAIS TRADICIONAIS

Mais do que ser uma inadequação no sentido supra mencionado, o uso do termo *sui generis* pode confundir o tratamento especial a seguir analisado com outras modalidades de Direito já aplicadas e que não possuem semelhança com os princípios aqui anunciados. Como exemplo inequívoco está a Lei 20 do Panamá.

Observe que o ordenamento jurídico panamenho não impõe qualquer tipo de atuação por parte do Estado, sendo, por outro lado, protetivo das coletividades criadoras daquele país[459]. Também não se trata de princípios unicamente de Direito de Autor ou de outras modalidades de propriedade industrial. Por essa dificuldade de enquadramento o modelo de proteção panamenho poderia ser denominado Direito *sui generis*, ainda que não mantenha qualquer relação com o Direito aplicado pelos países africanos e pela Bolívia, para citar alguns exemplos.

Dessa forma, conclui-se que Direito *sui generis* é uma má nomeação para o modelo ora apresentado.

O que cumpre ressaltar, portanto, é que o modelo que será tratado a seguir traz aspectos de proteção do PICN pelo Direito Constitucional e pelo Direito de Autor. Para que se possa compreender as particularidades, perceba-se que há modalidades de aplicação da proteção do PICN que não apresentam as mesmas características.

A proteção do PICN pelo Estado pode ocorrer por três vias:

(1) Por meio da utilização de mecanismos protetivos inerentes aos direitos difusos e suas modalidades processuais específicas (v.g. ação popular), exercido pelos titulares de direitos difusos;

(2) Pelos mecanismos de proteção determinados e praticados pelo Estado, sem a utilização de institutos típicos do Direito de Autor (v.g. registro de bens imateriais do Brasil);

(3) Por meio dos mecanismos de proteção determinados e praticados pelo Estado, com a utilização de institutos típicos do Direito de Autor (aplicação de espécie do domínio público remunerado);

---

[459] A Lei 20/2000 do Panamá vem tratar dos denominados *derechos colectivos* sem a preocupação sobre a natureza desses direitos do ponto de vista do ordenamento estatal, mas sim pela constatação de que determinados grupos sociais detêm uma gama de direitos a ser apreciados de modo coletivo, independentes de sua categoria ou nomeação.

## TUTELAS APLICÁVEIS

O modelo de proteção do Estado a ser analisado é este último, em decorrência do fato de o Direito de Autor e a proteção do PICN estarem-sendo utilizados como paradigmas, tornandodesnecessárias as análises particulares.

Essa condição híbrida do modelo não permite que seja aplicada uma nomeação adequada ao mesmo, apesar de amplamente utilizado, fato que obviamente não pode ser suficiente para excluí-lo de quaisquer análises científicas.

Dessa forma, o modelo a seguir não se enquadra especificamente nos princípios de Direito de Autor nem mesmo no Direito Constitucional, como também não é a única forma de se proteger o Patrimônio Imaterial Cultural Nacional, o que o coloca numa posição única. Não pertencendo a uma categoria preexistente, fora-lhe aposto o inadequado nome de Direito *sui generis*. Por outro lado, pode ser simplesmente considerado uma espécie do denominado domínio público pagante ou remunerado.

Iremos assim nomeá-lo, e para que se compreenda o modelo, há de se iniciar a sua análise pela prévia compreensão do que vem a significar o domínio público e, em especial, a sua espécie remunerada.

### 5.4.1. Do domínio público remunerado

O domínio público, em conjunto com o prazo de proteção, configura--se como um dos institutos de Direito de Autor de relação inerente à temporalidade que possibilita uma relação de equilíbrio[460] entre o uso exclusivo que cabe ao titular de direito e a liberdade de uso sobre as obras do universo das artes e cultura[461].

Dessa forma, terminado o prazo de proteção, a obra anteriormente protegidavingressa no domínio público, sendo possível o seu uso sem a

---

[460] Acreditamos que o Direito de Autor deva ser considerado essencialmente principiológico e levar em conta a relação entre exclusividade (e para os casos em que se aplica, os direitos de remuneração) e liberdade de uso em todas as análises que envolvessem esta categoria jurídica. O princípio seria basicamente um: um princípio de equilíbrio entre o acesso ao resultado criativo e a proteção do resultado criativo.

[461] Em recente obra, Sergio Vieira Branco Jr. trouxe contributos significativos ao estudo do domínio público na obra intitulada O Donínio Público no Direito Autoral Brasileiro – Uma obra em domínio público, Editora Lumen Juris, 2011, Rio de Janeiro.

necessária autorização prévia do titular, bem como sem a necessidade de pagamentos de quaisquer valores.

O prazo de proteção varia nas leis nacionais, podendo ser de 40[462], 70[463] ou 100 anos[464], sendo certo que o período que se estabeleceu na Convenção de Berna fora de 50 anos. Inicia-se a contagem, em geral[465], no ano seguinte à morte do criador.

Ocorre que o mal nomeado instituto[466] do domínio público deveria funcionar como uma modalidade de estabelecimento de controle que efetivamente equilibrasse a relação mais modernamente compreendida entre titular e consumidor pelo uso livre das obras que não mais fossem albergadas pela exclusividade.

Por outro lado, surgem as críticas pelo fato de os produtores de obras protegidas pelo Direito de Autor não repassarem a diminuição dos custos das obras em domínio público, o que deveria ser feito já que os valores devidos aos titulares deixam de ser pagos. Dessa forma, por exemplo, um CD com músicas de Mozart deveria custar menos do que aquele que apresentasse obras de compositores ainda vivos ou cujas obras ainda se mantivessem no prazo de proteção do direito de exclusivo. Ou ainda, uma edição de obras de Camões ou Shakespeare deveria custar proporcionalmente menos do que livros de autores cujo prazo de proteção ainda estivesse em curso.

Nesses casos, vemos que a diferença que deixa de ser paga pelo produtor não se torna uma vantagem para o público e passa a ser de quem traz a obra ao público. Nesse sentido, a crítica que pode ser feita é que a van-

---

[462] Uruguai.

[463] Brasil e Portugal.

[464] México.

[465] Com a exceção de algumas obras, em alguns ordenamentos, tais como as obras de audiovisual, cujo prazo é contado a partir da sua divulgação (v.g. LDA – art. 43).

[466] Cuja nomeação, sem dúvida, poderia transferir uma série de dúvidas quanto ao instituto em si. Não o faz por estar já assentada no uso corrente da doutrina e dos diplomas legais, mas sem dúvida o termo não corresponde à coisa que nomeia. Oliveira Ascensão também demonstra sua insatisfação com o termo, afirmando que "[...] a expressão é tradicionalmente usada. Mas é má. Por um lado porque cria a confusão com o regime particular de coisas do interesse geral, por outro porque aqui não há nenhum domínio ou propriedade, mas simplesmente uma liberdade de público.[...]" *Direito de Autor e Direitos Conexos* [...] p. 345. Acreditamos que o termo liberdade de uso seria o mais adequado.

tagem deve caber a toda a sociedade e não somente a um grupo restrito de pessoas que produzem ou promovem os bens culturais. Argumento contrário é que a utilização de obras já em domínio público é o único caminho possível para se estabelecer uma empresa que busque atuar no universo da cultura, em decorrência da elevada concorrência e da pequena margem de lucro das obras culturais. Esse, porém, é o universo da discussão de âmbito dos interesses, que perpassa a discussão técnica do tema, que surge concomitantemente.

Tecnicamente, a solução proposta para o mau uso por parte dos produtores é a instituição do domínio público remunerado[467]. Através desse modelo, o uso de qualquer obra que tenha ingressado no domínio público ensejaria o pagamento de valores para o Estado, visto que o prazo de proteção exclusiva dos titulares de Direito de Autor não mais persiste. O Estado, portanto, passaria à condição de titular do direito dos valores a serem recebidos, ainda que não fosse, tecnicamente, em um primeiro momento, titular de Direito de Autor.O recebimento dos valores seria direcionado ao desenvolvimento da cultura nacional, administrado pelo Estado.A cultura seria sustentáculo da administração pública no que diz respeito ao desenvolvimento de práticas culturais, ainda que dessa forma seja equivocadamente fonte das receitas do Estado, quando deveria ser destino[468]. Em relação à prática legislativa, acreditamos que cada Estado deva compor o funcionamento do recebimento de valores de acordo com sua estrutura de Direito de Autor.

No que pesem as críticas ao modelo, parece-nos que se o mesmo for estabelecido dentro de critérios éticos e com inequívoco direcionamento

---

[467] O domínio público remunerado vem sendo aplicado em alguns países, como Itália e Argentina. Fora já instituído em Portugal, pelo Decreto Lei 54/80, apesar de ter sido revogado pelo Decreto-Lei 150/82. Na prática, nunca fora aplicado neste país. O Brasil, por sua vez, nunca se utilizou do modelo. Luiz Francisco Rebello, em sua obra *Código do Direito de Autor e dos Direitos Conexos*, Lisboa: Âncora Editora, 2001, indica o Senegal , a Costa do Marfim e a Argélia como países que instituíram o domínio público remunerado. Melhor seria deixar inequívoco o fato de que a aplicação justifica-se pela tutela dos conhecimentos tradicionais ou folclore (como preferem nomear aqueles diplomas legais). Veja com mais afinco a questão sobre o tema na clássica obra *El domínio público pagante en materia de uso de obras intelectuales*, de Carlos Mouchet, Buenos Aires: Fondo Nacional de las Artes, 1970.
[468] Oliveira Ascensão, *Direito de Autor e Direitos Conexos*, Lisboa: Coimbra Editora, 1992, p. 346.

A TUTELA JURÍDICA DAS EXPRESSÕES CULTURAIS TRADICIONAIS

das verbas para a cultura, existiria uma certa auto-sustentação que justi-ficaria a sua aplicação, principalmente pelas verbas em geral muito redu-zidas destinadas ao desenvolvimento e proteção cultural por parte dos países, em especial aqueles mais pobres.

Compreendidas as linhas gerais do domínio público remunerado, no que haveria de se impor o pagamento de valores pelo uso das ECTs?

Já fora dito que o domínio público remunerado deveria ser aplicado às obras as quais o prazo de proteção tenha terminado. Ocorre que no que tange as ECTs o referido prazo não findou, senão sequer fora iniciado.

Considerando-se o fato de que as ECTs não são protegidas pelo Direito de Autor e, mais especificamente, considerando-se que não houve possibilidade de aplicação de prazos de proteção, as expressões culturais teriam ingressado automaticamente no domínio público, desde o conhecimento de suas existência, pela impossibilidade no alcance da titularidade. Dito de outro modo, em decorrência das já analisadas atem-poralidade e impessoalidade, as ECTs não mereceriam a tutela da exclu-sividade possibilitada pelo Direito de Autor.

Percebe-se, com tudo isso, que as obras que estariam em domínio público seriam:

(1) Obras cujo prazo de proteção tenha terminado;
(2) Obras cuja autoria não pode ser identificada;

Apesar da condição de ingressarem em uma categoria que lhes enseja a liberdade de uso por parte do público, impera-se o pagamento de valo-res ao Estado, para qualquer das opções acima.

No grupo das obras cuja autoria não possa ser identificada encontram--se as ECTs. Não deveria se tratar, portanto, somente de obras, mas de expressões culturais tal qual exposto em capítulo anterior.[469] Ocorre, portanto, que não sendo identificada a autoria seria aplicável o domínio público remunerado, apresentando algumas características.

As características são, em verdade, indicativas dos modelos que vêm sendo apresentados pelo grupo de países que se utilizam do instituto do domínio público remunerado para tutelar as manifestações artístico-cul-turais relacionadas à cultura popular, gênero que pode incluir as ECTs,

[469] Capítulo 2.

TUTELAS APLICÁVEIS

quais sejam: Burquina Faso, Bolívia, Senegal, Nigéria, entre outros países, em especial do continente africano. Além das leis nacionais dos referidos países, também as já analisadas Disposições-tipo da OMPI/Unesco[470] indicam alguns pontos de relevo a serem aplicados pelos países que adotarem o modelo do domínio público remunerado.

Cabe compreender, portanto, as características da tutela do domínio público remunerado para tutelar as ECTs.

### 5.4.2. Características da tutela do domínio público remunerado para tutelar as ECTs

Como visto, a proteção das ECTs através do domínio público remunerado é defendida como a mais eficaz para um grande número de países, seja para alguns que já a tenham implementada (o), seja para outros que desejam fazê-lo.

Há dois fatores que indicam a preferência por esse sistema protetivo, quais sejam: em primeiro lugar, o interesse em preservar a cultura nacional de modo uno, através do controle do Estado, e, em segundo lugar, a impossibilidade de se destacar as coletividades criadoras – às quais poderiam ser atribuídas titularidades – que participam da composição da sociedade formadora do Estado[471].

A partir da consideração conjunta desses fatores, diversos países vêm estabelecendo leis nacionais com vias a tutelar as manifestações artísticas de origem na cultura popular [472], levando-se em conta algumas características constantemente presentes, quais sejam:

1. Intenção de preservação das ECTs;
2. Origem nacional das ECTs;
3. Exigência de prévia autorização;
4. Cobrança de valores[473] pela utilização de ECTs ou frutos econômicos gerados por Direito de Autor;

---

[470] Capítulo 4.

[471] Dessa forma, acreditamos que a aplicação do domínio público remunerado ignora a condição das coletividades criadoras e institui a tutela protetiva das ECTs sem considerar o interesse dos titulares originários.

[472] Ora nomeando-se por obras, ora por expressões.

[473] Muitas vezes nomeados por *royalties*.

A TUTELA JURÍDICA DAS EXPRESSÕES CULTURAIS TRADICIONAIS

5. Combate à comercialização indevida de ECTs inerentes à sua própria cultura.

(1) A intenção de preservação das ECTs é, em teoria, o objetivo primordial apresentado pelos países que se utilizam do domínio público remunerado, no sentido de que os valores arrecadados pelo Estado deverão ser direcionados ao desenvolvimento da cultura. Por outro lado, não custa perceber que um interesse econômico pode predominar devido à cobrança de valores pelo uso das ECTs.

(2) Somente há que se falar em preservação de ECTs e interesse por parte do Estado se as ECTs forem de origem nacional daqueles que as pretendem tutelar juridicamente. Não faria sentido buscar proteger ECTs representativas de outras culturas. Dessa forma, diversas legislações tratam de instituir uma presunção de origem nacional dos sujeitos criadores das obras ou expressões, outros apresentam outros tipos de presunções (ver quadro 9). O problema aqui se coloca nas ECTs representativas de mais de um Estado. Esse problema é sensivelmente mais grave na África, onde as fronteiras foram artificialmente construídas com o fito de dividir as colônias para as metrópoles européias.

A presunção de nacionalidade traz semelhanças com a condição de fundo nomeada por representatividade da coletividade criadora já estudada no capítulo 2. Dessa forma, compreendendo-se aquela condição como suficiente para indicar a origem da obra, institui-se a titularidade originária sobre as coletividades criadoras. No modelo que ora se apresenta, a presunção da nacionalidade exerce a mesma função daquela condição de fundo, sendo certo que, neste caso, trata-se de aplicar a titularidade derivada[474].

(3) A exigência de prévia autorização ocorre de modo idêntico ao mecanismo existente no Direito de Autor. Neste, as atribuições que cabem ao autor, com pequenas variações nas leis nacionais, são as de usar, fruir e dispor da obra. Sendo assim, o autor autorizará o seu uso quando

---

[474] Acreditamos que a solução que melhor se adaptaria seria a consideração da representatividade e, posteriormente, a aplicação da titularidade pela presunção de nacionalidade.

## TUTELAS APLICÁVEIS

e se por bem assim o entender, em decorrência da qualidade de Direito de Exclusivo. Predomina esta exigência no modelo de tutela do domínio público remunerado. Mantém-se essa exigência, obviamente, para qualquer obra criada individualmente, ou seja, fora do escopo da tradição, ou, na terminologia usual dos diplomas nacionais africanos, fora do âmbito do *folclore*.

(4) A cobrança de quaisquer valores pela utilização de ECTs está intimamente relacionada à exigência de autorização. Ora, somente se pode efetuar a cobrança dos valores devidos se houver a indicação da necessidade de uma prévia autorização.

A autorização e a conseqüente percepção de valores se dá de acordo com o disposto nas leis nacionais e nos regulamentos de arrecadação. Essa cobrança se fará, em geral, por meio de órgão governamental responsável pelo bom desempenho do Direito de Autor no país, por uma entidade de gestão coletiva ou mesmo uma instituição que congregue essas atribuições.

(5) O combate à comercialização indevida de ECTs inerentes à sua própria cultura é uma interessante medida assecuratória aplicada por alguns países como forma de tentar proteger o exercício da função primordial do Direito, qual seja, efetuar um fundo relacionado à cultura.

A partir da exigência de prévia autorização e comunicação prevista acima, descrito no item (3), o Estado promove uma ação de controle sobre as ECTs concernentes ao país. Assim, além de proteger a criação no próprio território nacional, impede a tentativa de utilização dos mesmos fora de seu território. Acaba por praticar, em linhas gerais, um combate à concorrência desleal[475]. Dentre esses benefícios encontram-se o controle sobre o fato de que os produtos ou serviços derivados de ECTs de um país

---

[475] Sobre a produção em território exterior ao Estado concernente à cultura, fora exatamente o que ocorrera no caso *Milpurrurru*, da Austrália, e que poderia (ou pode) tornar-se uma prática comum se não forem tomadas medidas preventivas. Nesse sentido, recomendamos que nuuma tentativa de se elaborar um tratado internacional seja tratada a reciprocidade através da proibição de produções, bens ou fornecimento de serviços que representem as ECTs nacionais por outros países. Portanto, deveria haver a autorização para uso internacional.

A TUTELA JURÍDICA DAS EXPRESSÕES CULTURAIS TRADICIONAIS

deverão, preferencialmente, ser originários do próprio país, e produzidos também no seu território. Além de garantir a origem das obras, dos produtos ou dos serviços oriundos de ECTs originais, essa medida ainda pode gerar divisas e empregos no país que a aplicar.

Além das características anteriormente descritas, e que se constituem em medidas assecuratórias, percebe-se a utilização do termo folclore em oposição a patrimônio cultural nacional ou expressões culturais tradicionais. Este fato decorre da influência dos antigos colonizadores, especialmente os ingleses, prevalecendo uma consideração de exótico em tudo o que venha a ser produzido naqueles países. O suposto exotismo caracteriza-se, apesar de equivocadamente, no uso do termo folclore.

### 5.4.3. Sujeitos da tutela aplicável
No que diz respeito aos sujeitos da tutela jurídica relacionados a este modelo, há que se perceber que somente o Estado deve ser considerado, e por razões óbvias. No presente modelo de tutela não se trata de atribuir a titularidade originária às coletividades criadoras, visto que o sistema ignora a sua identificabilidade, tratando de instituir a titularidade e o monopólio diretamente ao Estado.

Dessa forma, são aspectos irrelevantes a identificabilidade da coletividade criadora de uma ECT e mesmo a possibilidade de que a ECT seja representativa de uma coletividade criadora ainda viva e identificável. Ao Estado caberá a titularidade, ignorando a condição das coletividades criadoras, o que consideramos equivocado. De acordo com o nosso pensamento, somente se poderia atribuir a titularidade ao Estado se inalcançável a origem das ECTs no que diz respeito às coletividades criadoras que lhes originaram.

Além disso, mantêm-se as obrigações por parte do Estado em relação à preservação da cultura. E aos titulares de direitos difusos não há qualquer impedimento, nos casosdos Estados que se utilizam do domínio público remunerado, para se instituir tutelas através de mecanismos semelhantes à Ação popular presente no ordenamento jurídico de Brasil e Portugal.

Por outro lado, a atribuição direta da titularidade ao Estado traz à lume duas características que transparecem um uso indevido do modelo.

### 5.4.4. Uso indevido do modelo

A atribuição de titularidade diretamente ao Estado permite transparecer um interesse puramente econômico por parte dos países que se utilizam do domínio público remunerado, o que confereao modelo duas características que seriam determinantes do mau uso do Direito: a utilização do modelo como tentativa de compensação histórica e a instituição de novas fontes de receita para Estados ávidos por estabelecer o método.

No que diz respeito à compensação histórica, esta deveria ser evitada, no sentido de que não há que se falar, primordialmente, em compensações por processos históricos passados. Esse ponto é extremamente delicado e trata de aspectos relacionados à própria afirmação de muitos Estados, os quais, atualmente, buscam solidificar a sua identidade nacional a partir da preservação de sua cultura e, obviamente, pela recuperação de seus próprios valores.

Por outro lado, não se pode olvidar que a imposição do sistema sem considerar a representatividade das coletividades criadoras que estejam vivas e sejam identificadas acaba por ser uma repetição do velho sistema imposto pelasnações que colonizaram os países que hoje aplicam uma mesma sistemática em relação às coletividades que formam sua nação. Dito de outro modo, a imposição de um imediata transferência de titularidade das coletividades criadoras quando estas possam ser identificadas é representativa de uma mesma espoliação[476] de valores como a que fora efetuada pelos antigos colonizadores. É inequívoco o fato de que há países que tiveram sua cultura devastada, além das já notórias devastações de bens econômicos. Por outro lado, ignorar a condição das coletividades que originam as ECTs não é sequer aplicar compensação histórica, como se poderia objetivar por parte de alguns governos, mas aplicar-lhes o mesmo destino que já fora aplicado pelos antigos colonizadores.

Além do argumento relacionado à compensação histórica, há que se indicar o fato de que a instituição do método do domínio público remunerado com o objetivo primordial de instituir novas fontes de receita para Estados não representa a busca do melhor Direito. Estados ávidos por estabelecer novas possibilidades de receita podem instituir o Direito que

---

[476] Tal qual insistem em indicar os países que foram colônias de antigas metrópoles ultramarinas européias. É temática corrente nos países africanos que buscam uma compensação histórica pelos malefícios decorrentes do processo de colonização.

lhes bem aprouver, sendo certo, porém, que este fato não representa uma aplicação justa de preceitos jurídicos. O Direito deve ter como função o equilíbrio das relações sociais e não meramente a instituição do pagamento de valores quaisquer que tenham como objetivo o aumento da arrecadação de divisas travestido de justa aplicação de Direito.

QUADRO 9 – **Países que se utilizam do domínio público remunerado.**

| País | Objeto de Proteção | Presunção de Nacionalidade (Pertença Subjetiva ao Estado) |
|---|---|---|
| Bolívia – Lei 1322 (13 de abril de 1992) | Obras consideradas como folclore. Artigo 21º. | Sim. Autores não conhecidos ou que não se identifiquem e que se presumem nacionais do país ou de suas comunidades étnicas. Artigo 21º. |
| Burkina Faso – Lei 032-99 AN (22 de dezembro de 1999) | Entende-se por expressões do patrimônio cultural tradicional as obras compostas exclusivamente de elementos característicos do patrimônio artístico e literário tradicional. Art.88, parte 1. | Sim. Autores "individualmente desconhecidos mas tudo leva a crer que sejam cidadãos de Burquina Faso." Art. 88, parte 3. |
| Burundi – Lei 1/021 (30 de dezembro de 2005) | Obras em domínio público (não há indicação de que se tratam diretamente de obras de folclore). Art. 25. | Não discorre sobre nacionalidade. Art.25. |
| Congo – Lei 24/82 (07 de julho de 1982) | Produções literárias ou artísticas que tenham passado de geração a geração. Art. 15 | Sim. Autores presumidamente nacionais congoleses. Art. 15. |
| Gana (Copyright Act 690/2005) | Expressão do folclore. Art.4. | Não. Atribui, porém, que o valor arrecadado pelo *National Folklore Board* para o fundo determinado pela lei deverá servir para os propósitos de promoção e preservação do folclore e para a promoção das artes indígenas (Art.64). |

TUTELAS APLICÁVEIS

| País | Objeto de Proteção | Presunção de Nacionalidade (Pertença Subjetiva ao Estado) |
|---|---|---|
| Nigéria (Copyright Act – Modificado em 2004) | Expressões do folclore (Par. 31, 5, a, b, c e d) (a) folclore, poesia folclórica, enigmas/mistérios folclóricos; (b) canções e músicas folclóricas; (c) danças e execuções folclóricas; (d) produções de arte folclórica em particular, tais como desenhos, pinturas, esculturas, etc. A lei não permite o uso comercial ou fora do contexto desautorizadamente nas atividades de (a) reprodução; (b) comunicação ao público por performance, radiodifusão, distribuição por cabo e outros meios; (c) adaptações, traduções e outras transformações. | Não indica qualquer presunção de nacionalidade. |
| Quênia (Copyright Act 2001 – Chapter 130) | Obra musical, literária ou artística. Seção 2. | Não. Presunção territorial. "Obras que se presumem que tenham sido criadas no país por autor não identificado, que foram passadas de geração a geração e e constituam um elemento da cultura tradicional do Quênia." Seção 2. |
| República Centro-Africana (Ordonnance 85.002) | Produções literárias e artísticas criadas por comunidades nacionais, transmitidas de geração em geração. Art. 9. | Relativa. Comunidades nacionais. art. 9. |
| República de Camarões Lei 2000/011 (19 de dezembro de 2000) | 5. (1) Folclore (indicação genérica) (pertence originalmente ao patrimônio cultural nacional). | 5. (1) Folclore (indicação genérica) (pertence originalmente ao patrimônio cultural nacional). |

A TUTELA JURÍDICA DAS EXPRESSÕES CULTURAIS TRADICIONAIS

| País | Objeto de Proteção | Presunção de Nacionalidade (Pertença Subjetiva ao Estado) |
|---|---|---|
| Senegal – Lei 2008-09 (25 de janeiro de 2008) | A exploração do folclore e de obras derivadas do folclore transmitidas de geração em geração Art. 156. | Expressamente não indica presunção de . nacionalidade senegalesa mas indica a necessidade de que a exploração do folclore ou de obras derivadas do folclore deve ser comunicada à sociedade de gestão coletiva. Art. 157. |

QUADRO 10 – **Países que se utilizam do domínio público remunerado**

| País | Exigência de prévia autorização | Cobrança pelo uso de obras protegidas por Direito de Autor (*royalties*) | Combate à comercialização indevida |
|---|---|---|---|
| Bolívia – Lei 1322 (13 de abril de 1992) (Arts. 21 a 23, 58, e 60 a 62) | Não. | Somente se o uso for comercial. | Não |
| Burkina Faso – Lei 032 – 99/AN (22 de dezembro de 1999) Arts. 88 a 93) | Sim | Sim | Sim |
| Burundi – Lei 1/021 (30 de dezembro de 2005) (Art. 26) | Exigência de autorização e pagamento de taxa para utilização. | Sim | Não dispõe |
| Congo – Lei 24/82 (07 de julho de 1982) (Art. 15 e Art. 68) | Sim | Sim | Sim |
| Gana (Copyright Act 690/2005) (Arts. 4, 17, 44, 59 a 64) | Sim | Sim | Sim |

TUTELAS APLICÁVEIS

| País | Exigência de prévia autorização | Cobrança pelo uso de obras protegidas por Direito de Autor (*royalties*) | Combate à comercialização indevida |
|---|---|---|---|
| Mali – Lei 08 – 24 (23 de julho de 2008) (Art. 109 a 114) | Sim (seja do autor ou seja da comunidade) | Sim (Art. 111) Será cobrada uma taxa de acordo com as condições de uso das categoria de criação consideradas) | Sim. Fabricados sem autorização ou sem declaração não podem ser importados, exportados nem distribuídos) (Art. 113). |
| República Centro-Africana (Ordonnance 85.002) (Art. 9) | Sim – Autorização prévia com pagamento. | Sim | Não dispõe |
| República de Camarões Lei 2000/011 (19 de dezembro de 2000) (Seções 4 e 5) | Sim | Sim | Não dispõe |
| Senegal – Lei 2008-09 (25 de janeiro de 2008) (Art. 156 a 160) | Sim | Sim | Sim |

## 5.4.5. Mecanismo de arrecadação

O modelo do domínio público remunerado institui-se por mecanismos de arrecadação idênticos àqueles das entidades de gestão coletiva de Direito de Autor. A única diferenciação que se poderia identificar seria a de que neste modelo a interferência do Estado é inequívoca, enquanto na gestão coletiva de Direitos de Autor, cuja titularidade caiba a terceiros em âmbito particular, nem sempre existe a participação da máquina estatal[477]. No caso do domínio público remunerado, o Estado participa dire-

---

[477] Nos países africanos em geral existe a participação do Estado no processo de gestão coletiva, sendo responsável pela arrecadação determinadas instituições governamentais. Há modelos em que não há qualquer ingerência do Estado, como é o caso da gestão coletiva de direitos de execução pública musical no Brasil pelo ECAD (Escritório Central de Arrecadação e Distribuição). No modelo brasileiro, havia a participação do Estado até início dos anos 90, já que o Conselho Nacional de Direito Autoral regulava as relações

# A TUTELA JURÍDICA DAS EXPRESSÕES CULTURAIS TRADICIONAIS

tamente do processo por ser o sujeito de destino dos valores arrecadados e titular do direitos patrimoniais.

O princípio geral do domínio público remunerado em relação ao uso de obras ou expressões da cultura popular é a utilização do valores para o desenvolvimento e preservação da cultura. Dessa forma, pode-se instituir um sistema de arrecadação para obras que tenham ingressado no domínio público e para obras ou ECTs que, por serem originárias da cultura popular, nunca tiveram a aplicação do direito de exclusivo. O que nos interessa é compreender o funcionamento da arrecadação no que se refere às ECTs, ainda que saibamos que esta ocorre de modo igual à arrecadação de obras que tenham ingressado no domínio público.

No sentido do acima exposto, a arrecadação e a distribuição de valores apresentam as dificuldades sempre presentes em qualquer sistema de gestão coletiva, ou seja, os valores e o modo de cobrança dos usuários e o *quantum* e o modo de distribuição dos proventos.

No que diz respeito à arrecadação, as leis nacionais devem instituir o quanto deve ser pago, por meio de leis ou normas jurídicas que as regulamentem. Os valores devem ser suficientemente justos, não tão baixos que pudessem ser considerados irrisórios e inúteis a um fundo de desenvolvimento cultural, não tão altos que pudessem indicar uma arbitrariedade do Estado e, principalmente, um desestímulo à utilização das ECTs.

Em relação à arrecadação, o fato da representatividade de uma ECT indicar uma coletividade que esteja presente em dois ou mais Estados (situação não rara de ocorrer no continente africano em decorrência das suas fronteiras artificiais) poderia indicar uma dificuldade em sua aplicação. Dessa forma, acordos entre os Estados deveriam determinar qual(quais) deveriam arrecadar em nome dos demais, para que não se apresentasse uma situação *de bis in idem*. Por mais complexa que seja a arrecadação, as dificuldades não poderiam impedir a sua aplicação. Observe que é comum a prática de mútuas representações entre entidades de gestão coletiva de Direitos de Autor, portanto, esta situação não ensejaria uma novidade.

que envolviam esta categoria de direitos. Porém, o CNDA fora extinto e nenhum outro órgão governamental assumiu suas funções.

TUTELAS APLICÁVEIS

Em relação à distribuição, o fato de um Estado arrecadar e ostentar a posição de titular não obriga à constatação de qualquer conflito. Por outro lado, ocorrendo a arrecadação em nome de terceiros que fossem os titulares originários, a distribuição poderia gerar conflitos. Assim, se um Estado arrecadar para coletividades criadoras que o compõem, deverá haver uma distribuição eqüitativa de proventos e, sendo a ECT representativa de uma ou mais coletividades, mais ainda se impõe esta solução. Já se podem observar soluções práticas neste sentido, como ocorre com o ordenamento jurídico do Panamá[478], o qual determina que os proventos deverão ser divididos entre as comunidades (coletividades criadoras), independente da origem das ECTs.

Por outro lado, as coletividades criadoras poderiam instituir entidades de gestão independentes de uma interferência do Estado, apesar de não acreditarmos que essa solução seja aconselhável ou mesmo adequada à qualidade do objeto cujos frutos serão administrados. Neste sentido, há de se atentar ao fato de que ao Estado cabe a obrigação de preservação da cultura e uma observação do funcionamento da entidade de gestão coletiva seria prudente, ainda que sem interferência ou gerência direta por parte do Estado.

Além do que fora exposto, cabe a indicação de que há diversos países, em especial do continente africano, que vêm instituindo tabelas de pagamentos pelo uso de obras ou produções[479] que sejam oriundas da cultura popular para terceiros que as venham a utilizar. Por exemplo, o ordenamento senegalês determina que 50% dos valores arrecadados sejam revertidos para o Estado e os demais 50% para o autor de obra derivada sem arranjos ou contribuição pessoal. Por outro lado, havendo compilações com arranjos ou adaptação por parte do autor da obra de origem na cultura popular, lhe caberá 75% dos valores arrecadados, cabendo ao

---

[478] O *Decreto Executivo* 12, de 2001, que regulamenta a Lei 20, dispõe sobre o tema em seu artigo 5º: "Os objetos suscetíveis de proteção podem proceder de várias comunidades indígenas, mas o registro na Digerpi indicará o(s) Congresso(s) ou a Autoridade(s) Tradicional (is) Indígena(s), em qualquer caso, que deverá(ão) cumprir os requisitos exigidos. Parágrafo – Os conhecimentos tradicionais dos povos indígenas são criações compartilhadas entre os membros de várias comunidades, e os benefícios são concebidos a favor de todos eles coletivamente."

[479] Visto que não fazem uso do termo "expressões culturais tradicionais".

A TUTELA JURÍDICA DAS EXPRESSÕES CULTURAIS TRADICIONAIS

Estado, nessas hipóteses, somente o índice de 25%. A diferenciação é clara, provocando um aumento na participação econômica em decorrência de uma efetiva maior contribuição na obra.

QUADRO 11 – **Países que se utilizam do domínio público remunerado**

| Valores de % cobradas para utilização de ECTs | | | |
|---|---|---|---|
| País | Tipo de produção (RCA) ou obra (Senegal/Bolívia) quanto à origem. | % destinada ao autor | % destinada ao Estado/comunidade |
| Bolívia | Obras do Patrimônio Nacional | 10% | 10%[483] |
| República Centro-Africana | Compilação sem arranjos ou contribuição pessoal. | 50% | 50% (Estado)[484] |
| | Compilações com arranjo ou adaptação | 75% | 25% (Estado)[485] |
| Senegal | Compilação sem arranjos ou contribuição pessoal. | 50% | 50% (BSDA) |
| | Compilações com arranjo ou adaptação | 75% | 25% (BSDA) |

É certo que a aplicação do domínio público remunerado é uma das soluções possíveis para a instituição da tutela das ECTs. Por outro lado, ainda que seja um mecanismo justo no sentido de impedir uma indiscriminada utilização de ECTs, não nos parece suficiente para preservar a cultura popular.

Além disso, a arrecadação de valores diretamente para os Estados ignora as coletividades criadoras, fato que não representa a melhor solução na aplicação do Direito. Seria melhor que possibilitasse a atribuição

[480] A comunidade de origem da ECT receberá 10% do valor arrecadado caso seja identificável.

[481] Na verdade a Lei nacional ainda em vigor na ocasião da atualização deste estudo em março de 2015 destinava ao denominado Bureau Centrafricain des Droits d'Auteur (BUCADA) os valores arrecadados. Ocorre que o órgão foi dissolvido em 02/01/2005 e não há indicação na lei de novo órgão com a mesma finalidade.

[482] Idem.

de valores às coletividades e, em última instância, ao Estado, preservando-se a titularidade originária às coletividades criadoras e atribuindo-se a aplicação da titularidade derivada ao Estado.

Exatamente pelo fato de que o domínio público remunerado também ainda não se apresenta como o melhor sistema protetivo, justifica-se o surgimento de um novo Direito, o qual denominamos tutela jurídica das expressões culturais tradicionais.

# Capítulo 6

# A Tutela Jurídica das Expressões Culturais Tradicionais

De tudo o que fora exposto no capítulo anterior, resta inequívoco o fato de que as ECTs merecem uma tutela jurídica específica que lhes seja aplicada e voltada às suas próprias necessidades, visto que a aplicação das tutelas demonstradas constituem-se em situação excessivamente forçosa e na condição de mero paliativo.

Nesse sentido, muito embora alguns princípios inerentes a direitos já conhecidos, como o Direito de Autor e a tutela do patrimônio imaterial cultural nacional (PICN), possam servir de sustentáculo para a proteção das ECTs, há que se perceber que a tutela deste objeto merece uma consideração específica das ciências jurídicas.[483]

Este novo Direito estará sendo nomeado genericamente por Tutela Jurídica das Expressões Culturais Tradicionais.

## 6.1. Objeto e sujeito de Direito

Neste capítulo será tratado o desenvolvimento da tutela das ECTs e a sua aplicação por meio de cada um dos sujeitos de Direito. Objeto e sujeito

---

[483] Serão feitas referências a institutos de Direito de Autor e de Direito Constitucional. No que se refere ao Direito de Autor, tanto o sistema de *Copyright* quanto o de *Droit D'auteur* serão utilizados como material comparativo. Para o primeiro, o paradigma será o *Copyright Act* australiano, por já haver, naquele país, discussões doutrinárias e jurisprudenciais importantes sobre esta categoria jurídica inédita até o ano de 1994, quando ao referido diploma legal foram incluídos os denominados *moral rights*. Por sua vez, para o *Droit D'auteur* estabelecemos a LDA brasileira como paradigma pela sua extensa catergorização dos direitos pessoais de autor, equivocadamente denominados *direitos morais de autor*.

A TUTELA JURÍDICA DAS EXPRESSÕES CULTURAIS TRADICIONAIS

do Direito inerente às ECT foram previamente tratados nos Capítulos 2 e 3, cabendo tão-somente recordar as suas concepções básicas.

Assim sendo, o objeto da tutela serão as expressões culturais tradicionais (ECTs) que possuam em sua essência a tríplice composição fluída de criatividade, originalidade e a representatividade da coletividade criadora.

Como sujeito da tutela, se estará atribuindo a titularidade originária às coletividades criadoras e a titularidade derivada ao Estado ou aos titulares de direitos difusos consoante cada categoria de Direito observada[484]. E será ainda analisada a obrigação de preservação da cultura por parte do Estado.

Dessa forma, os sujeitos de Direito serão aqueles determinados no capítulo 2, e a seguir analisados de acordo com cada uma das categorias jurídicas que poderão ser aplicadas.

## 6.2. O escopo de proteção das ECTs – a dupla concepção protetiva

A tutela das expressões culturais tradicionais apresenta uma dupla concepção protetiva, de certa forma assemelhada àquela do Direito de Autor, visto que esta nova categoria jurídica busca proteger, concomitantemente, aspectos diretamente econômicos inerentes às ECTs e outros que não se encontram imediatamente voltados a valores econômicos.

No Direito de Autor coexistem uma tutela dos valores econômicos[485] e outra de valores extra-econômicos[486], sendo que esta última tem por fito a proteção das emanações da personalidade do criador das obras do domínio das artes e cultura. Por sua vez, a tutela jurídica das ECTs prevê um escopo protetivo de valores de ordem econômica e de outros relacionados à preservação cultural[487], primordialmente isolados dos interesses puramente econômicos.

---

[484] Também há situações, como poderá ser observado a seguir, em que o Estado e os titulares de direitos difusos são partes legítimas para agir, mas não necessariamente titulares de direitos.

[485] Direito patrimonial de autor.

[486] Direitos pessoais de autor, muitas vezes equivocadamente denominados Direitos morais de autor (tal qual na LDA/Brasile em seu art. 24 e outros diplomas legais), cujo objeto de proteção são as emanações da personalidade criativa do autor.

[487] Valores necessários para que exista a preservação cultural.

A TUTELA JURÍDICA DAS EXPRESSÕES CULTURAIS TRADICIONAIS

Por meio dessa forma, haverá a exigência para autorização do uso das ECTs em quaisquer situações que não as limitadas pela própria concepção protetiva inerente ao novo Direito[488].

No que se refere aos direitos relacionados à preservação cultural, a sua composição se apresenta de modo mais complexo, sendo inequívoco que as linhas gerais da tutela são valores alheios ao lucro e aos bens econômicos[489].

Cabe analisar a dupla concepção separadamente, buscando perceber a relação de cada sujeito de Direito e de obrigações e o posicionamento que ocupa nas hipóteses demonstradas.

### 6.2.1. O valor econômico das ECTs

Tal qual observa-se em qualquer modalidade de obra que tem por origem o intelecto humano, também as ECTs apresentam um valor econômico.

O fato de ter sua origem fundada na tradição e ser decorrente de uma coletividade criadora evidentemente não afasta a sua possibilidade de gerar lucros. A dificuldade maior que se pode indicar, neste aspecto, é a busca da identificabilidade do sujeito o qual poderia ser o titular dos valores recebidos. Essa questão, porém, já fora enfrentada no capítulo que trata do(s) sujeito(s).

Restou já demonstrado que as ECTs precisam ser tuteladas por uma necessidade de manutenção de sua própria existência e para que sejam atribuídos de modo justo os direitos que cabem aos seus titulares, principalmente no que se refere às coletividades criadoras.

Além desta, que é a justificativa primordial de sua tutela, a específica atribuição de uma justa titularidade obviamente inclui os valores econômicos a ela inerentes.

---

[488] Tal qual nas limitações, por vezes denominadas exceções do Direito de Autor.

[489] Poderia ser efetuada neste momento uma consideração semelhante a que classicamente se atribui ao Direito de Autor. Referimo-nos ao aspecto de que é corrente a constatação de que mesmo os direitos pessoais de autor apresentam, em si e em determinadas situações, conteúdos fortemente econômicos. Quer nos parecer, porém, que no referente ao direito à preservação da cultura das ECTs, os valores econômicos encontram-se muito mais distantes dos valores extra-econômicos, cuja justificativa epistemológica está plenamente sedimentada na necessidade de preservação da cultura.

A TUTELA JURÍDICA DAS EXPRESSÕES CULTURAIS TRADICIONAIS

Dessa forma, coloca-se a possibilidade de exercício dos valores econômicos da tutela das ECTs pelos distintos titulares de Direito, a saber: as coletividades criadoras, o Estado e os titulares de direitos difusos.

Para que haja uma adequada atribuição de titularidade e justo exercício do Direito há que se considerar, porém, a condição da coletividade criadora.

Dessa forma, a coletividade criativa será o titular primígeno da tutela das ECTs, também no que se refere aos valores econômicos.

Observe, inicialmente, a possibilidade de identificação da referida coletividade e, nesse sentido, o simples fato da mesma ser identificável não indica que a ainda esteja viva.[490]

Porém, se concomitantemente estiver viva e puder ser identificada, lhe será atribuída a titularidade originária no que se refere aos direitos econômicos sobre as ECTs.

Não resta qualquer dúvida sobre a possibilidade de exercício das coletividades criadoras, se identificáveis e, obviamente, se ainda *vivas* em sua concepção coletiva. Portanto, enquanto mantiverem esta mesma condição lhes será possível o exercício do direito de exploração econômica, revertendo-se os lucros diretamente para a própria coletividade, de acordo com seus legítimos interesses, podendo-se obedecer a critérios estabelecidos pelo Estado do qual a mesma faz parte.

Apresentando a coletividade criadora a condição acima determinado, não irá incidir sobre o Estado qualquer titularidade, embora lhe possa ser atribuída legitimidade para agir em nome da coletividade criadora, revertendo-se os benefícios econômicos à mesma. Tal hipótese somente seria possível pela impossibilidade da coletividade em exercer o direito que lhe cabe[491]. Obviamente que não há que se falar sequer em conflito de direitos caso a criatividade criadora seja uma sociedades simples, pelo princípio da autodeterminação dos povos. Por outro lado, caso a coletividade criadora não se configure como sociedade simples, ainda assim parece-nos irredutível o pensamento de que a sua titularidade deverá

---

[490] Principalmente ao considerar-se as sociedades simples como grupo dominante de coletividades criadoras e sendo estes grupos os mais sujeitos a extinções.

[491] Situação não rara se considerarmos as sociedades simples que mantêm enormes vínculos com a sua origem tribal e muito poucas relações com a sociedade estatal que lhe é envolvente.

A TUTELA JURÍDICA DAS EXPRESSÕES CULTURAIS TRADICIONAIS

prevalecer sobre a legitimidade do Estado em receber a titularidade inerente à ECTs em causa.

De idêntico modo se passa com os titulares de direitos difusos, sobre os quais também não irá incidir qualquer titularidade. Aqui também somente há que se falar em legitimidade para agir em nome das coletividades, visto que por estas estarem vivas e pela sua identificabilidade, fica suplantada qualquer possibilidade de atribuição de titularidades a terceiros.

Assim, tratemos da outra hipótese de aplicação de titularidade, que abarca, concomitantemente, as coletividades criadoras já extintas (mesmo que possam ser identificadas) e as que se mantêm vivas mas não podem ser identificadas[492].

Obviamente que para essas situações não poderá haver titularidade originária atribuída às coletividades criadoras pela ausência desse sujeito. Por outro lado, a titularidade originária deverá ser atribuída ao Estado, pela sua posição de sujeito de direito que deverá promover, em amplo sentido, a preservação da cultura.

Nesse caso, portanto, ao Estado caberá a **titularidade originária** e aos titulares de direitos difusos caberá somente a legitimidade para agir em nome de toda a sociedade com vias a promover a preservação da cultura. Aqui percebe-se a importância da complexa transindividualidade inerente aos direitos difusos como meio eficaz para o exercício de medidas que possam beneficiar a cultura.

Dessa forma, na situação acima prevista, ao Estado caberá a titularidade originária e o pleno exercício do direito econômico, revertendo-se os lucros ao desenvolvimento cultural promovido pelo mesmo[493].

---

[492] Tal fato decorre da noção de que em um determinado grupo pode estar a origem de ECTs mas a mesma não pode ser apontada (p.ex., determinadas danças indígenas, como o Toré, ou os Rituais Xinguanos de alguns povos indígenas brasileiros), ou ainda pela diluição das ECTs por toda a sociedade formadora do Estado, tal qual manifestações propriamente denominadas por folclóricas.

[493] A necessidade de direcionar os valores ao setor da cultura é conseqüência, em primeiro lugar, da própria função da tutela das ECTs, bem como do largo descaso na promoção e preservação cultural por parte da generalidade dos países, em especial aqueles considerados em desenvolvimento. Em relação ao primeiro ponto, não deixamos de estar cientes às críticas a esta situação fática, inclusive do fato de que (como já citado anteriormente) *a*

A TUTELA JURÍDICA DAS EXPRESSÕES CULTURAIS TRADICIONAIS

Por sua vez, todo e qualquer valor arrecadado em sede de exercício de direitos difusos será imediatamente revertido ao Estado, pois que somente o exercício do direito cabe à sociedade, não cabendo qualquer questionamento no que se refere ao Estado como titular dos valores econômicos. Em verdade essa própria constatação é decorrente da função precípua da tutela das ECTs, ou seja, a preservação da cultura em sentido amplo[494].

Em suma, observe que o exercício econômico tem por fim, em um primeiro momento, o benefício das coletividades criadoras. Por outro lado, esse exercício somente pode instituir-se diretamente em conseqüência da identificabilidade das coletividades e de seu próprio interesse em promovê-lo. Estando a coletividade não identificada ou já extinta[495], não há que se falar em exercício direto dos valores econômicos pela coletividade por ausência desse sujeito, sendo o mesmo exercido pelo Estado (pela titularidade originária) ou através dos direitos difusos (por simples legitimidade).

---

*cultura deveria ser destino e não fonte das recitas do Estado.* (Oliveira Ascensão, *Direito de Autor e Direitos Conexos*, Lisboa: Coimbra Editora, 1992, p. 346.).

[494] Nesse sentido veja a tutela do Patrimônio Cultural Nacional na CRFB e nas concepções de tutela das ECTs dos países africanos.

[495] Ainda que se possa identificá-la, como no exemplo do caso dos povos *Tayrona* da Colômbia, capítulo 5.

A TUTELA JURÍDICA DAS EXPRESSÕES CULTURAIS TRADICIONAIS

QUADRO 12 – **Titularidades inerentes aos direitos
de cunho econômico referentes às ECTs**

| Direito de cunho econômico inerente às ECTs | | |
|---|---|---|
| Condição da coletividade criadora | Titular | Titularidade |
| Identificável viva[496] | Coletividade criadora | Originária. |
| | Estado e titulares de direitos difusos | Não possuem titularidade – somente possuem legitimidade para agir em nome da coletividade criadora, revertendo-se os benefícios econômicos à coletividade criadora. |
| Identificável extinta | Estado | Derivada |
| | Coletividade criadora | Não apresenta titularidade pois não é mais sujeito de direito. |
| | Titulares de direitos difusos | Não há titularidade – Possuem somente legitimidade para agir em nome da coletividade criadora e para preservar o PICN.[497] |
| Não identificável | Estado | Derivada |
| | Coletividade criadora | Não apresenta titularidade pois não é mais sujeito de direito. |
| | Titulares de direitos difusos | Não há titularidade – Possuem somente legitimidade para agir em nome da coletividade criadora e para preservar o PICN. |

Identificados cada sujeito de direito e respectivas titularidades e legitimidades, há de se compreender como se pode manifestar o objeto do direito em tela.

---

[496] Não há que se falar em qualquer espécie de conflito de interesse quando a coletividade criadora for sociedade simples, em decorrência do princípio da autodeterminação.

[497] Há quem possa crer que exista verdadeiramente uma titularidade sem o exercício sobre os valores econômicos, situação que cremos ser a mais adequada.

A TUTELA JURÍDICA DAS EXPRESSÕES CULTURAIS TRADICIONAIS

Ora, compreendendo-se as ECTs como um elenco ilimitado de expressões que representam uma enorme variedade de formas, toda e qualquer manifestação do domínio das artes e da cultura que seja representativa de uma cultura, atendidos os pressupostos que vêm sendo delineados pelo presente estudo (especialmente no capítulo 2), podem gerar fins econômicos.

Neste sentido, obras criadas pelas coletividades no domínio das artes plásticas, da música, da dramaturgia, da literatura, do artesanato, da dança e toda a gama mais ampla possível poderão ser utilizadas com fins econômicos exclusivamente voltados aos titulares de direitos. Além das obras em si mesmas consideradas, fazem parte do Direito os modos de fazer e as expressões culturais tradicionais em sua mais larga amplitude. Utilizando-se da classificação das Disposições-tipo, podem-se incluir entre as modalidades as expressões verbais (contos e poesias populares, enigmas), as expressões musicais (músicas populares com ou sem letra), as expressões por ações (danças populares, jogos e formas artísticas ou rituais) e as expressões tangíveis (produtos de arte popular, desenhos, pinturas, esculturas, cerâmicas, mosaicos, obras em madeira, em metal, em terracota, talhadas, jóias, cestaria, tapeçaria, trabalhos feitos com costuras, obras têxteis, carpetes e tapetes, costumes instrumentos musicais e formas arquitetônicas).

Por outro lado, a autorização para a utilização das ECTs será um exclusivo que obviamente caberá aos respectivos titulares.

Em sentido contrário, o seu uso não autorizado por terceiros indica a violação do direito exclusivamente destinado aos titulares. Desta forma, qualquer utilização indevida acarretará as devidas reparações e eventuais indenizações, bem como o que for determinado pela lei.

Observa-se, portanto, a necessidade de autorização para a gravação, reprodução, edição, comunicação ao público, representação, radiodifusão, difusão por cabo ou outros meios, disposição ao público em redes informáticas, transmissão, retransmissão e toda e qualquer outra forma de uso que possa indicar fins econômicos. Além dessas modalidades, devem ser incluídas, por óbvio, todas e quaisquer espécies de transformações, tais como traduções, adaptações e arranjos. Acreditamos que estas últimas modalidades, que fazem parte de um gênero que é a transformação da obra, devem ser observadas com especial atenção, pois compreendem espécies que podem indicar uma livre utilização das ECTs, visto que

A TUTELA JURÍDICA DAS EXPRESSÕES CULTURAIS TRADICIONAIS

se configurariam obras protegidas quando fizessem uso de ECTs. Este é o tratamento em geral dado pelas leis nacionais de Direito de Autor, protegendo obras e não atribuindo às ECTs a condição de objeto de proteção. Isso decorre do fato de as leis nacionais protegerem o autor das obras originais baseadas em ECTs (que seriam obras derivadas ou transformações), já que ainda em boa parte dos diplomas legais sobre o tema as obras ou expressões do folclore fazem parte do domínio público, estando seu uso livre sob qualquer forma.

No que diz respeito a todo o escopo acima referido, por cada Estado será verificada a necessidade de aplicação e exigência de autorização de acordo com seus interesses nacionais e tipicidade de usos das ECTs inerentes aos mesmos. Por fim, no que se refere a uma eventual harmonização internacional, parece-nos que também seria mais razoável que aos Estados fosse possibilitada uma ampla autonomia de proteção.

Essa seria a hipótese de aplicação sob a forma de direito de exclusivo, não sendo de se ignorar a hipótese de consideração de que a natureza desta nova tutela seja caracterizada como direito de remuneração. A consideração de aplicação de uma tutela sob a forma de direito de remuneração afastaria a necessidade de prévia autorização e impedimentos decorrentes de direitos de natureza exclusiva (direitos de exclusivo) e, em grande medida, facilita a circulação das ECTs mesmo quando sobre estas aplica-se a referida tutela. É o mecanismo eficiente aplicado, por exemplo, aos intérpretes do setor audiovisual, considerando que a transferência prévia de um direito não impede a cobrança pelo uso, considerando a valorização posteriormente verificada na exploração da obra.

Ocorre que não se pode esquecer que no universo das ECTs há muitas hipóteses em que o uso destas estaria desautorizado por encontrar-se fora da permissão das coletividades criadoras que, ao fim e ao cabo, são os sujeitos por excelência da referida tutela. A exploração comercial de elementos religiosos, por exemplo, não poderia conviver pacificamente com um direito de remuneração. Isto porque o direito de remuneração não possibilita o exercício sob a forma exclusiva e com prévia e expressa autorização requerida, mas permite o uso com o devido pagamento sob a forma do que se institui como simples remuneração.

Por outro lado, o domínio público remunerado ou pagante, ainda que se possa considerar uma forma de exigir o pagamento mesmo com o uso de obras que em tese prescindiriam de tal pagamento, não se confunde com o direito de remuneração. No caso do direito de remuneração as obras não são de uso público ou não estão em domínio público, mas simplesmente o direito não possui a natureza exclusiva por razões de impossibilidade de circulação da obra se fosse atribuída uma exclusividade. Insisto, é o típico caso do direito inerente aos intérpretes do setor audiovisual. O direito de remuneração, porém, se refere somente a aspectos inerentes à valoração econômica e, portanto, não solucionaria todas as questões inerentes às ECTs, que necessitam da solução dos aspectos extra-econômicos e relacionados aos valores inerentes à preservação cultural.

## 6.3. Os valores inerentes à preservação cultural

Além dos valores econômicos que advêm das ECTs, o escopo principal de sua tutela deve ser a sua própria preservação.

Entendemos que além da consideração de que os valores econômicos devam ser direcionados às coletividades criadoras e com vias à manutenção de valores e frutos inerentes à preservação cultural, há determinados valores que não são vistos primordialmente como bens econômicos. Toda uma ampla proteção em direção à preservação cultural advêm da tutela de alguns valores extra-econômicos, que podem ser observados e categorizados em tutelas jurídicas distintas.

Nomeamos este grupo de direitos genericamente por direito à preservação cultural (em sentido amplo).

Essa categoria exige uma classificação mais específica e voltada a tutelar os interesses de preservação da cultura, seja pelas coletividades criadoras, pelo Estado ou pelos titulares de direitos difusos.

Serão tratadas separadamente cada uma das concepções apresentadas, logo após a compreensão do que vem a ser o gênero que as compreende[498].

Antes, porém, há que se alertar para o fato de que as concepções dos direitos que ora se apresentam são flexíveis, elásticas, amparando uma gama de situações as quais, obviamente, não podem ser exaustivamente categorizadas.

---

[498] Como paradigmas para atribuição de comparações entre a tutela dos direitos à preservação cultural e os direitos pessoais de autor foram utilizadas as legislações nacionais do Brasil e da Austrália.

A TUTELA JURÍDICA DAS EXPRESSÕES CULTURAIS TRADICIONAIS

O cerne do direito à preservação da cultura compreendido em sentido amplo é a necessidade de se permitir e viabilizar garantias de sobrevivência à diversidade cultural, tendo como fundamento o livre desenvolvimento humano, inclusive cultural. Nesse sentido, o direito à preservação cultural possui um amplo escopo de proteção, e ainda que não seja possível a indicação de toda uma gama de especificidades protetivas, o importante será sempre o resultado com vias a permitir a preservação da cultura, muitas das quais em vias de extinção[499].

Porém, a implementação de conceitos rígidos, herméticos na consideração de seus objetos, deve ser salientada, sendo certo que as dificuldades advêm de dois distintos aspectos:

(1) As ECTs representativas das sociedades simples apresentam um sentido e um vínculo baseados em conceitos de Direito muitas vezes estranhos ao Direito das sociedades estatais[500-501];

(2) O novo fundamento de validade para aplicação de direitos com vias a preservar a cultura não se assenta em pré-juízos e concepções determinadas, mas em uma função precípua de preservação cultural.

Essa dupla concepção conduz à conclusão de que uma categorização não pode ser definitiva, e, em sentido oposto, deve permitir novas aplicações e indicações de objetos anteriormente não alcançados pelo escopo

---

[499] Carlos Correa afirma que 90% dos (cerca de) 6.000 idiomas existentes atualmente no mundo correm o risco de se tornarem extintos nos próximos 100 anos. *In Los conocimientos tradicionales y la propriedad intelectual*, [...] p. 13.

[500] Obviamente que as ECTs que não representam sociedades simples não apresentam qualquer dificuldade em referência às diferenças sistêmicas.

[501] Laburthe-Tolra e Warnier nos recordam de que há duas modalidades de percepção-apreensão dos objetos produzidos pelo homem. A cada uma delas corresponde um valor: um valor **estético** e um valor **semiológico**. O valor semiológico é o que nos vai importar. É por meiodele que sabemos a função que irá caber aos objetos. Para os objetos de arte nascidos no seio das sociedades simples, o valor semiológico representará sempre uma necessidade que cabe a quem o produz. Levando-se em conta que a religião está presente com valorizações de grande monta naquelas sociedades, ainda mais amplifica-se esse valor. (Philippe Laburthe-Tolra, & Jean-Pierre Warnier, Etnologia, *Antropologia*, 2ª edição, Petrópolis: Editora Vozes, 1999.)

jurídico, seja por sua incompreensão, seja por sua impossibilidade de identificação.

Cumpre salientar que enquanto o primeiro argumento volta-se à tutela das ECTs pelas coletividades criadoras[502], o segundo aspecto baseia-se em uma proteção cuja titularidade é, primordialmente, estatal.

As dificuldades de implementação de categorias de direitos fundamentadas nos argumentos supra citados são concluídas por motivos vários. Primeiramente pela constatação de que os fundamentos de direitos de origem consuetudinária de parte significativa das sociedades simples podem ser totalmente distintos dos fundamentos dos sistemas das sociedades estatais. Dessa forma, não há sequer como prever uma aplicação e prévia análise de *conceitos universalizantes*[503] que possam indicar a tutela das violações pré-concebidas. Em outras palavras, não há que se falar em aplicações-modelo transpostas do Direito consuetudinário ao Direito da sociedade estatal.

Além disso, o novo fundamento de validade do Direito Constitucional deve promover a tutela da preservação cultural no seu mais amplo sentido, ainda que não seja capaz de identificar modalidades específicas de tutelas jurídicas.

**Portanto, desvalorizar as noções de Direito consuetudinário ou buscar tipificações reducionistas definitivas seria limitar a própria preservação da cultura.**

Em um sentido aplicável a todo o universo das Ciências Jurídicas, Lenio Luiz Streck[504] teoriza e nomeia por Nova Crítica do Direito (ou Crítica Hermenêutica do Direito) uma série de fundamentos que servem de base ao que apresentamos. No entender daquele autor, "[...] o equívoco do pensamento dogmático do Direito é pensar que um conjunto de enunciados explicativos acerca do Direito, postos à disposição da comunidade jurídica, é suficiente para compreender o Direito [... ]"

Dessa forma, elaborar categorizações definitivas que não possibilitem adequações à própria realidade fluída dos acontecimentos é ignorar a

---

[502] Em verdade, mais especificamente nas sociedades simples.

[503] Nas palavras de Lenio Luiz Streck, *Jurisdição constitucional e hermenêutica – Uma nova crítica do Direito*, Porto Alegre: Editora Livraria do Advogado, 2001, p . 214.

[504] Nas palavras de Lenio Luiz Streck, *Jurisdição constitucional e hermenêutica – Uma nova crítica do Direito*, Porto Alegre: Editora Livraria do Advogado, 2001, p . 213 e seguintes.

A TUTELA JURÍDICA DAS EXPRESSÕES CULTURAIS TRADICIONAIS

complexidade da própria realidade social. Ainda mais próximo do que nos interessa, segue o autor supra citado afirmando que

> "[...] quanto mais o pensamento dogmático tenta explicar o Direito através de conceptualizações, mais ele estará escondendo o Direito. Ou seja, ao tentar explicar o Direito, através de conceitos universalizantes (e, portanto, fundantes-de-sentido), o pensamento dogmático do Direito impede o aparecer da singularidade. Ao buscar a elaboração de um 'ser primordial/fundante', apto a ser acoplado aos entes-dispersos-no-mundo, o pensamento dogmático do Direito não deixa que-o-ser-seja, isto é, metafisicamente o pensamento dogmático do Direito esconde a possibilidade da descoberta da coisa mesma.[...][505]"

O que se precisa ter em mente é o fato de que a preservação cultural deve ser atingida em sua plenitude pelas possibilidades de proteção que lhes são advindas.

Dessa forma, ainda que se preveja uma categorização básica de direitos, não há desenvolvimento prático que possa delimitar um espectro rigidamente definitivo, ainda que amplo, de aplicações possíveis[506].

Nesse sentido, concluímos por uma categorização, não definitiva, e que possa amparar um somatório de direitos cujo objetivo é, em sua essência, a preservação da cultura.

Dentre as possibilidades de tutela destacáveis, propomos as que se seguem.

### 6.3.1. Direito à Preservação Cultural (em sentido amplo)[507]

Este direito apresenta as soluções para os problemas decorrentes da dificuldade em se tutelar os valores extra-econômicos das ECTs.

---

[505] Nas palavras de Lenio Luiz Streck, *Jurisdição constitucional e hermenêutica – Uma nova crítica do Direito,* Porto Alegre: Editora Livraria do Advogado, 2001, p . 213 e seguintes.

[506] Bem como nos parece que seria pretensioso argumentar no sentido de se tutelar, p. ex., toda e qualquer modalidade de conflito que ocorra em um sistema de Direito consuetudinário, visto que essa classificação mesma é excessivamente reducionista.

[507] No apêndice E é apresentada uma tabela de equivalência funcional entre os direitos pessoais de autor dos sistemas de *Copyright* e *Droit D'auteur* (servindo como paradigma, respectivamente, as leis nacionais de Direito de Autor da Austrália e do Brasil) e a categoria

A TUTELA JURÍDICA DAS EXPRESSÕES CULTURAIS TRADICIONAIS

Fora já salientado o interesse na preservação das diversas manifestações culturais como forma de garantir a diversidade cultural em sua mais ampla concepção, e tendo como objetivo o direcionamento da tutela jurídica aos legítimos titulares das ECTs.

O direito à preservação cultural se apresenta em conformidade com os princípios de tutela jurídica constitucional e com a concepção de proteção da criação humana decorrente de seu intelecto, tal qual ocorre no Direito de Autor, categoria esta que lhe serve de paradigma para a tutela das ECTs, como já se pode perceber no decorrer do estudo em tela.

Em conseqüência do acima exposto, surge o direito à preservação cultural (em sentido amplo), cujo interesse primordial é **a garantia da preservação da existência e do livre desenvolvimento de toda e qualquer expressão cultural tradicional que mereça uma continuidade histórica**[508].

O exercício desse direito poderá caber às coletividades criadoras e aos titulares de direitos difusos, levando-se em conta cada situação especificamente delimitada. No que diz respeito ao Estado, trata-se de obrigação, exercida através da preservação da cultura em face de seus beneficiários, as próprias coletividades criadoras e os titulares de direitos difusos.

A função desse direito torna-se auto-explicativa ao se compreender a necessidade da preservação cultural como fundamental ao desenvolvimento do ser humano.

Dessa forma, toda e qualquer situação fática que tenha por finalidade a preservação da cultura estará enquadrada neste direito, e qualquer violação de manifestações culturais que possa indicar uma lesão às ECTs poderá ser combatida por meio do mesmo.

Porém, no sentido já salientado de impossibilidade de previsão e análise em tese de uma generalidade de conflitos possíveis, o direito à preservação cultural não deve ser apresentado como uma categoria hermética formada por direitos delimitados e aos quais não possam ser somados outras espécies.

---

de direito à preservação cultural (em sentido amplo). Naquele documento, objetiva-se demonstrar uma equivalência de valores tutelados pelas categorias de direitos expostas, com vias a expor a necessidade de implementação de uma nova categoria jurídica, bem como a sua amplitude.

[508] E, a rigor, todas merecem.

A TUTELA JURÍDICA DAS EXPRESSÕES CULTURAIS TRADICIONAIS

Com esse pensamento, sem afastar uma posterior categorização e aplicação de novos direitos, classificam-se aqueles inerentes à preservação cultural em: **direito à integridade cultural; direito à correta indicação da origem das ECTs; direito ao livre desenvolvimento da coletividade criadora** e **direito à preservação cultural (em sentido restrito)**.

Por suas peculiaridades, cada uma das categorias merece uma análise destacada.

### 6.3.2. Direito à integridade cultural

O direito à integridade cultural tem por objeto a integridade das ECTs representativas de uma determinada cultura.

Considera-se violação da integridade a prática de quaisquer atos que possam ser contrários à reputação ou outros aspectos que possam violar a integridade moral das coletividades criadoras. O Direito à integridade cultural deverá tutelar a integridade das ECTs no sentido de garantir a correta associação dos temas representados e a sua utilização no contexto tradicional, possibilitando o uso fora desses padrões somente pela autorização das coletividades criadoras ou do Estado[509].

Essa construção doutrinária não é inédita em sua essência, tendo já sido anteriormente implementada por meio de política legislativa, pelo menos, na Lei Filipina denominada *Indigenous Peoples Rights Act of 1997 – Republic Act Nº 8371*[510]. De toda forma, parece-nos, pelo modo com que aqui a apresentamos, que ainda não foi contemplada.

---

[509] Por isso entre outros fatores, reitero, existe a dificuldade de se implementar um direito de remuneração para as ECTs.

[510] A referida lei filipina denominada *Indigenous Peoples Rights Act of 1997 – Republic Act Nº 8371* incluiu um capítulo que determina a obrigação de observância à integridade cultural. A seção 32 do referido diploma legal determina que as comunidades indígenas terão o direito de praticar e revitalizar sua próprias tradições culturais e costumes. O Estado deverá preservar, proteger e desenvolver as manifestações de suas culturas passadas, presentes e futuras, tanto quanto permitir o direito à restituição da propriedade cultural, intelectual, religiosa e espiritual, tomadas sem o seu livre e prévio consentimento, ou que tenha ocorrido com violação de suas leis, tradições e costumes. Parece-nos excessivo determinar um amplo escopo nomeando-o por propriedade. Recordamos os ensinamentos de Oliveira Ascensão sobre a natureza jurídica do Direito de Autor, categorizando o Direito de Autor como um Direito de Exclusivo. Por seu turno, o IPRA é implementado pelo documento *Rules and Regulations Implementing the IPRA of 1997*, o qual determina que a proteção de

Acreditamos que esse direito deva ser previsto com parcimônia[511], observando-se uma efetiva violação de aspectos ofensivos à integridade moral das coletividades criadoras e um exercício com interesse que não justifique quaisquer lucros econômicos diretos, senão indiretos, e com vias a reparar os danos causados. De toda forma, em linhas gerais quer nos parecer que medidas indenizatórias não são as mais representativas da tutela deste direito, adequando-se melhor as medida assecuratórias ou reparatórias de direito.

É definitivo, porém, que não sendo identificada qualquer violação da integridade moral, não se pode admitir qualquer possibilidade de aplicação dessa categoria jurídica.

No tocante à titularidade, repare, primeiramente, que esse direito pode ser exercido tanto pelas coletividades criadoras quanto pelos titulares de direitos difusos, visto que a integridade é composta de valores ínsitos à manifestação cultural representativa de todo um povo. Por outro lado, ao Estado cabe a obrigação de manutenção da referida, e, assim sendo, violentando-se moralmente uma coletividade criadora, parte do elemento formador do Estado está sendo violentada, o que justifica a atuação estatal. Por outro lado, identificada a coletividade criadora, esta diretamente poderá exercer o Direito, sendo-lhe atribuída a titularidade

---

direito, que nomeou por *Direitos à integridade cultural*, tem como espécies : (a) proteção da cultura, tradição e instituições indígenas; (b) direito de estabelecer e controlar o sistema educacional de ensino; (c) reconhecimento de sua diversidade cultural; (d) direito ao nome, identidade e história; (e) direito de propriedade intelectual da comunitário (coletivo); (f) proteção da religião, sítios culturais e cerimônias; (g) direito a crenças espirituais indígenas e tradições; (h) proteção de locais sagrados indígenas; (i) direito à proteção do sistema e prática de conhecimento indígena e (j) direito à ciência e tecnologia. As Disposições-tipo determinam que a distorção de *expressões do folclore* em seus usos públicos (direto ou indireto) que sejam prejudiciais ao interesse cultural da comunidade a(s) qual(is) estas estejam relacionadas deverá ser punida, inclusive no âmbito do Direito Penal. Há quem considere que as distorções possam indicar qualquer tipo de mutilação ou ações depreciativas às ECTs *(The term distortion covers any act of distortion or mutilation or other derogatory action in relation to the expresssions of folklore).* **WIPO** – *Draft report on fact-finding Missions on intellectual property and tradicional knowledge (1998-1999) – Draft for comment* – 03 de julho de 2000.

[511] Principalmente no que se refere ao exercício pelo Estado ou pelo titulares de direitos difusos.

A TUTELA JURÍDICA DAS EXPRESSÕES CULTURAIS TRADICIONAIS

originária e o mero exercício do direito em seu nome por meio dos titulares dos direitos difusos.

Em outro sentido, não sendo identificada ou sendo identificada a coletividade porém encontrando-se a mesma já extinta, permanece a obrigação do Estado, também fortalecido pela possibilidade do exercício da titularidade por parte dos titulares de direitos difusos.

Como material prático para a constatação da violação do Direito à integridade cultural, há de se recordar as violações inerentes a alguns casos relacionados aos aborígenes australianos, em especial os casos *Yumbulul* e *Milpurrurru*.

Em tais casos houve a violação do direito à preservação cultural em decorrência da indevida e desautorizada utilização das ECTs, tendo havido a comercialização de produtos pelasrepresentações de imagens com valores intrinsecamente sagrados. Nesse sentido, a oferta e venda de tapetes com motivos aborígenes [512] e a utilização de imagens sagradas em notas comemorativas[513] infringem normas de Direito consuetudinário dos aborígenes australianos, não cabendo dúvidas quanto à violação da integridade cultural daquele povo.

Por conta de sua contemporaneidade[514], os próprios aborígenes puderam exercer seus direitos. Por outro lado, não sendo possível esse exercício pela própria coletividade criadora, o Estado deveria intervir para garantí-lo. Curioso perceber que para o *caso Milpurrurru* – o primeiro caso, relativo à venda de tapetes – esta hipótese seria possível, visto que o Estado australiano deveria buscar a integridade cultural contra as empresas que praticaram a violação. No entanto, no caso *Yumbulul* o próprio Estado australiano fora o violador, restando a concepção de que o exercício do direito, se não pudesse ser exercido pelas própria coletividades criadoras, somente poderia sê-lo através dos direitos difusos, havendo um descumprimento e uma violação por parte de quem possui a obrigação na preservação.

Por fim, em uma comparação com os princípios inerentes ao Direito de Autor, o direito à integridade cultural se assemelharia ao direito à

---

[512] Caso *Milpurrurru*.
[513] Caso *Yumbulul*.
[514] Portanto, estando vivos e podendo ser identificados.

integridade presente naquela categoria jurídica, cujo objeto de proteção é a integridade da obra e a reputação ou honra do autor.

Obviamente que os objetos de tutela são distintos, o que justifica uma comparação de modo ilustrativo.

No que se refere ao sistema de *Droit D'auteur*, utiliza-se , em geral, a expressão direito à integridade da obra, enquanto no sistema de *Copyright* pode-se utilizar a expressão *right of integrity of authorship of a work*[515]-[516].

QUADRO 13 – **Direito à integridade cultural**

| Objeto da tutela | Manifestações | Titularidade do direito |
|---|---|---|
| Integridade moral e reputação das coletividades criadoras inerentes às ECTs que lhes são representativas. | Medidas assecuratórias de direito (necessidade de autorização prévia, registro de uso etc.).<br><br>Medidas reparatórias e, em última análise, medidas indenizatórias. | Coletividades criadoras vivas e identificadas: **originária**.<br><br>Titulares de direitos difusos: **legitimidade para o exercício**. |
| | | Coletividades criadoras extintas ou não identificadas:<br><br>Titulares de direitos difusos: **titularidade derivada**.<br><br>Estado – obrigação da preservação de integridade cultural. |

### 6.3.3. Direito à correta indicação da origem das ECTs

O direito à correta indicação da origem das ECTs exige a menção correta da origem das mesmas, em especial no que concerne à coletividade criadora. Caso a origem seja de difícil indicação, deverá ser expressamente

---

[515] W.R. Cornish prefere a terminologia *Right to objetct to derogatory treatment. Intellectual Property* [...] p. 450 e seg.

[516] A Convenção de Berna, ao elencar os direitos pessoais de autor, em seu artigo 6º bis, define o direito à integridade como: "o direito de opor-se a qualquer distorção, mutilação ou outra modificação, ou ainda, qualquer ato depreciativo em relação à obra que possa ser prejudicial à honra ou reputação de seu autor" *The right to object to any distortion, mutilation or other modification of, or other derogatory action in relation to, the said work, which would be prejudicial to his honour or reputation.*

A TUTELA JURÍDICA DAS EXPRESSÕES CULTURAIS TRADICIONAIS

justificada. Esse direito visa a proteger a relação entre a origem da cultura e as expressões que a caracterizam. Dessa forma, para cada utilização devida de ECTs há de se fazer menção à sua origem.

Por outro lado, possibilita-se a correta indicação da origem também pela atribuição de selos de identificação, que possuem a qualidade de mecanismos práticos de proteção, tal qual se observa no exemplo panamenho em vigor, na tentativa frustrada australiana e no (ainda) incipiente tratamento norte-americano[517]. Ocorre, porém, que não se deve confundir o direito à correta indicação da origem com a aplicação dos selos indicativos da origem ou mesmo com a atribuição de sinais distintivos, pois a categoria jurídica ora apresentada possui um escopo maior de proteção.

O direito à correta indicação da origem busca instituir um mecanismo de proteção que pode ser comparado àquele do Direito de Autor de cunho pessoal, em suas espécies: direito de paternidade e direito de indicação de identificação (ou de nomeação da autoria, entre outras formas de nomear tal direito)[518]. Em linhas gerais, o objetivo daquelas categorias jurídicas é proteger o reconhecimento do autor de uma determinada obra. Dessa forma, naquele sistema protetivo, ao criar uma obra o autor merece ser reconhecido por este fato.

No Direito de Autor, o direito à paternidade da obra suplanta o direito de indicação de identificação[519] pela sua maior amplitude. Este último é um direito que se caracteriza em relação a uma obra utilizada por terceiros, e supõe que tenha ocorrido uma mera omissão da identificação do autor. Por sua vez, o Direito à paternidade da obra apresenta uma dupla vertente, positiva e negativa. Oliveira Ascensão afirma que esse direito se manifesta "positivamente pela pretensão à menção da designação e negativamente pela reação às violações praticadas".[520]

Em decorrência da aceitação dos direitos pessoais de autor por parte dos países do sistema de *Copyright*[521], já é possível perceber a presença dos direitos de paternidade em sua dupla concepção pela equivalên-

---

[517] Todos esses exemplos analisados no capítulo 4.

[518] Presente no sistema de *Droit D'auteur*.

[519] Nomeado, por Oliveira Ascensão, **Direito à menção de designação**. *Direito Autoral* [...] p. 138.

[520] *Direito Autoral* [...] p. 141.

[521] Ainda incipiente, mas já bastante positiva.

A TUTELA JURÍDICA DAS EXPRESSÕES CULTURAIS TRADICIONAIS

cia deste com os direitos que poderiam ser livremente traduzidos por direito de atribuição de autoria e direito a não ter a autoria falsamente atribuída.[522-523]

Tudo o que fora exposto no que se refere ao direito de paternidade inerente ao Direito de Autor deve servir de base doutrinária para a compreensão de que a correta indicação da origem das ECTs deve buscar estabelecer uma tutela positiva e negativa. Dessa forma, além da exigência de que a origem da coletividade seja indicada, também é permitido um legítimo exercício de uma reação aos abusos praticados contra a indicação de origem que não a verdadeiramente a ser atribuída à ECT.

Também a construção desse Direito não é absolutamente inédita, levando-se em consideração que os mecanismos de instituição de marcas certificadoras[524] apresenta alguma similitude, assim como também é semelhante a proteção à indicação da origem prevista nas Disposições-tipo.[525].

Naquele diploma, especificamente em sua seção 5, determina-se que a fonte de qualquer expressão de folclore identificável deverá ser indicada de um modo apropriado, com a menção da comunidade e/ou do local geográfico de origem da expressão cultural. A consideração de local geográfico, além da específica comunidade (que neste estudo leva o nome de coletividade criadora) mostra a possibilidade de as *expressões folclóricas* (e que denomino mais amplamente por ECTs) serem encontradas em mais de um território, fato que se torna ainda mais importante ao se considerar

---

[522] Assim denominados na lei nacional de Direito de Autor australiana, tendo como terminologia original em idioma inglês: *right of attribution of authorship e right not to have authorship of a work falsely attributed.*

[523] Este fato, por si só, indica um caminho em direção à harmonização no tratamento do Direito de Autor, o que poderia gerar reflexos positivos nas concepções da tutela jurídica das ECTs. Na Convenção de Berna ($6^{bis}$) o referido direito leva o nome de direito à reivindicação de autoria (*the right to claim authorship of the work*).

[524] A respeito desse tema veja o capítulo 4, sobre o Estado da Arte, no que se refere aos países Austrália, EUA e Panamá. Ainda mais especificamente veja o capítulo 5, sobre os sinais distintivos.

[525] As disposições-tipo declaram obrigatória a *indicação da origem (appelation of origin) das expressões do folclore*

A TUTELA JURÍDICA DAS EXPRESSÕES CULTURAIS TRADICIONAIS

os aspectos de nacionalidade[526-527]. Essa questão indica, inclusive, que, além das próprias coletividades criadoras, também ao Estado importa o direito à correta indicação de origem.

De todo modo, a indicação equivocada da origem significa, em um primeiro momento, uma lesão às coletividades criadoras, titulares originárias do direito.

Nesse sentido, indicamos o caso em que uma publicação periódica da França violou o direito dos índios *Kuna*, do Panamá, ao ensinar o modo de se fazer as Molas relacionando esta ECT e indicando sua origem como sendo *"folclore mexicano"*. Por essa linha de pensamento, pode-se perceber que a consideração sem distinções das ECTs pode levar a seu próprio desaparecimento, visto que a utilização de quaisquer manifestações culturais sem uma busca de sua origem alçam-nas a uma vala comum de criações vazias, as quais não possuem história, e que não são representativas do povo que representam, o que se reflete na sua – indevida – (des)consideração.

Ainda em relação à titularidade do direito, esta será primordialmente atribuída às coletividades criadoras. Os casos práticos acima elencados demonstram o interesse específico no tema. Todavia, também esse direito possibilita a sua tutela por meio dos direitos difusos, bem como mantém a obrigação, por parte do Estado, sendo certo que as coletividades criadoras mantêm-se como o sujeito primordial do direito, se ainda vivas e identificadas, havendo o exercício por outra titularidadedevido à sua impossibilidade em exercê-lo, e a titularidade derivada, pela sua extinção ou pela sua não identificabilidade. Dessa forma, viva e identificada a coletividade, a mesma é titular originária do direito à correta indicação da origem, atuando o Estado pela obrigação que lhe cabe e os titulares de direito difuso somente por meio de sua legitimidade para agir.

---

[526] No que se refere à Africa, p.ex., a questão dos territórios nacionais é de suma importância, tendo em vista a artificialidade ao estabelecer grande parte das fronteiras nacionais.
[527] S. Le Gall, *Preserving One's Narrative: Implications of Intellectual Property Protection of Folklore and the Steel Pan in Trindad and Tobago*, Master of Law Thesis, Canada: York University –1994, p. 155 e seg.

Quadro 14 – **Direito à correta indicação da origem**

| Objeto da tutela | Manifestações | Titularidade de direitos |
|---|---|---|
| Indicação da origem das ECTs. | Medidas preventivas por meio de autorizações prévias, instituição em lei e estabelecimento de selos de aposição.<br><br>Medidas assecuratórias e indenizatórias. | Coletividades criadoras vivas e identificadas: **originária**.<br><br>Titulares de direitos difusos: **legitimidade para o exercício**. |
| | | Coletividades criadoras extintas ou não identificadas:<br><br>**Titularidade derivada** Titulares de direitos difusos.<br><br>Estado: obrigação de observância da correta indicação da origem. |

## 6.3.4. Direito ao livre desenvolvimento cultural (da coletividade criadora)

Essa categoria jurídica protege a possibilidade do livre exercício das manifestações culturais.

A tutela se dará através da possibilidade do exercício das manifestações culturais em uma dupla concepção. Em primeiro lugar, afasta a possibilidade de impedimento ou qualquer modalidade de intervenção por parte do Estado, portanto, possui um **valor intrinsecamente negativo. Em segundo lugar, o próprio Estado deverá, positivamente**, promover o livre desenvolvimento cultural, por estímulos diversos.

Percebe-se a função primordialmente voltada à concepção da proteção das coletividades criadoras. Dessa forma, não há que se falar em titularidade que não seja a das próprias coletividades criadoras, por meio da atribuição de uma titularidade originária. O Estado mantém-se na obrigação de preservação cultural, devendo possibilitar o livre desenvolvimento da cultura, e a sociedade, por meio dos direitos difusos, poderia exercer esse Direito em nome das coletividades, não havendo possibilidade de se atribuir uma titularidade senão a um exercício em nome de terceiros. Essa evidência é decorrente do fato de que somente as coletividades criadoras poderiam livremente desenvolver sua própria cultura,

A TUTELA JURÍDICA DAS EXPRESSÕES CULTURAIS TRADICIONAIS

e, portanto, ter um direito aplicado a esta situação fática. Extinta ou não identificada a coletividade criadora, extingue-se o direito.

O direito ao livre desenvolvimento cultural traz em si um aspecto extremamente relevante, que é a própria possibilidade do exercício de uma liberdade cultural representativa da origem de cada coletividade criadora, mormente das sociedades simples.

Dessa forma, ao ser possibilitada a livre manifestação cultural, de certa maneira dificulta-se a denominada aculturação, incidindo o Direito como via de proteção da preservação da cultura. Nesse sentido, há de se perceber que essa tutela ocorre em âmbito coletivo no sentido de preservação da cultura e manutenção de valores os quais, individualmente, talvez sequer fossem compreendidos[528].

Podemos citar um fato ocorrido no Brasil, mais especificamente na sociedade simples dos *Pankararu* de Brejos dos Padres, como exemplo de situação fática tutelável por essa categoria jurídica. Aquela sociedade simples, uma coletividade criadora em sua essência, além de diversas atividades de cunho cultural, possuía em seu costume uma manifestação cultural denominada Dança dos Praiás, atividade típica da qual somente determinados componentes da tribo podem participar. Ocorre que em um período de cerca de quatro semanas, aos domingos pela manhã, os Praiás desenvolvem danças típicas recolhendo quantidades de comida cedidas por componentes da tribo. No período da tarde de cada domingo, a população se reúne para participar de uma grande celebração.

Ocorre, porém, que em decorrência dos percalços financeiros e, portanto, da condição econômica de enorme dificuldade, os mantimentos foram rareando, até que a Funai, em uma tentativa de auxiliar os *Pankararu*, iniciou um processo de doação na época das festividades, diminuindo a incidência de manifestações da dança, que se encontra cada dia mais distante do imaginário popular dos *Pankararu*, rareando-se o conhecimento sobre o que vem a ser esta manifestação cultural[529].

---

[528] A perda, por parte de um indivíduo, de sua própria cultura não pode ser percebida senão após um longo período de tempo, sendo certo que o processo de aculturação é muito mais importante para a coletividade do que para indivíduos destacadamente.

[529] Essas informações foram recolhidas em depoimento do Sr. José Auto, filho do antigo cacique da tribo, no vilarejo de Brejo dos Padres, em meados de 2002, tendo sido reafirmadas por componentes da tribo.

Percebe-se que à coletividade deve ser possibilitado o livre desenvolvimento e manutenção de sua própria cultura, sem ingerência de qualquer espécie por parte do Estado que não seja no sentido de proteger a coletividade criadora no livre exercício de suas autênticas manifestações culturais. Percebe-se, em linhas gerais, a obrigação estatal com vias a promover o livre desenvolvimento cultural.

Nesse sentido de participação ativa do Estado, além do aspecto de generalizada presença nas constituições dos países que se configuram como Estados Democráticos de Direito das indicações sobre a autodeterminação dos povos, alguns textos constitucionais expressamente permitem que as coletividades criadoras, em especial os grupos indígenas, possam conduzir o desenvolvimento de sua cultura particular. Dessa forma, assenta-se a necessidade de permitir o livre desenvolvimento cultural dos diferentes grupos formadores de uma sociedade estatal. Só para citar alguns, Brasil e Filipinas apresentam disposições nesse sentido[530]. Também a Constituição da Tailândia do ano de 1997 apresentava teor assemelhado, tendo sido, porém, substituída pela denomina Constituição Interina do ano de 2006, imposta após o golpe de Estado ocorrido naquele ano[531].

Além de determinações que permitam o livre desenvolvimento cultural, há constituições, tal qual a colombiana, que permitem o exercício de funções jurisdicionais por parte de líderes de sociedades simples, em especial de grupos indígenas, o que inclui, obviamente, a permissão para

---

[530] **Brasil (1988)** – CRFB, "[...] *Art. 231* – São reconhecidos aos índios sua organização social, costumes, língua, crenças e tradições [...]" Texto disponível em http://www.planalto. gov.br/ccivil_03/constituicao/constituicaocompilado.htm ; **Filipinas (1987)**– "[...]Art. XIV, Seção 17, – O Estado deve reconhecer, respeitar e proteger os direitos das comunidades culturais indígenas para preservar e desenvolver suas culturas, tradições e instituições. Devem ser considerados estes direitos na formulação de políticas e planos nacionais" Texto disponível em http://www.wipo.int/wipolex/es/text.jsp?file_id=224964.

[531] Anterior Constituição da **Tailândia (1997)** – "[...] Seção 46 – As pessoas que se congregam como comunidade tradicional terão o direito de conservar ou restaurar o seu costume, seu conhecimento local, a arte ou a cultura de suas comunidades[...]".

A TUTELA JURÍDICA DAS EXPRESSÕES CULTURAIS TRADICIONAIS

a proteção, entre outros aspectos, de valores inerentes à sua própria cultura[532][533].

Ainda mais permissivas que as determinações específicas sobre a proteção da cultura das sociedades simples (Brasil, Filipinas, Tailândia – 1997) e exercício de funções jurisdicionais permitidas em face de grupos indígenas (Colômbia), encontra-se a constituição das Ilhas Marshall ao tratar da participação das sociedades simples no que possa interessar ao livre desenvolvimento cultural. Tal constatação advém do fato de que, naquele país, ao denominado *Council of Iroij* (O Conselho dos Chefes Supremos) é possibilitado o exercício de diversas funções, inclusive fazer retornar uma proposta de lei ao Parlamento para que a mesma seja emendada ou reconsiderada, caso o conselho decida que seu teor pode afetar negativamente o direito costumeiro das sociedades simples que fazem parte do elemento humano do país[534-535].

---

[532] **Constituição da Colômbia (1991)** – Art. 246. As autoridades dos povos indígenas poderão exercer funções jurisdicionais dentro de seu âmbito territorial, em conformidade com suas próprias normas e procedimentos, sempre que não sejam contrários à Constituição e às leis da República. A lei estabelecerá as formas de coordenação desta jurisdição especial com o sistema judicial nacional. Texto disponível em http://www.procuraduria. gov.co/guiamp/media/file/Macroproceso%20Disciplinario/Constitucion_Politica_de_ Colombia.htm .

[533] Também a CRFB acaba por proteger essa manifestação ao possibilitar o reconhecimento aos índios "[...] de [...] *sua organização social* [...]" – art. 231.

[534] Seção 2 – *Funções do Conselho de Iroij – O Conselho de Iroij deverá ter as seguintes funções:* "[...] O Conselho pode requerer, de acordo com a seção 3 deste artigo, a reconsideração de qualquer projeto de lei que afete o direito costumeiro ou qualquer prática tradicional [...]" (tradução do autor). Fonte: http://www.vanuatu.usp.ac.fj/Paclawmat/Marshall_Islands_ legislation/Consolidation_1988/Marshalls_Constitution.html

[535] Botlang Loeak, *Symposium on the Protection of Traditional Knowledge and Expressions of Indigenous Cultures in the Pacific Islands, Nouméa, New Caledonia*: (15 a 19 de fevereiro de) 1999.

## QUADRO 15 – **Direito ao livre desenvolvimento cultural**

| Objeto da tutela | Manifestações | Titularidade dos direitos |
|---|---|---|
| Liberdade de atividade das coletividades criadoras para que possam desenvolver suas ECTs. | Determinação constitucional de permissão ao livre desenvolvimento cultural por meio de cláusulas de aplicabilidade imediata; por métodos assecuratórios do Direito (especialmente Constitucional) . | Coletividades criadoras vivas e identificáveis: **originária.**<br><br>Estado e titulares de direitos difusos: **legitimidade para exercício.** |
| | | Coletividades criadoras extintas ou não identificáveis:<br><br>**Ausência de titularidade por inexistência de sujeito.**<br><br>Estado – obrigação e garantias que possibilitem o livre desenvolvimento cultural. |

Além de tudo o que já fora exposto, cabe perceber que o direito ao livre desenvolvimento cultural assemelha-se, de certo modo, com o direito de origem constitucional e largamente tratado como direito fundamental de liberdade de expressão. O direito à liberdade de expressão já está amplamente presente nos ordenamentos jurídico-constitucionais das democracias contemporâneas, sendo importante salientar que esse livre desenvolvimento cultural seja possibilitado a toda e qualquer parcela da população que componha o elemento humano de um Estado, inclusive no que se refere ao tema objeto desse estudo.

Por fim, salienta-se a fácil constatação de que o Direito de Autor não empresta conceitos ao direito ao livre desenvolvimento cultural, estando esse baseado em preceitos de Direito Constitucional[536].

---

[536] O mais próximo que se poderia chegar do Direito de Autor seria por meio da percepção também por via do Direito Constitucional, visto que essa categoria jurídica possibilita a livre criação de obras do intelecto a qualquer indivíduo formador de uma sociedade estatal, bem como de qualquer de seus grupos sociais em sua coletividade. Por outro lado, esse tema seria excessivamente desviante ao nosso ponto central.

### 6.3.5. Direito à preservação cultural (em sentido restrito)

Não sendo possibilitada a preservação de uma cultura, a mesma pode se perder definitivamente no tempo.

Como visto, todo o escopo de proteção da tutela jurídica das ECTs deve se basear numa dupla concepção, tendo por um lado a tutela dos aspectos de cunho econômico e por outro os valores exteriores a esses aspectos, ou seja, os valores que sirvam a preservar a cultura em si.

Compreendidos os demais direitos da categoria do direito à preservação cultural em sentido amplo, o direito à preservação cultural em sentido restrito deve possibilitar a preservação das ECTs de modo objetivo para que elas se mantenham íntegras no decorrer do tempo.

Essa possibilidade forma-se por mecanismos específicos de tutela das ECTs.

Dessa forma, a instituição de registros, inventários, catalogações, tombamentos e desapropriações são modalidades possíveis de exercício do Direito à preservação cultural e no que couberem à tutela das ECTs deverão ser-lhes aplicadas.

Toda e qualquer determinação objetiva, direta ou indireta, fundamentada no ordenamento jurídico de um Estado que tenha como objetivo a preservação de ECTs deve ser considerada direito à preservação cultural em sentido restrito, mantendo-se, como se pode exaustivamente perceber, a obrigação do Estado.

Em sede de direito comparado, observa-se o ordenamento jurídico brasileiro, em especial o texto constitucional, quando estabelece um elenco exemplificativo de possibilidades que objetivam a preservação da cultura do país, justificando-se a inclusão evidente das ECTs, sejam aquelas já absorvidas pela sociedade envolvente[537] ou as inerentes às coletividades criadoras como componentes do elemento humano do povo brasileiro, incluídas aí, por óbvio, as sociedades simples. O ordenamento jurídico brasileiro, além do texto constitucional e no que pesem as imperfeições que apresenta, prevê uma tipificação do direito à pre-

---

[537] Reparar que o termo envolvente se presta muito mais a este fato especifico.Ver conceitos operacionais.

## A TUTELA JURÍDICA DAS EXPRESSÕES CULTURAIS TRADICIONAIS

servação cultural ao estabelecer um sistema de registro que denomina *patrimônio nacional do Brasil*.[538]

Também a Lei 20 do Panamá estabelece a possibilidade de registros do que denomina "direitos coletivos dos povos indígenas para a proteção e defesa de sua identidade cultural e de seus conhecimentos tradicionais". Mesmo que fora do escopo do Direito Constitucional, o ordenamento jurídico panamenho reconhece a necessidade de preservação cultural dos povos que compõem a nação panamenha, como já tivemos a oportunidade de analisar.

Ainda em sede de direito comparado, as Disposições–tipo não fazem qualquer menção ao direito à preservação cultural no sentido restrito que aqui determinamos. Observe que o próprio princípio de proteção daquele ordenamento consiste em estabelecer a proteção das ECTs (ali denominadas *expressões do folclore*) contra exploração ilícita e outros atos prejudiciais.

---

[538] Percebe-se que o direito à preservação cultural ambienta-se em uma visão já estabelecida e bem assentada no fato de que a diversidade cultural é necessária ao desenvolvimento do ser humano. No que tange aos titulares de direito, a CRFB fornece indicações sobre os sujeitos envolvidos. Tal qual já fora já indicado, *o poder público, com a colaboração da comunidade*, deverá promover a preservação do patrimônio do qual fazem parte as ECTs (art.216). Não resta dúvida, por conseguinte, que a comunidade exercerá um poder de controle e, eventualmente, investigação, apontando as ECTs que devem ser tuteladas e, no sentido do que ora se apresenta, preservadas. Auxiliando-nos novamente daquele ordenamento jurídico, o Decreto 3551/2000 possibilita o requerimento de registro por sujeitos que sequer tenham qualquer relação com o patrimônio aos quais requerem o registro, fugindo, inclusive, ao conceito de pertinência temática típico do Direito Constitucional. Apesar desse fato, o ordenamento brasileiro possibilita o exercício de vigilância por parte de toda a sociedade, funcionamento que deve ser mantido, mesmo após as necessárias modificações que urgem naquele ordenamento. Há que se compreender que quanto maior a possibilidade de vigilância tanto maior será a preservação da cultura de modo geral e, por conseguinte, das ECTs. Como se pode perceber no teor do capítulo 4, nos posicionamos de modo contrário à manutenção do supra citado Decreto, levando em conta as deficiências do ordenamento de um modo geral e, inclusive, considerando, a sua inconstitucionalidade. Decreto possui técnica legislativa equivocada e pode levar à indicação do exercício de direitos de exclusivo, o que o torna impróprio para o desenvolvimento e preservação da cultura. Por outro lado, cabe salientar que o teor apresentado naquele documento em referência ao poder de vigilância da sociedade é eficiente e deve se mantido.

A TUTELA JURÍDICA DAS EXPRESSÕES CULTURAIS TRADICIONAIS

Também o ordenamento jurídico português prevê, em algum sentido, a tutela da integridade das ECTs pelo Estado. Melhor dito, em verdade, Portugal não determina em seu ordenamento jurídico a expressa tutela das ECTs, mas, por outro lado, a proteção da genuidade e integridade das obras caídas em domínio público, e, portanto, compreendemos que a interpretação aplicável abarca também a proteção de tais expressões. Dispõe, portanto, neste sentido, o artigo 57º , 2 do CDADC, *in verbis*: "Art. 57º , 2 – A defesa da genuinidade e integridade das obras caídas no domínio público compete ao Estado e é exercida através do Ministério da Cultura.[539]"

Como se percebe, determinar com exatidão os mecanismos que poderiam representar um direito à preservação em sentido restrito seria tarefa hercúlea e excessiva aos fins deste estudo.

Por outro lado, ocorre diagnosticar que dentre as modalidades objetivas de preservação cultural, o registro de bens que componha o patrimônio de uma nação parece ser tema de interesse generalizado, no que se refere à tutela jurídica das ECTs. Tanto o é que justificou a preparação do documento das Recomendações da Unesco, já analisada, com vias a estabelecer um procedimento de pudesse preservar o que fora denominado naquele documento por *folclore*.

Além do registro, a classificação de determinados bens materiais e imateriais em categorias que lhe demonstre um maior grau de importância também possui, por finalidade, buscar um maior fortalecimento de sua condição com o fim de preservar a cultura[540].

Nesse gênero inclui-se o tombamento, medida que visa a identificar bens materiais cujos valores merecem proteções específicas para dotá-los de prerrogativas que os possam preservar. Em largo sentido, de medidas que possam efetivamente preservar a cultura. Pelo tombamento se estabelecem limitações ao próprio direito de propriedade, especialmente no

---

[539] O Decreto-Lei 150/82, em seu artigo 1º, 1, determinava a competência do Ministério da Cultura e Coordenação Científica na defesa da integridade e genuidade das obras intelectuais. Por sua vez, o referido decreto fora modificado pelo CDADC, que manteve a mesma obrigação por parte do Estado, tão-somente indicando-se a modificação da responsabilidade para o Ministério da Cultura.

[540] Sendo certo, porém, que não é a própria categorização que empresta uma maior valorização aos bens, mas a própria categorização é decorrente da valorização anterior.

que se refere ao uso que se faz do bem. A inclusão de um bem em um catálogo de obras tombadas pode, inclusive, "[...] diminuir ou mesmo esvaziar [...] o conteúdo econômico da propriedade.[...][541]"

O tombamento, porém, refere-se a bens materiais e não merece destaque no âmbito das ECTs.

Resta-nos o *registro* como o modelo do direito à preservação cultural em sentido restrito. Basta, portanto, que nos debrucemos sobre esse tema para que um panorama do direito à preservação cultural em sentido restrito esteja traçado. Além disso, seria caminhar no vazio. Especificamente na tutela às ECTs, as necessidades práticas devem mostrar qual o caminho para a criação doutrinária.

O ponto de partida da análise pode ser a qualidade do registro.

Pode-se admitir a hipótese de um registro atribuindo-se o direito de exclusivo com efeito geralmente constitutivo ou a hipótese de um registro administrativo com o objetivo único de elencar os bens que merecem proteção, incluindo-se aqui as ECTs, com efeito meramente declaratório[542].

### 6.3.5.1. Direitos de exclusivo

Os direitos de exclusivo se prestam a estabelecer um vínculo entre seu titular e o objeto, afastando a possibilidade de uso desautorizado por terceiros estranhos à relação. Observe como se atribuem as titularidades de acordo com cada sujeito de direito.

São direitos de exclusivo, pois excluem o uso por parte de terceiros. As coletividades criadoras poderão exercer o direito e requerer o registro de suas ECTs somente se aquelas forem identificadas e mantiverem-se vivas. Por óbvio, as coletividades extintas ou que não podem ser identificadas estão excluídas da possibilidade de requerer o registro por mera constatação lógica da ausência de sujeito. No mesmo sentido, ninguém poderia fazê-lo em seu nome, pois se a titularidade não lhe fora inicialmente

---

[541] Hugro Nigro Mazzili, *A defesa dos interesses difusos em juízo* [...], p. 193.

[542] Até porque parece-nos impensável tratar o registro de um bem material ou imaterial como constitutivo de direito. Sobre este tema, veja nosso comentários sobre o Decreto 3551/2000 do ordenamento jurídico brasileiro. O exame concreto daquele ordenamento jurídico facilita algumas constatações.

atribuída, não poderia haver legitimidade para o exercício por terceiros (recorde-se que se trata de direitos de exclusivo).

O próprio Estado, por sua vez, não poderia exercer o Direito em nome das coletividades criadoras nem mesmo lhe poderia ser atribuída qualquer titularidade, pois a condição que lhe cabe no que se refere aos direitos de exclusivo é de sujeito de obrigação e não de direito. Por outro lado, é razoável crer que o Estado pode, e deve, proteger determinados direitos relacionados às ECTs com o fito de impedir que terceiros venham a buscar estabelecer direitos de exclusivo, como fora o ocorrido no caso *Tayrona*.

Exemplo de utilização da modalidade de registro com atribuição de direito de exclusivo é a promovida pelo Panamá, país que recentemente possibilitou o registro da *Mola Kuna Panamá*, expressão cultural do grupo indígena *Kuna* do país. Ocorre que a preservação cultural aos povos formadores do Panamá também é garantida pela própria constituição daquele país, em sentido lato, em maior ou menor medida, por meio de atribuição de direitos de distintas naturezas[543].

Por fim, repare que a possibilidade de se efetuar registros de direitos de exclusivo por parte de coletividades criadoras é uma espécie do gênero direito à preservação cultural em sentido restrito.

### 6.3.5.2. Registro do Patrimônio Imaterial Cultural Nacional (PICN)

O registro do patrimônio imaterial possibilita que seja catalogado o acervo de ECTs que formam todo o universo cultural de um Estado. O seu objetivo não será a atribuição de direitos de exclusivo, e, em nosso entender, o registro não deveria ter efeito constitutivo, visto que poderia significar a exclusão das demais ECTs não catalogadas. Dessa forma, a *contrario senso* se estaria estabelecendo um rol de ECTs cujo uso seria livre. Por outro lado, a concepção de que a representatividade da coleti-

---

[543] *Art. 84: Las lenguas aborígenes serán objeto de especial estudio, conservación y divulgación y el Estado promoverá programas de alfabetización bilingüe en las comunidades indígenas. Art. 104: El Estado desarrollará programas de educación y promoción para grupos indígenas, ya que poseen patrones culturales propios, a fin de lograr su participación activa en la función ciudadana. Art. 120: El Estado dará atención especial a las comunidades campesinas e indígenas con el fin de promover su participación económica, social y política en la vida nacional.*

A TUTELA JURÍDICA DAS EXPRESSÕES CULTURAIS TRADICIONAIS

vidade criadora e a presunção da nacionalidade são critérios suficientes para garantir o direito, sendo o registro meramente declaratório.[544]

Essa questão, porém, deve ser bem analisada, tendo em vista que há uma tendência de alguns países em promover o registro de um acervo de bens culturais, incluindo-se aí as ECTs, para indicar quais seriam os bens que fariam parte de seu patrimônio imaterial.[545] Cabe, neste momento, analisar a situação do Estado na utilização do mecanismo de proteção de um acervo do Patrimônio Imaterial.

Desde já cumpre perceber que o registro no âmbito do PICN contempla a possibilidade de uma pluralidade de pessoas de diferentes sujeitos de direito. A titularidade caberá a cada um deles como formador da nação daquele Estado. Quer nos parecer que nesse caso o Estado, concomitantemente, é titular e possui obrigações. Por outro lado, observe que a pertinência temática poderá ser exigida, se houver qualquer tipo de confusão (1) que não determine exatamente qual o efeito do registro efetuado[546], (2) que possa indicar qualquer similitude com os direitos de exclusivo, (3) que possa ter fins eleitoreiros ou ilícitos[547].

Dessa forma, às coletividades criadoras é atribuída a titularidade originária enquanto ao Estado e aos titulares de direitos difusos é atribuída a titularidade derivada, em qualquer das hipóteses de surgimento das ECTs, seja de coletividades ainda vivas e identificadas ou não.

Ocorre que se o objetivo é necessariamente atribuir um acervo de bens que inclua as ECTs, quanto maior o número possível de sujeitos atuantes, tanto melhor e mais completo será o registro dos bens e, especificamente, das ECTs que fazem parte do PICN.

Exemplo de país que vem se utilizando desta modalidade é o Brasil, tal qual já fora detalhadamente exposto no capítulo 4.

Por fim, no que se relaciona a seus aspectos gerais, quer nos parecer que a categoria de direitos relacionados à preservação cultural terá, em

---

[544] De modo semelhante ao que ocorre com os *labels of authenticity*.

[545] Essa questão, porém, será tratada neste mesmo capítulo no tema específico do registro da ECT.

[546] Como no caso do Brasil em que imperam as confusões entre direitos coletivos e direitos difusos.

[547] Por parte de pessoas ou instituições que possuem somente a intenção de parecer estar exercendo uma proteção do patrimônio.

um primeiro momento, natureza de Direito Constitucional, fato que aproxima o exercício do Direito do próprio Estado e dos titulares de direitos difusos. Obviamente que isso não quer significar que as coletividades criadoras não serão contempladas com o direito de exclusivo. Por outro lado, quer dizer que irá se fortalecer o seu direito pela determinação constitucional que exigir a aplicação deste.

Nesse sentido, se uma Constituição determinar a catalogação de ECTs com o fito de impedir o uso desautorizado de bens imateriais e atribuindo a este uso indevido o aspecto de ilicitude, estará promovendo a preservação da cultura e possibilitando o exercício de direitos de exclusivo, se couberem, às coletividades criadoras[548].

QUADRO 16 – **Direito à preservação cultural (em sentido restrito)**

| Objeto da tutela | Manifestações |
|---|---|
| Preservação da cultura por mecanismos específicos. | Quaisquer modalidades de preservação cultural que sejam aplicadas de modo objetivo, tais como registros, inventários, catalogação, tombamentos e desapropriações.<br><br>**Modelo:**<br>registro<br><br>**Modalidades de registros:**<br>Direitos de exclusivo;<br>Registro do Patrimônio Imaterial Cultural Nacional. |

[548] As já citadas constituições das **Filipinas** e da **Tailândia** (esta já não mais em vigor, mas mantida neste texto como sede de estudo de direito comparado, como já indicamos) apresentam o direito à preservação cultural e, ainda que já tenham sido citadas, cabe perceber o escopo de proteção direcionado à preservação cultural. Enquanto a constituição daquele primeiro país afirma que o "[...] Estado deve reconhecer, respeitar e proteger os direitos das comunidades culturais indígenas a **preservar e desenvolver suas culturas, tradições e instituições.**[...]" *Seção 17, art. XIV*, a constituição da Tailândia não utilizava o termo preservação, mas conservação, e ia além, determinando o direito à restauração "[...] Seção 46 – As pessoas que se congregam como comunidade tradicional terão o direito de **conservar ou restaurar** o seu costume, seu conhecimento local, a arte ou a cultura de suas comunidades[...]".

A TUTELA JURÍDICA DAS EXPRESSÕES CULTURAIS TRADICIONAIS

QUADRO 17 – **Direito à preservação cultural (em sentido restrito)**

| Atribuição de titularidades | |
| --- | --- |
| **Direitos de exclusivo** | **Registro do Patrimônio Imaterial Cultural Nacional** |
| **Coletividades criadoras:**<br>Viva e identificada: originária<br>Extinta: não há<br>Não identificada: não há | **Coletividades criadoras:**<br>Viva e identificada: originária<br>Extinta: não há<br>Não identificada: não há |
| **Titulares de direitos difusos:**<br>Não possuem titularidade<br>Possuem legitimidade para exercer em nome das coletividades criadoras somente com o fito de instar o Estado a promover a preservação por meio do Direito de exclusivo que fora possibilitado.<br><br>**Estado:**<br>Não possui titularidade ou legitimidade para exercer. É sujeito de obrigação. | **Titulares de direitos difusos:**<br>Titularidade derivada<br><br>**Estado:**<br>Titularidade derivada e obrigação |

## 6.4. Natureza jurídica do Direito inerente às ECTs

A natureza jurídica do direito das ECTs é duplamente controvertida, sendo certo que as controvérsias irão se dar tanto em um âmbito objetivo quanto subjetivo.

Analisando as controvérsias no que diz respeito ao objeto, o direito das ECTs encontra-se delineado por valores econômicos e outros extra-econômicos, relacionados à preservação cultural, percebendo-se que a natureza jurídica não pode ser analisada somente sob um único ponto de vista, podendo ser classificada como híbrida[549]. Cabe recordar, o Direito de Autor, categoria semelhante e um dos paradigmas de nossos estudos, classifica-se como direito de exclusivo, afastando-se, imediatamente, a natureza de direito de propriedade[550]. Essa mesma classificação serve aos

---

[549] O objeto inerente à tutela das ECTs circula entre o universo econômico e os valores relacionados à preservação cultural.

[550] Nesse sentido, no que se refere ao Direito de Autor, veja Oliveira Ascensão, *Direito autoral* [...] p.

A TUTELA JURÍDICA DAS EXPRESSÕES CULTURAIS TRADICIONAIS

princípios do direito das ECTs, visto que também este direito impõe a exigência de autorização de uso das ECTs na conformidade do que determinar as leis nacionais[551].

Ainda em referência ao objeto, apesar de incontestável a classificação do direito de cunho econômico no âmbito dos direitos privados, a preservação cultural foge a essa classificação, necessitando-se incluir à natureza jurídica do direito das ECTs o aspecto de Direito Constitucional.

Nesse momento, percebe-se a controvérsia também em relação aos sujeitos do direito, e revela-se uma imbricação entre objeto e sujeito. Enquanto os valores econômicos serão primordialmente exercidos pelas coletividades criadoras, em uma relação típica do universo dos direitos privados, ao Estado caberá o exercício do direito público, com o objetivo precípuo de preservação cultural. Por outro lado, não há que se furtar ao fato de que o Estado, por vezes, irá exercer os direitos de cunho econômico inerentes às ECTs, tal qual no modelo apresentado pelos países que se utilizam do sistema do domínio púbico remunerado[552], situação que ainda mais complexidade traz à natureza jurídica do presente direito. Além disso, o Estado, por vezes, não estará sequer atuando na condição de sujeito de direitos, senão de entidade sobre a qual recai a obrigação de preservar a cultura.[553]

Toda a complexidade inerente à natureza jurídica do Direito das ECTs tão-somente indica as dificuldades apresentadas por outras categorias jurídicas as quais necessitam de conceptualizações, e que muitas vezes não correspondem à natureza desses direitos.

Essa situação fática fortalece a compreensão de que não é aconselhável a acentuação de uma dicotomia tão rigidamente delineada nas clas-

---

[551] Não é inédita a concepção de dupla categorização no domínio das artes e da cultura, sendo certo que uma aplicação semelhante fora já instituída em relação ao Direito de Autor. Além disso, tal qual no Direito de Autor, o direito das ECTs é um direito de exclusivo, exigindo uma autorização para que sua utilização seja aproveitada. A utilização do mesmo princípio do Direito de Autor no que se refere à necessidade de prévia autorização pode ser percebida nas Disposições-tipo, sendo certo que naquele diploma legal a autorização decorre da comunidade concernente à ECT ou da autoridade competente do Estado.

[552] Vejao capítulo 5.

[553] Tal qual no que se refere ao direito ao livre desenvolvimento cultural anteriormente analisado.

sificações jurídicas em conseqüência da possibilidade de fluidez sempre presente em novos direitos.

A rigidez atua como obstáculo de uma transposição de publicização do privado ao público e de uma privatização (mais rara, porém) de direitos públicos. Para o nosso estudo, percebe-se essa transposição em via dupla, ao se atribuir a titularidade de direitos às coletividades criadoras (em uma transposição do que se crê como objeto jurídico de livre uso da sociedade, portanto, direito público em direção ao direito privado) e ao se indicar a necessária atribuição de titularidade derivada ao Estado (direitos privados em direção ao direito público).

Além dos danos causados às novas categorias jurídicas em decorrência de uma classificação irredutível de direitos entre público e privado, a rigidez na categorização do objeto impediria a atribuição de direitos às ECTs, o que seria calamitoso.

No sentido de tudo o que fora exposto, urge perceber que a natureza jurídica do Direito das ECTs não permite uma aplicação rígida e previamente concebida no universo das ciências jurídicas, necessitando que seja buscada a compreensão de sua dupla concepção.

Essa dupla concepção terá como fundamentos o direito de cunho econômico e o direito de preservação cultural, este mais voltado ao direito constitucional, aquele mais relacionado aos direitos privados, sendo inequívoco, porém, nomear a natureza jurídica do referido direito por natureza jurídica híbrida, sempre relacionada ao exclusivo que caberá, às vezes às coletividades criadoras, às vezes ao Estado. Além disso, a natureza constitucional no que se refere à preservação cultural é, outrossim, inequívoca.

### 6.5. Prazo de proteção das ECTs

Todo o exercício dos direitos já delineados, seja na concepção econômica, seja no que se relaciona à preservação cultural, deve ser analisado à luz da relação temporal.

Já fora dito que não há direitos eternos, o que é inequívoco e coloca em questão a análise do lapso temporal protetivo das ECTs.

Para compreensão da problemática, recordemos a relação dos institutos do prazo de proteção e domínio público no Direito de Autor.

Naquela categoria jurídica, o prazo de proteção é o lapso temporal concedido pela lei ao titular do direito para o exercício da exclusividade

A TUTELA JURÍDICA DAS EXPRESSÕES CULTURAIS TRADICIONAIS

de uso. Dessa forma, ao criar uma obra, seu autor terá o direito exclusivo de exploração e fruição da obra pelo tempo que a lei fixar. Obviamente que o mesmo fundamento aplica-se ao titular de direito de autor, ainda que o mesmo não seja o próprio autor. Terminado este prazo de proteção[554], não mais há que se falar em exclusividade de uso do objeto da proteção, e o mesmo ingressa como objeto de outra categoria jurídica, que possibilita o livre acesso à obra, equivocadamente denominada domínio público.

Dessa forma, em uma linha temporal, o direito de exclusivo de cunho econômico atribuído ao titular do Direito de Autor irá iniciar-se com a criação da obra[555] e terminar depois de um determinado número de anos após a sua morte. No que se refere aos direitos pessoais de autor, há discussões doutrinárias sobre a sua persistência na linha do tempo, sendo certo que a sua titularidade não pode ser transmitida.

No que concerne às ECTs, a problemática coloca-se ao perceber que não se alcança o momento de surgimento dessas expressões, o que não permite a atribuição de prazo de proteção. Inalcançável o autor e, mais especialmente, o momento da criação, não há que se falar em possibilidade de aplicação de um prazo determinado.

Por outro lado, a solução encontrada no âmbito do Direito de Autor fora a exclusão da tutela de obras relacionadas à cultura popular[556] por impossibilidade de indicação do seu surgimento. Optou-se pela exclusão da aplicação da tutela jurídica. O problema surge ao se constatar que há ECTs que podem ter se originado de tempos imemoriais[557], enquanto há aquelas que podem ter surgido em períodos mais aproximados da contemporaneidade.

Sendo atribuída a ambas um mesmo prazo de proteção que se aplica no Direito de Autor, não haveria possibilidade de contemplação de justeza nessa atribuição. Observe, tal qual fora já estabelecido anteriormente, a tradição é elemento primordial para que se possa permitir a tutela do Direito aplicável às ECTs. A tradição fundamenta-se, no que se refere à

---

[554] Definido na Convenção de Berna em 50 anos e variando de acordo com cada lei nacional.

[555] No sistema de *Droit D'auteur,,* visto que no sistema de *Copyright* dá-se pelo registro.

[556] No nosso escopo mais amplo de proteção, as ECTs.

[557] Capítulo 2.

A TUTELA JURÍDICA DAS EXPRESSÕES CULTURAIS TRADICIONAIS

sua origem, na atemporalidade e na impessoalidade. A atemporalidade será o aspecto que irá fundamentalmente afastar uma aplicação do prazo de proteção tal qual ocorre no Direito de Autor.

Há de se atentar ao fato de que se a atemporalidade determina uma necessidade de tutela das ECTs sem um alcance de seu surgimento na linha do tempo, não se pode atribuir uma possibilidade de tutela para as ECTs levando-se em consideração o momento de seu surgimento. Dito de outro modo, se a condição de fundo da tutela das ECTs é a tradição, sendo certo que esta fundamenta-se, entre outros aspectos, na atemporaliadde, não se pode, exatamente em sentido oposto, atribuir um critério que seja aplicado levando-se em conta a temporalidade. Seria um contrasenso.

Nesse sentido, e recordando-se do que já fora exposto no capítulo 2, na aplicação da tutela das ECTs devem ser consideradas como condição de fundo a criatividade, a originalidade e a representatividade de uma coletividade criadora. Naquele capítulo fora demonstrada a relação fluída entre estes institutos, sendo certo que a representatividade da coletividade criadora é o que nos irá interessar no momento.

Observe que a representatividade da coletividade criadora é o aspecto que define a aplicação da tutela jurídica do direito que ora surge. Sendo assim, este mesmo instituto deverá ser utilizado como definidor para o período de tempo de proteção das ECTs.

Ora, compreendendo-se que as ECTs surgem sempre de tempos inalcançáveis, seja de tempos imemoriais, seja da contemporaneidade, o momento de seu surgimento não pode definir a aplicação da tutela, pois que não fornece dados que possam indicar a aplicação do instituto.

Assim, surge a solução para a aplicação do novo direito aplicável às ECTs. Mas há de se observar a solução sob o ponto de vista das coletividades criadoras e dos demais sujeitos implicados de modo distinto.

Tratemos, primeiramente, das coletividades criadoras.

As coletividades criadoras são representadas, além de outros institutos, pelas ECTs. Enquanto houver representatividade de uma coletividade criadora por uma ECT, deve haver a aplicação da tutela jurídica sobre esta última. Dessa forma, estando viva e sendo identificada uma coletividade criadora, a toda e qualquer ECT representativa da mesma será aplicado o direito, independente do momento de seu surgimento, levando-se em conta, por óbvio, o desconhecimento sobre este último.

A TUTELA JURÍDICA DAS EXPRESSÕES CULTURAIS TRADICIONAIS

O critério não mais será o surgimento, e sim a representatividade.

Nesse sentido, sendo possível alcançar a coletividade criadora que é a fonte da criação, esta exercerá o direito que lhe cabe. Não há que se falar aqui em direitos eternos, mas em direitos aplicáveis por tempo indeterminado.

Além da representatividade da coletividade criadora, porém, alcança-se os demais sujeitos implicados, o Estado e os titulares de direitos difusos.

Em determinadas hipóteses, não há que se falar mais nas coletividades criadoras exercendo o direito relacionado às ECTs. São elas:

(1) extinção da coletividade criadora;
(2) não identificabilidade da coletividade criadora;

Dessa forma, não mais haverá a condição de representatividade da coletividade criadora.Em conseqüência, portanto, aplicar-se-ão os direitos que couberem tal qual fora determinado no presente capítulo, desde que a ECT seja representativa do Estado. Nesse sentido, aos sujeitos implicados será atribuída a titularidade ou o exercício, no que couber, e de acordo com o que fora delimitado em cada uma das modalidades de direito.

Há ordenamentos, por sua vez, que atribuem a titularidade diretamente ao Estado, como é o caso de alguns países africanos, os quais, por meio de uma presunção de nacionalidade das ECTs, excluem, ou ainda mais especificamente, desconsideram as possibilidade de tutela às coletividades criadoras.

No que se refere ao lapso temporal do direito, uma harmonização é esperada em decorrência da constatação já universal de que a atemporalidade é característica intrínseca às ECTs e que a sua condição de inalcançabilidade no surgimento leva à necessária tutela enquanto houver representatividade de determinados grupos sociais.

É necessário que se atribua a titularidade primeiramente às coletividades criadoras, pela sua condição de fontes geradoras das ECTs, para que somente em uma condição de titularidade por derivação[558] se possa atribuir a titularidade ao Estado ou aos titulares de direitos difusos.

---

[558] Capítulo 4.

Os já citados países africanos se utilizam de uma modalidade de aplicação de espécie do instituto do domínio publico remunerado e preferem que a titularidade seja diretamente atribuída ao Estado, sendo certo que esta não nos parece a solução mais justa a ser aplicada, pois que desconsidera a fonte das ECTs. Como se pode perceber, porém, esta não é uma tendência universal, havendo aqueles países que aplicam a titularidade às coletividades criadoras[559].

Por outro lado, a efetiva aplicação da justiça somente pode ser encontrada pela atribuição de tutularidade que contemple e considere a condição das coletividades criadoras como fonte das ECTs e, em um segundo momento, contemple o Estado e os demais sujeitos com a representatividade que lhes cabe de modo derivado, mantendo-se a obrigação por parte do Estado, sempre que couber.

Resta ainda enfrentar a consideração, por parte dos Estados, de que não deveria haver um lapso temporal que findasse com a aplicação do Direito inerente .às ECTs, ainda que houvesse a representatividade somente ao Estado.

Algumas legislações que tratam de tutelar as ECTs indicam como solução a atribuição de direitos eternos, o que não nos parece razoável e, além disso, um tanto quanto pretensioso.

A concepção que deve ser percebida é, novamente, a de representatividade. Enquanto houver representatividade das coletividades criadoras ou mesmo enquanto houver representatividade dos demais titulares haverá tutela aplicável e exercício pleno do direito, no que couber em cada uma das suas espécies.

Fato que merece repreensão, porém, é a tendência de atribuição do critério da representatividade como argumento utilizado em face do prazo de proteção com o único condão de criar nova fonte de divisas para os Estados, os quais, atentos às discussões da tutela das ECTs, vêem na mesma uma fonte de ricas divisas.

---

[559] Tal qual vem fazendo o Panamá com a Lei 20 ou a Austrália, ainda que tenham sido frustradas as tentativas de se incluir os direitos pessoais de autor na lei nacional de Direito de Autor daquele país.

A TUTELA JURÍDICA DAS EXPRESSÕES CULTURAIS TRADICIONAIS

## 6.6. Exclusividade de uso e limites da tutela aplicável às ECTs

Compreendida a natureza jurídica complexa da tutela jurídica das ECTs, bem como sua relação com a temporalidade, há de se compreender no que consiste a exclusividade.

Ocorre que a exclusividade inerente ao direito das ECTs, nos mesmos moldes daquela referente ao Direito de Autor em relação às obras protegidas por esta categoria jurídica, exige a autorização de seus titulares para que possa haver o uso das expressões culturais. Já elencadas as modalidades de apresentação das ECTs e compreendida a necessidade de autorização, há de se compreender quais as hipóteses que deverão prever a possibilidade de utilização sem a obrigatoriedade da autorização.

Assim como fora anteriormente exposto no que se refere à impossibilidade de se atribuir direitos eternos, é irrepreensível a constatação de que não há direitos absolutos.

Não resta muito senão constatar as evidências, ou seja, que a tutela jurídica das ECTs não pode ser absoluta, possibilitando, em sua delimitação, usos que não representam qualquer espécie de violação[560].

Nesse tema será de valioso auxílio o Direito de Autor. Essa categoria jurídica prevê uma delimitação em sua aplicabilidade, fornecendo indícios à tutela das ECTs sobre situações fáticas que não deveriam contemplar a aplicação daquele direito.

Há indicações, em alguns diplomas legais, dos limites que poderiam impossibilitar o exercício da tutela das ECTs.

Nesse sentido, reconhecemos que o diploma que mais nos interessa, em referência a este tema, são as Disposições-tipo da OMPI/Unesco.

Por outro lado, não se pode furtar ao fato da diferenciação entre os sistemas de *Droit D'auteur* e *Copyright* e seus distintos tratamentos sobre o tema. Enquanto o primeiro trata sobre a inaplicabilidade do Direito pelo que denominou limites (ou exceções)[561], o segundo trata de aplicar a doutrina do *fair use*, ou uso justo, de amplitude mais larga. A consideração da ambos os sistemas ocorreu para a elaboração das Disposições-tipo,

---

[560] Também nesse sentido, em referência ao Direito de Autor, Oliveira Ascensão já dispôs que: "[...] assim como não há que falar de uma propriedade absoluta, também é deslocado partir do pressuposto de um direito de autor ilimitado [...]", *In Direito autoral*, p. 256.
[561] Tanto na doutrina quanto nas leis nacionais há a utilização de ambos os termos.

A TUTELA JURÍDICA DAS EXPRESSÕES CULTURAIS TRADICIONAIS

visto que o objetivo daquelas organizações é buscar a harmonização dos direitos inerentes ao nosso objeto de estudo.

No que se refere à tutela das ECTs, há de se compreender que o desenvolvimento do tema não pode seguir caminho idêntico ao das obras protegidas pelo Direito de Autor, pelas peculiaridades já exaustivamente demonstradas em relação ao presente objeto de estudo. Apesar disso, também neste direito não pairam dúvidas sobre uma relação de equilíbrio entre o direito de exclusivo e a premiação de seu criador (coletividade) e as liberdades públicas de acesso às manifestações artístico-culturais.

Há de se compreender e enquadrar as liberdades de uso das ECTs, diagnosticando quais usos não infringiriam as normas referentes a tutelas desse objeto.

As Disposições-tipo já foram tratadas nesse teor, constituindo-se em *bis in idem* uma nova análise daquele diploma. De todo modo, pela sua particular posição de lei – modelo que considera os distintos tratamentos impingidos ao tema, seja por meio do sistema de *Copyrigths* seja pelo sistema da *Droit D'auteur*, aquele documento cabe como ponto de partida para atribuição da incidência do direito das ECTs no universo da exclusividade.

Nesse sentido, recordamos que aquele diploma legal determina a obrigatoriedade de autorização para o uso das ECTs quando estas ocorrerem, concomitantemente, com o intuito de lucro e fora do contexto tradicional.[562, 563]

Dessa forma, as Disposições-tipo ampliam excessivamente as possibilidades de uso desautorizado, ao permitirem o livre uso de autorização sempre que ocorrer o uso fora do contexto tradicional ou com intuito de lucro. Isso significa dizer que qualquer uso de uma ECT que objetive o lucro está previamente autorizado. Por outro lado, todo e qualquer uso fora do contexto tradicional também está permitido. Somente a união destes fatores não é permitida.

Primeiramente observe que cada fator está imbricado com uma das categorizações do Direito das ECTs. Enquanto o uso com intuito de lucro refere-se aos valores econômicos gerados pelas ECTs, o uso fora do con-

[562] Seção 3.
[563] Capítulo 4.

314

# A TUTELA JURÍDICA DAS EXPRESSÕES CULTURAIS TRADICIONAIS

texto tradicional refere-se à preservação cultural. Essa categorização em nada obsta a indicação das Disposições-tipo de que haja uma concorrência dos fatores para que haja a necessidade de autorização.

Por outro lado, deve-se compreender que o uso fora do contexto será aquele que promoverá um deslocamento da ECT com desvio de significado. Seu significado originário é transposto a uma nova realidade fática que o pode alterar. Nos termos das Disposições- tipo, o contexto tradicional "é entendido como o meio de utilização de uma expressão do folclore em sua própria estrutura artística baseada no uso contínuo pela comunidade"[564]. Sendo representativas de uma coletividade criadora, há de se atentar ao fato de que o significado das ECTs deve corresponder à sua função original. Esse ponto possui especial relevo no que diz respeito aos aspectos sagrados de algumas ECTs.[565] Em especial nesses casos, deslocando-se a ECT de sua fonte, o contexto tradicional restaria essencialmente modificado.

Compreendido o significado do contexto e, por sua noção inequívoca, do intuito de lucro, cumpre ressaltar que há legislações nacionais as quais, apesar de tomarem por base as Disposições-tipo, viram por bem excluir a concorrência dos referidos fatores, tal qual a legislação da Nigéria, que, em sua seção 31, dispõe que:

"(1) As expressões do folclore são protegidas contra:
a) reprodução;
b) comunicação ao público por performance, radiodifusão, distribuição por cabo ou outros meios;
c) adaptações, traduções e outras transformações;

**quando estas expressões ocorrerem com propósitos econômicos ou fora do seu contexto tradicional ou costumeiro."** (grifo nosso).

O primeiro ponto que se coloca, portanto, é que na legislação nigeriana o intuito de lucro e a utilização fora do contexto não deverão concorrer para que haja uma violação. Dessa forma, basta que um se apresente e já haverá o uso desautorizado.

---

[564] Comentários sobre as Disposições-tipo, nº 42.
[565] Caso Yumbulul.

A TUTELA JURÍDICA DAS EXPRESSÕES CULTURAIS TRADICIONAIS

Parece-nos que a legislação desse país adapta-se mais às necessidades da tutela das ECTs do que propriamente ao uso excessivamente permissivo das Disposições–tipo.

Portanto, sempre deverá haverá a necessidade da autorização, e qualquer hipótese de utilização fora do contexto tradicional ou com o intuito de lucro, e principalmente concorrendo os fatores, justifica ainda mais a necessidade de autorização.

Obviamente que o uso a que aqui nos referimos é aquele que possa ser praticado por terceiros que não os legítimos titulares de direitos, com especial atenção ao direito de exclusivo que caberá às coletividades criadoras, por meio da denominada titularidade originária.

Por outro lado, além da necessidade de autorização prévia[566], há de se indicar corretamente a origem da ECT, com exceção dos casos nos quais a utilização não possa permitir ou não se justifique, e, além disso, qualquer uso deve garantir a integridade da ECT.[567]

Chega-se, portanto, à seguinte situação: utilizando-se a obra com intuito de lucro ou fora do contexto tradicional, há de se requerer a autorização prévia, indicando-se a origem e garantindo-se a integridade.

Por outro lado, mantêm-se estas últimas obrigações, mas torna-se desnecessária a autorização prévia quando:

(1) O propósito do uso for educacional ou meramente informacional;
(2) O uso que se fizer for uma mera citação ou indicação das ECTs;
(3) O uso for incidental;
(4) O uso for privado;

(1) Propósitos educacionais e informacionais;

Qualquer modalidade de direito que se relacione com a transmissão de conhecimento e cultura não pode impedir o uso de seus objetos com fins educacionais. Seria um contrasenso e uma aberração das ciências jurídicas. Nesse sentido, todo e qualquer uso que se faça de ECTs que

---

[566] Podendo esta ser substituída pelo uso com pagamentos efetivados sem que haja um expressa autorização anterior, tal qual ocorre com a gestão coletiva de direitos em diversas situações. É certo, porém, que esta não é a melhor opção.

[567] Observe, portanto, a presença do aspecto econômico tratado neste capítulo bem como os direitos à correta indicação da origem eà integridade da obra.

A TUTELA JURÍDICA DAS EXPRESSÕES CULTURAIS TRADICIONAIS

tenha por fim o desenvolvimento educacional ou meramente informacional não contempla as restrições inerentes a tutelas jurídcas das ECTs. Resta perceber, o uso informacional não encontra-se contemplado pelas Disposições-tipo. Mas deve ser considerado no mesmo sentido dos propósitos educacionais.

(2) Citação ou indicação das ECTs;

A citação das ECTs, tal qual a citação de obras em Direito de Autor, não corresponde a uma violação do uso exclusivo no sentido de que as leis desta categoria jurídica contemplam. A citação, que indique a fonte e que seja uma forma de melhor representar uma idéia, exemplificar, fazer referência ou qualquer outro objetivo meramente citatório, não gera a exclusividade, não havendo infringência de norma jurídica. Deve-se necessariamente indicar a fonte e manter-se a integridade da ECT indicada. Entende-se por citação ou indicação o sentido amplo deste instituto, abarcando não somente a citação em obras literárias como qualquer modalidade de indicação.

(3) Uso incidental;

O uso incidental não é figura jurídica que se encontre no elenco de limitações normalmente presente nos ordenamentos do sistema de *Droit D'auteur*. Não se apresenta como instituto conhecido senão no tratamento específico do tema das ECTs e, em especial, após a publicação das Disposições-tipo, em 1982.

Ocorre que, além de instituir esse limite naquele diploma legal, as Disposições apresentaram duas modalidades possíveis de uso incidental, sem a atribuição de um vasto elenco, tornando possível o uso das ECTs em toda e qualquer atuação que seja considerada incidental. Não seria razoável analisar os exemplos descritos naquele diploma legal, visto que isto já fora efetuado no presente estudo[568]. Por outro lado, cumpre perceber que o uso incidental é um limite razoável na aplicação da tutela das ECTs, parecendo, porém, sempre relacionado às modalidades limitadoras referentes aos usos educacional ou informacional.

---

[568] Capítulo 4.

A TUTELA JURÍDICA DAS EXPRESSÕES CULTURAIS TRADICIONAIS

(4) Uso privado;

Também o uso privado deve ser considerado no rol das limitações. Tal qual no sentido do Direito de Autor, o uso privado de ECTs não justitificaria a autorização para cada utilização. Por outro lado, deve-se compreender que para que haja um uso privado há de se ter tido acesso à ECT. Tendo sido a mesma comercializada, não há que se falar em qualquer questionamento, visto que o uso privado é exatamente a sua função precípua. Não tendo havido a comercialização, o uso da ECT pode ter decorrido de uma coleta autorizada ou não. Caso tenha sido autorizada, o mínimo que se espera é que seu uso seja privado. Em tendo sido desautorizada, ainda que a violação tenha ocorrido, caso o uso seja privado não se poderá ter qualquer tipo de acesso a uso indevido. Por outro lado, sendo publicizada desautorizadamente, incorre-se na violação.

Além dessas indicações, parece-nos que seria excessivo estabelecer um rol mais amplo de limitações que pudessem determinar com exatidão as possibilidades de uso das ECTs. A prática do tema não poderia ser definitiva senão simplesmente indicar caminhos para a atribuição de direitos. Por outro lado, seria pretensioso tentar definir toda a sorte de possibilidades de violação de ECTs possível, com vias a delimitar de modo inequívoco qualquer situação prática que conduzisse à violação.

Nesse sentido, não pode haver a pretensão de se formular uma definição teórica anterior ao funcionamento do direito em termos práticos que não pudesse indicar eventuais imprecisões. Somente a instituição do direito pode delimitar com exatidão as necessidades para a tutela das ECTs.

### 6.6.1. O empréstimo para criação de obra nova

Além dos limites já previstos, há outra situação que não contemplamos mas merece ser anunciada.

Discute-se a possibilidade de permitir o uso de ECTs sem a necessidade de autorização para a criação de novas obras, atribuindo-se, porém, a estas últimas, a tutela pelo Direito de Autor[569].

---

[569] Em verdade, as obras derivadas seriam, necessariamente, protegidas.

A TUTELA JURÍDICA DAS EXPRESSÕES CULTURAIS TRADICIONAIS

É o que se tratou de denominar "empréstimo para criação de obra nova".

Empréstimo é termo demasiado amplo.

Além de não compreender terminologia adequada em idioma português[570], não delimita com segurança até onde pode ir *aquele sujeito que toma algo emprestado*.

A concepção do *Copyright* fala em *fair use* conjuntamente ao empréstimo, mas ainda assim mantém-se muito amplo o seu estado de limite.

Parece-nos inadequado. A proposta de se permitir o uso sem prévia autorização não contempla uma justeza na aplicação dos princípios inerentes à tutela das ECTs.

Como visto anteriormente[571], essa modalidade estaria violando os princípios econômicos e poderia também violar aquela categoria de direitos relacionada à preservação cultural em sentido amplo.

O que poderia ser permitido, porém, seria o uso, sem autorização prévia, desde que pagos os valores devidos estipulados pela coletividade, ou, ainda, pelo Estado[572]. Dessa forma, porém, não haveria garantia sobre a impossibilidade de eventuais violações de direitos da categoria da preservação cultural, em sentido amplo. Em outras palavras, em muitas hipóteses o uso em si já seria uma violação, e, ao utilizar-se sem prévia autorização, ainda que em estado de exceção, o usuário poderia violar normas estabelecidas pelas coletividades criadoras. Exemplificamos: a utilização de temas musicais relativos a cânticos sagrados de um grupo indígena em arranjos musicais modernos pode indicar, precisamente, uma violação. No que se refere à titularidade derivada instituída ao Estado ou aos titulares de direitos difusos, não é tão nítida essa concepção, ainda que, obviamente, possa ser alcançada a natureza incumbida ao Estado de obrigação na preservação cultural por meio das diversas categorias enumeradas. Em linhas gerais, porém, persiste o entendimento em relação às coletividades criadoras.

---

[570] O termo originalmente utilizado é *borrow*.

[571] Sobre o Estado da Arte, capítulo 4, quando tratamos das organizações internacionais.

[572] Em processo idêntico ao das entidades de gestão coletiva de direitos, p.ex., de direitos de execução pública musical.

A TUTELA JURÍDICA DAS EXPRESSÕES CULTURAIS TRADICIONAIS

Como já fora visto[573], o empréstimo para criação de obra nova é uma hipótese indicada pelas Disposições-tipo, sendo contemplada por alguns países. Dentre estes, a Nigéria, em sua lei nacional de Direito de Autor (*Copyright Decree* de 19/12/1988, modificado em 2004), estabelece idêntico princípio, em seu Par. 31, 2, d.: "[...] o empréstimo de expressões do folclore para a criação de uma obra original, contanto que a extensão desta utilização seja compatível com uma prática justa. [...]"[574]. Cabe a atenção ao fato de que esse país tem no *Copyright* seu sistema protetivo de Direito de Autor. Isso quer significar que a doutrina do *fair use* lhe é aplicável.

O emprego do uso livre de ECTs por meio de *"empréstimo para criação de obra nova"* protege a obra derivada, enquanto sua fonte mantém-se livre de proteção. Nesse sentido, tomemos por exemplo um arranjador musical que, em viagens ao interior de países africanos, em contato com sociedades simples, efetua vastas pesquisas musicais e as utiliza para gravar um novo CD com composições modernas baseadas em composições tradicionais tribais. Enquanto este será protegido por Direito de Autor, as coletividades criadoras não serão contempladas por qualquer direito, caso haja esta limitação para o direito aplicável às ECTs[575].

O empréstimo não há de ser aplicado. É, contrariamente ao que busca promover, *uso injusto*.

## 6.7. A arrecadação e a distribuição do valores arrecadados
No que se refere à arrecadação e à distribuição de valores relacionados às ECTs, o funcionamento prático poderia ocorrer pelo exercício direto por parte dos titulares ou por mecanismos de gestão coletiva.

---

[573] Capítulo 4.

[574] *"[...] 31. 2. (d) the borrowing of expressions of folklore for creating an original work of an author; provided that the extent of such utilization is compatible with fair practice [...]".*

[575] De modo distinto ocorreria com o pesquisador musical que, efetuando viagem à mesma localidade e coletando material musical, se valessedo mesmo para analisar as cadências musicais e o processo de escalas musicais utilizados por uma sociedade simples. Para este caso há um fim educacional que justificaria o uso. Pode, portanto, ocorrer o uso fora do contexto tradicional, desde que limitado aos propósitos educacionais e demais limitações supra indicadas.

No que se refere ao exercício direto, seja pelo Estado ou pelas coletividades criadoras, não há questionamentos que se possam efetuar, sendo certo que qualquer relação contratual pode ser aplicada.

Por outro lado, pode-se falar em termos de arrecadação de valores pelo instituto da gestão coletiva de direitos, e que possui como ponto de relevo o modo de arrecadação de valores e a dificuldade em se partilhar os frutos percebidos.

Esse ponto, porém, já fora delineado ao tratar do tema da espécie do domínio público remunerado praticado por países como Bolívia, Burquina Faso, entre outros. Dessa forma, no que se refere ao tema, colocam-se os mesmos argumentos e indicam-se as mesmas informações apresentadas no capítulo 5.

# Capítulo 7
## Conclusões

O propósito que nos levou a dissertar sobre a temática das expressões culturais tradicionais fora a constatação de que não há uma categoria jurídica plenamente adequada para tutelar as expressões da cultura popular.

Diante de uma prévia pesquisa e constatação de que direitos preexistentes à discussão da tutela das ECTs não poderiam suplantar toda a necessidade que o objeto da tutela exigiria, tornou-se inquestionável a necessidade da construção de uma nova categoria jurídica.

Como é cediço em trabalhos científicos, há a necessidade de o investigador estar preparado para alterar novas convicções, a partir de uma fusão de horizontes com o que se apresenta como novo.

Nesse sentido, logo constatamos que a terminologia referente ao tema deveria adequar-se ao escopo protetivo que se estava buscando. Afastamos, desde então, a utilização de termos como folclore e conhecimentos tradicionais, por não corresponderem ao objeto da tutela com a exatidão que nos pareceu adequada, e desde logo substituímos essas terminologias pelo termo expressões culturais tradicionais (ECTs).

Outro ponto que seguidamente ecoava como fundamental para a compreensão do tema fora a compreensão do que seria o objeto da tutela e quais seriam os sujeitos implicados.

Curiosamente, a convicção de quais seriam os sujeitos em que recairia a tutela tornou-se constatação óbvia pela busca do próprio objeto de proteção, quais sejam: as expressões culturais fundadas na tradição. Dessa forma, os conceitos de tradição e das condições de possibilidade que lhes são ínsitas, a criatividade, a originalidade e a representatividade de um

A TUTELA JURÍDICA DAS EXPRESSÕES CULTURAIS TRADICIONAIS

grupo social, indicaram que o sujeito primordial sobre o qual deveria recair a tutela estava já diagnosticado: seriam as próprias coletividades criadoras.

Este desvelamento, por sua vez, trouxe a constatação de que as coletividades criadoras que originam as ECTs não podem, sob qualquer hipótese, ser excluídas do processo de atribuição de titularidade (originária), constatação que demonstra a incompletude dos modelos protetivos que não indicam essa possibilidade.

Dessa forma, Estados que garantam a aplicação direta de uma espécie de domínio público remunerado sem a atribuição de titularidade originária apresentam, em certa medida, um ordenamento jurídico não condizente com os cânones.

Em sentido contrário, os ordenamentos que propõem a atribuição da titularidade às coletividades partem de princípios mais adequados e apropriados à tutela das ECTs, tutelando propriamente criações oriundas de coletividades.

Pelo acima exposto, constatamos no decorrer do estudo que melhor seria instituir a possibilidade de tutela pela atribuição da titularidade originária às coletividades criadoras sempre que estas sejam alcançadas. Não se alcançando a coletividade criadora, e somente nestas hipóteses, caberia a aplicação de uma titularidade derivada ou a legitimidade para agir ao Estado ou a terceiros, dentro das perspectivas de interesse do Estado.

Por seu turno, a instituição do monopólio e a aplicação dos direitos de exclusivo de cunho econômico ocorreriam de acordo com os critérios adotado por cada país.

Por outro lado, não haveria que se furtar ao fato de que os Estados mantêm a sua obrigação de preservação da cultura por meio de situações fáticas que representam direitos inerentes aos demais titulares envolvidos no processo, a saber: direito à preservação cultural em sentido restrito, direito à correta indicação da origem, direito à integridade cultural e direito ao livre desenvolvimento cultural.

Portanto, a atribuição de direitos relacionados à preservação cultural para as coletividades e os titulares de direitos difusos deverá superar uma simples consideração eufemística em relação à proteção e preservação da cultura. Desse modo, a obrigação de preservação do Estado relacionada às categorias jurídicas supra citadas deve coexistir com os direitos que são

CONCLUSÕES

aplicados aos titulares de direitos envolvidos, em especial às coletividades criadoras.

Além das hipóteses acima previstas de atribuições de direitos e obrigações, também se coloca o fato de que poderia haver outras possibilidades de controle da efetiva preservação cultural por meio de mecanismos próprios de direito constitucional, tal qual aquele da ação popular, presente nos ordenamentos jurídicos brasileiro e português. Por este mecanismo, toda a generalidade da sociedade formadora de um Estado, por meio dos direitos difusos, poderia exercer a preservação da cultura deste Estado, ou mesmo as coletividades criadoras, nos termos do que dispusesse o ordenamento jurídico nacional.

Aplicados os conceitos do modo acima demonstrado, estariam preservada a cultura bem como garantidos os direitos aos legítimos titulares.

Como se pôde depreender, não há conceitos somente relacionados ao Direito de Autor, mas, por outro lado, o Direito Constitucional empresta valores à tutela jurídica das ECTs, bem como o fazem outras categorias jurídicas, tais como os direitos de personalidade, a concorrência desleal, categorias concernentes à propriedade industrial.

Porestas categorias distintas pode-se perceber uma necessidade real que indique qual o caminho a ser percorrido em direção à correta aplicação técnico-jurídica em face das ECTs.

Dessa forma, pode-se constatar inequivocadamente que:

(1) Atualmente ocorre a aplicação de distintas categorias jurídicas com o fito de tutelar as ECTs;

(2) Princípios de distintas categorias jurídicas podem ser utilizados de modo positivo, porém incompleto, e, por conseguinte;

(3) Inexiste uma categoria jurídica perfeitamente adequada a tutelar as ECTs.

Em relação ao acima descrito, percebe-se que as categorias já aplicadas não são suficientes para uma tutela adequada, mas podem ser indicativas de algumas necessidades. Nesse sentido, p.ex., por mais que se considere o instituto do *passing off* insuficiente para tutelar as ECTs, resta inequívoco que o fato daquela categoria jurídica tutelar titulares de direitos contra terceiros que fazem seus produtos parecerem com o dos verdadeiros produtores deve ser considerado de suma importância

A TUTELA JURÍDICA DAS EXPRESSÕES CULTURAIS TRADICIONAIS

no surgimento de uma nova categoria. Ainda que insuficiente, essa categoria jurídica empresta valores que influenciam no surgimento de um novo Direito.

Por conseqüência do uso de institutos e princípios de direitos preexistentes, uma tutela jurídica adequada às ECTs e decorrente dessa formação e origem complexas não poderia apresentar uma natureza jurídica simples.

A própria constatação de uma natureza jurídica complexa e da necessidade de aplicação de institutos diversos traz à lume um dos pontos de relevo de todo o estudo, a consideração de que velhos valores merecem uma nova consideração.

Dito de outro modo, a necessidade de uma adequada tutela jurídica das ECTs denuncia a necessidade de aplicação de novos valores em decorrência do rompimento de paradigmas.

Ora, há de se compreender que o Direito inerente às ECTs deve indicar a aplicação de novos fundamentos de validade, principalmente no que diz respeito ao Direito constitucional e ao Direito de Autor.

Partindo-se da constatação de que o Direito de Autor tutela especificamente a criação individual, não se poderia admitir a tutela a coletividades, senão em conformidade com o que determina aquela categoria jurídica, o que não serve de análise para as ECTs. Ocorre que por esta inaplicabilidade do Direito de Autor, compromete-se o exercício justo e adequado do Direito em face das coletividades criadoras. Por si só, este fato já deveria ser indicativo de uma nova estruturação daquela categoria jurídica, com vias a possibilitar a tutela de coletividades, tão ou mais criativas que criadores individualmente identificáveis.

Por outro lado, não há que se furtar ao fato de que o Direito de Autor decorre da necessidade da tutela individual e advém de um processo histórico plenamente individualista, ainda mais fortalecida esta condição pelo advento do liberalismo[576]. O Estado Liberal não permitiu o desen-

---

[576] Considera-se o estatuto da rainha Ana da Inglaterra o primeiro diploma legal que trata sobre o tema do Direito de Autor pela atribuição do direito de exclusivo. Em verdade, o direito não caberia aos autores, mas sim na forma de privilégios concedidos aos editores que poderiam publicar obras sem uma concorrência que pudesse lhes ser prejudicial. Ocorre que o episódio da instituição desse diploma legal é o ano de 1703, portanto, ainda anterior ao processo que culminou com a Revolução Francesa de 1789, considerado para-

CONCLUSÕES

volvimento do conceito de direitos inerentes a coletividades senão de individualidades visto de modo coletivo, com o são os direitos de primeira geração. Dessa forma, o Direito de Autor não permitiria a compreensão de interesses de coletividades criadoras. Seria um excesso, o que é plenamente justificável no sentido do processo histórico.

As sucessivas mudanças fizeram com que o Direito de Autor, bem como uma série de outras categorias jurídicas, se tornassem desgastadas. Dessa forma, tal qual o esgotamento de uma escola artística, ao Direito é necessário aplicar a consideração de novos conceitos, sob pena de se perder no tempo.

Nesse sentido, ocorre que o Direito de Autor não mais sustenta os princípios que lhe foram classicamente atribuídos, mas de fato sua readaptação não seria possível pois causaria uma dilapidação de suas estruturas lógicas. Assim, ao se propor a aplicação do Direito de Autor às ECTs, além de provocar um rompimento de paradigmas, estaria-se promovendo uma violentação de sua essência. Isto, por si só, justifica o seu afastamento e a categorização de tutelas inerentes às ECTs no gênero do qual este Direito faz parte como espécie. Dessa forma, a tutela das ECTs deveria ser tratada como direito de exclusivo, ainda que não fosse direito de autor[577].

Visto isso, ainda resta perceber que toda a discussão de proteção e preservação cultural desfila pelos princípios de direito constitucional.

Neste momento, o rompimento de paradigmas é implacável.

---

digma do modelo ocidental liberal. Portanto, a atribuição de privilégios ocorrera anteriormente à efetiva instituição de novos valores jurídicos baseados no princípio liberal. Por conseqüência lógica, o Direito de Autor, em seu nascedouro, não pode ser decorrente do processo histórico posterior. Por outro lado, o desenvolvimento da atribuição de valores individualistas é característica do Estado Liberal, e a consideração de que um Direito que pudesse ser atribuído por qualquer criação intelectual, somente seria admissível no âmbito da atribuição de titularidades de modo individual. Todo o universo político e jurídico relacionado ao processo liberal somente poderia gerar a aplicação de individualismos a qualquer Direito que surgisse para tutelar a criação intelectual. Portanto, a natureza do surgimento do Direito de Autor e o ambiente histórico-político não poderiam permitir outras considerações que não a atribuição de titularidades concebidas a sujeitos de direito de modo individual.

[577] Um pouco por isso, e também pela conclusão de que uma espécie de domínio público remunerado não é ainda a melhor solução aplicável, deve-se instituir um novo direito.

A TUTELA JURÍDICA DAS EXPRESSÕES CULTURAIS TRADICIONAIS

O direito constitucional, propondo a preservação da cultura por parte do Estado, deve ser observado por um novo fundamento de validade.

Se o próprio Estado determina que irá proteger o patrimônio artístico, deverá fazê-lo aplicando a possibilidade da tutela também às coletividades criadoras. Sendo assim,, aplica-se um novo fundamento de validade e se deve impor a tutela das coletividades criadoras às ECTs.

A necessidade de aplicação dos novos conceitos justificaria, pelo rompimento paradigmático, que os velhos conceitos referentes ao individualismo inerente ao Direito de Autor fossem catapultados e que um banho de constitucionalidade lhe fosse aplicado, trazendo à tona questão da preservação cultural e da atribuição de titularidades aos sujeitos merecedores do direito.

Ocorre que seria excessiva esta situação, sendo razoável crer, pelos fatores acima descritos, que seria esvaziado o Direito de Autor. Nesse sentido, portanto, basta que o banho constitucional lhe seja aplicado e que seja **suficiente para induzir à criação de um novo direito, uma tutela que lhe seja assemelhada e que lhe comporte alguns princípios típicos do Direito de Autor.**

A constitucionalidade, porém, não pode ser afastada e o patrimônio cultural deve seguir sendo tutelado, sob qualquer hipótese. A obrigação em relação à preservação cultural deve ser inafastável, como representante que é da *volonté général e* sendo preservada a cultura também em uma perspectiva das gerações futuras.

Seguindoieste pensamento, não seria forçoso afirmar que a tutela das ECTs é Direito inerente às coletividades criadoras que as originam, à sociedade que compõe o Estado e as gerações futuras, desde já ameaçadas pela espoliação cultural que não muito dificilmente pode indicar uma padronização definitiva.

Um tanto quanto neste sentido, parte da tutela das ECTs deve apresentar-se como um direito de cunho principiológico, no sentido de que não deverá importar tanto o modo pelo qual é alcançada a tutela deste objeto, mas muito mais pelo princípio que deve ser sempre obedecido: a preservação da cultura.

O objetivo maior da tutela das ECTs, no que pese a justa aplicação de direitos aos titulares que o merecem e que, por vezes, não os estejam contemplando, deverá ser irremediavelmente a proteção das ECTs para

CONCLUSÕES

que elas sejam preservadas e possa ser garantida a diversidade cultural humana.

Além de tudo isso, há de se compreender o que justifica as atuais considerações do tema e o interesse internacional sobre o mesmo.

Em primeiro lugar, existe um interesse por parte dos titulares de direitos, sejam os Estados, sejam as coletividades criadoras. Ao se diagnosticar um e outro interesse, percebe-se o sistema de direito aplicado. Para os países cujo interesse decorre das coletividades criadoras, comumente procura-se instituir os direitos de exclusivo[578]. Sendo o interesse manifestado diretamente pelo Estado, a tutela do PICN se sobrepõe, podendo ocorrer por via do direito constitucional[579] ou por meio do próprio Direito de Autor que atribui titularidade ao Estado[580].

Ocorre que ainda que o tema venha sendo discutido desde meados da década de 1970, os interesses em questão não possibilitam a instituição de uma harmonização nas leis nacionais.

Parece mesmo, inclusive, que dois aspectos relacionados ao universo da tecnologia vêm impulsando as discussões: o advento da sociedade tecnocomunicacional e o desenvolvimento da medicina e biologia genética.

No que se refere à sociedade tecno-comunicacional[581], a efetiva facilidade e desenvolvimento de novos modos de transmissão de informação e de comunicação importa na consideração de que as ECTs podem ter uma divulgação globalizada, o que indicaria uma possível violação em âmbito global. Esse fato justificaria uma urgência no interesse da aplicação de direitos, principalmente se instituídos na categoria de direitos de exclusivo. Esta não é, porém, a única modificação nos ordenamentos jurídicos contemporâneos decorrente dos adventos da sociedade tecnocomunicacional. Pode-se perceber que alguns institutos clássicos de Direito de Autor vêm sendo violentados por inúmeros novos aspectos. Observe-se, p.ex., que a *sociedade* tecnocomunicacional tratou de tornar inaplicável o princípio da territorialidade tão típico desse direito. Ou de modo mais

---

[578] Como no caso do Panamá, dos EUA e da Austrália.

[579] Brasil.

[580] Por meio de espécie do domínio público remunerado, tal qual os ordenamentos de diversos países africanos (Burquina Faso, Nigéria, Senegal, entre outros.) e da Bolívia.

[581] Como preferimos nomear a nova sociedade da informação. Justifica-se a nomenclatura em nosso "Internet, privacidade e dados pessoais" [...].

grave, a Internet acabou por questionar conceitos de comunicação ao público e reprodução, trazendo à luz uma nova categoria denominada direito de colocação à disposição do público.

Em relação ao desenvolvimento acelerado da tecnologia relacionada à biotecnologia e a possibilidade de patenteamento do nomeado conhecimento tradicional, não pairam dúvidas sobre o fato de que um tratamento sobre este tema desperta muito mais interesse (essencialmente econômico) por parte dos Estados e de todos os sujeitos envolvidos no processo. No que nos interessa, resta saber que os tema dos conhecimentos tradicionais das ciências da saúde e biológicas e as ECTs do domínio das artes e da cultura, muitas vezes vêm sendo tratados concomitantemente pela sua origem comum. Por outro lado, os resultados econômicos inerentes às ECTs são nitidamente inferiores ao conhecimento tradicional das ciências biológicas e da saúde. De toda sorte, um interesse direto por estes últimos pode justificar um interesse reflexivo sobre a tutela das ECTs, o que parece ocorrer no âmbito das organizações internacionais, nomeadamente na OMPI e na OMC. Este interesse reflexivo pode trazer a vantagem por induzir a uma certa aceleração no processo de harmonização das leis sobre a tutela das ECTs. Por outro lado, a constatação de que organismos internacionais como a OMC, nitidamente desinteressada em desenvolver mecanismos de proteção aos países denominados em desenvolvimento, pode significar uma prévia derrota da tutela das ECTs pelo descaso do tema ao interesse dos países mais ricos. Os sucessivos fracassos da OMC demonstram o desprezo pelos interesses dos países em desenvolvimento, nos quais se incluem, em grande número dos casos, aqueles que apresentam uma fortalecida cultura popular.

De tudo o que fora exposto, resta compreender que o objetivo da tutela das ECTs é a preservação da cultura popular, seja com vias a instituir possibilidades de gerar lucro aos verdadeiros titulares de direitos, seja, primordialmente, para que se possa garantir a diversidade cultural.

Além disso, no que a preservação da diversidade cultural puder combater a violenta padronização proposta pela indústria de massa, os resultados serão benéficos para a humanidade e o Direito estará logrando êxito em sua função primordial que é possibilitar um melhor e mais justo convívio social.

Mantendo-se viva a cultura, sobrevive o ser humano em sua condição mais sublime, a de ser criativo.

# APÊNDICES

# Apêndice A
Molas *Kuna* do Panamá[582].

**Reproduções de animais:**
1 –Tatu/2 – Detalhe *Mola* Tatu.

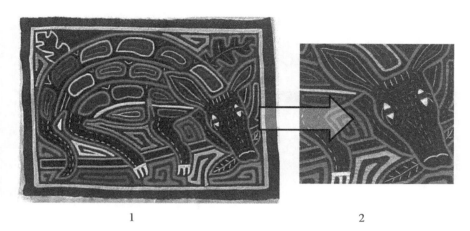

1                                               2

**Reproduções de imagens típicas *Kuna*:**
3 – *Gwallu* (candeeiro típico *Kuna*)
4 – *Yar Purba* (Sombra da Montanha)

3                                               4

[582] Reproduções de imagens de Molas do povo Kuna, retiradas da Internet e sem indicações de autoria como é a tradição daquele povo.

## Apêndice B

Selos de autenticação dos serviços e produtos de origem dos aborígenes australianos, denominados em gênero por *labels of authenticity*.

1 – **Selo de Autenticação** (*Label of Authenticity*) e
2 – **Marca de Colaboração** (*Collaboration Mark*).

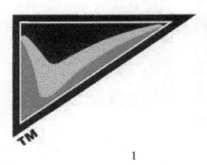

1

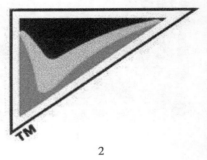

2

Fonte: www.niaaaa.com.au

APÊNDICES

# Apêndice C

| Excertos NAGPRA | | |
| :--: | :--: | :--: |
| **Atribuição de propriedade de bens materiais tutelados** | | |
| Bens tutelados | Descendência | Propriedade |
| Restos humanos nativos | Com atribuição de descendência. | Descendentes do indivíduo cujos restos foram encontrados. |
| Objetos funerários associados (OFAs) | Com atribuição de descendência. | Descendentes do indivíduo cujos OFAs foram encontrados. |
| Restos humanos nativos | Sem atribuição de descendência. (cont.) | Em ordem de preferência, seguindo-se o critério a seguir: |
| Objetos funerários associados (OFAs) | Sem atribuição de descendência. (cont.) | **1.** Tribo indígena ou Organização nativa havaiana em cujas terras os objetos ou restos tenham sido encontrados; |
| Objetos funerários não--associados (OFNA) | Com ou sem atribuição de descendência. (cont.) | |
| Objetos sagrados | Com ou sem atribuição de descendência. (cont.) | **2.** Tribo indígena ou Organização nativa havaiana que mantenha uma mais aproximada filiação cultural com os restos e/ou objetos e que os requeira; |
| Objetos do patrimônio cultural | Com ou sem atribuição de descendência. (cont.) | |
| Restos humanos nativos | Sem atribuição de descendência. | **3.** Se a filiação cultural dos objetos não puder ser descoberta com razoabilidade e se os objetos tiverem sido encontrados em terras federais reconhecidas[583] como indígenas: |
| Objetos funerários associados (OFAs) | Sem atribuição de descendência. | |
| Objetos funerários não--associados (OFNA) | Com ou sem atribuição de descendência. | 3.1. Tribo indígena reconhecida como ocupante da área de descoberta dos objetos que reivindicar a propriedade. |
| Objetos sagrados | Com ou sem atribuição de descendência. | |
| Objetos do patrimônio cultural | Com ou sem atribuição de descendência. | 3.2. Demonstrado a preponderância da evidência de que uma tribo diferente mantém uma relação cultural mais aproximada e uma maior filiação cultural com os restos ou objetos que as tribos ocupantes da área da descoberta, atribuir-se-á esta a propriedade, se for reivindicada. |

Fonte: Nagpra

[583] Em último grau de jurisdição pela Comissão de pedidos indígenas.

# Apêndice D
## Tutela jurídica das Expressões Culturais Tradicionais

### Dupla concepção protetiva:

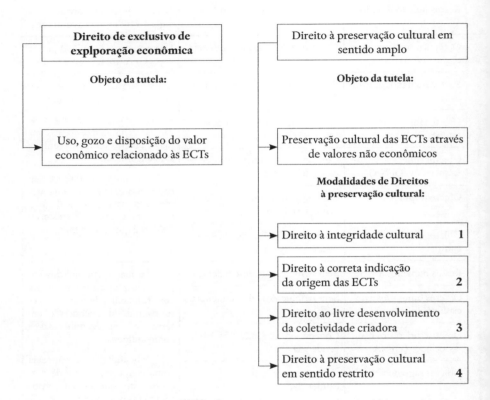

# Apêndice E

## Quadro de equivalência funcional entre direitos pessoais de autor (*Sistemas de Droit D´auteur e Copyrights*) e o Direito à Preservação Cultural das ECTs[584]

| Direitos de cunho pessoal no sistema de *Droit D´auteur* (direitos morais) | Objeto da Tutela | Direitos de cunho pessoal no sistema de *Copyrights* (*moral rights*) | Objeto da Tutela | Direitos à preservação das ECTs (direitos à preservação cultural – lato senso) – Tutela e objeto tutelado |
|---|---|---|---|---|
| Paradigma – LDA 9.610/98 – Brasil. Art. 24, incisos I a VII. | – | Paradigma – Copyrights Act Austrália – Parte IX, seções 193, 195AC e 195 AI. | – | Paradigma – Construção doutrinária |
| Paternidade | Reivindicação, a qualquer tempo da autoria da obra. (+) | Direito de atribuição de autoria. (+) | (+) Identificação como autor da obra. | **Direito à correta indicação da origem.** Indicação da correta origem da ECT, nas vertentes positiva e negativa, sendo garantida a indicação da coletividade criadora em oposição a outras ou a origem no território de um determinado Estado, em oposição a outros. Pode ser incluída a marca de certificação como método de proteção. |
| Indicação da identificação[593] | Indicação ou anúncio de nome, pseudônimo ou sinal convencional, como do autor, na utilização de sua obra. (+) | Direito a não ter a autoria falsamente atribuída. (-) | (-) Proteção contra violações e identificação de terceiros que não sejam o próprio autor. | |

584 Por vezes denominado Direito ao Nome. Oliveira Ascensão o nomeia por Direito à Menção de Designação.

| Direitos de cunho pessoal no sistema de *Droit D'auteur* (direitos morais) | Objeto da Tutela | Direitos de cunho pessoal no sistema de *Copyrights* (*moral rights*) | Objeto da Tutela | Direitos à preservação das ECTs (direitos à preservação cultural – lato senso) – Tutela e objeto tutelado |
|---|---|---|---|---|
| Integridade | Integridade da obra e reputação e/ou honra do autor. | Direito à integridade da autoria da obra | Integridade da obra e direito a que a obra não seja submetida a tratamento depreciatório. | Direito à integridade cultural<br><br>Tutela a integridade da ECT, garantindo a correta associação dos temas representados e a sua utilização no contexto tradicional, possibilitando o uso fora destes padrões somente através de autorização das coletividades criadoras ou do Estado. |
| Modificação | Possibilidades de modificação da obra, antes ou depois de utilizada. | Sem equivalência no sistema de *Copyrights*. | — | **Sem equivalência direta.**<br>Somente há que se falar em Direito de Modificação caso haja alguma utilização em desconformidade com as ECTs. Como as mesmas decorrem de um processo tradicional, a modificação somente ocorreria no sentido de uma má utilização por terceiros, visto que não há que se falar em arrependimento e posterior modificação. Portanto, somente poderia ser incluído na modalidade de Direito à integridade cultural |

| Direitos de cunho pessoal no sistema de *Droit D'auteur* (direitos morais) | Objeto da Tutela | Direitos de cunho pessoal no sistema de *Copyrights* (*moral rights*) | Objeto da Tutela | Direitos à preservação das ECTs (direitos à preservação cultural – lato senso) – Tutela e objeto tutelado |
|---|---|---|---|---|
| Inédito | Conservação do ineditismo da obra. | Sem equivalência no sistema de *Copyrights*. | – | O Direito de inédito, no caso das ECTs, faz parte do Direito à integridade cultural, no sentido de que determinadas expressões não podem ser do conhecimento de pessoas para além do círculo das coletividades criadoras/geradoras. Quando o Direito à integridade cultural exercer a finalidade equivalente a do Direito de Inédito do Direito de Autor, somente poderá ser exercido pelas coletividades criadoras. |
| Retirada | A possibilidade de retirada da obra de circulação ou suspensão de qualquer forma de utilização já autorizada, quando a circulação ou utilização implicarem afronta reputação e imagem do autor. | Sem equivalência no sistema de *Copyrights*. | – | A retirada de quaisquer ECTs que estejam no mercado poderão ocorrer caso haja a constatação de violação à integridade ou à violação ao princípio de preservação das ECTs. Não será, portanto, um Direito de retirada na concepção do Direito de Autor clássico. |

| Direitos de cunho pessoal no sistema de *Droit D'auteur* (direitos morais) | Objeto da Tutela | Direitos de cunho pessoal no sistema de *Copyrights* (*moral rights*) | Objeto da Tutela | Direitos à preservação das ECTs (direitos à preservação cultural – lato senso) – Tutela e objeto tutelado |
|---|---|---|---|---|
| Acesso a exemplar único ou raro da obra | Acesso a exemplar único e raro da obra, quando se encontre legitimamente em poder de outrem, para o fim de, por meio de processo fotográfico ou assemelhado, ou audiovisual, preservar sua memória, de forma que cause-se o menor inconveniente possível a seu detentor, que, em todo caso, será indenizado de qualquer dano ou prejuízo que lhe seja causado. | Sem equivalência no sistema de *Copyrights*. | – | Direito à preservação cultural restrito e amplo. |
| – | – | – | – | *Direito à preservação cultural (em sentido restrito)* **Tutela a preservação e manutenção das ECTs como expressão da cultura/da origem/da representação de determinadas coletividades criadoras, bem como do Estado, titular derivado dos Direitos inerentes.** |

| Direitos de cunho pessoal no sistema de *Droit D'auteur* (direitos morais) | Objeto da Tutela | Direitos de cunho pessoal no sistema de *Copyrights* (*moral rights*) | Objeto da Tutela | Direitos à preservação das ECTs (direitos à preservação cultural – lato senso) – Tutela e objeto tutelado |
|---|---|---|---|---|
| – | – | – | – | *Direito ao livre desenvolvimento das coletividades criadoras.* Tutela a possibilidade do exercício das manifestações culturais sem oposições por parte do Estado. Somente poderá ser exercido pelas coletividades criadoras, sem titularidade ao estado ou através dos Direitos Difusos. |

* Os Direitos pessoais de autor característicos do sistema de *Droit D'auteur*, a saber: Direito de modificação, de inédito, de retirada, de acesso a exemplar único da obra não se apresentam no sistema de *Copyrights*

# REFERÊNCIAS

**Aikawa, M. Noriko,** *L'action de L'UNESCO en faveur de la sauvegarde et de la promotion de la culture traditionelle et populaire,* organizado pela UNESCO e pela OMPI em conjunto com o Departamento de Propriedade Intelectual do Ministério de Comércio do Governo da Tailândia Phuket, 08 a 10 de Abril de 1997.

**Antunes, Paulo de Bessa,** *Direito Ambiental,* 3ª Edição, Editora Lumen Juris: Rio de Janeiro, 1999.

**Antunes, Paulo de Bessa,** *Diversidade biológica e conhecimento tradicional associado,* Editora Lumen Juris: Rio de Janeiro, 2002.

**A. Daes, Erica-Irene,** *Human Rights of indigenous peoples, report of the technical Meeting on the Protection of the Heritage of Indigenous people,* United Nations: Geneve, 6 a 7 de Março de 1997.

**Arruti, José Maurício Andion,** A emergência dos "remanescentes": notas para o diálogo entre indígenas e quilombolas", in Mana- estudos de antropologia social, *vol. 3, nº 2, Editora Contra Capa, 1997.*

**Ascensão, José de Oliveira,** *Direito Autoral,* 2ª edição, Editora Renovar: Rio de Janeiro, 1992.

**Ascensão, José de Oliveira,** *Direito de Autor e Direito Conexos,* Coimbra Editora, Coimbra: 1980.

**Ascensão, José de Oliveira,** *Legislação de direito industrial e concorrência desleal,* Associação Acadêmica da Faculdade de Direito de Lisboa, 2000.

**Ascensão, José de Oliveira,** *Concorrência Desleal,* Associação Acadêmica da Faculdade de Direito de Lisboa, 2000.

**Ascensão, José de Oliveira,** O Direito – Introdução e Teoria Geral – Uma perspectiva luso-brasileira, Almedina: Coimbra, 1997, 10ª edição.

A TUTELA JURÍDICA DAS EXPRESSÕES CULTURAIS TRADICIONAIS

**Ascensão, José de Oliveira**, Direito Civil – Teoria geral, Vol. I, Coimbra editora, Coimbra: 1997.

**Assembléia Plenária da 1ª Conferência dos Povos Indígenas**, realizada de 27 a 31 de Outubro de 1975 em Port Albeni, Colúmbia Britânica, Canadá. Texto recolhido da obra *Os direitos do índio*, Manuela Carneiro da Cunha, Editora Brasiliense: São Paulo, 1987.

**Atividades da Comissão e do grupo de trabalho criados pela Portaria IPHAN 37/98**, *Patrimônio Imaterial, Estratégias e Formas de Proteção*, Rio de Janeiro, 1999.

**Astrauskas, Rimantas**, *On the question of the preservation of musical folklore archives in Lithuania*, UNESCO/Ministerstvo Kultury Ceské Republiky, Stráznice, 1997.

**Barbosa, Denis Borges**, *Introdução à Propriedade Intelectual*, 2ª edição, Lumen Juris, Rio de Janeiro, 2003.

**Béart, C.**, *Recherce des elements d'une sociologie des peuples africains à partir de leurs jeux, Paris, Présence Africaine, 1960*.

**Bell, Robin A. I.**, *Protección del folklore: la experiencia australiana*, Boletín de Derecho de Autor, Volume XIX, nº 02, Paris: Unesco, 1995.

**Benes, Michal**, (*allocution*) palestra realizada no seminário dos países da Europa central e oriental sobre a aplicação da recomendação da UNESCO sobre a salvaguarda da cultura tradicional e popular realizado entre 19 e 23 de Junho de 1995 em Stráznice, 1995.

**Bertrand, André**, *Droit d'auteur et droit voisins*, 2ª édition, Dalloz, Paris: 1999.

**Blakeney, Michael**, *Milpurrurru & Ors v Indofurn & Ors: Protecting Expressions of Aboriginal Folklore Under Copyright Law*, acessado em 18 de Novembro de 2001 no sítio cibernético http://www.murdoch.edu.au/elaw/issues/v2n1/blakeney.txt.

**Blakeney, Michael**, *Bioprospecting and the protection of traditional medical knowledge of indigenous peoples: an australian perspective*, Europen Industrial property Review, vol. 19, edição 6.

**Blavin, Jonathan**, *Memorandun – OKN Discussion group*, http://cyber.law.harvard.edu/openeconomies/okn/folklore.html, 2003.

**Bloch, Anne-Christine**, *Minorities and indigenous peoples, in Economic, social and cultural rights – a textbook*, organizado por (edited by) **Eide, Asbjørn; Krause, Catarina; Rosas, Allan;**, Martinus Nijhoff Publishers, Dordrecht/Boston/London, 1995.

344

REFERÊNCIAS

**Board of Studies NSW**, *Protecting Australian Indigenous Art: ownership, copyright and marketing issues for NSW schools*, Publicado na Internet em 2006 pelo endereço eletrônico http://ab-ed.boardofstudies.nsw.edu.au/files/protecting-australian-indigenous-art.pdf. Sydney, 2001.

**Bombote, Diomansi,** *Grandezas y miserias de los artistas africanos*, Boletín de Derecho de Autor, nº XXVIII, Vol. 4º, Paris: UNESCO, 1994.

**Branco Jr., Sergio Vieira,** *O Donínio Público no Direito Autoral Brasileiro – Uma obra em domínio público*, Editora Lumen Juris, 2011, Rio de Janeiro.

**Brölmann, Catherine; Zieck, M. Y. A.,** *Indigenous peoples*, In *Peoples and minorities in international law*, organizado por (edited by) **Brölmann, Catherine; Lefeber, René, Zieck, Marjoleine,** Martinus Nijhoff Publishers, Dordrecht/Boston/London, 1993.

**Brown, Michael F.,** *Can culture be copyrighted?* Current anthropology, volume 39, nº 2, The Wenner-Gren Foundation for Antropological Research: abril de 1998.

**Caenegem, R.C. Von**, *Uma introdução histórica ao direito privado*, Editora Martins Fontes: São Paulo, 1995. Original – *Introduction historique au droit prive* – Editions Story-Scentia, 1988.

**Comissão Nacional de Folclore/IBECC/UNESCO,** *Carta do Folclore Brasileiro*, Rio de Janeiro, 1995.

**Comissão Nacional de Folclore**, *Salvaguarda do folclore: Recomendação da UNESCO – Comissões de Folclore*, Boletim nº 13 (segunda época), Abril/Junho de 1993, Rio de Janeiro, 1993.

**Comité regional de expertos,** "[...] sobre los medios de aplicar en los Estados árabes las disposiciones tipo sobre los aspectos de propriedad intelectual de la protección de las expressiones del folklore, Doha, Qatar, 8 – 10 de Outubro de 1984, Boletín de Derecho de Autor, Volume XIX, nº. 02, Paris: Unesco, 1995.

**Campanha da Defesa do Folclore Brasileiro, Ministério da Educação e Cultura**, *O folclore em face do direito do autor*, Revista Brasileira de Folclore, Ano IX, nº 25, Setembro/Dezembro de 1969.

**Campos, Diogo Leite de,** *Os direitos de personalidade: categoria em reapreciação*, BMJ, Lisboa, 2000.

**Câmara Cascudo, Luis da,** *Civilização e cultura*, Coleções clássicos da cultura brasileira, Editora Itatiaia: Belo Horizonte, 1983.

**Câmara Cascudo, Luis da,** *Literatura Oral no Brasil*, **Editora Itatiaia, São Paulo: 1980.**

A TUTELA JURÍDICA DAS EXPRESSÕES CULTURAIS TRADICIONAIS

**Chaves, Antônio**, *Direito de Autor – Princípios Fundamentais*, Editora Forense, Rio de Janeiro, 1987.

**Chaudhuri, Shubba**, *Preservation and conservation of expressions of folklore: The experience form Índia. The preservation and protection of oral traditions and the expressive arts: Issues and Quandaries*. Relatório (cópia) apresentado no seminário *One day seminar on Legal safeguards for intellectual property rights*, promovido pelo Institute of information studies na data de 05 de Maio de 1994 em Bangalore, Índia. Material coletado na biblioteca de folclore Édison Carneiro em Junho de 2002.

**Cornish, W.R.** *Intellectual Property: patents, copyright, trade marks and allied rights*, 4ª edição, Segunda impressão, Sweet and Maxell, London: 2000.

**Collins, Eugene F.**, *Protecting trade dress in Ireland,*Trade Mark Yearbook- Managing Intellectual Property, Euromoney Publications PLC, London, 1998;

**Cunha, Manuela Carneiro da**, *Os direitos do índio*, Editora Brasiliense: São Paulo, 1987.

**Cyberhumanisme OMC: l'organisation commerciale du monde** – www.francenet.fr/cyberhumanisme/mc/msg00060.html;

**Daes, Erica-Irene A.**, *Protección del Patrimonio de los Pueblos Indígenas*, Organização da s Nações Unidas, Alto Comisionado/Centro de Derechos Humanos, Geneve, 1997, http://www.megalink.com/usemblapaz/propiedad%20intelectual/nacionesunidas.htm

**David, René**, *Os grandes sistemas do Direito contemporâneo*, Martins Fontes: São Paulo, 1998.

**Davis, Michael**, *The 1989 UNESCO Recomendation and Aboriginal and Torres Strait Islander Peoples Intellectual Property Rights*, Paper submitted to the UNESCO/ Smithsonian Conference http://203.147.134/issues/indigenous_rights/ intellectual_property/UNESCO_Paper.doc

**Declaração dos aborígenes australianos sobre a ideologia, a filosofia, e as terras indígenas**, *1981 (Documento apresentado à Conferência Internacional de Organizações Não-Governamentais acerca das populações indígenas e a terra, Nações Unidas, Genebra, 1981)*.

**Dietz, Adolf**, *Una concepción moderna del derecho de la comunidad de autores (domínio público pagante)*, Boletín de Derecho de Autor, Vol. XXIV, nº. 4, Paris: Unesco, 1990.

**Dodson, Michael**, *New perspectives for aboriginal land rights, in Voices of the earth – Indigenous peoples, new partners & the right to self-determination in practice*, orga-

REFERÊNCIAS

nizado por (edited by)Leo Van der Vlist, The Netherlands centre for indigenous people (NCIP) international books, Den Haag, 1994.

**Dorr, Robert C., Munch, Christopher H. Munch,** *Protecting trade secrets patents, copyrights, and trademarks,* Aspen Law and Business –Aspen Publishers Inc., London(?): (?).Obra pesquisada na Biblioteca do IDIUS, na Universidade de Santiago de Compostela em meados de Julho de 2003.

**Drummond, Victor Gameiro,** *Internet, privacidade e dados pesosais,* Lumen Juris, Rio de Janeiro: 2003.

**Drummond, Victor Gameiro**, *O folclore, os conhecimentos tradicionais indígenas e a sua tutela pelo Direito de Autor (elementos para análise e estudo.),* Conferência proferida no almoço mensal da Associação Brasileira de Propriedade Intelectual, 26 de Setembro de 2002, transcrito ao Boletim da ABPI, Rio de Janeiro: 2002.

**Drummond, Victor Gameiro**, *A propriedade intelectual nas expressões culturais tradicionais,* Conferência proferida no Seminário Internacional da ABPI, São Paulo, 18 de Agosto de 2003.

**Eide, Asbjørn; Rosas, Allan, Economic,** *Social and cultural rights: a universal challenge, in Economic, social and cultural rights – a textbook,* organizado por (edited by) **Eide, Asbjørn; Krause, Catarina; Rosas, Allan;,** Martinus Nijhoff Publishers, Dordrecht/Boston/London, 1995.

**Eide, Asbjørn,** *Economic, social and cultural rights as human rights, in Economic, social and cultural rights – a textbook,* organizado por (edited by) **Eide, Asbjørn; Krause, Catarina; Rosas, Allan;,** Martinus Nijhoff Publishers, Dordrecht/Boston/London, 1995.

**Embaixada norte-americana no Brasil,** Informativo sobre a OMC, Capítulo 1 do Relatório Anual de 2001 http://livrecomercio.embaixada-americana.org.br/?action=artigo&idartigo=144

**Flint, Michael F.; Fitzpatrick, Nicholas; Thorne, Clive D.,** *A user's guide to copyright,* 5ª. Edição, Butterworths, London – Edinburgh – Dublin, 2000.

**Forbes, Jack D**. *Intellectual Property Rights of Indigenous Peoples,* acessado no endereço eletrônico http://www.ammsa.com/classroom/CLASS3Intelligence.html na data de 28 de Novembro de 2001.

**Frade, Maria de Cáscia Nascimento,** *Folclore,* São Paulo, Global Editora, 1991.

**Frankel, Michael & Associates** http://www.icip.lawnet.com.au/html/part2.htm Copyright © 1997. Endereço geral http://www.icip.lawnet.com.au/ , recolhido em 27 de novembro de 2001 – 04:50h.

**French, Justice Robert**, *Applying the Native Title Act 1993*, acessado em 15 de Novembro de 2001 do endereço eletrônico: http://www.murdoch.edu.au/elaw/issues/v2n1/french.txt.

**FUNAI,** *Ouricuri, A festa proibida dos Fulni-ô,* Boletim informativo nº 9 e nº 10, Brasília, 1973/1974.

**Gall, S. Le**, *Preserving One's Narrative: Implications of Intellectual Property Protection of Folklore and the Steel Pan in Trindad and Tobago,* Master of Law Thesis, York University – Canada: 1994.

**García-Pelayo, Manuel,** *Derecho Constitucional Comparado,* Alianza Editorial, *Madrid:* 2000.

**Gavrilov, E. P.,** *The legal protections of works of folklore,* Copyrights – Monthly review of the WIPO, Vol. 2, Fevereiro, Genève, 1984.

**Gervais, Daniel J.**, *Intellectual property, traditional knowledge and genetic resources – a challenge to the international intelletcual property system,*documento apresentado no seminário *International conference on intellectual property, the Internet, electronic commerce and traditional knowledge,* organizado sob os auspícios do Sr. Petar Stoyanov, Presidente da República da Bulgária, pela Organização Mundial da Propriedade Intelectual em colaboração com a Associação Nacional de Propriedade Intelectual da Bulgária, Sofia, 29 a 31 de Maio de 2001.

**Gomes, Luiz Roldão de Freitas,** *Os direitos de personalidade e o novo Código Civil: Questões Suscitadas,* Revista da EMERJ, v.5., nº 19, 2002.

**Gonçalves, Nuno da Cunha**, *O Folclore e a Gestão Colectiva de Direitos,* documento apresentado como conferência no Seminário sob os auspícios da OMPI em São Luís do Maranhão, sobre a protecção dos saberes tradicionais e do folclore, São Luis do Maranhão: 2002.

**Graber, Christoph Beat**, *Traditional cultural expressiones in a matrix of copyright, cultural diversity and human rights, In New Directionsin Copyright Law* – Volume 5 , Ed. Fiona Macmillam, Edward Elgar, 2007, pp. 45/71.

**Graur, Tiberiu**, *UNESCO recommandation on the safeguarding of traditional culture and folklore (1989) is, for Romania, in the spirit of her cultural strategy,* UNESCO/Ministerstvo Kultury Ceské Republiky, Stráznice, 1997.

**Green, Leslie,** *Internal minorities and their rights, in The rights of minority cultures,* organizado por (edited by) Will Kymlicka, Oxford University Press, Ohford, New York, etc, 1995.

**Grupo de trabajo sobre los aspectos de la propriedad intelectual en la protección del folklore**, Boletín de Derecho de Autor, Vol. XV, nº 2, Paris: Unesco, 1981.

REFERÊNCIAS

**Guillotreau, Ghislaine,** *Art et Crime – La criminalité du monde artistique, sa répression,* Puf – Presses Universitaires de France, Paris, 1998.

**Hammes, Bruno Jorge,** *O Direito da propriedade intelectual- subsídios para o ensino de acordo com a Lei 9.610/98,* Editora Unisinos: São Leopoldo, 1998.

**Hartney, Michael,** *Some confusions concerning collective rights, in The rights of minority cultures,* organizado por (edited by) Will Kymlicka, Oxford University Press, Ohford, New York, etc, 1995.

**Harvey, Edwin R.,** *El dominio público pagante en la legislación comparada (com especial referencia al caso argentina),* Boletín de Derecho de Autor, nº XXVIII, Vol. 4º, Paris: UNESCO, 1994.

**Hegel, G.W.F.** *Princípios da Filosofia do Direito,* Martins Fontes, Rio de Janeiro: 2001.

**Honko, Lauri,** *Copyright and folklore, In:* **Giriappa, Somu** (organizador-editor), *Copyright law, economy and development,* Daya Poublishing House, Delhi, 2002.

**Hourani, Albert,** *Uma história dos povos árabes,* **Companhia das Letras: São Paulo, 1994.**

**ICTSD.Org** – www.ictsd.org/pass_synthese/02-07/inbrief.htm.

**ICIP-Lawnet,** Information Sheet 5 about UNESCO/WIPO Models of Folklore Protection, recolhido no endereço eletrônico http://www.icip.lawnet.com. au/info5.htm em 28 Novembro de 2001, às 04:50h.

**IGE,** *Informazione giuridiche – Organizzazioni: OMC/ADPIC –* www.ige.ch/I/jurinfo/j1101.htm

**Iorns, Catherine J.,** The Draft Declaration of the Rights of Indigenous Peoples, recolhido em 28 de Novembro de 2001, às 04:50h no sítio cibernético www. murdoch.Edu.au/elaw/issuesv1n1/iorns4.htm.

**Jancár, Josef,** *Principles of tradicional culture and folklore protection against inappropriate commercialization – Methodical Manual,* UNESCO/Ministerstvo Kultury Ceské Republiky, Stráznice, 1997.

**Jancár, Josef,** *Rapport synthétique sur l'application de la recommandation sur la sauvegarde de la culture traditionnelle et populaire,* UNESCO/Ministerstvo Kultury Ceské Republiky, Stráznice, 1997.

**Jancár, Josef,** *Recommendation on the safeguarding of tradicional culture and folklore in Czech,* UNESCO/Ministerstvo Kultury Ceské Republiky, Stráznice, 1997.

**Janke, Terri** *A Moral Issue: Moral Rights and Indigenous Peoples – Cultural Rights* acessado no endereço eletrônico http://www.niaaa.com.au/autumn_newsletter.html em 29 de Julho de 2003

**Jones, Richard; Gnanapala, Welhengama,** *Ethnic minorities in english law- GEMS 5,* Rentham books and school of oriental and african studies, Oakhill, 2000.

**Jorgensen, Carmel,** *Intellectual property rights of indigenous women, Intellectual property rights of indigenous women recognized* – Beijing China, 14 de Setembro de 1995, acessado no endereço eletrônico http://www.ankn.uaf.edu/women. html em 28 de novembro de 2001.

**Kapusts, Andris,** *Tradicional culture in Latvia,* UNESCO/Ministerstvo Kultury Ceské Republiky, Stráznice, 1997

**Kemp, Roslyn,** *Regaining cultural identity through visual and performing arts, in Voices of the earth – Indigenous peoples, new partners & the right to self-determination in practice,* organizado por (edited by)Leo Van der Vlist, The Netherlands centre for indigenous people (NCIP) international books, Den Haag, 1994.

**Kopczynska-Jaworska, B.,** *Les bases polonaises des dones du domaine de la culture traditionnelle,* UNESCO/Ministerstvo Kultury Ceské Republiky, Stráznice, 1997.

**Koundiouba, Dimitri,** *(allocution)* palestra realizada no seminário dos países da Europa central e oriental sobre a aplicação da recomendação da UNESCO sobre a salvaguarda da cultura tradicional e popular realizado entre 19 e 23 de Junho de 1995 em Stráznice, 1995.

**Kozlova, Irina V.,** *Folklore in Russia,* UNESCO/Ministerstvo Kultury Ceské Republiky, Stráznice, 1997.

**Kutty, Valsala G.,** *A Study on the protection of expressions of folklore,* WIPO, Genèvè: 1999, disponível em http://www.wipo.org/globalissues/studies/cultural/ expressions/study/kutty.pdf

**Laburthe-Tolra, Philippe & Warnier, Jean-Pierre,** *Etnologia-Antropologia,* 2ª edição, Editora Vozes, Petrópolis, 1999.

**Kukathas, Chandran,** *Are there any cultural rights, in The rights of minority cultures,* organizado por (edited by) Will Kymlicka, Oxford University Press, Oxford, New York, etc, 1995.

**Kuutma, Kristin,** *Report on the application of the UNESCO recommendation on the safeguarding of the traditional culture and folklore in Estonia, UNESCO/Ministerstvo Kultury Ceské Republiky, Stráznice, 1997.*

**La Gauche,** Jornal eletrônico, Notícia OMC: bilan de la conférence de Doha -www.lagauche.com/lagauche/article.php3?id_article=98.

# REFERÊNCIAS

**Lamontagne, Sophie-Laurence** – sous la direction de Bernard Genest, *Le patrimoine immatériel, méthodologie d'inventaire pour les saivors, les saivor-faire et les porteurs de traditions*, Les publications du Quebec, Quebec, 1994.

**Linhares, Maria Yedda**, *O oriente médio e o mundo árabe*, Editora Brasiliense: São Paulo, 1992. Original:

**Linton, Ralph**, *Cultura e personalidade*, Editora Mestre Jou: São Paulo, 3ª. Edição, 1980. Do original – *The cultural background of personality*, Appleton Century, 1ª Edition, 1945.

**Lisboa, Roberto Senise,** *A obra de folclore e sua proteção, In Estudos de direito de autor, direito da personalidade, direito do consumidor e danos morais.* Forense Universitária, Rio de Janeiro: 2002.

**Liu, Yinliang,** *IPR – Protection for new traditional knowledge: with a case study of traditional chineses medicine,* European Intellectual Property Review, Vol. 25, Edição 4, Sweet and Maxwell, London, 2003.

**Loeak, Botlang**, *Symposium on the protection of traditional knowledge and expressions of indigenous cultures in the Pacific islands*, Nouméa, New Caledonia: (15 a 19 de fevereiro de ) 1999.

**López, Atencio,** *Initiatives for the protection of holders of traditional knowledge, indigenous peoples and local communities*, documento apresentado entre 23 e 24 de Julho de 1998 na Rodada sobre Propriedade Intelectual e Povos Indígenas, Genève, 1998. http://www.ompi.org/eng/meetings/1998/indip/rt98_4b. htm, acessado em 27 de Novembro de 2001.

**Lourie, Linda,** Comentários e informações acerca do funcionamento dos sistemas de proteção das ECTs nos EUA. Informações enviadas por correio eletrônico.

**Maldonado, Luís; Carlosama, Miguel Ángel,** A new relationship between peoples, in Voices of the earth – Indigenous peoples, new partners & the right to self-determination in practice, organizado por (edited by)Leo Van der Vlist, The Netherlands centre for indigenous people (NCIP) international books, Den Haag, 1994.

**Margalit, Avishai; Raz, Joseph**, *National self-determination, in The rights of minority cultures*, organizado por (edited by) Will Kymlicka, Oxford University Press, Ohford, New York, etc, 1995.

**Massey, Rachel et Stephens, Christopher,** *Derechos de propriedad intelectual, ley y arte en las poblaciones indígenas*, Boletín de Derecho de Autor, Vol. XXXII, nº 04, Outubro/Dezembro 1998, *In Por una protección jurídica del folclore?*, Ediciones Unesco, p.52 e seg.

A TUTELA JURÍDICA DAS EXPRESSÕES CULTURAIS TRADICIONAIS

**Masouyé, C.** *La protección de las expressiones Del folclore, Revue Internationale du Droit D'auteur*, RIDA nº 115, p. 10, 1983.

**Mazzilli, Hugo Nigro,** *A defesa dos interesses difusos em juízo,* Editora Saraiva, 16ª Edição, São Paulo: 2003.

**Menezes, Claudia,** *Os Pankararu de Brejo dos Padres – o cinema como instrumento de observação científica,* Revista Nheengatu, nº 3/4, Cadernos Brasileiros de Arqueologia e Indigenismo – Instituto Superior de Cultura Brasileira, Maio/ Agosto de 1977.

**Moraes, Alexandre de**, *Direito Constitucional,* 9ª. Edição, Editora Atlas: São Paulo, 2001.

**Mouchet, Carlos**, *El domínio público pagante en materia de uso de obra intelectuales,* de, Fondo Nacional de las Artes, Buenos Aires: 1970.

**Nascimento, Bráulio do,** *Comentários sobre as disposições-tipo,* FUNARTE (cópia), coletado no Museu Nacional de Folclore, Rio de Janeiro, sem data.

**Ndoye, Babacar,** *Protection of expressions of folklore in Senegal,* Copyrights – Monthly review of the WIPO, Vol. 12, Dezembro, Genève, 1989.

**NIAAA,** Informações gerais sobre o procedimento de uso dos selos de autenticação, http://www.niaaa.com.au/label.html.

**NIAAA,** *Discussion paper on the proposed Label of Authenticity,* Agosto de 1997.

**NIAAA,** *Application to become a certified indigenous creator,* Formulário para inscrição e posterior uso dos selos de autenticidade australianos, http://www.niaaa.com.au.

**Niedzielska, Marie,** *The Intellectual property aspects of folklore protection,* Copyrights – Monthly review of the WIPO, Vol. 11, Novembro, Genève, 1980.

**OMC** – *Propriété intellectuelle – Réexamens, article 27:3b)* – www.wto.org/french/ tratop_f/TRIPs_f/art27_3b_f.htm

**OMC,** *environnement – bulletin TE 035* – www.wto.org/french/tratop_f/envir_f/ te035_f.htm

**Ong, Walter J.,** *Oralidade e cultura escrita,* Papirus Editora, São Paulo, 1998. Original *Orality & literacy: The technologizing of the world,* Methuen & Co.Ltd.: London 1982.

**Osorio, Jonathan K.** *A history of displacement – The case for Native self-rule in Hawai'i, in Voices of the earth – Indigenous peoples, new partners & the right to self--determination in practice,* organizado por (edited by)Leo Van der Vlist, The Netherlands centre for indigenous people (NCIP) international books, Den Haag, 1994.

REFERÊNCIAS

**Osorio, Jonathan K.**, *Protecting our thoughts, in Voices of the earth – Indigenous peoples, new partners & the right to self-determination in practice*, organizado por (edited by)Leo Van der Vlist, The Netherlands centre for indigenous people (NCIP) international books, Den Haag, 1994.

**Picado A., Efraín**, *Estado actual del folklore en Costa Rica*, Ministerio de Cultura, Juventud y Deportes, Dirección General de Bibliotecas, Bogotá, 14 al 16 de Octubre de 1981, UNESCO/OMPI, Bogotá, 14 al 16 de Octubre de 1981, UNESCO/OMPI, 1981.

**Pontes de Miranda**, *Tratado de Direito Privado, Parte Especial, Tomo XVI*, Direito das coisas, Editor Borsoi: 1956.

**Portal Vermelho** http://www.vermelho.org.br/diario/2003/0421/0421_cupua cu.asp , em 21 de Julho de 2003

**Posey, Dr. Darrell A.**, *Traditional resource rights (TRR) – de facto self-determination for indigenous peoples, in Voices of the earth – Indigenous peoples, new partners & the right to self-determination in practice*, organizado por (edited by)Leo Van der Vlist, The Netherlands centre for indigenous people (NCIP) international books, Den Haag, 1994.

**Potiguara, Eliane**, *Indigenous peoples of northeast Brazil – double discriminated peoples, in Voices of the earth – Indigenous peoples, new partners & the right to self--determination in practice*, organizado por (edited by)Leo Van der Vlist, The Netherlands centre for indigenous people (NCIP) international books, Den Haag, 1994.

**Poulter, Sebastian M.**, *English and ethnic minority customs*, Butterworths, London, 1986.

**Puri, Kamal**, *Preservación y conservación de las expressiones del folclore*, Boletín de Derecho de Autor, Vol. XXXII, nº. 04, Outubro/Dezembro 1998, Por una protección jurídica del folclore?, Ediciones Unesco, p. 05 e seg.

**Puri, Kamal**, *Protection of expressions of indigenous cultures in the Pacific*, arquivo enviado pelo próprio autor por correio eletrônico.

**Puri, Kamal**, *Is traditional or cultural knowledge a form of Intellectual Property?*, WP 01/00, Oxford Electronic Journal of Intellectual Property Rights, acessado em 08 de Setembro de 2002 no endereço eletrônico: http://www.oiprc. ox.ac.uk/EJWP0100.pdf

**Private and public participants of the World forum on the protection of folklore**, *organizado pela UNESCO e pela OMPI em conjunto com o Departamento de Propriedade Intelectual do Ministério de Comércio do Governo da Tailândia Phuket, 08 a 10 de Abril de 1997, Revised Draft.*

A TUTELA JURÍDICA DAS EXPRESSÕES CULTURAIS TRADICIONAIS

**Queiroz, Hermano Fabrício Oliveira Guanais e**, *O registro de bens culturais imateriais como instrumento constitucional garantidor de direitos culturais*, Revista do IPAC/Instituto do Patrimônio Cultural da Bahia, ano 1, número 1, Brasília, 2016.

**Ramcharan, B.G.**, *Fact-finding into the problems of minorities, In Peoples and minorities in international law,* Organizado por (edited by) **Brölmann, Catherine; Lefeber, René, Zieck, Marjoleine,** Martinus Nijhoff Publishers, Dordrecht/ Boston/London, 1993.

**Rangel Sánchez Luis Felipe; Martos Núñes, Eloy; Encabo Vera, Miguel Angel**, *La costumbre, el derecho consuetudinário y las tradiciones populares en extremadura y alentejo*, Editora Regional de Extremadura, Cáceres, 1998.

**Rebello, Luiz Francisco**, *Código do direito do autor e dos direitos conexos*, Editora Âncora, Lisboa, 1998.

**Rebello, Luiz Francisco** , *Introdução do Direito de Autor Vol. I*, Sociedade Portuguesa de Autores/Edições Dom Quixote, Lisboa: 1994. p. 194.

**Ribeiro, Maria de Lourdes Borges,** *Que é folclore?, In* Cadernos de folclore, Campanha de defesa do folclore brasileiro, *4 Ed., Rio de Janeiro, 1974.*

**Ricketson, Sam**, *Coopyright in Australia – A chronicle of recent developments*, RIDA nº 166, Paris: Outubro de 1995.

**Robbins, David**, *Aboriginal custom, copyright & the canadian constitution*, acessado em 18 de Novembro de 2001, no endereço eletrônico http://www.ubcic. bc.ca/docs/Robbins.pdf.

**Rocha, Sebastião,** *Folclore – roteiro de pesquisa*, Coordenadoria de Cultura do Estado de Minas Gerais, Belo Horizonte, 1979.

**Rojenko. Irina,** *Folkore in Ukraina*, UNESCO/Ministerstvo Kultury Ceské Republiky, Stráznice, 1997.

**Ruiz M., Manuel**, *Protección sui generis de conocimientos indígenas en la Amazonia*, Cooperación Andina de Fomento/Sociedad Peruana de Derecho Ambiental/Parlamento Amazônico, Lima:?.

**Santova, Mila**, *La sauvegard de la culture populaire en Bulgaria*, UNESCO/Ministerstvo Kultury Ceské Republiky, Stráznice, 1997.

**Seeger, Anthony; da Matta, Roberto; Viveiros de Castro, Eduardo B.**, *A construção da pessoa nas sociedades indígenas brasileiras,* Boletim do museu nacional, antropologia, nº 32, Maio de 1979.

**Serote, Mongane Wally** *Initiatives for the protection of holders of traditional knowledge, indigenous peoples and local communities*, documento apresentado entre 23 e 24 de Julho de 1998 na Rodada sobre Propriedade Intelectual e

Povos Indígenas, Genève, 1998, recolhido em meados de Novembro de 2001 através do endereço cibernético http://www.wipo.int/eng/meetings/1998/indip/rt98_4c.htm

**Shyllon, Folarin**, *Conservación, preservación y protección jurídica del folclore em África: estúdio general*, Boletín de Derecho de Autor, Vol. XXXII, nº 04, Outubro/Dezembro 1998, Por una protección jurídica del folclore?, Ediciones Unesco, p. 40 e seg.

**Silva, Dirceu de Oliveira e**, *O direito de autor*, Editora Nacional de Direito: Rio de Janeiro, 1956.

**Sobczyk, Anna; Zochowska, Lidia,** *Protecting trade dress in Ireland,*Trade Mark Yearbook- Managing Intellectual Property, Euromoney Publications PLC, London, 1998.

**Soto Martínez, José,** *Exposición de motivos Decreto para reformar los artículos 4, 162, 163, 164 y 209 de la Ley Federal del Derecho de Autor, Câmara de los Diputados, Ciudad de México,* 08 de Outubro de 2002.

**Souza, Rabindranath, V. A. Capelo de**, *O direito geral de personalidade*, Coimbra Editora, Coimbra, 1995.

**Streck, Lênio Luiz; Bolzan de Moraes, José Luis**, *Ciência Política e Teoria Geral do Estado*, 2ª edição, Editora Livraria do Advogado, Porto Alegre: 2001.

**Streck, Lênio Luiz,** *Interpretação Constitucional e Hermenêutica*, Editora Livraria do Advogado, Porto Alegre: 2002.

**Streck, Lênio Luiz,** *Hermenêutica e(m) crise,* 2ª edição, Livraria do Advogado, Porto Alegre: 2001.

**Swiss Coalition**, *Fact sheet OMC : Accord sur la propriété intellectuelle (TRIPS)* – www.swisscoalition.ch/francais/files/T_HoAe.pdf;

**Terseglav, M.,** *Some thoughts on the recommendation on the safeguardian of traditional culture and folklore,* UNESCO/Ministerstvo Kultury Ceské Republiky, Stráznice, 1997.

**Thomason, Andy**, *Intellectual Property Rights*, http://www.suite101.com/article.cfm/fourth_world/25437, recolhido em 27 de novembro de 2001 – 04:50h, disponibilizado desde o dia 10 de Setembro de 1999 no sítio cibernético.

**Torres Mendes, Zereth,** *Derecho de Marcas*, Editorial Mizrachi & Pujol, Ciudad de Panamá: 2002.

**UNESCO,** Recommandation sur la sauvegarde de la culture traditionnelle et populaire adoptée par la Conférence générale à sa vingt-cinquième session. Paris, 15 novembre 1989 acessado no endereço eletrônico http://firewall.

A TUTELA JURÍDICA DAS EXPRESSÕES CULTURAIS TRADICIONAIS

unesco.org/culture/laws/paris/html_fr/page1.htm na data de 10 de Junho de 2002.

**UNESCO/OMPI**, *Comité de expertos sobre las modalidades de aplicación de disposiciones tipos para leyes nacionales sobre los aspectos "propiedad intelectual" de la protección de las expresiones del folklore y de la cultura popular tradicional en los países de América Latina y del Caribe*, Bogotá, 14 al 16 de Octubre de 1981, UNESCO/OMPI.

**UNESCO/WIPO**, *World forum on the protection of folklore, organizado pela UNESCO e pela OMPI em conjunto com o Departamento de Propriedade Intelectual do Ministerio de Comércio do Governo da Tailândia*, Phuket, 08 a 10 de Abril de 1997.1

**USPTO**, Base de dados das Insígnias oficiais das Tribos Nativas Americanas em www.uspto.gov/main/trademarks.htm.

**USPTO**, requerimento e análise de comentários sobre a base de dados das Insígnias oficiais das Tribos Nativas Americanas http://www.uspto.gov/web/offices/com/sol/notices/f990316a.htm;

**USPTO**, Audiências públicas sobre a instauração do processo de base de dados das Insígnias oficiais das Tribos Nativas Americanas de 08 de Julho de 1999 em .http://www.uspto.gov/web/offices/com/hearings/natinsig/nahear3.htm; 12 de Julho de 1999 em .http://www.uspto.gov/web/offices/com/hearings/natinsig/nahear1.htm; de 15 de Julho de 1999 em .http://www.uspto.gov/web/offices/com/hearings/natinsig/nahear2.htm. http://www.uspto.gov/web/offices/com/speeches/01-37.htm.

**Valiente Lopez, Aresio,** *Derechos de los pueblos indígenas de Panamá* (compilação de leis), OIT/Proyecto Fortalecimiento de la Capacidad de Defensa Legal de los Pueblos Indígenas en América Central/Centro de Asistencia Legal Popular, Ciudad de Panamá, 2002.

**Valiente Lopez, Aresio**, Discurso proferido no 5º Comitê Intergovernamental sobre Propriedade Intelectual e Recursos Genéticos, Conhecimentos Tradicionais e Folclore da OMPI, Geneve: 2003.

**Valiente Lopez, Aresio,** *Experiencia en la protección de los conocimiento tradicionales, el folclore y recursos geneticos. La experiencia panameña*, artigo enviado pelo autor por correio eletrônico em emados de Outubro de 2002.

**Valiente Lopez, Aresio,** *Experiencia de la Ley nº 20 del 26 de Junio de 2000 – Ley de propriedad Intelectual Indígena Panameña*, Centro Internacional de Derechos Humanos y Desarrollo Democrático, http://www.ichrdd.ca/espanol/commdoc/publications/aresioPanamaLeyEsp.html, acessado em 19/10/2002.

REFERÊNCIAS

**Van der Vlist, Leo** Summary of discussion on intellectual, cultural and scientific property rights, *in Voices of the earth – Indigenous peoples, new partners & the right to self-determination in practice*, organizado por (edited by) Leo Van der Vlist, The Netherlands centre for indigenous people (NCIP) international books, Den Haag, 1994.

**Van, Dyke, Vernon,** *The individual, the State, and ethnic communities in political theory, in The rights of minority cultures*, organizado por (edited by) Will Kymlicka, Oxford University Press, Ohford, New York, etc, 1995.

**Waldron, Jeremy,** *Minority cultures and the cosmopolitan alternative, in The rights of minority cultures*, organizado por (edited by) Will Kymlicka, Oxford University Press, Ohford, New York, etc, 1995.

**Walsh, Paul,** *Securing trade dress protection in the UK*, Trade Mark Yearbook- Managing Intellectual Property, Euromoney Publications PLC, London, 1998;

**Weeraworawit, Weeravit,** *Legal means of protection of expressions of folklore in national legislation: protection by copyright and neighboring rights – World forum on the protection of folklore*, organizado pela UNESCO e pela OMPI em conjunto com o Departamento de Propriedade Intelectual do Ministério de Comércio do Governo da Tailândia Phuket, 08 a 10 de Abril de 1997.

**Weitzel, Antônio Henrique,** *Literatura e linguagem folclórica*, In Arquivos de folclore, Centro de Estudos sociológicos de Juiz de Fora, Juiz de Fora, 1976.

**Wendland, Wend,** *Intellectual property, traditional knowledge and folklore: WIPO's Exploratory Program – Part 1*, IIC vol. 33, München, p.485 /504, Abril de 2002.

**Wendland, Wend,** *Intellectual property, traditional knowledge and folklore: WIPO's Exploratory Program – Part 2*, IIC vol. 33, München, p.606 /621, Maio de 2002.

**Wendland, Wend,** *Intellectual property and the protection of cultural expressions: The work of the world intellectual property organization (WIPO),?*, Intersentia, 2002.

**WIPO International Bureau,** 1967, 1982, 1984, Attempts to provide international protection for folklore by intellectual property rights – World forum on the protection of folklore, *organizado pela UNESCO e pela OMPI em conjunto com o Departamento de Propriedade Intelectual do Ministério de Comércio do Governo da Tailândia, Phuket, 08 a 10 de Abril de 1997.*

**WIPO** – *Draft report on fact-finding Missions on intellectual property and tradicional knowledge (1998-1999) – Draft for comment* – 03 de Julho de 2000.

**WIPO** – *Intellectual property needs and expectations of tradicional knowledge holders (1998-1999) – WIPO report on Fact-fiding Missions on intellectual property and traditional knowledge (1998-1999)* – WIPO, Genéve, Abril de 2001.

A TUTELA JURÍDICA DAS EXPRESSÕES CULTURAIS TRADICIONAIS

**WIPO International Bureau**, *General information and preliminary program – World forum on the protection of folklore, organizado pela UNESCO e pela OMPI em conjunto com o Departamento de Propriedade Intelectual do Ministério de Comércio do Governo da Tailândia Phuket, 08 a 10 de Abril de 1997.*

**WIPO** – *Draft report on fact-finding Missions on intellectual property and traditional knowledge (1998-1999) – Draft for comment* – 03 de Julho de 2000.

**WIPO,** Documentos WIPO/GRTKF/IC/3/10; WIPO/GRTKF/IC/5/14; WIPO/GRTKF/IC/5/INF/2; WIPO/GRTKF/IC/5/3; WIPO/GRTKF/IC/5/7.

**Wiseman, Leanne**, *The protection of Indigenous Art and Culture in Australia,: The Labels of Authenticity*, EIPR, European Intellectual Property Review, Volume 23, Issue 1, Sweet and Maxwell, London: Janeiro 2001.

**Wucher, Gabi,** *Minorias – proteção internacional em prol da democracia*, Editora Juarez de Oliveira, São Paulo, 2000.

**Young, David**, *Passing off – The Law and Practice Relating to the imitation of Goods, Businesses and Professions,* Oyez Longman, London(?): ?. – Obra pesuisada na Biblioteca do IDIUS, na Universidade de Santiago de Compostela em emados de Julho de 2003.

**Zoellick, Robert**, Agenda Comercial de 2002, capítulo 1. O texto integral do relatório pode ser acessado em http://www.ustr.gov/reports/2002.html.